Architekturführer
Architectural Guide
Kassel

Herausgegeben von / Edited by
Berthold Hinz und Andreas Tacke

Einleitung von / Introduction by
Sascha Winter und Stefan Schweizer

Dietrich Reimer Verlag

Übersetzt und zusammengefaßt von /
translated and condensed by Margaret Marks

Die Deutsche Bibliothek – CIP-Einheitsaufnahme
Ein Titeldatensatz für diese Publikation ist bei
der Deutschen Bibliothek erhältlich

Umschlaggestaltung / Cover design: Bayerl & Ost, Frankfurt am Main
unter Verwendung der Abbildungen
Herkules (Nr. 141)
Privates Mietshaus/Vorderer Westen (Nr. 97)
Bahnhof Wilhelmshöhe (Nr. 116)
Hölkesches Haus, Detail (Nr. 28)
Fridericianum (Nr. 10)
Unterneustadt, Detail (Nr. 66)
Raiffeisen, Treppenhaus (Nr. 38)

Umschlagfotos: Søren Drews, Nils Klinger

Glossar und Register: Martina Dlugaiczyk, Katrin Kramer, Tanja Möller, Sabine Naumer, Sascha Winter

Textredaktion: Berthold Hinz, Sabine Naumer

Fotografen: Camilo de Alesio
            Stefan Daub
            Berthold Hinz
            Sebastian Isacu
            Nils Klinger
            Sunjam Riegger
            Axel Saueressig
            Thomas Wiegand

Karten: Søren Drews, Tanja Möller
Kartengrundlage: © Stadt Kassel, Vermessung und Geoinformation

Bildredaktion: Martina Dlugaiczyk, Berthold Hinz

Organisation: Tanja Möller

Redaktionsschluß: 18.11.2001

1. Auflage

© 2002
Dietrich Reimer Verlag
Zimmerstr. 26–27
10969 Berlin

Printed in Germany

ISBN 3-496-01249-8

Das Erscheinen dieses Buches
erfolgte mit freundlicher Unterstützung der
Wintershall AG

BASF Gruppe

Inhaltsverzeichnis / Table of contents

Autoren / List of authors

Johanna Anders	JA
Søren Drews	SD
Martina Dlugaiczyk	MD
Berthold Hinz	BH
Kirsten Kleinbäumer	KK
Katrin Kramer	KKr
Pamela Levertz	PL
Tanja Möller	TM
Christina Mordhorst	CM
Sabine Naumer	SN
Stefan Schweizer	SS
Nicole Seifert	NS
Andreas Tacke	AT
Sascha Winter	SW

Vorwort

„Cassel gehört zu den schönsten Städten Deutschlands", man reibt sich die Augen, aber man hat richtig gelesen – und zwar nicht eine x-beliebige Privatmeinung, sondern ein Diktum von besonderem Gewicht. So verlautete es nämlich gleichsam ex cathedra „Brockhaus` Konversations=Lexikon" – vor exakt einhundert Jahren (Band 3, Leipzig 1901). Damals, die Initiale des Stadtnamens war noch ein romanisches C, war natürlich nicht die mittelalterliche, später ausradierte Fachwerkstadt gemeint – von der Art, wie man sie heute in der Umgebung als die Zierde Nordhessens kennt, sondern die neuen und neuesten, also modernen Stadtteile: „Besonders zeichnen sich die Oberneustadt, früher auch Französisch=Neustadt genannt, 1688 nach einem Plane des Baumeisters du Ry von franz. Auswanderern angelegt, und die neuen westl. Stadtteile durch breite, gerade Straßen, große, freie Plätze und schöne Häuser aus", lesen wir zur weiteren Begründung des Urteils.

Kassel war, so erfahren wir beim Nachforschen, lange Zeit eine feste Adresse im europäischen Reiseprogramm – nicht nur bei den Kunst-Connaisseuren, wegen der fürstlichen Gemäldegalerie, sondern auch bei den Architekten, Baukundigen und Studenten wegen jener Viertel, die wie eine exemplarische Bau-Ausstellung visitiert wurden.

Heute dürfte die Stadt, die sich auf den amtlichen Ortsschildern als „documenta-Stadt", also als Ort eines Periodikums empfiehlt, vor allem aufgrund ihrer Verkehrsgünstigkeit bekannt sein. Doch die Begünstigung des Verkehrs hat es an sich, nicht als Einladung zur Einkehr, sondern als Durchwinken zur Weiterfahrt verstanden zu werden: Gleichgültig auf welcher (Auto-)Straße man Kassel erreicht, der Ortsunkundige fährt am Zentrum vorbei, ohne es wahrzunehmen.

Das taten offenbar auch die Kartographen: Kassel ist weit und breit der einzige Ort, der etwa auf der „Generalkarte Deutschland" keines touristischen Sternchens für wert befunden wird, damit einer sonst wohlfeilen Auszeichnung entbehrt, wie der Blick auf so bescheidene aber entsprechend dekorierte Nachbargemeinden wie Kaufungen, Hofgeismar oder Korbach lehrt.

Tatsächlich gilt Kassel heute als alles andere denn eine schöne und wegen ihrer Bauten sehenswürdige Stadt. Die Ursache dafür kennt und nennt jeder – die exorbitanten Kriegszerstörungen, die das alte Kassel bis zur Unkenntlichkeit verändert hätten. Wer aber würde das gleiche etwa von Würzburg, Münster, Nürnberg oder Mainz behaupten können, vergleichbare Städte, die in nicht minderem Maße getroffen wurden, dennoch ihre Kenntlichkeit nach innen und außen behauptet haben und mit ihrer urbanen, den Bürgern und Touristen gleichermaßen lieben und teuren Identität im Reinen geblieben sind.

Nein, in Kassel wollte man das alte Kassel nicht mehr – weder die alte Fachwerkstadt noch die Residenzstadt, weder das bürgerliche Kassel noch das Kassel des Militärs. Bezeichnend daß die in Mitteleuropa einzigartige Panorama-Promenade „Schöne Aussicht" (es fällt einem dabei unwillkürlich der Blick vom römischen Pincio ein) – einst eine postaristokratische Wohnlage – in ein Carré ödester Bürokästen konvertiert wurde.

Zum Synonym des Nachkriegsbauens und -planens ist der „Entenanger" – nomen est omen – geworden: Das einstige Altstadtgeviert mit der Entengasse im Süden wurde zu einem grün eingefriedeten, von stereotypen dreistöckigen Sozialwohnungen gerahmten Platz: Was liegt näher, als hier im Herzen einer Großstadt an einen Anger zu denken, die dörfliche Gemeinschaftswiese aus der guten alten, vorindustriellen Zeit, und an Enten darauf, anstelle der anwohnergeparkten Autos ...

Ein paar Schritte neben dieser „Idylle" die ungeschminkte Jetztzeit, eine vielspurige, dröhnende Straßenkreuzung (mit tempo- und autogerecht gerundeten Ecken) an historischer Stelle; sie, die Kreuzung, trägt – mit Sinn fürs Absurde – den Namen „Altmarkt". Der westlich anschließende Straßendurchbruch, die Kurt-Schumacher-Straße, eine veritable „Magistrale", die mit 50 Metern Breite die ehemalige Stadtmitte durchschneidet, gemahnt an einen „Wettkampf der Systeme" eigener Art, wie etwa die gleichzeitige Wilhelm-Pieck-Allee mitten durchs Zentrum von Magdeburg unschwer erkennen läßt, dort übrigens ebenfalls auf den Fluß – die Elbe – gerichtet.

Es war eine Damnatio memoriae, deren kasselspezifische Version die Steine der Stadt (die bekanntlich sprechen) zum Schweigen brachte; und sie prägte nicht nur den Wiederaufbau im Ganzen, sondern auch viele Details, wie die Autoren des Architekturführers Schritt für Schritt erfahren mußten. Zum Beispiel, daß alle repräsentativen Staats- und Verwaltungsbauten (insbesondere aus der Kaiserzeit), wenn diese überhaupt repariert wurden, ihrer baulichen Statuszeichen, ihrer Giebel, Türme, Kuppeln beraubt und so ästhetisch und bauikonographisch nivelliert wurden. Was den öffentlichen Trägern recht war, konnte den privaten nur billig sein, wie die fast durchweg an Haupt und Gliedern amputierten gutbürgerlichen Eck- und Kopfbauten des im „Großen Brockhaus" so gelobten Westens nach wie vor sinnfällig unter Beweis stellen. Der egalisierende Impetus, der nebenbei auch gleich die alten Straßennamen, insbesondere im Aschrott'schen Hohenzollernviertel („Vorderer Westen"), mit beispielloser Vollständigkeit sozialdemokratisierte, fügte den Kriegsverlusten den Ausverkauf erlebbarer Geschichtlichkeit hinzu und führte im großen und ganzen zu einer Ästhetik der angepaßten Unauffälligkeit. Kassel wurde zu einer Stadt im Design der 50er und 60er Jahre des 20. Jahrhunderts.

So mußte es ein Ziel dieses Architekturführers sein, die verbliebenen Steine der Stadt, und mit ihnen auch die Geschichte von Kassel, wieder zum Sprechen zu bringen, also auch von ihren Kontinuitäten und Frakturen zu reden. Das ist – im Zusammenhang – vor allem die Aufgabe des einleitenden Essays zur Planungs- und Baugeschichte Kassels. Die 178 Einzelobjekte, von der frühen Landgrafenzeit bis zum Jahr 2001, bilden übers ganze Stadtgebiet versprengte Inseln, die das architekturgeschichtliche Kontinuum, wenn auch in unterschiedlicher Dichte, sukzessive sichtbar machen, gelegentlich unterstützt durch Vorkriegsaufnahmen.

15 weitere, besonders sehenswerte Orte und Baudenkmäler der näheren Umgebung Kassels kommen hinzu. Dabei zeigt sich, was bereits ein Blick auf das Namensregister lehrt, daß die Architektur Kassels nicht nur teil hat an der großen, nationalen und internationalen, Entwicklung, sondern selbst an ihr beteiligt war. Wir lesen und sehen etwa François Cuvilliés, Paul und Simon Louis du Ry, Leo von Klenze, Claude Nicolas Ledoux, Heinrich Christoph Jussow, Theodor Fischer, Hermann Muthesius, Heinrich Tessenow, Wilhelm Kreis, Otto Bartning, Paul Schmitthenner, Otto Haesler, Gottfried Böhm, Sep Ruf, James Stirling, Otto Steidle, die hier gebaut und projektiert haben.

Der Kasseler Architekturführer ist das Resultat gemeinsamer Arbeit von 12 Studierenden, Graduierten bzw. Doktoranden des Faches Kunstwissenschaft an der Kunsthochschule/Universität Kassel sowie der beiden dort lehrenden Herausgeber. Wir, die 14 Beteiligten, sagen Dank den betreffenden Universitätsgremien, die das Vorhaben mit Forschungsmitteln und Projektgeldern unterstützten, den zahlreichen Hausbesitzern, den privaten, öffentlichen, kirchlichen, den Firmen und Gesellschaften, die Innenbesichtigungen erlaubten und Informationsmaterial zur Verfügung stellten. Design-Studenten unserer Kunsthochschule haben einen Großteil der Fotos produziert; dafür verdienen sie größten Dank und Anerkennung. Last but not least danken die Autoren – und dies auch schon im Namen der künftig nutznießenden Öffentlichkeit – der Wintershall AG Kassel für den großzügig gewährten Druckkostenzuschuß, ohne den das Buch nicht hätte erscheinen können.

Die künftigen Leser, Nutzer und Kritiker sind gebeten, gegebenenfalls auf Fehler, Irrtümer und Unvollständigkeiten aufmerksam zu machen und so zu künftiger Verbesserung des Buches beizutragen.

Daß der Architekturführer Kassel im Jahre 2002, dem 225. Jahr seit Gründung der Kasseler Kunstakademie im Jahr 1777, erscheint, ist zwar bloßer Zufall, aber ein Zufall von ‚tieferer Bedeutung', den wir als ein Plädoyer für einen Blick auf Architektur und Geschichte im Spannungsverhältnis von Sein und Gewordensein verstehen möchten.

Kassel, November 2001

Berthold Hinz und Andreas Tacke

Foreword

'Cassel is one of the most beautiful cities in Germany'; we rub our eyes, but that is what the book says – and this is not just any private opinion, but a statement carrying particular weight, the authority of the Brockhaus Konversations-Lexikon encyclopedia, almost exactly one hundred years ago (volume 3, Leipzig 1901). At that time, when the name of the city began with a latinate C, it was of course not the medieval timber-frame town, later destroyed, timber-framing of the kind that can still be seen in the surroundings as one of the beauties of North Hesse, but the new and newest districts, that is, the modern districts: 'In particular, the Oberneustadt, earlier known as French Neustadt, built in 1688 by French refugees after a plan by the architect du Ry, and the new western city districts, have strikingly broad, straight streets, large open squares and beautiful buildings,' we read, as further justification of the judgement.

If we investigate, we find that for a long time Kassel was an established part of the itinerary for travellers in Europe, not only the connoisseurs of art, for its royal art gallery, but also the architects, those who knew about buildings and students, who came to see those districts as if they were attending a building exhibition.

Today, the city describes itself on its official signs only as 'City of the documenta', and it is probably best known for its convenience for traffic. But being convenient to reach tends to encourage visitors to drive on rather than to invite them to stop. No matter by which road one reaches Kassel, those who do not know the city drive past the centre without noticing it.

The mapmakers seem to have done exactly the same thing: Kassel is the only place that appears on a map of Germany with no asterisks showing it is worth visiting, and so it lacks a distinction that is given lightly elsewhere, as is shown by a glance at such modest nearby places as do have an asterisk as Kaufungen, Hofgeismar or Korbach.

Indeed, today Kassel is regarded as anything other than a beautiful city that deserves to be visited for its buildings. The reason for this everyone knows and everyone cites - the massive destruction in the war, which altered the old Kassel until it was unrecognizable. But who could claim the same, for example, of Würzburg, Münster, Nuremberg or Mainz, comparable cities which were bombed no less but which nevertheless asserted their individuality inwardly and outwardly and remained honest about their urban identity, loved by citizens and tourists alike.

No, in Kassel the old Kassel was no longer wanted – neither the old timber-framed city nor the residence city, neither middle-class Kassel nor the Kassel of the military. It is telling that the panorama promenade Schöne Aussicht, unique in Central Europe (involuntarily one thinks of the view from the Pincio in Rome) – once a post-aristocratic residential district – was converted into an area of the bleakest office blocks.

The Entenanger, the 'duck green', nomen est omen – has become a synonym for postwar building and planning. The former Altstadt district with the Entengasse at the south has become a square surrounded by green and bordered by stereotypical three-storey public housing: what could be more natural, here in the heart of a city, than the idea of a green, the village common of the good old pre-industrial days, and to think of ducks on it in place of the residents' cars parked there ...

A few steps away beside this idyll is the unadorned present, a multi-lane, roaring street crossroads (with rounded corners to suit cars) in a historical spot; with a sense of the absurd, the crossroads is named Alt-markt, old market. The street adjoining to the west, Kurt-Schumacher-Strasse, a genuine 'magistrale' 50 m wide cutting through the former city centre, suggests a particular kind of battle of the systems, as can be seen in Wilhelm-Pieck-Allee, created at about the same time, which cuts through Magdeburg, incidentally there too aiming in the direction of a river, the Elbe.

It was a damnatio memoriae specific to Kassel that silenced the stones of the city (for it is said that stones speak), and it marked not only the rebuilding as a whole, but also many details, as the authors of this architectural guide learned, step by step. For example, that all public city and administration buildings (in particular those from the time of the Kaiser), if they were repaired at all, were robbed of their architectural symbols of status, their gables, towers and domes, and so were levelled, both aesthetically and iconographically. If this was acceptable to the public authorities, then private owners felt free to follow, as can be seen from the fact that almost all corner and end buildings in the west of the city, the district so highly praised in the Grosser Brockhaus, were similarly amputated. The levelling force incidentally democratized the old street names with unprecedented thoroughness, especially in Aschrott's Hohenzollern district ('Outer West'), and it added to the losses in the war the sell-out of any chance of experiencing history: on the whole it led to an aesthetics of adjusted unobtrusiveness. Kassel became a city in 1950s and 1960s design.

One aim of this architectural guide is therefore to encourage the remaining stones of the city, and with them the history of Kassel, to speak again, and that includes talking of their continuities and interruptions. This is above all the task of the introductory essay on the history of Kassel's planning and architecture. The 178 individual objects, from the early time of the landgraves to the year 2001, are islands scattered over the whole city area which successively, although not all with the same density, show the continuum of architectural history, sometimes with the help of prewar photographs. 15 further places and architectural monuments in the surroundings of Kassel that are particularly worth seeing have been added. This shows, as a glance at the index of names indicates, that the architecture of Kassel was not only part of the greater natio- nal and international, development, but also influenced it in turn. For example, we read of and see François Cuvilliés, Paul and Simon Louis du Ry, Leo von Klenze, Claude Nicolas Ledoux, Heinrich Christoph Jussow, Theodor Fischer, Hermann Muthesius, Heinrich Tessenow, Wilhelm Kreis, Otto Bartning, Paul Schmitthenner, Otto Haesler, Gottfried Böhm, Sep Ruf, James Stirling and Otto Steidle, who all built and planned projects here.

The Kassel architectural guide is the result of the joint work of twelve students, graduates and post- graduates of the department of art at the college of art/university of Kassel and of the two editors, who teach there. We, the 14 authors, thank the university bodies which supported the project with research and project funds, the many owners of buildings, whether private, public or from the church, the partnerships and companies, who allowed us to visit their premises and who supplied documentation. Students of design at our art college produced a large number of the photographs; they deserve sincere thanks and praise for this. Last but not least, the authors - on their own behalf and on behalf of the future readers - thank Wintershall AG Kassel for realizing the book, which could not have appeared without its generous subsidy for printing costs.

The future readers, users and critics are requested to inform us of any mistakes, errors and gaps and so help us to improve the book in future.

This architectural guide to Kassel appears in the year 2002, the 225th anniversary of the foundation of the Kassel Art Academy in the year 1777. This is an accident, but it is an accident with deeper significance. and we understand it as a plea to see architecture and history as interrelated, in the tension between the city as it is and its development over the centuries.

Kassel, November 2001

Berthold Hinz und Andreas Tacke

Kassel – Stadt und Architektur

Von der Ersten Erwähnung 913 bis zum Tod Kurfürst Wilhelms I. 1821

Über die topographische Entwicklung Kassels vor dem 10. Jahrhundert lassen sich keine eindeutigen Aussagen machen, da sowohl die schriftlichen als auch die archäologischen Quellen fehlen. Erstmals wird Kassel im Jahr 913 genannt, als König Konrad I. (reg. 911–18) zwei Urkunden mit der Ortsbezeichnung *Chassalla* bzw. *Chassella* ausstellen läßt, ferner erscheint Kassel 940 erneut als Ausstellungsort in einer Urkunde König Ottos I. (reg. 936–73).

Demnach ist der Platz im 10. Jahrhundert in königlichem Besitz und wird laut den Itinerarien mehrmals von den Königen – teilweise mit großem Gefolge – als Verwaltungsort auf dem Weg zwischen Rhein und Sachsen oder Thüringen aufgesucht. Es handelt sich dabei um den Haupthof einer kleineren Ansiedlung (*villa*), der in jener Zeit zu einem befestigten Königshof ausgebaut wurde. Der formale Charakter dieser wenigen Nachrichten läßt jedoch keinen weiteren Schluß über das Aussehen und die Lage des Königshofes und der Villikation zu. 1008 schenkt König Heinrich II. (reg. 1002–24) seinen Hof Kassel (*cortem Cassellam*) mit den dazugehörigen Gütern an seine Gemahlin Kunigunde. Thietmar von Merseburg berichtet 1015, daß Heinrich II. letztlich seine *curtis* und damit das Zentrum der königlichen Villikation nach Kaufungen verlegt habe. Hier gründet Kaiserin Kunigunde 1017 ein Benediktinerinnenstift (Nr. 180), das ab 1089 bis Ende des 12. Jahrhunderts zum Bistum Speyer gehört. In Folge dessen verliert der Ort Kassel im 11. Jahrhundert an Bedeutung und verschwindet vorerst aus der Überlieferung.

Erst um die Mitte des 12. Jahrhunderts findet Kassel mit der wachsenden Einflußnahme der Ludowinger – seit 1130 Landgrafen von Thüringen – in Niederhessen wieder schriftliche Erwähnung und zwar als königliches Lehen der Landgrafen. Damit können auch die ersten Siedlungskerne sicher lokalisiert werden. Graf Heinrich II. Raspe aus dem Geschlecht der Ludowinger und seine Mutter Hedwig, Witwe des thüringischen Landgrafen Ludwig I. (reg. 1130–40), erweitern vor 1148 die ländliche Villikation um ein Augustinerdoppelstift auf dem Ahnaberg, wo einige Jahre später bereits weitere Häuser bezeugt sind. In älteren Stadtplänen ist das Stift in seiner spätmittelalterlichen Ausdehnung nördlich der späteren Altstadt direkt auf einer Anhöhe über der Fulda auszumachen (sämtliche Gebäude 1880 abgebrochen, heute auf dem Areal die Max-Eyth-Schule an der Zeughausstraße). Darüber hinaus richten die Ludowinger eine 1152 als *ecclesia in Cassale* bezeichnete Pfarrkirche ein. Diese wird in der Literatur allgemein mit der späteren Altstädter Pfarrkirche St. Cyriacus gleichgesetzt, die sich bis zu ihrem Abriß um 1526 etwa an der Stelle des heutigen Marstaller Platzes befand. Seit spätestens 1189 ist in Kassel ein regionaler Markt für landwirtschaftliche Erzeugnisse belegt. In dieser Zeit lassen die Ludowinger erneut den Ort und die Burg befestigen, womit sich Kassel wieder zu einem Mittelpunkt der nordhessischen Landschaft entwickelt. Die ludowingische Burg ist, wie auch die früheren königlichen Hofanlagen, auf dem Hügel des späteren Stadtschlosses (dem Areal des heutigen Regierungspräsidiums) in unmittelbarer Nähe der errichteten Pfarrkirche zu vermuten.

Begünstigt durch Fernhandelsstraßen und mehrere Fuldafurten entwickelt sich in der Folgezeit zwischen den beiden Siedlungskernen – dem Stift auf dem Ahnaberg im Norden und der 400 m südlicher gelegenen Pfarrkirche und Burg – eine Marktsiedlung, von der heute nur noch der ‚Altmarkt' namentlich Zeugnis gibt. Die auf den Marktplatz ausgerichteten Straßen und Häuserblocks gaben der organisch gewachsenen Siedlung ihre typische unregelmäßige Struktur, wie sie auf alten Stadtplänen deutlich abzulesen ist.

Eine Urkunde des Jahres 1239 bestätigt Kassel das Stadtrecht und bezeugt erstmals eine Stadtmauer. Diese verlief im Norden von der Fulda über den Stiftsbezirk auf dem Ahnaberg, dessen Außenmauern sie bildete, über den heutigen Straßenzug „Graben" bis zum Burghügel, wo sie wieder an die Fulda stieß.

Nach Aussterben des thüringischen Landgrafenhauses in männlicher Linie wird der hessische Teil der Erbschaft seit 1247 vom Hause Brabant beansprucht. Als erster Landgraf zu Hessen wählt Heinrich I. (reg. 1263–1308) – ein Enkel der hl. Elisabeth – Kassel zu seiner ständigen Residenz. 1277 läßt er auf dem Burgberg eine neue Burg errichten und gründet auf dem jenseitigen Fuldaufer eine Neustadt, die sog. Unterneustadt. Bei der 1283 erstmals genannten *nova civitas Casale* – einem selbständigen Gemeinwesen mit eigener Verwaltung – handelte es sich um eine planmäßige Anlage. Die parallel geführten Straßen und Häuserquartiere umgaben mit ihrem regelmäßigen Straßennetz den rechteckigen Marktplatz mit der Pfarrkirche Maria-Magdalena. Eine Fuldabrücke wird erstmals 1336 erwähnt, die jedoch vermutlich bereits zusammen mit der Unterneustadt angelegt wurde. Die Brücke und das vom Kaiser bewilligte Privileg für drei Jahrmärkte konzentrieren den Verkehr noch stärker auf Kassel.

Ende des 13. Jahrhunderts erhält die Altstadt mit einer Bettelordensniederlassung ein weiteres charakteristisches Siedlungselement mittelalterlicher Städte. 1292 beginnen die Karmeliter – kurz zuvor vom Landgrafen nach Kassel gerufen – in unmittelbarer Nachbarschaft zur Burg mit dem Bau ihres Klosters an der Stelle der heutigen Brüderkirche und des Renthofes (Nr. 67).

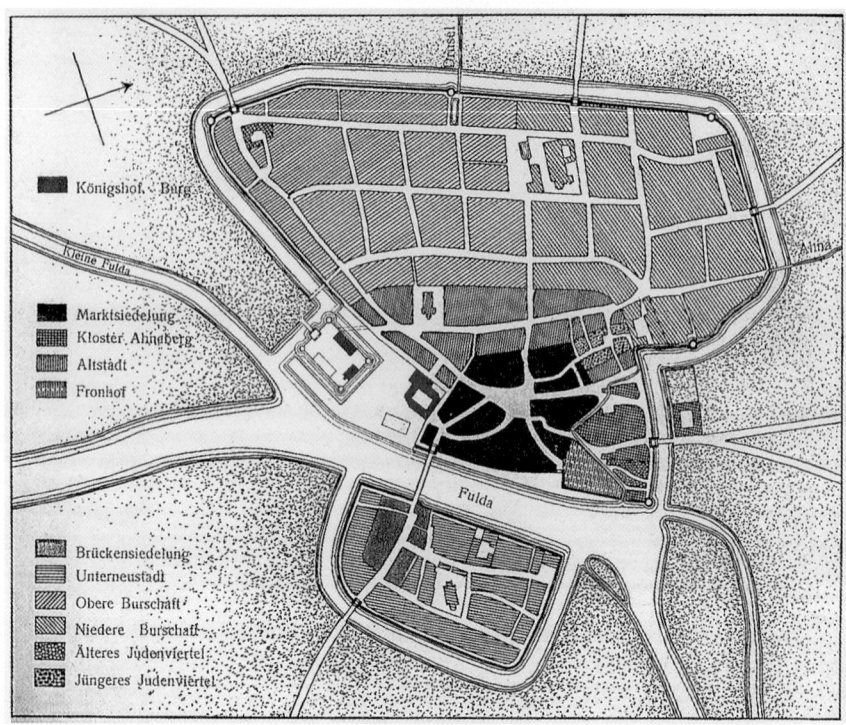

Abb. 1
Stadtgebiet Kassels im 14. Jh. (Altstadt, Unterneustadt, »Freiheit«)
Kassel city area, 14th c. (Altstadt, Unterneustadt, »Freiheit«)

Ebenfalls vergleichsweise spät und wiederum mit herrschaftlicher Unterstützung entsteht eine Einrichtung der karitativen Fürsorge. 1297 gründet Mechthild von Kleve – die zweite Gemahlin Landgraf Heinrichs I. – das Elisabethhospital. Es wird vor dem Zwehrener Tor am sog. Steinweg, der Straße Richtung Frankfurt und Köln, errichtet. Nach älteren Abbildungen zu urteilen, besaß das Spital die übliche Form mittelalterlicher Siechenhäuser: ein einfacher zweigeschossiger Rechteckbau mit einem Saal im Obergeschoß, der zugleich als Krankenraum und Kapelle diente, so daß die Kranken von ihren Betten aus am Gottesdienst teilnehmen konnten. Das heutige Erscheinungsbild des Gebäudes stammt aus dem 16. bzw. 20. Jahrhundert (Nr. 8).

Um 1330 läßt Landgraf Heinrich II. (reg. 1328-76) direkt nordwestlich der Altstadt eine zweite Stadterweiterung, die sog. „Freiheit", angliedern. Die Bezeichnung gründet auf dem Privileg, das die neuen Stadtbewohner für einige Jahre von sämtlichen Abgaben befreite. Die vorwiegend aus den umliegenden Ortschaften stammenden Bewohner bilden, gleich den Bürgern der Unterneustadt, ein rechtlich selbständiges Gemeinwesen mit eigener Verwaltung und Kirche. Es entsteht eine planmäßige Anlage aus annähernd rechtwinkligen, sich kreuzenden Straßenzügen – drei Längsstraßen mit acht Quergassen. Den Kern bilden auch hier nebeneinander liegend der Markt- und der Kirchplatz mit der Pfarrkirche St. Martin (Nr. 6), die 1366 zum Kollegiatsstift erhoben und entsprechend repräsentativ ausgebaut wird.

Mit der „Freiheiter" Stadterweiterung wird auch der Befestigungsring ausgedehnt. Die in der Stadt anfallenden Buß- und Strafgelder fließen in die Finanzierung der neuen Stadtmauer. Nach ihrer Fertigstellung wird die innere Umwehrung um die Altstadt aus dem 13. Jahrhundert niedergelegt, an sie erinnert gegenwärtig nur noch der Name und Verlauf des Straßenzugs „Graben". Von der erweiterten Stadtbefestigung sind heute lediglich der runde Druselturm (Nr. 5), der Zwehrener Turm (Nr. 10), das einzig erhaltene mittelalterliche Stadttor sowie ein kleiner Rest der Stadtmauer (Untere Karlsstraße 10–12) erhalten.

1377/78 werden die drei rechtlich eigenständigen Teile – Altstadt, Unterneustadt und „Freiheit" – zu einer Verwaltungseinheit unter einem Rat zusammengeschlossen. Wenige Jahre darauf nutzt Landgraf Hermann II. (reg. 1376–1413) die politischen und sozialen Spannungen innerhalb der Bürgerschaft aus, um ihr 1384 eine neue, klar herrschaftlich bestimmte Verfassung zu oktroyieren. Auch wenn die Bürger einige ihrer Rechte später zurückgewinnen, ist die Stadt und deren Entwicklung nun insgesamt stärker auf den Landesherren und seine Residenz ausgerichtet. Kassel ist am Ende des 14. Jahrhunderts eine mittelgroße Stadt von ca. 36 ha und schätzungsweise 4.000 Einwohnern. Die gegenüber dem ursprünglichen Altstadtgebiet verdreifachte Stadtfläche formuliert seitdem die vorerst endgültige Ausdehnung Kassels, die bis in die zweite Hälfte des 17. Jahrhunderts konstant bleibt und den Grundriß bestimmt (Abb. 1).

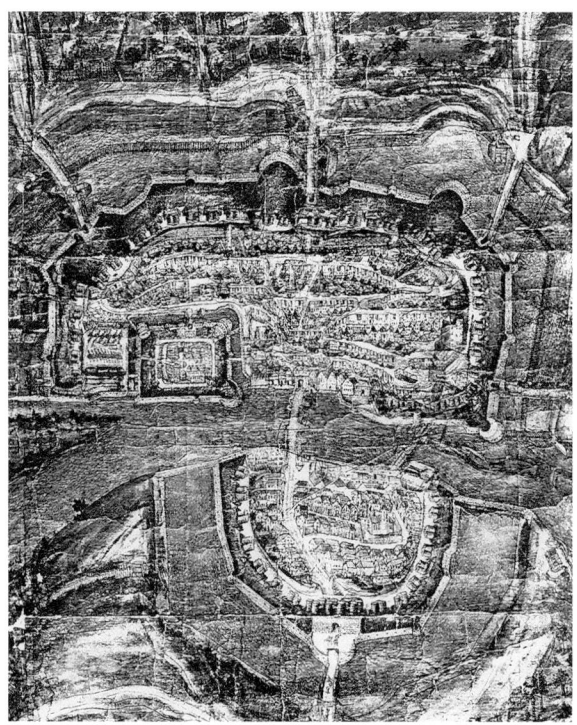

Abb. 2
Michael Müller: Stadtansicht 1547, kolorierte Federzeichnung
Michael Müller: View of city 1547, coloured pen-and-ink drawing

Nachdem sich die Stadt in ihrer kommunalen Entwicklung zunächst weitgehend konsolidiert hat, verändert sich das Stadtbild lediglich durch einzelne Baumaßnahmen im Inneren. Das gesamte 15. Jahrhundert bringt wenige nennenswerte Baudenkmäler hervor: es entstehen 1408 das Rathaus am Altstädter Marktplatz (1837 abgetragen), 1421 das Tuchhaus (1853 abgetragen) und das Hochzeitshaus, das im Gegensatz zu den engen Bürgerhäusern genügend Platz für größere Festlichkeiten bot (1909 zum Bau der Wilhelmsbrücke abgebrochen).

Umfangreiche Baumaßnahmen folgen erst wieder der verheerenden Brandkatastrophe im Jahre 1521. Am 20. Juli bricht im Westen der „Freiheit" – in der Nähe des Müller Tores – ein Feuer aus und da „der mehreste Theil Häuser mit Stroh gedeckt, verbrannten an die dreyhundert Bäue." Der Vermerk im Testament Landgraf Philipps (reg. 1518–67), er habe in Kassel „treffentliche Wohnheuser gebawet" und „auch viel heuser renovirt vnd gebessert", legt nahe, daß er den Schaden noch in seiner Regierungszeit beheben ließ. Aber noch folgenreicher sollte sich die von Philipp 1526 eingeführte Reformation in Form umfassender baulicher Veränderungen im Stadtbild abzeichnen: Kassel wird Festungsstadt.

Mit Einführung der neuen Konfession bricht man die Cyriacuskirche auf dem Marställer Platz ab. Die Steine werden für eine stärkere Befestigung des Landgrafenschlosses verwendet, das sich damit zu einer Art Zitadelle innerhalb der Stadt verwandelt. Die drei Seiten zur Stadt werden mit tiefem Graben und hohem Wall umzogen und mit vorgeschobenen Türmen bewehrt. Die erweiterte Umwallung hat den Abbruch eines Joches der angrenzenden Brüderkirche zur Folge. Zugleich wird auch die Stadt 1526–47 zu einer zeitgemäßen Festungsanlage ausgebaut. Im Jahr ihrer Fertigstellung beauftragt der Landgraf seinen Hofmaler Michael Müller, die imposante Fortifikation seiner Residenz bildlich darzustellen (Abb. 2); auf dem Bild erscheint Kassel nicht mehr als leicht befestigte Landstadt mit einfachen Mauern und Türmen. Die neu entwickelte Artillerie erfordert nun großdimensionierte und robuste Bollwerke. Der alten Stadtmauer mit Toren und Türmen wird ein bis zu 10 m hoher Erdwall mit Wassergraben vorgelagert, wobei die mächtigen halbrunden Erdwerke, auch als „Berge" bezeichnet, besonders deutlich zu erkennen sind.

Im selben Jahr 1547 gerät Philipp im Zuge des „Schmalkaldischen Kriegs" in kaiserliche Gefangenschaft. Dies hat zur Folge, daß der gerade vollendete Festungsgürtel wieder geschleift werden muß. Der Bericht zweier sächsisch-brandenburgische Räte führt die Entfestigung anschaulich vor Augen: „... aus der Statt Cassel (ist) fast ein Dorf gemacht und die Festunge dermassen geschleift, zerridden und zerwühlet, das unsers erachtens ein jeder unparteiischer und dieser dinge verständiger augenscheinlich sehen kann und bekennen muß, das dieser Festunge gewaltiglich das Herz genommen, ja das sie nicht vor eine Festunge

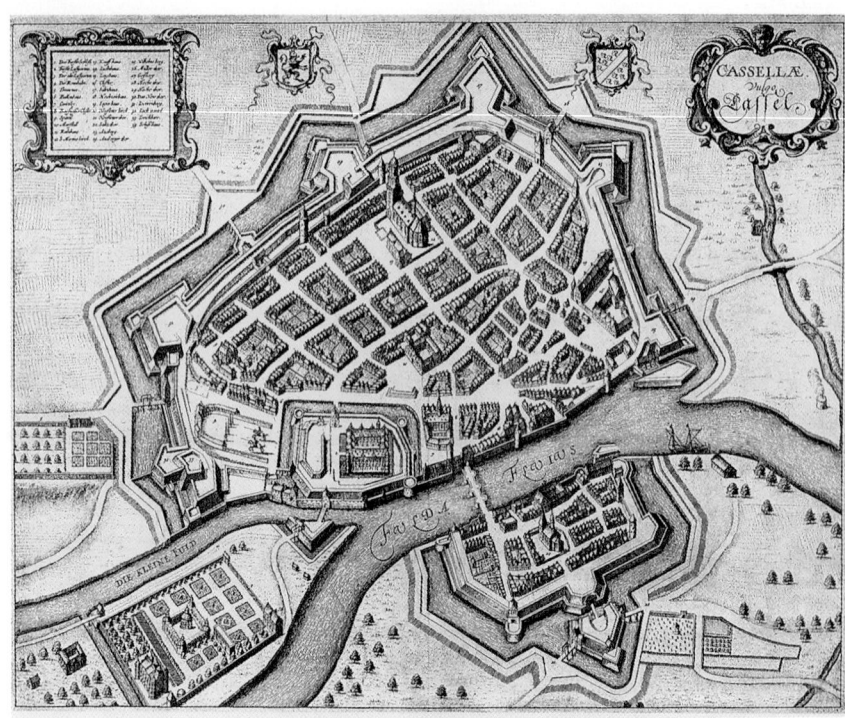

Abb. 3
Anonymus: Plan der Stadt Kassel 1646, Kupferstich nach Merian
Anonymous: plan of the city of Kassel, 1646, copperplate engraving after Merian

geachtet werden mag." Aber auch dies sollte sich bald wieder ändern, denn nach seiner Rückkehr widmet sich Philipp erneut der Befestigung seiner Residenz. Ebenso befaßt er sich aber auch mit zwei Anlagen vor den Mauern der Stadt, die in ihrer Bestimmung nicht unterschiedlicher sein konnten. So vervollständigt er einerseits den bereits 1529 von ihm begonnenen Lustgarten vor dem Zwehrener Tor, vor der südlichen Stadtmauer. Zum anderen legt er 1564 vor dem Hohen Tor, vor der nord-westlichen Stadtmauer, einen Totenhof an, der fast 300 Jahre als Begräbnisstätte dienen sollte: der heutige Lutherplatz (Nr. 56). Schon 1533 hatte Philipp, gegen den energischen Protest der Bürgerschaft, aus hygienischen Gründen die Verlegung der bei den Kirchen befindlichen Totenhöfe vor die Mauern der Stadt verfügt. Beim Bau der Lutherkirche 1897 (Nr. 56) blieben nur die bedeutendsten Gräber erhalten.

Philipps Sohn Wilhelm IV. (reg. 1567–92) führt die Befestigungsarbeiten, deren Bauleitung er bereits unter seinem Vater hatte, weiter fort. Er baut 1571–87 die damals bereits veralteten, an der Befestigungslehre Dürers orientierten Bastionen, nach modernen italienischen Vorbildern um. Dabei werden die bisher rund vorspringenden Erdwerke durch spitzwinklige, weit ins Vorfeld reichende, mehreckige Bastionen ersetzt. Kassel wird eine der stärksten Festungsanlagen Deutschlands. Die Stadtansicht und der Vogelschauplan Matthäus Merians von 1647 überliefern uns sowohl die mächtigen gemauerten Bastionen, hinter denen sich die Gebäude der Stadt abducken, als auch den ‚klassisch' sternförmigen Festungsgrundriß (Abb. 3). Die imposante Befestigung bewahrte Kassel zwar im Gegensatz zu anderen Städten im 30jährigen Krieg vor Zerstörung, behinderte aber zugleich das zivile Leben der Stadt und ihre wirtschaftliche und soziale Entwicklung bis ins späte 18. Jahrhundert. Die weitere Bautätigkeit beschränkt sich folglich auf punktuelle Vorhaben innerhalb der Mauern. Hier sind insbesondere die landgräflichen Großbauten hervorzuheben: 1580 wird im Osten, in direkter Nachbarschaft des zum Fruchthaus umgewidmeten ehem. Stifts Ahnaberg, mit dem Bau des stattlichen Zeughauses (Nr. 60) begonnen, das der Ausrüstung von etwa 25.000 Mann sowie rund 200 Geschützen Platz bot. Weitere Um- und Neubauten werden hauptsächlich nahe am Schloßbezirk durchgeführt. So wird dem ehem. Karmeliterkloster südlich (ab 1580) der Renthof (Nr. 67) mit dem Kanzleitrakt längs der Fulda angebaut. Und nördlich des Schlosses läßt Wilhelm 1591–93 die repräsentative Vierflügelanlage des Marstalls (Nr. 63) im Stil zeitgenössischer Schloßbauten errichten. Neben der eigentlichen Nutzung als Pferdestall und Rüstkammer war das Obergeschoß zusätzlich für die landgräfliche Kunst- und Wunderkammer sowie die fürstliche Bibliothek bestimmt. Diese drei Gebäude – Zeughaus, Renthof, Marstall – sind in ihrer Fassadengestaltung nahezu identisch. Die rauhen Bruchstein-Fassaden sind lediglich an Fenstern, Türen und Giebeln mit Werksteinapplikaten, Pilastern, Voluten etc. verziert. Das bereits 300 Jahre alte Elisabethhospital (Nr. 8) wird weiter ausgebaut und fungiert ab 1586/87 als Pflegestätte für altgediente Hofbeamte.

Unter Wilhelm setzen zugleich die ersten Baumaßnahmen und gärtnerischen Gestaltungen im Gebiet der heutigen Karlsaue (Nr. 71) ein. Da die Fläche um das Schloß keinen Platz für einen zeittypischen Lustgarten bot, wurde das damals fast inselartige Terrain zwischen der Kleinen und der großen Fulda unterhalb des Schlosses für einen solchen bestimmt. Nachdem zunächst eine Brücke über die Kleine Fulda geführt wurde (1568), legt man auf dem Nordostteil, der sog. Voraue (heute Hessenkampfbahn) einen Lustgarten an. Die in der Art eines botanischen Gartens angepflanzten exotischen Gewächse waren weithin berühmt. Ferner werden hier 1570/71 ein kleines Lust- und Badehaus, 1575 ein Schieß- und 1578 ein Pommeranzenhaus mit Meierei und weiteren Wirtschaftsgebäuden gebaut, zudem sind bereits Wasserkünste mit Springstrahlen in den Schriftquellen erwähnt. Der Residenzgarten zählte seinerzeit zu den eindrucksvollsten Anlagen dieser Art in Mitteleuropa.

Mit den zahlreichen imposanten Gebäuden im Stil der Weserrenaissance und Einrichtungen, wie der fürstlichen Bibliothek, den Kunstsammlungen und der ersten institutionalisierten Sternwarte Europas, baut Landgraf Wilhelm IV. Kassel zu einer repräsentativen Residenz aus, die gerade aus kulturhistorischer Sicht den Vergleich mit anderen deutschen Fürstenhöfen nicht zu scheuen braucht.

Exkurs: Das Schloß der hessischen Landgrafen (1557–1811)

Landgraf Philipp (reg. 1518–67) ließ unter der Bauleitung seines Sohnes Wilhelm IV. (reg. 1567–92) die über Jahrhunderte gewachsene Burg an der Fulda 1557–63 allmählich zu einem ansehnlichen Renaissanceschloß umbauen (Abb. 4). Das dreigeschossige Gebäude besaß die zeittypische Form einer Vierflügelanlage mit polygonalen Wendeltreppentürmen in den vier Hofecken, einer dreistöckigen Arkade an der nordöstlichen Hofseite und einem hohen Dach mit Volutengiebeln. Dieser Volutengiebel, auch als"Landgrafengiebel" bezeichnet, fand unter den Nachfolgern Philipps an zahlreichen herrschaftlichen Bauten in Hessen Verbreitung, z. B. an den Schlössern in Darmstadt und Marburg. Das Kasseler Schloß war nachweislich stark von der Anlage des kurz zuvor erbauten Dresdener Schlosses beeinflußt, das Philipp und Wilhelm aufgrund ihrer verwandtschaftlichen Beziehungen zu den Wettinern kannten. Die Gemächer und Säle wurden in den folgenden Jahrzehnten von Landgraf Wilhelm IV. und dessen Sohn Landgraf Moritz prachtvoll im Stil der Renaissance ausgestattet. Erhalten blieben z. T. die wertvollen Alabasterreliefs, die Elias Godefroy 1557–59 für das sog. „Alabaster Gemach" fertigte (Hessisches Landesmuseum, Kassel).

Im ausgehenden 17. Jahrhundert entsprach die enge und verwinkelte Anlage der Renaissancezeit nicht mehr den Ansprüchen an ein zeitgemäßes Residenzschloß. Jetzt, im Barock, waren großzügige Dreiflügelanlagen mit Ehrenhof und repräsentativen Treppen gefordert, mit vielfältigen Achsenbezügen in eine symmetrisch gestaltete Park-, Platz- oder Stadtanlage eingebunden. Eine Anzahl von Plänen (u.a. von Louis Remy Delafosse 1722) zeigt, daß auch Landgraf Karl (reg. 1677–1730) über einen entsprechenden Um- bzw. Neubau des Schlosses nachdachte. Von den Entwürfen wurde jedoch keiner realisiert. Der wachsende Hofstaat sorgte zwar für Raumnot, der man aber nur durch den Einbau von Zwischenwänden zu begegnen suchte.

Auch die Umbauten der Folgezeit konzentrieren sich ausschließlich auf das Schloßinnere, wobei man die Räume dem jeweiligen Zeitgeschmack anpaßte. Erst mit der Niederlegung der Fortifikationen unter Landgraf Friedrich II. (reg. 1760–85) kam es zu umfassenden Bauaktivitäten im Umfeld des Schlosses: südwestlich wurde an die Rennbahn ein Paradeplatz angegliedert (Simon Louis du Ry, 1726–99), im Nordwesten wurden mehrere Reihen Kastanienbäume, im Nordosten Beete mit Skulpturen angelegt. Am Schloß selbst erneuerte man Fenster, Portale und das Dekor, verputzte die Fassaden und gab ihnen einen neuen Anstrich. Mit diesen Rundum-Maßnahmen öffnete sich nun die landgräfliche Residenz zur Stadt im Sinne der aufgeklärt-absolutistischen Haltung des Landgrafen. Darüber hinaus beauftragte Friedrich zwei anerkannte Vertreter der Pariser Architekturakademie, Entwürfe zu größeren Schloßumbauten anzufertigen. Charles de Wailly (1730–98) schlug 1782 vor, dem Schloß durch Anbauten in Form von Risaliten und Kolonnaden die fällige Hierarchisierung und Rhythmik zu verleihen und es in Bezug zur Umgebung zu setzen; ein Plan noch ganz im Sinne des Barock. Der Entwurf von Claude Nicolas Ledoux (1736–1806) war hingegen in Dimension und Attitüde bereits vom Geist der später sog. „Revolutionsarchitektur" geprägt (Abb. 5): Es war eine Art „kolossaler Tempel", ein kubischer, dreistöckiger Baukörper über einem rustizierten Sockelgeschoß; die weitgehend ungegliederten, puristischen Fassaden sollten lediglich Serliana-Fenster enthalten, ein flaches Satteldach mit plastisch geschmückten Dreiecksgiebeln (in voller Breite der Fassade!) und zwei großen runden Aufbauten sollten den Bau abschließen. Für die Hauptfassade waren zwei Reihen korinthischer Kolossalsäulen vorgesehen, die das überstehende Dach tragen und eine Art Vorhalle bilden sollten. Es erübrigt sich fast zu sagen, daß beide Projekte nicht zustande kamen: Der Absolutismus war am Ende.

Kurfürst Wilhelm I. nimmt zwar noch einen größeren baulichen Eingriff vor, indem er 1803/04 durch Heinrich Christoph Jussow (1754–1825) eine schon früher projektierte Treppenanlage an der südwestlichen Hofseite ausführen läßt, aber schon 1811 (in der Zeit König Jérômes) brennt das alte Schloß nieder und wird fünf Jahre später gänzlich abgetragen. Von seiner Existenz (auf dem Areal des heutigen Regierungspräsidiums) zeugt nur noch das „Rondell", eine Bastion an der Fulda (Nr. 68).

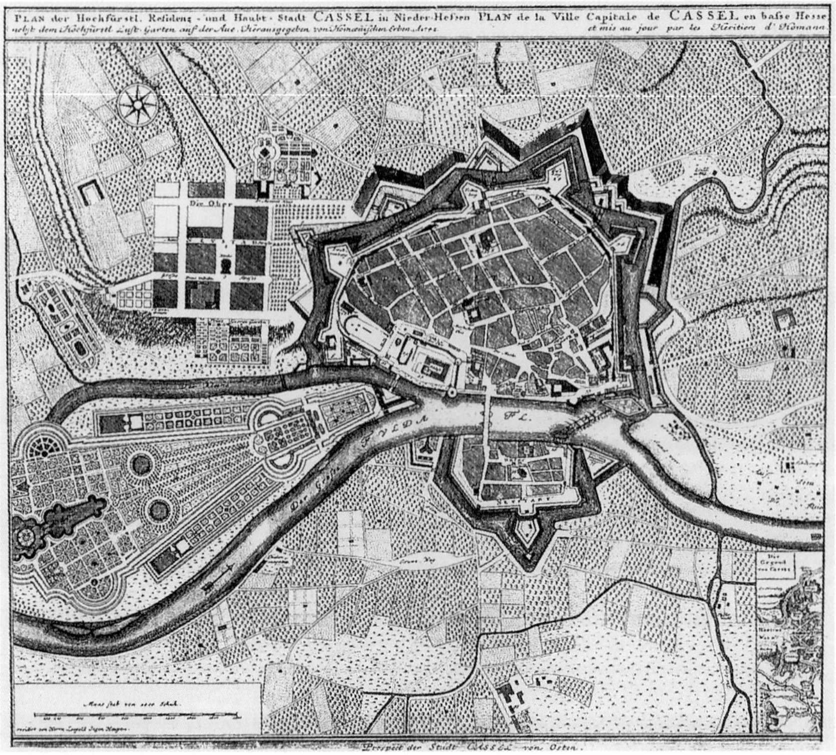

Abb. 4
Leopold: Stadtplan Kassel 1742, kolorierter Kupferstich
Leopold: Kassel town plan 1742, coloured copperplate engraving

Abb. 5
Johann Heinrich Eisenträger: Landgrafenschloß von Westen, nach 1775, Ölgemälde
Johann Heinrich Eisenträger: Landgraves' palace from the west, after 1775, oil painting

Zurück zur baugeschichtlichen Entwicklung Kassels. Landgraf Moritz der Gelehrte (reg. 1592–1627) zeigt nicht nur entsprechendes Interesse an Wissenschaft und Künsten wie sein Vater, sondern engagiert sich als fürstlicher Dilettant, so als Schöpfer von Kompositionen und Dichtungen, aber auch als Architekturzeichner. Neben der „Moritzaue" an der Stelle des väterlichen Lustgartens auf der Fuldainsel läßt er sich besonders den Bau des „Ottoneums" (Nr. 11) angelegen sein. Diesen ersten freistehenden Theaterbau Deutschlands, benannt nach seinem ältesten Sohn, errichtet Moritz 1603–06 südlich des Zwehrener Tores. Seine Vorliebe für das Theater zeigt sich auch bei prunkvollen Aufzügen in der Tradition italienischer trionfi und den als Turnierspiele zelebrierten Hoffesten, für die er südlich vom Schloß die sog. Rennbahn herrichten läßt. Der Beginn des 30jährigen Krieges verhindert jedoch ebenso wie die kulturelle auch die städtebauliche Entwicklung Kassels.

Bleibt die Stadt selbst auch von direkten Kriegszerstörungen verschont, so machen sich die wirtschaftlichen Auswirkungen des Krieges bald im Stadtbild bemerkbar, etwa darin, daß die Mittel der Bürgerschaft kaum noch für den Unterhalt der öffentlichen Gebäude ausreichen. Ein Schreiben des Bürgermeisters und des Rates an die Landgräfin Amalie Elisabeth (Wilhelm V. war 1637 verstorben) von 1644 verdeutlicht die Situation in so anschaulicher Weise, daß hier ein längeres Zitat erlaubt sei: „unter anderen täglich continuirenden und fast wachsenden Beschwerden nunmehr auch das Bauwesen in gar mangelhaften Zustand gerät, in deme nämlich etzliche kostbare Stadtgebäu also schadhaft werden, dass sie mit geringen Mitteln nicht zu reparieren, sondern starken Verlag erfordern (...). Item hat der mittelste Pfeiler an der Fuldabrücken auch großen Mangel bekommen (...). Zudeme liegen die überall baufällige Steinwege vor der Stadt männiglich vor Augen (...), wie dann auch die Brücken über die Stadtgräben täglich schlimmer und gefährlicher werden (...). Hergegen aber gemeiner Stadt Vermögen von Tag zu Tage also abnimpt und alle dero Intraden wegen der beschwerlichen bösen Zeiten so gering weren, dass die Stadtkammerei solche Bausachen (...) zu verlegen bei weitem nicht vermargk." Die Landgräfin bestimmt daraufhin, daß die bisher zur Ausbesserung des Walles – Häuser und Umwehrung waren 1643 durch ein Hochwasser beschädigt worden – verwandten Tor- und Schleusengelder nach Abschluß der Arbeiten für die Instandsetzung der Brücken und Wege genutzt werden sollen.

Nach dem immensen zivilisatorischen Rückschlag, den Hessen-Kassel, wie auch die meisten anderen deutschen Territorien, durch den 30jährigen Krieg erleidet, übernimmt mit Landgraf Karl (reg. 1677–1730) ein Fürst die Regierung, der seine Aufgaben als absolutistischer Landesherr in allen Bereichen des öffentlichen Lebens sieht und wahrnimmt: in der Verwaltung, dem Militär, der Förderung der Wirtschaft und der Künste. Hier gilt seine Vorliebe in ausgeprägter Weise der Architektur und der Gartenkunst. So entstehen vor den Toren der Stadt zwei bemerkenswerte Schöpfungen absolutistisch-repräsentativer Prägung. Weit außerhalb, am Osthang des Habichtswaldes, entsteht die Anlage des Karlsberges mit dem Herkules-Oktogon (Nr. 141). Vorbilder erkennt man in italienischen Villenanlagen, etwa der Villa d'Este in Tivoli und insbesondere der Villa Aldobrandini in Frascati, die Karl auf seiner Italienreise 1699/1700 besucht hatte. Und im Flußtal, in direkter Verbindung mit dem Landgrafenschloß, läßt er die Karlsaue mit der Orangerie (Nr. 70/71) anlegen, die in ihrer Gestaltung niederländisch-französischen Vorbildern verpflichtet ist.

Unter Karl entwickelt sich Kassel entschieden zu einer Residenz- und Garnisonstadt, ein Exulanten-Viertel kommt hinzu, wobei sich die damit verbundenen städtebaulichen Faktoren im Stadtbild widerspiegeln. Landgräfliche Ordnungen regeln die Reinigung, Pflasterung und Beleuchtung der Straßen, aber auch die Instandsetzung wüst gefallener städtischer Baustätten und verfallener Häuser nach einem vorgeschriebenen Muster. Darüber hinaus werden ein „Zucht- und Besserungshaus" (Karlshospital, Nr. 61), ein „Armen- und Waisenhaus" in der Unterneustadt und, nach Aufhebung der Einquartierungspflicht, Kasernen erbaut. Ferner läßt Karl eigens für die zahlreichen Architekturmodelle seiner ausgeführten oder geplanten Bauten ein sog. „Modellhaus" (zerstört) errichten. 1696 wird das „Ottoneum" (Nr. 11) für die landgräfliche Kunstsammlung und 1709 schließlich als Sitz des Collegium Carolinum umgebaut. Zur Förderung des heimischen Gewerbe entstehen in kurzer Zeit Kupferhammer und Messinghof (Nr. 172), eine Papier- und Pulvermühle, eine Eisenschmiede und eine Steinschleiferei.

Bereits ab April 1685, also ein halbes Jahr vor Aufhebung des Ediktes von Nantes, versucht Karl, mit der „Freyheits-Concession" hochqualifizierte Handwerker und Manufakturisten, vor allem aus Frankreich, für eine Übersiedlung nach Hessen zu gewinnen. Im Zuge des sechs Monate später einsetzenden Exodus von Hugenotten und anderen Glaubensgruppen aus Frankreich kommen ca. 4.000 Emigranten nach Hessen, von denen ein Großteil in Kassel seßhaft wird. Anfangs bringt man sie, soweit möglich, in der Altstadt, aber auch in Baracken am Schloßgraben unter. In der Folgezeit entstehen, als die beiden wichtigsten Projekte zur Ansiedlung der Refugées, die Oberneustadt in Kassel und die Hafenstadt Sieburg, seit 1715 Karlshafen genannt (Nr. 192).

Eine Stadterweiterung Kassels durch Vergrößerung der Unterneustadt, selbst die Errichtung einer eigenständigen Gewerbe- und Handelsstadt „Auf dem Forst" ist bereits vor der Flüchtlingswelle geplant. Letztlich entschließt sich Karl jedoch für eine Anlage auf einem Plateau im Südwesten der Altstadt (Abb. 6). Dabei spielte sicherlich eine Rolle, daß der größte Teil des Bauplatzes bereits in landgräflichem und städtischem Besitz war und nur noch geringe Flächen zugekauft werden mußten. Für die städtebauliche und architektonische Planung der Exulantenstadt verpflichtet Karl, auf Empfehlung Wilhelms von Oranien, den Festungsbaumeister von Maastricht: Paul du Ry (1640–1714).

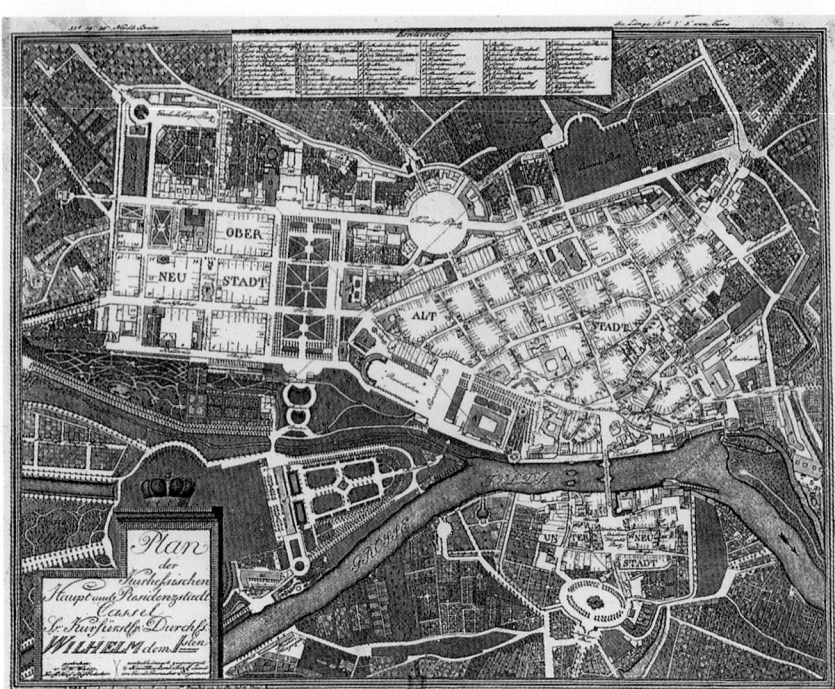

Abb. 6
G. W. Weise: Stadtplan Kassel 1803, Stich
G. W. Weise: Kassel town plan 1803, engraving

Du Ry plant eine nach neuesten stadtbautheoretischen Aspekten konzipierte Anlage – die sog. Oberneustadt (entspricht dem heutigen Gebiet zwischen Oberer Königsstraße, Schöner Aussicht, Friedrichsstraße
und Friedrichsplatz): Je zwei sich rechtwinklig kreuzende Straßen bildeten ein schachbrettartiges Grundmuster
aus neun Karrees. Die Verbreiterung des Mittelteils der ersten Querstraße, heute Wilhelmsstraße, ergab einen
schmalen Platz, in dessen Achse 1689–1706 die Karlskirche (Nr. 22) erbaut wurde. Das westlich an den
Karlsplatz stoßende Karree war öffentlichen Bauten vorbehalten. Hier am Wilhelmsplatz entstanden später das
Rathaus, das Messehaus und das Französische Hospital; heute nimmt das 1905–09 errichtete Rathaus (Nr.
36) den gesamten Block ein. Mit dem Bau des ersten Gebäudes der Neustadt, es ist Paul du Rys eigenes
Wohnhaus, wird 1688 begonnen. Doch trotz umfangreicher finanzieller und organisatorischer Unterstützung
seitens des Landgrafen schreitet die weitere Verdichtung der Baublöcke nur langsam voran; erst 1731 zählt
man 104 Häuser.

Paul du Ry konzipiert für die Oberneustadt einen schlichten, im Grund- und Aufriß symmetrischen
Wohnhaustyp: überwiegend zweigeschossige, traufständige Gebäude mit Satteldach, dreigeschossig mit
Mansarddach an den Straßenecken, jeweils mit drei oder fünf Fensterachsen. Ein Bogen- bzw. Dreiecksgiebel akzentuierte die mittleren um ein Geschoß erhöhten Achsen mit der Einfahrt oder Eingangstür. Die
Straßenfronten mußten laut landgräflichem Erlaß verputzt und mit Ölfarbe gestrichen sein, blieben aber bis auf
die leicht vorspringenden Verdachungen der Eingangsportale und der Beletage-Fenster ohne Dekor. Auch
der Grundriß folgte durchweg einem einheitlichen Schema: über den mittleren Haupteingang an der Straßen-
front erreichte man einen schmalen Flur, in dessen Tiefenachse sich ein Treppenkorridor anschloß. Beider-
seits vom Flur wie auch vom Treppenkorridor lagen die Zimmer, die hinteren Räume erhielten ihr Licht vom
rückwärtig angelegten Innenhof. Dieser Hof mit Galerien oder Balkons und meist einem kleinen Garten bildete
zugleich den Übergang vom Vorder- zum nicht selten ebenso ansehnlichen Hinterhaus. An diesem Typus
orientierten sich später auch die Wohnbau-Entwürfe des Sohnes von Paul du Ry, Charles, und des Enkels
Simon Louis (Abb. 7). Abgesehen vom Wohnhaus „Schöne Aussicht 9" (Nr. 21) und dem Haus „Friedrichsstraße 25" aus der 1. Hälfte des 19. Jahrhunderts, bei dem außer der Fassade auch noch die typische
Raumdisposition erhalten ist, erinnert heute nur noch die „Fünffensterstraße" namentlich an die ‚abgezählt'
ausgewogene, dabei schlichte Fassadengestaltung der hugenottischen Wohnhausarchitektur.

Entlang des Auehangs mit eindrucksvollem Fernblick auf die Landschaft im Osten entstanden vornehmlich
landgräfliche Palais (Abb. 8). Neben dem Palais Bellevue (Nr. 24) errichteten sich hier in der Folgezeit die
Prinzen Wilhelm, Georg und Maximilian sowie der spätere Landgraf Friedrich ihre städtischen Residenzen.
Prinz Georg verband sein Palais über einen Terrassengarten, heute Anlage der Kriegergedächtnisstätte

Abb. 7
Claude Nicolas Ledoux: Umbauentwurf zum Landgrafenschloß (Fuldaseite), nach 1775, Zeichnung
Claude Nicolas Ledoux: Design for rebuilding of landgraves' palace (Fulda side), after 1775, drawing

Abb. 8
Anonymus: Wohnhaus Simon Louis du Rys, Ende 18. Jh., aquarellierte Zeichnung
Anonymous: home of Simon Louis du Ry, end of 18th c., watercoloured drawing

(Nr. 71), mit der Aue. Den fürstlichen Vorbildern folgend, entwickelte sich die Oberneustadt zu einem bevorzugten Wohnquartier von Adeligen und hohen Hofbeamten. Das repräsentative Wohnviertel war nicht nur städtebaulich (außerhalb des Befestigungsgürtels ohne eigene Umwehrung), sondern auch verfassungsrechtlich von der Altstadt getrennt. Dies hatte vorerst Probleme für eine ausgeglichene Entwicklung des gesamten Stadtgefüges zur Folge, besonders hinsichtlich sozialer und wirtschaftlicher Verflechtungen.

Von der barocken Stadterweiterung ist nach den Zerstörungen des 2. Weltkrieges kaum noch etwas erhalten, auch der historische Grundriß ist infolge des Straßenringsystems der 1950er Jahre sowie der Baulücken und neuen (Park-)Plätze nahezu negiert. Die öden Baublöcke der Justizverwaltung riegeln die Stadt zur Aue hin ab, nur der Straßenname erinnert noch an die „Schöne Aussicht" vom einst so prominenten Wohnquartier am Auehang.

Im Verlauf des 7jährigen Krieges hat Kassel unter mehreren Besetzungen und Belagerungen zu leiden. Damit zeigte sich, daß die mächtigen Festungsanlagen der Stadt ihren militärischen Zweck verloren hatten. Folgerichtig läßt Landgraf Friedrich II. (reg. 1760–85) ab 1767 die Fortifikationen schleifen und statt dessen eine einfache Zollmauer errichten, die nun auch die Oberneustadt mit einschließt. Reste dieser Zollmauer sind noch in der Wallstraße der Unterneustadt erhalten. Mit der Entfestigung eröffnet sich die Möglichkeit, die bis dato eingeschnürte mittelalterliche Altstadt in die Umgebung wachsen zu lassen, vor allem – im Rahmen

Abb. 9
Palais an der »Schönen Aussicht« (Oberneustadt), Fotografie 1939
Palace in »Schöne Aussicht« (Oberneustadt), photograph 1939

Abb. 10
Palais Waitz von Eschen (zerstört), Fotografie um 1900
Waitz von Eschen palace (destroyed) photograph c. 1900

Abb. 11
Wohnhaus J. M. Brühl (zerstört), Fotografie um 1920
Home of J. M. Brühl (destroyed), photograph c. 1920

eines städtebaulichen Gesamtkonzepts – mit der bislang isolierten barocken Oberneustadt zu vereinen. Mit dieser planerischen Aufgabe betraut Friedrich den bereits erwähnten Sproß der in Kassel ansässig gewordenen Architektendynastie, Simon Louis du Ry (1726–99).

Dieser entwickelt ein Stadtbaukonzept, das weitsichtig den funktionalen, ästhetischen und städteplanerischen Anforderungen gerecht wird. Mit der Anlage dreier repräsentativer Plätze, die sich auf dem ehem. Befestigungsring um den südwestlichen Teil der Altstadt legen, schafft er eine harmonische, verkehrstechnisch günstige und weitläufige Verbindung beider Stadtteile (Abb. 6): Im Nordwesten entsteht der Königsplatz (Nr. 1), im Südwesten der Friedrichsplatz (Nr. 20) und im Süden der Paradeplatz mit Kolonnaden (zerstört). Ferner wird die Hauptstraße der Oberneustadt – die spätere Obere Königsstraße – weiter ausgebaut. Als Hauptachse bildet sie eine direkte Verbindung zur Altstadt und markiert gleichzeitig den stadtseitigen schmalen Abschluß des Friedrichsplatzes. An ihrem oberen Ende legt du Ry später den Wilhelmshöher Platz (heute Brüder-Grimm-Platz, Nr. 30) an als Gelenk zur 1777 begradigten Weißensteiner (heute Wilhelmshöher) Allee.

In der Oberneustadt, um die Platzanlagen und entlang der Oberen Königsstraße mit ihren großzügigen und freiräumigen Grundstücken, liegen folglich die Schwerpunkte des weiteren Ausbaus der Residenzstadt. Neben zahlreichen öffentlichen Bauten, wie Meßhaus, Rathaus, Oper und Museum Fridericianum (Nr. 10), entstehen hier mit staatlicher Unterstützung vorwiegend bürgerliche Wohnhäuser und Adelspalais.

Einige Gebäude nahmen jedoch eine bauliche Sonderstellung ein, wie z. B. das Palais Jungken (zerstört, ehem. Friedrichsplatz), das Palais Waitz von Eschen (zerstört, ehem. Opernplatz; Abb. 10) oder das Palais Hessen-Rotenburg (zerstört, ehem. Königsplatz). Die repräsentativere Fassadengestaltung dieser Häuser drückt nicht allein den Anspruch auf höheres Sozialprestige aus, sondern verdankt sich auch der exponierten Lage und ist damit Teil des städtebaulichen Gesamtkonzepts. Darüber hinaus gab es aber auch bürgerliche Wohnhäuser, die aufgrund reicher Fassadengestaltung mit Stuckdekor aus dem größtenteils einheitlichen Straßenbild herausstachen, so u.a. das Wohnhaus des Bildhauers J. A. Nahl (zerstört, ehem. Königsstraße) und das des Hofstukkateurs J. M. Brühl (zerstört, ehem. Königsplatz; Abb. 11). Eine architektonische Besonderheit stellte insbesondere die 1770–74 rechts vom Fridericianum errichtete Elisabethkirche dar. Aufgrund der „Assekurationsakte" war es im reformierten Hessen untersagt, katholische Kirchen zu errichten. Doch der zum Katholizismus konvertierte Landgraf Friedrich II. unterlief diese Bestimmung, indem er das „Geistliche Haus" in seiner äußeren Form dem Palais Jungken, links vom Fridericianum, anglich und es somit zum scheinbar weltlichen Pendant ohne sichtbare sakrale Funktion machte (Abb. 12).

In der eigentlichen Altstadt mit ihren drei- bis viergeschossigen, meist giebelständigen Fachwerkhäusern beschränkt sich dagegen die Bautätigkeit auf wenige Sanierungsprojekte. Dem 1775 gegründeten Baudepartement kommt die Aufgabe zu, die Hausbesitzer durch Strafandrohung oder Vergünstigungen zu bewegen, ihre alten Häuser durch neue zu ersetzen oder zumindest ‚Fassadenkosmetik' (Verblendung) zu betreiben; ein Unterfangen, dem wenig Erfolg beschieden ist.

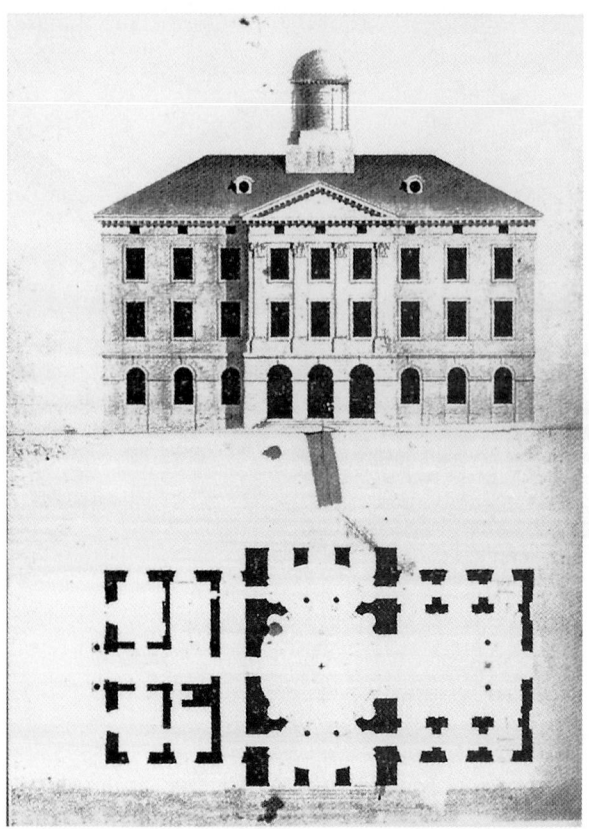

Abb. 12
Justus Schnackenberg: Grund- und Aufriß Elisabethkirche, 1823, Zeichnung
Justus Schnackenberg: Ground plan and elevation, Elisabethkirche, 1823, drawing

Während das barocke Planungsprogramm noch den Residenzstadtideen des Absolutismus verpflichtet ist, lassen die Stadtbaukonzepte und Gebäude von Simon Louis du Ry bereits den geistigen und stilistischen Umbruch seiner Zeit erkennen. Die Anlage des Friedrichsplatzes und die dort in zeitlich wie räumlich dichter Folge errichteten Bauten veranschaulichen diesen Wendepunkt am deutlichsten. Zeigen die Gebäude vor 1770 noch überwiegend Elemente des Spätbarock, kündigt sich mit dem Bau des Museums Fridericianum (Nr. 10) an exponierter Stelle die Hinwendung zur Aufklärung und zum Klassizismus an.

Außerhalb der Stadt macht sich der neue Geist noch früher und auffälliger bemerkbar: So läßt Friedrich II. bereits seit 1766 den Karlsberg mit Anlagen im englischen Gartenstil erweitern. Unter seinem Nachfolger Wilhelm IX. (reg. 1785–1821) erfolgt die zweite, ausgreifende Umgestaltungsphase, während der die Parkanlage zu einer ausgedehnten, idealisierten Naturlandschaft ausgebaut wird. Die Bautätigkeiten konzentrieren sich hierbei auf den Neubau des Weißensteiner Schlosses (seit 1798 „Wilhelmshöhe" genannt, Nr. 134), das seit 1785 durch Simon Louis du Ry an Stelle eines älteren Jagdschlosses errichtet wird.

Drei Jahre später wird Heinrich Christoph Jussow (1754–1825) zum landgräflichen Baudirektor ernannt und sogleich in die Umgestaltung des Parks und in den Schloßbau einbezogen; bald gehen von ihm die maßgeblichen Impulse für die weiteren Planungen aus. So setzt sich Jussows Entwurf beim Bau des Corps de logis durch, und auch an den Parkbauten ist er entscheidend beteiligt. Hier sind insbesondere der Aquädukt (Nr. 140) und die Löwenburg (Nr. 139) zu nennen. Schloß und Bergpark Wilhelmshöhe (Nr. 134/140) – in einer Zeitspanne von 130 Jahren (1700–1830) entstanden – vereinen in einzigartiger Weise die architektonischen und gartenkünstlerischen Ideale der betreffenden Epochen: ein Ensemble, das in Europa seinesgleichen sucht.

Nach der erfolgreichen Modernisierung der Residenzstadt, die man vor allem der urbanistischen Weitsicht du Rys verdankt, kann sich Wilhelm auf punktuelle Baumaßnahmen in der Stadt konzentrieren. 1788–93 wird die baufällig gewordene alte Fuldabrücke durch eine neue ersetzt. Um die beiden Marktplätze, den Altmarkt in der Altstadt und den Holzmarkt in der Unterneustadt, durch eine geradlinige Straßenachse zu verbinden, errichtet man die neue Brücke weiter flußabwärts. Dafür müssen jedoch mehrere ältere Gebäude abgetragen werden, so die gotische Magdalenenkirche auf dem Holzmarkt, die später durch einen Neubau (zerstört) von Jussow auf dem Leipziger Platz ersetzt wird. Mit der Erlangung der Kurfürstenwürde 1803 wendet sich Wilhelm in erster Linie der angemessenen Gestaltung der Toranlagen zu, hier ist insbesondere auf die des Wilhelmshöher Platzes (Nr. 30) zu verweisen.

Die Besetzung Kurhessens durch franz. Truppen 1806 und die Errichtung des „Königreichs Westphalen" unter König Jérôme, Bruder Napoleons, stellt neben vielen weiteren Einschnitten zweifellos auch eine städtebauliche Zäsur für die Residenzstadt Kassel dar. Die neuen Verhältnisse, die sich vor allem in einer umfassenden Verwaltungs- und Rechtsreform äußerten, sollten durch eine am Napoleonischen Empire orientierte Architektur im Stadtbild zum Ausdruck kommen. Neben dem jungen Leo Klenze (1784–1864), nächst Friedrich Schinkel der bedeutendste deutsche Architekt in der 1. Hälfte des 19. Jahrhunderts, ernennt man den namhaften Pariser Entwurfsarchitekten Auguste Victor Grandjean de Montigny (1776–1850) zum Ersten Baumeister (premier architecte) des Königs. Seine Berufung steht im direkten Zusammenhang mit dem Umbau des Museums Fridericianum zum Ständesaal (Nr. 10), der wichtigsten Einrichtung für die politische Selbstdarstellung des jungen Königreiches. Klenzes Beiträge sind nur zum Teil verwirklicht worden. Zu nennen ist das Hoftheater auf der Wilhelmshöhe (Nr. 130), damals „Napoleonshöhe", und das Marstallgebäude an der Schönen Aussicht (beim Bau der Neuen Galerie 1871 abgebrochen). Auch die Bautätigkeit im privaten Bereich zeigt nur recht bescheidene Ausmaße. Angehörige des „westphälischen" Neuadels geben während der Interimsregierung nur etwa 20 Stadthäuser und Palais in Auftrag. Von den öffentlichen Projekten, die dem planmäßigen Ausbau der Residenzstadt dienen sollten, etwa eine südliche Erweiterung der Unterneustadt mit einer „Ville commerçale", wird nur wenig realisiert. Dies läßt sich gleichermaßen auf die kurze Dauer des künstlichen Staatsgebildes wie auch auf dessen notorischen Geldmangel zurückführen.

Der Wiener Kongreß (1814/15), der sich nach dem Sieg über Napoleon die Neuordnung Europas zur Aufgabe macht, bringt dem nach Kassel zurückgekehrten Wilhelm I. weder den begehrten Königstitel noch einen wirklichen Gebietsgewinn, als einziger deutscher Fürst behält er die bedeutungslos gewordene Kurwürde. So konzentriert er sich in seinem restaurierten Kurstaat vornehmlich auf eigene Projekte; öffentliche Bauten gibt er nicht mehr in Auftrag. Größtes Bauvorhaben ist die „Chattenburg" an der Stelle des 1811 unter Jérôme abgebrannten Landgrafenschlosses über der Fulda. Das Riesenprojekt einer neuen Residenz ist in dieser Zeit anachronistisch geworden, und der beauftragte Architekt, Jussow, muß sich bei Großresidenzen vergangener Zeiten umsehen, u. a. in Würzburg, Versailles und Caserta, um den restaurativen Ehrgeiz seines Landesherrn zu befriedigen. Ergebnis ist ein Monumentalbau klassizistischer Formensprache, der allerdings nicht über die Höhe der Fensterlaibungen des Erdgeschosses hinauswächst, da die Bauarbeiten nach dem Tod Wilhelms 1821, nicht zuletzt wegen der überbordenden Kosten, eingestellt werden.

Die Pariser Juliunruhen von 1830 erreichen auch Kassel und führen zur Einberufung der Landstände, denen Wilhelm II. die Ausarbeitung einer Verfassung zugestehen muß. In Anwesenheit einer Delegation liberal gesonnener Bürger, an deren Spitze Kassels Bürgermeister Karl Schomburg steht, unterzeichnet der Landesherr die Verfassungsurkunde. Wilhelm II., skandalumwitterter Maitressenliebhaber, zieht sich noch im selben Jahr aus Kassel und von der Regierung zurück und ernennt seinen Sohn, Kronprinz Friedrich-Wilhelm, zum Mitregenten, der de facto aber fortan allein regiert.

Sascha Winter

Von der Kurfürstlichen Residenz bis heute

In den letzten Jahrzehnten des Kurfürstentums Hessen wurden nicht nur wichtige stadtplanerische Weichen für die Zukunft der Residenzstadt Kassel gestellt, auch die industriellen Wurzeln der Stadt liegen in dieser Zeit. 1834 trat Kurhessen dem Deutschen Zollverein bei; mit der 1810 gegründeten Firma Henschel entstand eine Maschinen-, Waggon- und Lokomotivenfabrik, die im 19. Jahrhundert Weltgeltung erlangte. Das einzige Zeugnis der Industriearchitektur dieser Zeit ist das 1836/37 errichtete großartige Henschel'sche Gießhaus (Nr. 145).

Die Einwohnerzahl lag zu Beginn des Jahrhunderts bei etwa 18.000, erst in der zweiten Jahrhunderthälfte sollte sie sprunghaft ansteigen. 1848 wurde Kassel mit der Friedrich-Wilhelm-Nordbahn an das Eisenbahnnetz angeschlossen und erhielt im folgenden Jahrzehnt einen repräsentativen Bahnhof (Nr. 52); von einer fürstlichen Wirtschafts- oder Handelspolitik ist jedoch kaum etwas zu spüren. Wirtschaftliche Lethargie verband sich in diesen Jahrzehnten mit politischer Düsternis, die auch durch die 1854 in Betrieb genommene städtische Gasbeleuchtung nicht aufgehellt wurde.

Die erste, an den Stadtkern anschließende Stadterweiterung des 19. Jahrhunderts vollzog sich in den 1830er Jahren und umfaßt die sog. Friedrich-Wilhelms-Stadt, den heutigen Ständeplatz (Nr. 40). Weder nach Norden noch nach Westen, entlang der durch die Torhäuser Jussows (Nr. 34) akzentuierten Wilhelmshöher Allee, die von suburbanen Gartenvillen gesäumt wurde, kam es zu systematischen Bauvorhaben, die den Begriff ,Stadtplanung' rechtfertigen. Schriftliche Quellen und die Stadtpläne der ersten Jahrzehnte des 19. Jahrhunderts vermitteln einen nahtlosen Übergang von der barocken Kernstadt in die kaum besiedelte Naturlandschaft – im Norden entlang der heutigen Wolfsschlucht, im Westen entlang der heutigen Fünffensterstraße.

Zu den bemerkenswerten Bauwerken dieser Zeit zählt die 1836 erbaute Synagoge des Kasseler Architekten Albrecht Rosengarten. Es handelte sich nicht nur um einen Initialbau für die allerdings langsam verlaufende städtische Norderweiterung jenseits des Holländischen Tores, sondern um eine der ersten deutschen Synagogen des 19. Jahrhunderts, deren Errichtung überdies von einer intensiven und kontroversen Diskussion um einen dem jüdischen Glauben angemessenen Architekturstil begleitet wurde. Entgegen der später üblichen Anlehnung der Synagogen an orientalischer Architektur griff Rosengarten auf die Formensprache der Romanik zurück und versinnbildlicht damit die Assimilierungsbemühungen der jüdischen Gemeinde.

Über geringe städtebauliche Bedeutung, jedoch unübersehbare Herrschaftsgestik, verfügte das prachtvolle Kurfürstliche Residenzpalais (Nr. 19), das zwischen 1821 und 1825 errichtet wurde. Das sog. Rote Palais, das durch den Schloßbrand 1811 notwendig geworden war, erbaute Bromeis zwischen Fridericianum und Palais von Jungken am Friedrichsplatz und verlagerte damit den Regierungssitz vom Fuldaufer in die Innenstadt – ein Bruch mit einer Jahrhunderte währenden Tradition, der nicht von langer Dauer sein sollte.

Das Jahr 1866 bildete eine Zäsur in politischer, sozialer, kultureller und damit auch städtebaulicher Hinsicht. Mit der preußischen Annexion von Kurhessen verlor Kassel zwar seinen Residenzstatus, aber der zur Hauptstadt der preußischen Provinz Hessen-Nassau erhobenen Kommune eröffneten sich nun großstädtische Perspektiven. Trotz der unermeßlichen Substanzverluste belegt die Architektur und die an ihr ablesbare Stadtentwicklung welcher Rang dem preußischen Verwaltungszentrum nach 1866 zugedacht war. Die sich schnell vergrößernde preußische Staatsverwaltung benötigte Wohnraum für ihre Beamten und Miltärs, neue Verwaltungsgebäude, Kasernen und angemessene Orte der Zerstreuung. In Zahlen ausgedrückt liest sich die Entwicklung des Bauaufkommens wie folgt: Wurden zwischen 1858 und 1866 467 Wohnhäuser errichtet, so waren es zwischen 1866 und 1873 1032 Neubauten. Die Einwohnerzahl stieg von 46.300 im Jahr 1871 auf 72.477 im Jahre 1890 (Abb. 13).

Verlief die wirtschaftliche und demographische Entwicklung Kassels in den ersten Jahren unter preußischer Regierung noch langsam, so war sie nach der Reichsgründung 1871 wie in allen Städten von enormer Rasanz. Allem voran zog das sprunghaft ansteigende Industrieaufkommen neue Einwohner vom Land in die Stadt. Daneben wuchs die städtische Bevölkerung auch durch die Stationierung preußischer Soldaten und den Zuzug von Beamten, an deren sozialen Bedürfnissen und Standards sich die ersten Stadterweiterungen orientierten.

Die bemerkenswerteste und großräumigste dieser Stadterweiterungen in preußischer Zeit stellt die Hohenzollernstadt dar, das heute als „Vorderer Westen" betitelte Quartier zwischen Friedrich-Wilhelms-Stadt und Wilhelmshöher Bahnhof. Als treibende Kraft wirkte der Kasseler Textilfabrikant Siegmund Aschrott (1826–1915), der seit Ende der 60er Jahre Land von den umliegenden Gemeinden Wehlheiden, Kirchditmold und Wahlershausen erstand, um eine einheitliche, stadtplanerische Westerschließung zu ermöglichen.

Bei den städtischen Behörden stieß der zukunftsweisende und großstädtisch dimensionierte Plan zunächst auf Unverständnis und Ablehnung, die übrigens nie völlig wichen. Aschrott, der als Heereslieferant für großflächige Webbahnen hoch im Kurs stand, war vorerst gezwungen, die Erweiterung als selbständiger Unternehmer auf eigenes Risiko voranzutreiben, das von Fachleuten als hoch eingestuft wurde.

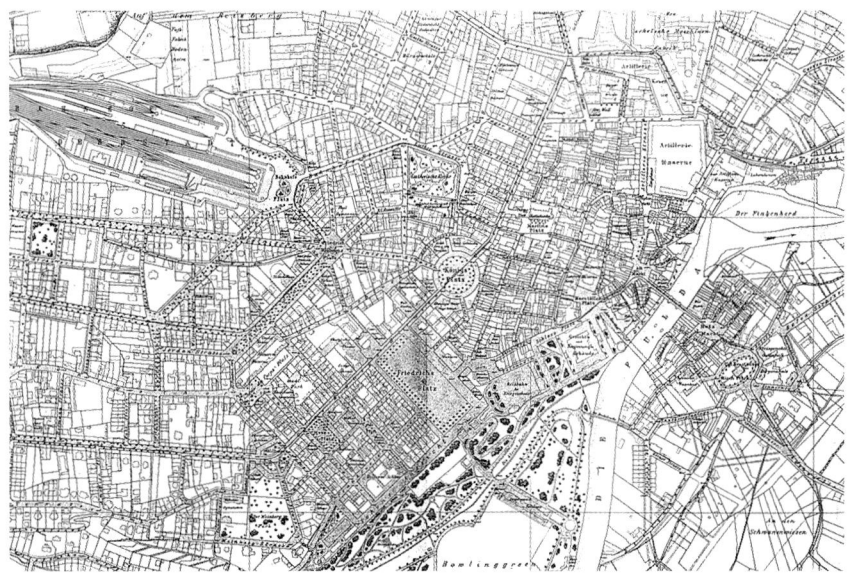

Abb. 13
Stadtplan von W. Blumenauer, 1896
Town plan by W. Blumenauer, 1896

Haupterschließungsachsen sind die vom Ständeplatz bis zur Querallee geführte Hohenzollernstraße (heute Friedrich-Ebert-Straße) und die parallel verlaufende Kölnische Straße. Deren Bebauung und Nebenstraßenanbindung konnte Aschrott 1869 mit den städtischen Behörden vertraglich regeln. Anfangs erfolgte die Straßenanlage im konventionellen Schachbrettsystem. Allein die 1875 angelegte und den neuen Stadtteil mit dem Hauptbahnhof verbindende Viktoriastraße (heute Bürgermeister-Brunner-Straße) verläuft diagonal zum Raster und bildet eine Parallele zum Ständeplatz.

1884 wurde das Wegenetz für die Erweiterung westlich der Querallee festgelegt. Zu diesem Zeitpunkt hatte Aschrott ca. 127 Hektar Bauland erworben, die Kanalerschließung durch städtische Unternehmen bezahlt und sich um den Verkauf der Parzellen gekümmert. Hinzu kamen zahlreiche Schenkungen: Er überließ den anzusiedelnden Kirchengemeinden Bauland und errichtete für die englische Kolonie ein Gotteshaus.

Die Besiedlung des neuen Viertels schritt nur langsam voran. Um einen gehobenen Wohnstandard – große, unbebaute Höfe, Randbegrünung, Vorgärten, breite Straßen, Parks – durchzusetzen, war eine Bebauung von lediglich 50% der Bodenfläche vorgesehen, was die Grundstückseigner finanziell belastete und zunächst zu Leerständen führte.

Sehr spät (ab 1896) gelang es, den bedeutendsten deutschen Stadtplaner im 19. Jahrhundert, Josef Stübben, mit einem Entwurf zu beauftragen. Wir sind über diesen nicht informiert, auch kann der aktive Anteil Stübbens an der Planung nicht sehr groß gewesen sein. Vermutlich orientierte sich Aschrott jedoch an publiziertem Material: Den vielgerühmten Entwürfen Stübbens für die Kölner Neustadt, für Berlin, Düsseldorf und andere Städte.

Das Areal westlich der Querallee besitzt eine großzügigere räumliche Gliederung als das Gebiet der früheren Erschließungen. Durch die hier diagonal zu den Hauptachsen geführten Straßen konnten die enormen Höhenunterschiede besser ausgeglichen werden. Die dabei entstehenden spitzen und stumpfen Winkel bilden reizvolle Plätze. Bürgersteige, Reitwege und Baumreihen säumten die Straßen; Parkanlagen lockern die Bebauung auf. Alles in allem ein urbaner Zuschnitt für die wohlhabenderen Schichten, Staatsbeamte, Offiziere, Kaufleute, die bis dato in der Oberneustadt zu Hause waren. Folgerichtig wurde das Viertel auch freigehalten von Industriebetrieben oder größeren Werkstätten.

Plätze und Kreuzungen wurden durch Kopfbauten akzentuiert, die mit Kuppeln und Türmchen die Nachbarhäuser überragten. Es gelang auch, Verwaltungsbauten und Kirchen anzusiedeln, die aber alle erst spät entstanden: Polizeipräsidium (1905; Nr. 86), Oberpostdirektion (1904–06; Nr. 47), Landesversicherungsanstalt (1905; Nr. 88), Friedenskirche (1905–08; Nr. 98), Rosenkranzkirche (1900/01; Nr. 99), Stadthalle (1911–14; Nr. 100). Die Erbauungsdaten machen deutlich, daß eine merkliche Verdichtung des neuen Stadtviertels erst ab 1900 gelang.

Sieht man von der Gartenvilla des Architekten Bromeis (Nr. 51) oberhalb des Bahnhofs oder dem Haus des Baustoffhändlers Scheldt (Nr. 48) ab, hat sich von der Architektur der ersten Bauphase in der Hohenzollernstadt nur wenig erhalten. In der Friedrich-Ebert-Straße finden sich zwischen Annastraße und Querallee einige Häuser aus dieser Zeit (vermutlich 80er Jahre). Es handelt sich um vier- und fünfgeschossige, traufenständige Ziegelbauten mit wuchtigen Balkonen und Sandsteinsäulen an Fensterädikulen und Portalen.

Eine stilistische Entwicklung ist kaum zu erkennen. Dem historistischen Stilmix entspricht eine variantenreiche Raumgliederung, geschlossene und offene Bebauung wechseln ab. Während für eine geschlossene Bebauung vor allem mehrgeschossige Miethäuser in Frage kamen, dienten freistehende Villen (u. a. Querallee, Goethe- und Parkstraße) den Bauherren als Wohnraum. Wahrhaft historistisch ist auch die von Zeitgenossen stark kritisierte Fassadenvielfalt: Neben Häusern, die mit neobarockem (auch im Lokalkolorit) oder klassizistischem Dekor geschmückt sind, finden sich auffallend viele, die sich der Formenwelt der lokalen Weserrenaissance anpassen. Besonders erfolgreich war zeitweise die Neogotik, da einer ihrer Hauptvertreter, der Architekt und Theoretiker Georg Gottlob Ungewitter (1820–1864), in Kassel wirkte und am Polytechnikum seine Schüler ausbildete. Erst mit dem Jugendstil verschaffte sich um 1900 ein aus der Zeit geborenes Stilbewußtsein eine Stimme. Jugendstilhäuser sind daher ausschließlich im zweiten Bauabschnitt und nahezu überall zu finden, einheitliche zusammenhängende Ensembles entstanden jedoch nicht. Bei dieser Art von Jugendstil handelt es sich meist nur um schablonisierten Fassadenschmuck, also nicht jene elaborierten Baukörper organisch floralen Zuschnitts, wie man sie in Wien, Darmstadt und anderswo findet.

Zwischen 1900 und 1914 sowie nach 1918 wurde der Stadtteil durch die Anlagen des Beamten-Wohnungs-Vereins (u. a. in der Murhardstraße), des Arbeiter-Bauvereins (u. a. in der Dörnbergstraße) und weiterer kommunaler Wohnungsbaugesellschaften verdichtet. Unter dem wachsenden ökonomischen Druck entstanden bisweilen auch Hinterhäuser, die Aschrott, dessen Einfluß auf Anlage und Gestaltung jetzt zusehends schwand, ein Dorn im Auge waren.

Mit der maßvollen und zukunftsweisenden Westausdehnung können die Erweiterungen der Nordstadt und im Osten Richtung Bettenhausen nicht verglichen werden. Die Wohngebiete jenseits des Holländischen Tores schlossen sich direkt den großflächigen Industrieunternehmen an. Hier entstanden, an die Unternehmensstandorte gebunden, preußische Mietskasernen bescheidenen Zuschnitts. Die meist fünfgeschossigen, eng aneinander stehenden Häuser aus Ziegelmauerwerk besaßen oft nur kleine Zweizimmerwohnungen.

Auch in der südlichen Frankfurter Vorstadt finden sich diese Mietskasernen, jedoch wurde die stadträumliche Entwicklung hier etwas großzügiger vorangetrieben, wobei das Viertel auch von der reizvollen Lage zwischen Karlsaue und Weinberg profitierte.

Der Weinberg (Nr. 72) ändert sein Gesicht in der Zeit nach 1870. Das von der Unternehmerfamilie Henschel aufgekaufte Gelände wurde mit einer markanten, noch heute bestehenden Stützmauer gesichert, so daß die Familie auf dem Plateau zwei monumentale Villen errichten konnte. Die größere riß man bereits 1932 ab, um der angestiegenen Hauszinssteuer zu entgehen. Von den Henschelbauten steht einzig noch die Remise, heute Sitz des Museums für Sepulkralkultur (Nr. 35).

Die Stadterweiterungen nach Westen, Süden und Norden veränderten die städtische Sozialstruktur nachhaltig. Das Bürgertum nahm die neuen Angebote im Westen Kassels langfristig an und verließ mehrheitlich die Oberneustadt und die Altstadt, die mehr und mehr Wohnquartier ärmerer Schichten, besonders von Arbeitern und kleinen Handwerkern wurde. Die baulichen, sozialen und hygienischen Verhältnisse verschlechterten sich zunehmend, die Wohnungsnot ließ immer mehr Anbauten entstehen, so daß immer weniger Höfe Luft und Licht spenden konnten.

Die in preußischer Zeit veränderte und verbesserte Gesamtsituation erlaubte auch am Rand der Innenstadt zahlreiche Bauvorhaben. Nur selten wurde mit den preußischen Großbauten in die barocke Altbausubstanz eingegriffen. Zu den herausragenden Bauwerken vor der Jahrhundertwende gehört die 1872–77 nach Plänen von Heinrich von Dehn-Rotfelser errichtete Gemäldegalerie (heute Neue Galerie, Nr. 25). Das Gebäude im Südosten der Oberneustadt, am Endpunkt der Schönen Aussicht, war in den Dimensionen den umliegenden Barockbauten angemessen und orientiert sich an der Münchner Pinakothek Klenzes.

Anstelle des 1811 abgebrannten landgräflichen Schlosses blieb der sog. Kattenburg – enorme 173 m lang und 126 m breit – in den Fundamenten bzw. Erdgeschossen stecken und wurde für den zwischen 1876 und 1880 errichteten, kaum weniger monumentalen Neubau des preußischen Justiz- und Regierungssitzes abgetragen. Bereits 1871 entschloß sich die städtische Regierung zu einer baulichen Veränderung des Friedrichsplatzes und erweiterte das Auetor an der Stirnseite zum preußischen Siegesdenkmal, das die „hessische Tapferkeit" im Krieg gegen Frankreich verewigte.

Im Jahre 1890 zählte „Meyers Konversations-Lexikon" einschließlich der in der Stadt stationierten Soldaten 72.477 Seelen, darunter 6.230 Katholiken und 2.017 Juden. Durch die Eingemeindung des Dorfes Wehlheiden im Jahre 1899 überschritt Kassel die 100.000-Einwohner-Marke und wurde numerisch Großstadt. Die expansive Bautätigkeit der Gründerzeit verdichtete die Stadt selbst an der Peripherie, so daß weitere Eingemeindungen – Rothenditmold, Kirchditmold, Wahlershausen und Bettenhausen – im ersten Jahrzehnt des 20. Jahrhunderts folgten. Im Jahre 1909 zählte Kassel bereits 153.000 Einwohner.

Weitere Neubauten in diesem Jahrzehnt sind Ausdruck der allgemeinen wirtschaftlichen Prosperität. Die Gebrüder Murhard stifteten 1905 eine Bibliothek (heute: Murhardsche und Landes-Bibliothek), deren Neorenaissance-Bau nach Plänen des Architekten Emil Hagberg am Weinberg errichtet wurde (Nr. 32). In der Nachbarschaft entstand pünktlich zur 1000-Jahr-Feier der Stadt zwischen 1910 und 1913 das Landesmuseum (Nr. 33), dessen Errichtung u.a. durch eine großzügige Spende Siegmund Aschrotts ermöglicht wurde. Der Münchner Architekt Theodor Fischer verknüpfte Anregungen der Weserrenaissance mit Jugendstilelementen und schuf einen vielbeachteten Bau in Nachbarschaft der Torwachen Jussows (Nr. 34). Bereits 1909 wurde der sich weit über die barocke Oberneustadt erhebende neobarocke Rathausneubau (Nr. 36) des Architekten Karl Roth an der Königsstraße fertiggestellt.

Abb. 14
Preußisches Staatstheater, 1909, Friedrichsplatz
Preußisches Staatstheater, 1909, Friedrichsplatz

Im gleichen Jahr hatte man den (nach Kriegszerstörungen 1953 abgetragenen) Bau des Preußischen Staatstheaters an der südöstlichen Schmalseite des Friedrichsplatzes errichtet (Abb. 14). An der Stelle des ehemaligen Auetors, das nun am Schloßplatz Aufstellung fand und dort im Krieg zerstört wurde, schloß der Theaterbau den Platz mit bestimmender Geste zur Karlsaue ab. Während sich die Portikusfassade zum Friedrichsplatz wendete, folgte der Baukomplex an der Rückseite terrassiert dem Aue-Hang.

Die rasante industrielle und städtebauliche Entwicklung Kassels wurde abrupt in den Jahren nach 1914 gestoppt. Die Folgen des 1. Weltkrieges, die Wirtschaftskrise, die politische Krise, Massenarbeitslosigkeit und Massenarmut sind hier wie andernorts zu beobachten. Regierte 1918 für kurze Zeit ein Arbeiter- und Soldatenrat Kassel, so prägte zwischen 1920 und 1925 ihr prominentester Bürgermeister die Stadt: der spätere Reichskanzler Philipp Scheidemann.

Bereits vor dem Krieg waren erste Siedlungen entstanden, die den im Zuge der Westerweiterung lange unterschätzten Bedarf an Kleinwohnungen befriedigten: 1912 errichteten die Vereinigten Wohnstätten in der Schönfelderstraße Ecke Heinrich-Heine-Straße (Nr. 83) eine den großstädtischen Bedingungen des Kasseler Westens angemessene Wohnanlage, deren Blockrandbebauung sich auf eine stadträumliche Verdichtung richtete. Demgegenüber ist die 1916 – mitten im Krieg – begonnene, von Paul Schmitthenner geplante Gartenstadt Forstfeld (Nr. 173) als Beispiel einer konservativen Auffassung von Kleinsiedlung und Gartenstadt zu bewerten. Weitere Siedlungen mit Kleinwohnungen für Arbeiter entstanden am Fasanenhof (Nr. 149) im Norden Kassels sowie im westlichen Bettenhausen, wo der die Kunigundiskirche einschließende „Kunigundishof" (Nr. 171) als ebenso konservative wie originelle Lösung des zeitgenössischen Wohnbaus zu beachten ist.

Im Hohenzollernviertel konnte die Stadt nach 1918 einige Flächen von Aschrotts Grundstücksverwaltung zurückkaufen und ließ hier Beamtenwohnungen (u. a. Kattenstraße) und eine Großwohnanlage entlang der westlichen Goethestraße errichten. Von den Architekten der Stadthalle, Hummel und Rothe, errichtet, erstreckt sie sich mit Bezug zur Stadthalle westlich des Huttenplatzes.

Bereits in den 20er Jahren reiften unter Stadtbaurat Gerhard Jobst Überlegungen für eine vorsichtige Altstadtsanierung, deren Ausführung jedoch an mangelnden finanziellen Ressourcen scheiterten. Oberste Priorität besaß der Neubau von Wohnungen; überdies vereitelten die enge Altstadt-Parzellierung und die unüberschaubaren Besitzverhältnisse die damals vielbeachteten Pläne.

Eher einem Zufall verdankt Kassel seinen Namen als Stadt des „Internationalen Stils": Mangelnde Kenntnis des jugendlichen Philipp Johnson (nachmals weltbekannter Architekt) als Kurator der 1932 im Museum of Modern Art (New York) gezeigten Ausstellung „Modern architecture", führte dazu, daß mehrere Kasseler Neubauten von 1928–32 in den Katalog aufgenommen wurden. Die darin beobachteten internationalen Tendenzen in der zeitgenössischen Architektur begründeten den Namen „International Style". Verglichen mit Frankfurt oder Berlin und im Verhältnis zur Resonanz in anderen zeitgenössischen Publikationen ist Kassel überrepräsentiert. Aber nichtsdestotrotz entstanden auch hier, begünstigt durch das liberale, kulturelle und politische Klima dieser Zeit, originelle und fortschrittliche Bauten. 1927 trat, unterstützt durch Oberbürgermeister Herbert Stadler und Stadtbaurat Jobst eine Bauordnung in Kraft, die dem sozialen Wohnungsbau gegenüber neue Ansprüche formulierte: Durchgrünung, Hygiene, Durchsonnung.

Ein erstes Beispiel funktionaler Architektur stellt die Produktions- und Lagerhalle des Konsum- und Sparvereins dar, die Karl Wittrock 1927 an der Hafenstraße erbaute. Es handelt sich um einen Stahlbetonbau, dessen Fassade von durchlaufenden Fensterbändern geprägt ist, aber heute durch An- und Umbauten viel von seiner ursprünglichen Gestalt verloren hat. Zu den im Buch „International Style" aufgeführten Bauten gehören die Stadtsparkasse (1929–31, Nr. 46) und die Dapolin-Tankstelle (beide Hans Borkowsky), deren vollständig verglaster Verkaufspavillon konserviert wurde und auf eine Wiederaufstellung wartet.

Besonders die Bauvorhaben Otto Haeslers sorgten für große Aufmerksamkeit – in positiver wie negativer Hinsicht. Der Celler Architekt hatte sich als Mitarbeiter von Martin Gropius bereits einen Namen gemacht, als er 1929 den Wettbewerb für ein Witwenheim der Marie von Boschan-Aschrott Stiftung (Nr. 109) gewann. Die Kasseler Presse reagierte auf die in Stahlskelettbauweise errichteten Flügel mit Spott, bezeichnete die Architektur als „Aquarium" und „Glaskasten". Mit Vorbehalten mußte Haesler auch beim Bau der Rothenbergsiedlung (1929–31; Nr. 93) in Rothenditmold kämpfen. Nur die ersten der zeilenartig angelegten Hausreihen konnten als Stahlskelettbauten ausgeführt werden. Einheimische Architekten und Baustoffhersteller drängten zum Weiterbau in traditioneller Ziegelmassivbauweise, ehe das Bauvorhaben wegen der politischen Umstände nach kurzer Zeit eingestellt wurde.

Neben weiteren Bauten im Internationalen Stil (Fasanenhofschule, Architekten Catta & Groth, 1929/30, Nr. 150) treten auch stilistische Mischformen auf, die expressionistische Binnenformen mit den kubischen Gebäudegliederungen des „Neuen Bauens" kombinieren; zu beobachten am Gebäude der Knappschaft (1928, Nr. 90) oder am Hallenbad Ost (1930, Nr. 169). Einzigartig ist dagegen das Malwida-von-Meysenbug-Lyzeum (heute Heinrich-Schütz-Schule, Nr. 107), das Heinrich Tessenow 1930 im Kasseler Westen errichtete. Tessenow war kein Anhänger des industriellen Bauens wie Gropius, Bruno Taut oder Otto Haesler, sondern orientierte sich an einem klar proportionierten Neoklassizismus, der eine akkurate handwerkliche Verarbeitung verlangt. Nichtsdestotrotz bezeugen die rigoros reduzierte Fassadenstruktur und die kubische Auffassung der Baukörper den Einfluß des Internationalen Stils.

Eine ganze Reihe hochrangig besetzter Wettbewerbe in den Jahren 1930–33 bezeugt die zunehmende Attraktivität des Neuen Bauens. Keiner dieser Ausschreibungen folgte die Realisierung. So fielen u.a. ein Aschrott-Wohlfahrtshaus an der Fulda (Wettbewerbssieger Sichel und Leers, Kassel) und eine Höhere Knabenschule an der Goetheanlage (Wettbewerbssieger Paul Bonatz) den veränderten politischen Bedingungen zum Opfer.

Der folgenreichste Machtwechsel der deutschen Geschichte vollzog sich in Kassel wie überall: schleichend. Bei den Reichstagswahlen 1930 errang die NSDAP in Kassel 25% der Stimmen und wurde nach den Sozialdemokraten zweitstärkste Franktion im Stadtparlament. Bei der folgenden Reichstagswahl im Juli 1932 etablierten sich die Nationalsozialisten als stärkste Kraft. Die NSDAP verfehlte bei den Wahlen zur Stadtverordnetenversammlung 1933 zwar die absolute Mehrheit, bis zur konstituierenden Sitzung am 30. März 1933 waren jedoch die Hauptgegner, KPD und SPD, weitgehend ausgeschaltet, so daß eine uneingeschränkte nationalsozialistische Politik im Kasseler Rathaus möglich wurde.

Die klaren Machtverhältnisse erlaubten eine allseits totalitäre Politik und begünstigten die ab 1933 vorangetriebene Eingemeindung weiterer Dörfer. Danach erhöhte sich bis 1936 Kassels Einwohnerzahl auf 220.000. Eine offizielle Volkszählung im Jahre 1939 ergab 226.000 Einwohner – der höchste Stand in der Geschichte Kassels.

Die Bevölkerungsentwicklung beruhte auch auf der sprunghaft steigenden Arbeitskräftenachfrage in der nun angekurbelten Rüstungsindustrie, für die in Kassel Firmen wie Henschel, Junckers, Fieseler, Spinnfaser oder Wegmann stehen. Dem beschleunigten Bevölkerungswachstum versuchte man mit der Errichtung von Großsiedlungen am Mattenberg und in Lohfelden zu begegnen.

Es war gewiß Zufall, daß die „Versammlung Deutscher Denkmalpfleger" 1933 ausgerechnet in Kassel stattfand, doch zeichnete sich schon im Tagungstitel die auch Kassel betreffende nationalsozialistische Programmatik ab: „Denkmalpflege und Heimatschutz im Wiederaufbau der Nation".

Zwar verliefen die Eingriffe der NS-Denkmalpflege in die Kasseler Altstadt alles in allem glimpflich, dennoch bereitete der „Wiederaufbau" im Sinne des Nationalsozialismus den Boden für einen völlig verfehlten Wiederaufbau in der Nachkriegszeit. Im 3. Reich hatte man unter Wiederaufbau nicht nur eine kriegstaugliche Rationalisierung der Stadt verstanden, sondern auch ihre konsequente ‚Entbürgerlichung', aus dem Bürger war der Volksgenosse geworden. Die Zellenstruktur der NSDAP sollte sich urbanistisch in der Gestalt peripherer Arbeitersiedlungen ausdrücken, die, wie allenthalben, auch in Kassel aus dem Boden schossen. Die optische Erscheinung des bevorzugten Kleinhaus-Typs ist vom ‚Deutschen Giebel' geprägt, einem Spitzgiebel, der den Flachdächern des Neuen Bauens als elementar ‚natürlich' gegenübergestellt wurde. Ein Beispiel dieser Baugesinnung stellt die 1934/35 errichtete SA-Siedlung auf dem Hegelsberg dar.

1936 erfolgte in der Kasseler Innenstadt unter maßloser propagandistischer Ausschlachtung der sogenannte ‚Freiheiter Durchbruch' – ein Eingriff in die von unzureichenden sozialen und hygienischen Verhältnissen geprägte Altstadt. Der Durchbruch, der den Abriß mehrerer Dutzend Häuser erforderte, schlug eine leicht gebogene Schneise vom Altmarkt zum Martinsplatz; er kam vor allem dem Verkehr zugute, während die erhoffte Auflockerung der Hinterhofbebauung ausblieb.

Zwei Jahre später wurde die Kasseler Synagoge in der Unteren Königsstraße geschändet, die bereits am 7. November, zwei Tage vor der reichsweiten Pogromnacht, durch vandalierende Eindringlinge beschädigt und wenig später unter dem Vorwand der Baufälligkeit abgerissen wurde.

Abb. 15
Die zerstörte Altstadt, Ansicht von 1949
Altstadt in ruins, 1949

Maßlosigkeit und Megalomanie bestimmten das Bild der „Gauhauptstadt"-Planung in der zweiten Hälfte der 30er Jahre – mit der Perspektive auf ein Groß-Kassel, das 1980 300.000 Einwohner hätte zählen sollen. Ein transkontinentaler(!) Verkehrsknotenpunkt für Eisenbahn und Autobahn war im südlichen Waldau geplant, während die Planungen für die Innenstadt die Verlagerung des Bahnhofes nach Westen als Durchgangsbahnhof sowie ein doppeltes Ringstraßensystem vorsahen.

Daß ein so umsichtiger Stadtbaurat wie Gerhard Jobst diese Vorgaben nicht NS-konform entwickelte, liegt auf der Hand. Seine Absetzung 1941 dürfte niemanden verwundert haben. Als Nachfolger wurde der linientreue Parteigenosse Erich Heinicke berufen – eine fatale Entscheidung, wie sich in den ersten Nachkriegsjahren erweisen sollte.

Heinickes Konzept setzte auf eine lose Gliederung der städtischen Besiedlung, die den Bedürfnissen von Verkehr, industrieller Entwicklung und Luftschutz gleichermaßen gerecht werden wollte. Das schloß die Planung breiter Straßenachsen ein, die auch als Aufmarschfläche genutzt werden konnten. Die Entwürfe der Jahre 1941/42 sahen u. a. eine Verbreiterung der Wilhelmshöher Allee und die Errichtung eines Fernbahnhofs vor; auf dem Weinberg sollte ein monumentales „Gauforum" entstehen, das den üblichen Aufmarschplatz, die Volkshalle und einen Glockenturm umfaßt hätte.

Kaum etwas davon wurde in die Realität umgesetzt: Ein unbedeutender Gebäuderiegel konnte an der Wilhelmshöher Allee (am Rathenau-Platz) errichtet werden, nachdem bereits 1938 das Wehrkreisdienstgebäude (heute Sitz des Bundessozialgerichts; Nr. 108) an der Wilhelmshöher Allee erbaut worden war. Dessen Dimensionen, Lage und der architektonisch banale „Ehrenhof" zur Wilhelmshöher Allee lassen erahnen, was nationalsozialistische Stadtgestaltung in Vollendung bedeutet hätte.

Die ersten umfangreichen Bombardierungen Kassels im Sommer 1942 betrafen besonders auch das Museum Fridericianum, dessen berühmte Bibliothek ausbrannte. Die Angriffe auf die sich zunächst vor Luftangriffen sicher wähnende „Gauhauptstadt" ließen die vorherigen Planungsprojekte rasch Makulatur werden, doch Stadtbaurat Heinicke konnte sich ohne große Unterbrechung einem neuen Ansatz der Stadtplanung widmen. Im September 1943 (noch vor den massiven Zerstörungen!) erhob ein „Führererlaß" Kassel in den Rang einer „Wiederaufbaustadt", wofür ein von Albert Speer geleiteter Berliner Stab die Rahmenplanung vorgab. Neben Heinicke beauftragte man Konstanty Gutschow, Hans C. Reissiger und den bereits mit NS-Stadtplanung vertrauten Kasseler Architekten Werner Hasper mit Entwürfen. Zu den wichtigsten Prämissen zählen die Verkehrsoptimierung und Fragen des Luftschutzes, dem eine lockere stadtlandschaftliche Anordnung von Siedlungszellen entspricht. Das neue Konzept wurde mit Elementen der „Gauhauptstadt"-Planungen kombiniert: So wurde an der Achse Hauptbahnhof – Gauforum auf dem Weinberg festgehalten, ebenso an der Verbreiterung der Wilhelmshöher Allee und der Vergrößerung des Adolf-Hitler-Platzes (heute Brüder-Grimm-Platz). Ferner sollte eine Schneise den Hauptbahnhof mit dem Friedrichsplatz verbinden. Zu den eher bizarren und von Realitätsverlust gezeichneten Modellen zählt die von Reissiger vorgeschlagene Verlegung des Königsplatzes, so daß in dessen Zentrum der mittelalterliche Druselturm zu stehen gekommen wäre!

Zu derartig extremen Eingriffen in die historische Stadtstruktur glaubte man sich vollends berechtigt, nachdem die Kasseler Alt- und Fachwerkstadt im Oktober 1943 durch Brandbomben nahezu vollständig zerstört worden war (Abb. 15). Die späteren Bombardierungen 1944 richteten sich verstärkt gegen die Außenbezirke, wo sie etwa 70% der Kasseler Industriebetriebe vernichteten. In den Jahren 1944/45 gingen die Bombardements zurück. 1944 bemaß man den Zerstörungsgrad der Stadt mit 44,2 %, 1945 errechnete man 68 %, 1947 sogar 77,6 %. Der scheinbare Anstieg des Zerstörungsgrades hängt mit den noch während des Krieges begonnenen massiven Abrißarbeiten zusammen. Nicht selten wurden ganze Fassadenkomplexe gesprengt. Das führte seitens der Denkmalpfleger zu Protesten, so daß sich die Gauleitung öfter genötigt sah, an der Spitze der Abrißkolonnen durch Vertreter des Regimes präsent zu sein.

Der im Juli 1944 verfertigte kommentierte Wertstufenplan des Provinzialkonservators Friedrich Bleibaum mahnte einen differenzierten und umsichtigen Umgang mit zerstörter Bausubstanz an. Einige Passagen lohnen zitiert zu werden: „An gotischen Bauwerken sind nur Reste der Martinskirche und der wenig beschädigten Brüderkirche erhalten. Zu beachten wären noch Reste der Siechenhofkapelle. Auch die sehr stattlichen Giebel der Renaissance-Steinhäuser, die für Kassel charakteristisch waren, sind zum Teil untergegangen. Wieder herstellbar scheinen im besonderen das Linkersche Haus am Altmarkt und die Pinne in der Wildemanns-Gasse (19), sowie die Häuser Am Graben (1 u. 2), Martinsplatz (2) und das Haus Marktgasse 19 [Keines der von Bleibaum erwähnten Beispiele wurde erhalten]. (…) Von den übrigen Straßen der Oberneustadt scheint mir die Schöne Aussicht am wichtigsten. (…) Auch die Ruinen der Friedrichsstraße, Fünffensterstraße, Karlsstraße und Wilhelmsstraße sind teilweise für den Wiederaufbau verwertbar. Andere Teile wird man unter Aufnahme des alten Rhythmus' soweit ergänzen können, daß ein geschlossenes Stadtbild wieder entsteht."

Diese Worte Bleibaums blieben wirkungslos. Stattdessen ermöglichte die personelle Kontinuität in der städtischen Baubehörde und die Weiterbeschäftigung einiger in die NS-Planung involvierter Architekten und Planer, daß die Pläne aus dem NS-Wiederaufbaustab nahtlos in die Nachkriegsplanung übergehen konnten.

Die am 4. April 1945 einmarschierenden Truppen der amerikanischen Armee betraten eine Stadt, in der das Nötigste zum Leben für die 35.000 verbliebenen Einwohner fehlte. Von den 65.000 Wohnungen waren 45.000 vollständig zerstört, nur 2.700 blieben unbeschädigt. Kassel gehört damit zu den deutschen Städten mit dem höchsten Zerstörungsgrad. Allein durch die Luftangriffe hatten 5% der Bevölkerung ihr Leben verloren.

Bereits im August 1945, noch vor der Zulassung politischer Parteien durch die amerikanische Militärregierung am 13. Oktober, beauftragte der rasch vom NSDAP- zum SPD-Mitglied gewendete Stadtbaurat Heinicke verschiedene Architekten mit der Vervollständigung der alten Planwerke (Abb. 16). So konnte er schon im Frühjahr 1946 eine Ausstellung mit dem Titel „Kassel baut auf" präsentieren, die ausnahmslos auf ältere Wiederaufbauplanungen zurückgriff (Abb. 17). Bereits das Plakat verhieß wenig Gutes: Vor dem schemenhaften Bildhintergrund des Herkules-Oktogons saust eine überdimensionale Spitzhacke auf eine schwarze, fast leergeräumte Ruinenlandschaft hinunter, in die vorne keilartig das „neue" Kassel eingerückt ist. Dabei ist dem alten Gigantismus pauschal erneut gehuldigt: Breite Straßenachsen führen auf eine hochaufragende runde Halle mit riesigem Vorplatz (Gauforum?). Aber das Entscheidende: Innerhalb der neuen Stadt ist nicht ein einziges historische Bauwerk zu sehen.

Die Eile, mit der die Ausstellung an die Öffentlichkeit trat, verblüfft angesichts des nach wie vor von Chaos und Mangel geprägten täglichen Lebens. Die Frage vieler Besucher der im Ottoneum gezeigten Schau, wie in so kurzer Zeit so viele Planvorhaben zustande kommen konnten, ist leicht beantwortet: Unter den projektierenden Planern befand sich der gesamte für Kassel zuständige Planungsstab, der bereits unter Albert Speer mit den Wiederaufbauplanungen beschäftigt gewesen war. Neben einzelnen unbelasteten Architekten präsentierte auch Heinicke als Vertreter der städtischen Bauverwaltung einen Entwurf.

Die Reaktionen auf die Planwerke waren unerwartet heftig, so daß die Präsentation bereits nach wenigen Tagen geschlossen werden mußte. Den meisten Besuchern wurde schnell klar, aus welcher Schublade die Entwürfe stammten. Zum Teil waren die Stempel und Beschriftungen aus der NS-Zeit nur notdürftig überklebt worden. Als eine von zahlreichen Stimmen der Entrüstung sei hierzu aus der Architekturzeitschrift „Baumeister" zitiert: „Um so mehr war man erstaunt und befremdet von den (…) Zeichnungen und Modellen des Stadtplanungsamtes. Sie hätten Auge und Herz eines Gauleiters entzücken können. Und wir werden den Verdacht nicht los, daß sie es bereits getan hatten, bevor sie jetzt den erstaunten Kasselanern als das Zukunftsbild ihrer Stadt präsentiert wurden. Es schien so, als habe man das, was in einer kellerkalten Schublade Kriegsende und Niederlage überstanden hatte, unverändert zur Ausstellung gebracht. (…) Sehen wir uns um! Wirklich vollständig zerstört ist das Gebiet der Kernstadt. Aber auch hier sind noch zahlreiche Reste geschichtlich wichtiger und moderner Bauten, die nicht übergangen werden können. (…) Selbst in der fast ausgelöschten Kernstadt ist ja nur der Aufriß zerstört, während der Grundriß, das Straßen- und Leitungsnetz leistungsfähig blieb. Erhalten sind auch die Besitz- und Pfandrechte, die gerade in der Stadtmitte erhebliche Werte darstellen. Soll nun das, was die Bomben verschont haben, durch eine maßlose Stadtplanung endgültig vernichtet werden?" Zu den Verkehrsplanungen betont der Autor: „Wir möchten die Verkehrsstraßen auch nur so ausgestalten, wie es ihre Bedeutung unbedingt erfordert. (…) Wir wehren uns überhaupt dagegen, dem Verkehr repräsentative Bedeutung zuzuweisen. Er ist notwendig, er liefert das Gerüst, aber nicht mehr."

Die Vehemenz der letzten Worte scheint aus der verzweifelten Einsicht geboren, daß der neue Trend mit dem alten Hand in Hand gehe – in seiner Melange aus technokratischer Fortschrittsgläubigkeit, den Resten nationalsozialistischer Gesinnung und geschichtsblinder Kleinbürgerlichkeit.

Nach diesem Desaster lobte die Stadt Ende 1947 deutschlandweit einen neuen Wettbewerb aus, der 168 Einsendungen verzeichnet. Dabei werden nach wie vor die historische Architektur und der historische Stadtgrundriß als uneingeschränkte Dispositionsmasse begriffen. Karlskirche, Martinskirche, Brüderkirche, Renthof, Marstall, Zeughaus, Druselturm, Orangerie, Marmorbad und die nördliche Bebauung des Friedrichsplatzes sind zwar geschützt; „abhängig von städtebaulich bedingten Lösungen", also zur freien Disposition, bleiben jedoch Gemäldegalerie (Neue Galerie), Kommandantur, Ständehaus, Ottoneum, Rathaus, die Torwachen am Wilhelmshöher Platz sowie das einzige erhaltene Haus an der Schönen Aussicht (Nr. 21). Das zielt unverkennbar auf eine Neugründung der Stadt und nicht auf einen „Wiederaufbau".

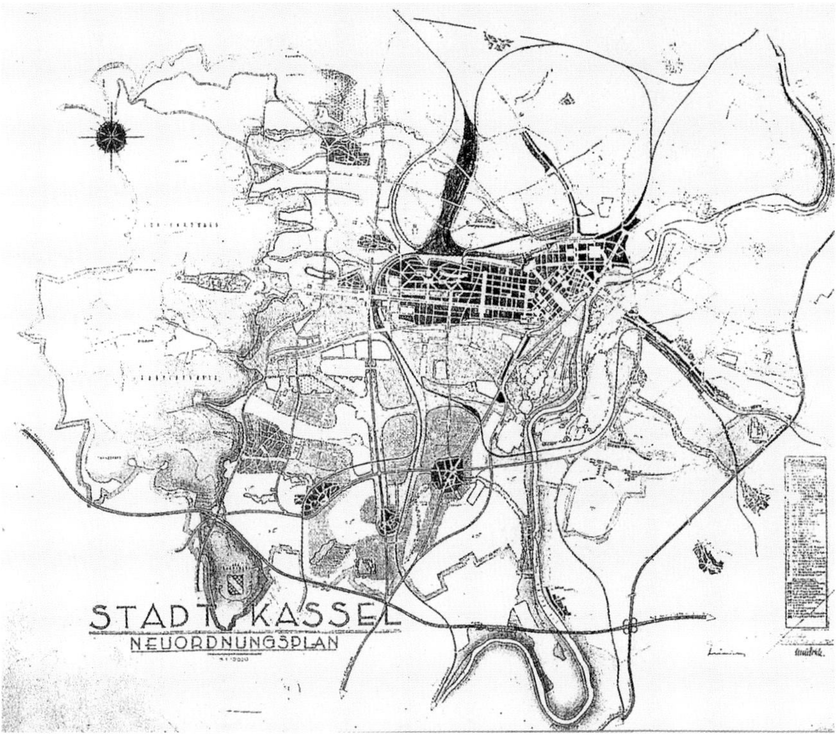

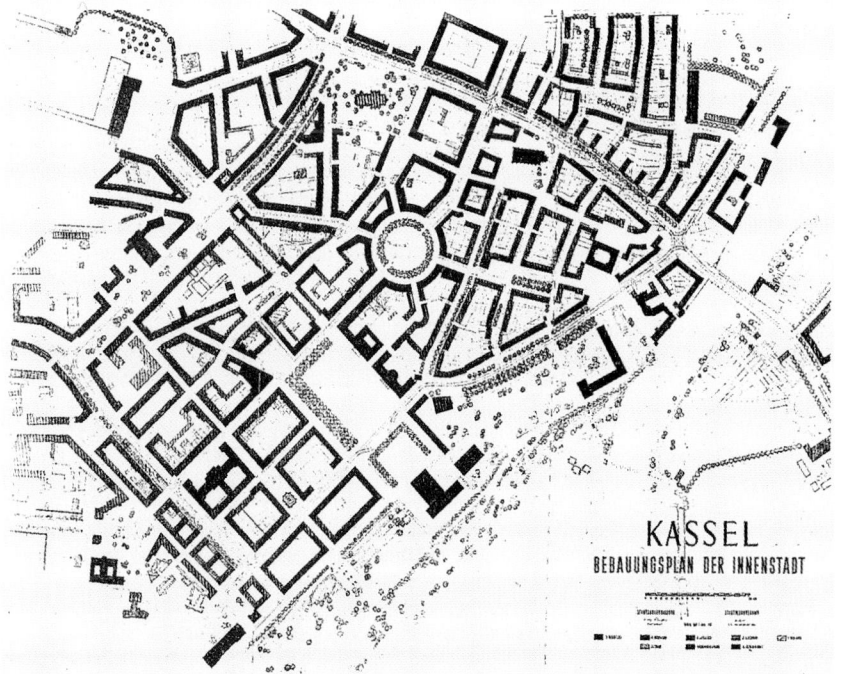

Abb. 16
Neuordnungsplan Heinickes von 1946 mit Elementen der NS-Planung
New development plan by Heinicke, 1946, with elements of the National Socialist planning

Abb. 17
Bebauungsplan der Stadt von 1951, verantwortliche Planer W. Hasper und W. Bangert
City development plan of 1951, responsible planners W. Hasper and W. Bangert

Abb. 18
Plakat der Ausstellung ‚Kassel baut auf', 1946
Poster for the exhibition 'Kassel baut auf', 1946

Der Wettbewerb fand weit über Kassel hinaus starke Beachtung; die Jury bescheinigte den Teilnehmern durchweg ein hohes Niveau. Zeittypisch war die Dominanz der Verkehrsproblematik, die mit Strategien zur Optimierung des Verkehrsflusses beantwortet wurde. Dennoch gab es Pläne, vor allem der mit dem 1. Preis prämierte von Hans Högg, Walter Baumgarten, Günther Marschall und Wilhelm Greiner, die maßvoll an die historische Stadtgestalt anknüpften.

Doch die Ergebnisse des Wettbewerbs bleiben Makulatur. Ende 1947 wird ein Planungsbeirat gegründet, dem neben dem Vorkriegsstadtbaurat Jobst und dem Kasseler Architekten Werner Hasper mit Hans Högg und Diez Brandi zwei der Wettbewerbspreisträger angehören. Leiter wird Werner Hasper, der 1948 auch die Leitung des Stadtplanungsamtes übernimmt. Daß Hasper bereits an der NS-Wiederaufbauplanung nach 1943 teilgenommen und sein Wettbewerbsentwurf von 1947 lediglich auf Platz 8 (4. Ankauf) rangiert hatte, disqualifiziert ihn offenbar nicht, zumal er in Heinicke einen Fürsprecher findet.

Während die Planungsbehörden 1948 beginnen, sich auf einen Generalplan für den Wiederaufbau der Stadt festzulegen und diesen gegenüber dem Regierungspräsidium durchzusetzen, fallen einige Großbauten dem Abriß zum Opfer; darunter auch Bauwerke, die aufgund ihrer Bausubstanz hätten erhalten werden können, zudem gemäß den preisgekrönten Planwerken auch hätten erhalten werden sollen. So beseitigt man nach 1948 ohne Not die Reste der Hauptpost am Königsplatz, das Regierungs- bzw. Justizgebäude oberhalb der Fulda, mehrere Barockhäuser in der Königsstraße und in der Oberneustadt, darunter das Palais Waitz von Eschen, die Elisabethkirche, das Weiße und das Rote Palais am Friedrichsplatz und schließlich nach 1951 noch das Preußische Staatstheater. Als besonders schwerer Verlust ist das 1950 abgerissene Wohnhaus des Kasseler Hofbildhauers Johann August Nahl am Friedrichsplatz zu werten, nachdem seine 1931 modernisierte Rokokofassade noch kurz zuvor gesichert worden war. Der Abriß zugunsten der hier einmündenden Treppenstraße geschieht, bevor das Regierungspräsidium den städtischen Bebauungsplan genehmigt.

Auch in der Nordstadt und am Wesertor reißt man bedenkenlos ab, was den Straßenschneisen eine Krümmung oder Verengung aufgezwungen hätte. Heinicke, der 1949 in Ruhestand tritt, hatte seiner Meinung dazu 1947, reichlich verquast, Ausdruck verliehen: „In den Baugebieten nach 1870 wird im Zusammenhang mit der Neuanlage von Verkehrszügen, die auch notwendig sind, eine völlige Umlegung der Grundstücke und Neuordnung der Bebauung nach modernen Gesichtspunkten erforderlich sein." Nachfolger im Amt wird Wolfgang Bangert, der gemeinsam mit Werner Hasper und dem Hochbauamtsleiter Werner Noell den Wiederaufbau Kassels entscheidend prägen sollte.

Nachdem Mitte 1950 die Entwürfe des städtischen Planungsamtes Verbindlichkeit erlangen, kann mit dem Aufbau begonnen werden. Dem hohen Gewicht der Verkehrsplanung entspricht die unverzügliche Anlage eines Ringstraßensystems. Als Teil dieses Systems wird die Kurt-Schumacher-Straße in gerader Verlängerung der Fuldabrücke angelegt, womit sie das ehemals zusammengehörige Areal der Altstadt zerschneidet. Der ursprünglich als Platz vorgesehene „Altmarkt" verkommt zur Großkreuzung, obwohl der Bebauungsplan von 1953 die Erhaltung der Reste historischer Architektur vorgesehen hatte.

Abb. 19
Einweihung der Kreuzung ‚Altmarkt', 1953
Opening of the Altmarkt crossroads, 1953

Die Neuanlage der Frankfurter Straße und die Verbreiterung der Fünffensterstraße durchtrennen nun die Oberneustadt. Von der ursprünglich vorgesehenen geschlossenen Blockrandbebauung sieht man bald ab und erlaubt, den Ideen der „stadtlandschaftlichen Gliederung" entsprechend, auch Kammreihenbebauung wie an der Kurt-Schmacher- und an der Friedrich-Ebert-Straße.

Als Gegenstück zu den Straßenschneisen, die ursprünglich von großzügigen Rad- und Fußgängerwegen gesäumt waren, kann man bereits 1953 die Anlage der fußläufigen, von Geschäften gesäumten Treppenstraße (Nr. 44) feiern. Ihr Verlauf zwischen Scheidemann- und Friedrichsplatz geht auf Überlegungen des frühen 19. Jahrhunderts zurück und realisiert die Verbindung von Hauptbahnhof und Friedrichsplatz. Auf der Bauausstellung „Constructa" (Hannover 1951) wird die Treppenstraße mit Beifall aufgenommen (Abb. 17).

Der Eingriff in den historischen Stadtgrundriß und die Anpassung an technokratische Planungsvorgaben zeigt eine veränderte Auffassung von Urbanität, die am deutlichsten im Gebiet der ehemaligen Altstadt zutage tritt. Treffend kennzeichnet Folckert Lüken-Isberner die Entwicklung: „Was Altstadt war, wurde vorstädtische Siedlung mit vorwiegender Wohnnutzung. Anklänge an das alte Zentrum der Stadt unterblieben bewußt; man wollte kein historisches Identifikationspotential." Zum urbanen Nachteil wurde der ehemaligen Altstadt auch, daß nach 1952, entgegen den alten Regeln, nur noch dreigeschossige Häuser zulässig sind. Hinzu kommt, daß infolge der nun durchgehend traufenständigen Anordnung jede Erinnerung an die giebelständige Hausstellung der mittelalterlichen Altstadt ausgelöscht wird.

Der antistädtischen Anlage von „Pferdemarkt" und „Entenanger" steht die Bebauung des Ständeplatzes entgegen. Hier errichten Banken, Versicherungen und Behörden vornehmlich natursteinverkleidete Hochhäuser mit vertikalbetonten Rasterfassaden. Im Gegensatz zur äußeren Strenge tritt im Inneren ein graziles Stil-Nuovo-Design auf, das durch dynamische Wendeltreppen und großzügige helle Foyers geprägt ist (Nr. 38; Nr. 29; Nr. 14).

Nur selten finden sich aus dieser Zeit wirklich originelle Gebäude, so die Niederlassung der Nordstern-versicherung Friedrich-Ebert-Straße (Nr. 89). Auch an der Peripherie entsteht in den 50er Jahren kaum Architektur, die über eine Nutzungsästhetik hinausgeht. Als Ausnahme darf die ab 1954 angelegte, der reformerischen Gartenstadt-Idee verpflichtete Auefeldsiedlung (Nr. 79) angesehen werden.

Welches baupolitische Klima die Kasseler Aufbaujahre bestimmt, verdeutlicht der Skandal um den Neubau des Staatstheaters. Das alte, kriegsbeschädigte Theater wird 1953 gegen den Willen der öffentlichen Meinung und im Widerspruch zu den offiziellen Bebauungsplänen abgebrochen. Den Wettbewerb für einen Neubau gewinnen 1952 Hans Scharoun und Hermann Mattern mit einem international vielbeachteten Entwurf, der die Achse des Friedrichsplatzes bricht und eine Brückenverbindung über den Steinweg vorsieht. Der Entwurf versteht sich als eine aus der Funktionalität des Inneren entwickelte Anlage mit differenzierter Gebäudestaffelung, die räumlich zwischen Stadt und Karlsaue vermittelt. Die Freilegung alter Befestigungsreste während der Fundamentierung wird von Politikern und Architekten zum Anlaß genommen, Scharouns Kompetenz in Frage zu stellen. Die Landesregierung entzieht Scharoun nach heftiger Debatte, die nicht frei von Intrigen ist, 1955 den Auftrag und beauftragt wenige Monate später Paul Bode mit dem Bau. Dieser ‚zaubert' einen Entwurf aus der Schublade, der dem Scharoun'schen nicht unähnlich ist, aber der geschickten Anbindung an den Friedrichsplatz nicht folgt (Nr. 12).

Das Jahr 1955 ist für die jüngere Geschichte Kassels von besonderer Bedeutung. Der Kasseler Kunst-professor Arnold Bode organisiert mit der documenta eine weltweit beachtete Ausstellung zeitgenössischer Kunst, die sich seither als eine der zentralen Kunstausstellungen ihrer Art etablieren konnte und die Stadt alle vier/fünf Jahre für einhundert Tage in den Blickpunkt der internationalen Kunstwelt stellt. Als Ausstellungsorte werden anfangs das Fridericianum und die stark zerstörte Orangerie genutzt. Seither haben sich in den documenta-Ausstellungen immer wieder Künstler mit Kassels urbaner Situation auseinandergesetzt, was zu interessanten Entwürfen und Projekten führte, unter denen neben der Siedlung documenta-urbana (documenta VIII; Nr. 165) besonders das 7000 Eichen-Projekt von Joseph Beuys (documenta VII) herauszu-heben ist. Unter dem Motto „Stadtverwaldung statt Stadtverwaltung" erfolgt die Begrünung von Straßenrand-streifen mit Eichenbäumchen, die, von Basaltstelen flankiert, das Stadtbild vielerorts verbessern. Der enorme, stetig wachsende Besucherzuspruch erlaubt auch bauliche Projekte wie den Wiederaufbau der Orangerie, den Neubau der documenta-Halle (1992; Nr. 13) und die Umgestaltung des Hauptbahnhofs (1997; Nr. 52).

Im Jahr der documenta I richtet Kassel auch die Bundesgartenschau aus – sie ist der eigentliche Anlaß für Bodes Kunstausstellung. Dazu gestaltet Hermann Mattern den mit Trümmerschutt aufgeschütteten Auehang um, legt einen Rosenhang an und gestaltet den Barockgarten der Karlsaue in ein offenes, plateauartiges Areal um.

Trotz der in Kassel reichlich bewiesenen Ignoranz gegenüber der historischen Stadtgestalt und historischer Architektur entstehen gleichwohl originelle Beispiele architektonischer Kultur; so etwa das „Haus der Jugend" (Nr. 64) an der Fulda, das die ursprüngliche Gestalt des sogenannten Kastells beibehält und durch eine Natursteinverkleidung den ursprünglichen Charakter des Vorgängerbaus wahrt. Bereits von Zeitgenossen viel-beachtet verläuft auch der Wiederaufbau der Martinskirche (Nr. 6), wo eine originelle Interpretation des goti-schen Stützensystems mit modernen Materialien und Formen durch Otto Heinrich Vogel gelingt.

Sep Ruf, einer der großen deutschen Nachkriegsarchitekten, errichtete ein Kaufhaus am Friedrichsplatz (Nr. 19). Ruf nimmt auf das Residenzpalais bezug und integriert den Portikus des „Roten Palais" in die anson-sten geschlossene Platzfassade. Damit gelingt es, die leichtfertig erzeugte historische Fehlstelle zu verdeutli-chen, nachdem die staatlichen Behörden ohne Not das symbolreiche Grundstück an den Kaufhauskonzern Bilka veräußert hatten.

Schließlich wird 1964 die Wiederherstellung des Marstalls (Nr. 63) erreicht, der zwar seine ursprüngliche Raumdisposition verliert, aber seine Außenansicht wiedererhält und seither als Markthalle und Sitz des Stadt-archivs genutzt wird. Angesichts dieses gelungenen Beispiels einer punktuellen Wahrung der historischen Stadtgestalt bei gleichzeitiger neuer Nutzung fragt man sich, warum bis heute nichts dafür getan wird, die kaum mehr beschädigten Reste des Zeughauses (Nr. 60) und des Karlshospitals (Nr. 61) wiederherzustellen und sinnvoll nutzbar zu machen.

Die 60er Jahre verändern das Stadtbild Kassels kaum nachhaltig. Der einmal eingeschlagene Weg zur autogerechten, ebenso gesichts- wie geschichtslosen Stadt wird weiter beschritten. Nach wie vor wird der Zerstörung wertvoller historischer Bausubstanz kein Einhalt geboten: Ein trauriges Beispiel dafür ist der Abriß des „Pausenwangschen Hauses" an der Fünffensterstraße, das einem mediokren Versicherungshochhaus weichen mußte. An der Wilhelmshöher Allee stehen Biedermeierhäuser den Fahrbahnerweiterungen im Wege, während die Gründerzeitfassade des ehemaligen Gasthauses „Zum Zehntgrafen", Ecke Querallee/ Friedrich-Ebert-Straße, mit grauen Platten verkleidet wird.

Der Aufschwung der Wirtschaftswunderjahre läßt die Einwohnerzahl Kassels 1971 auf 215.000, den höchsten Wert in der Nachkriegszeit, ansteigen. Dennoch hat sich das Wachstum im Vergleich zu den ersten beiden Nachkriegsjahrzehnten bereits deutlich verlangsamt.

Die 1971 aus mehreren Bildungseinrichtungen hervorgegangene, als Gesamthochschule gegründete Uni-versität sollte die städtebauliche und soziale Entwicklung Kassels merklich prägen. Ab 1974 steht das mittler-weile nutzlos gewordene Gelände der Firma Henschel am Holländischen Platz zur Verfügung (Nr. 145). Wäh-rend man das alte Verwaltungsgebäude Henschels an der Holländischen Straße weiter nutzt, entschließt man sich zum weitgehenden Abriß der alten Fabrikgebäude zugunsten neuer Bebauung. Erhalten bleibt lediglich das Gießhaus als bemerkenswertes architektonisches Industriedenkmal. Das seit 1983 gebaute, backstein-verkleidete Hochschulquartier gerät zu einer verwinkelten, oft disfunktionalen Kleinstadtidylle. Der Zuspruch der Studierenden ist geteilt. Der Riegel des Technikgebäudes an der Kurt-Wolters-Straße (1995) grenzt die Universität souverän gegen die Stadt ab: Was andernorts als technokratischer Gestus zu lesen wäre, darf hier angesichts sechsspuriger Straßen als gnädiger Schutzwall verstanden sein.

Mit der Universität wächst in Kassel das kritische Potential für eine Diskussion über Stadtreparatur und Wie-dergewinnung der Stadtgestalt. So kann Ende der 70er Jahre ein der Stadtreparatur gewidmetes Planungs-verfahren angeregt werden. In diesem Zusammenhang entstehen Pläne zur Baulückenfüllung und zur Neuge-staltung des Friedrichsplatzes.

Bei solchen Projekten macht sich fehlender Investitionsdruck bemerkbar, bedingt durch die ‚Zonenrand-lage' und schleichende Entindustrialisierung. Eine entschiedene Verdichtung der Stadtgestalt – man vergleiche Vorkriegs- mit Nachkriegsluftaufnahmen – unterbleibt, so daß der bisweilen kleinstädtische Charakter der Innenstadt konserviert wird.

Für die Bundesgartenschau 1981 erfolgt eine ‚Rebarockisierung' der Karlsaue, der jenseits der Fulda die Feldaue, ein neugeschaffenes Naherholungsgebiet angefügt wird. Der Wiederherstellung des historischen Gartens folgt der Wiederaufbau der Orangerie, in deren Mauern das Museum für Astronomie- und Technik-geschichte eingerichtet wird.

Abb. 20
Residenzpalais (zerstört), Friedrichsplatz, Vorkriegsansicht
Residenzpalais (destroyed), Friedrichsplatz, before WWII

Erst in den 90er Jahren kann wieder von realistischen und praxisnahen Ansätzen zu einer Stadtplanung in Kassel gesprochen werden. Dazu zählt der Bau des Fernbahnhofs Wilhelmshöhe (Nr. 116), ein Vorhaben von enormem Bauvolumen und städtebaulicher Bedeutung, zugleich Kern eines neuen Stadtteilzentrums. Der ab 1981 geplante und 1991 fertiggestellte Durchgangsbahnhof besitzt als Charakteristikum ein riesiges auf Säulen ruhendes Vordach, unter dem sich der Nahverkehrsbahnhof befindet. Neben weiteren größeren Einzelprojekten wie dem IHK-Gebäude am Hauptbahnhof, der documenta-Halle (Nr. 13) oder dem UFA Palast (Nr. 23), die zur städtischen Verdichtung beitragen, reifen Pläne zur Wiedererrichtung der Unterneustadt (Nr. 66) und der Kasernenkonversion Marbachshöhe (Nr. 125).

Der als „kritische Rekonstruktion" verstandene Wiederaufbau der Unterneustadt sorgt weit über die Grenzen Kassels hinaus für Aufmerksamkeit. Auf der Basis des alten Stadtgrundrisses wird die Nachkriegsbrache in einen lebendigen Stadtteil verwandelt, der durch seine innenstadtnahe Lage am Fluß ein attraktives Wohngebiet abgibt. Das einheitliche Gesamtkonzept (1994 verabschiedet) für das etwa 5 Hektar umfassende Bauvorhaben steht in interessantem Spannungsverhältnis zu den jeweils individuellen architektonischen Lösungen bei den 100 Bau-Parzellen. Die Finanzierung in öffentlicher und privater Mischung (private-public-partnership) besitzt Modellcharakter. Als zukunftsweisend darf man den Rückbau der Leipziger Straße bezeichnen, der unerläßlich für die Rekonstruktion des Unterneustädter Kirchplatzes ist.

Die an der städtischen Peripherie gelegene Marbachshöhe, ein etwa 37 Hektar großes Areal ehemaliger Bundeswehrkasernen, steht etwas im Schatten der Unterneustadt. Ihre Konversion erweist sich jedoch als kaum weniger konzeptionell, besitzt überdies ein größeres Bauvolumen. Einerseits baut man seit 1998 die alten Kasernentrakte für Wohnzwecke um, andererseits nutzt man das freie Gelände für zahlreiche Neubauten. Ein in den ehemaligen Kasernen eingerichtetes, städtisch gefördertes Gründer- und Technologiezentrum steht für die Idee, das weitläufige Areal einer auf Wachstum ausgerichteten Mischnutzung zuzuführen.

Für die Innenstadt werden stadtplanerische Projekte für eine Verdichtung des Stadtbildes entwickelt und sukzessive Nachkriegsnotbauten, an die sich das Kasseler Auge gewöhnt hat, durch veritable Stadthäuser ersetzt. Beispielhaft dafür, diese bauliche Verdichtung mit der Schaffung attraktiver Plätze zu verbinden, sind der Florentiner Platz und der Lyzeumsplatz – beide entlang der Neuen Fahrt. Bis zum Jahre 2010 will man durch Verkehrsberuhigung, Fassadenverbesserung und bauliche Aufwertung mehr Urbanität zurückgewinnen und die Innenstadt einladender gestalten. So scheint die Sanierung (und Neunutzung) der Garnisonskirchenruine unweit des Königsplatzes einen neuen Akzent in der Nachkriegsgeschichte Kassels zu setzen. Mehr als ein halbes Jahrhundert Ruinendasein und Verwahrlosung werden damit beendet. Auch wenn die Ruinen von Zeughaus und Karlshospital noch mahnend stehen – Hoffnung auf eine attraktive Stadt und besonders auf eine urbanisierte, funktional und historisch legitimierte Innenstadt beginnt zu keimen.

Stefan Schweizer

Kassel – City and Architecture

From the first mention in 913 until the death of Elector Wilhelm I in 1821

It is impossible to make any firm statements on Kassel's topographical development before its first mention in the year 913, when King Konrad I (reigned 911–18) issued two deeds with the place-name *Chassalla* or *Chassella*, and in 940 Kassel appears once more as the place where a deed of King Otto I (reigned 936–73) is issued.

The place was therefore in the possession of a king in the 10th c., and it was visited on several occasions by the kings – sometimes with a large retinue – on the way between the Rhine and Saxony or Thuringia. It was the main court of a small settlement (*villa*), which at that time was made into a fortified royal court. We have no more information on the appearance and location of the royal court and the settlement. In 1008, King Heinrich II (reigned 1002–24) gave his court Kassel (*cortem Cassellam*) to his spouse Kunigunde. It is reported in 1015 that Heinrich II eventually moved the centre of the royal estate to Kaufungen. Here, in 1017, Empress Kunigunde founded a Benedictine convent (no. 180), which from 1089 until the end of the 12th c. belonged to the diocese of Speyer. Kassel lost its importance in the 11th c. and for the time being it vanishes from the records.

In the mid-12th c., as the influence of the Ludovingians, landgraves of Thuringia since 1130, grew, Kassel is mentioned again, as the royal fief of the landgraves. The nuclei of the first settlements can now be established. Before 1148, the Ludovingian Count Heinrich II Raspe and his mother Hedwig, widow of the Thuringian Landgrave Ludwig I (reigned 1130–40), enlarged the settlement by adding an Augustine monastery and convent on the Ahnaberg; a few years later, further buildings are documented there. Older town city maps show the extent of the foundation in the late middle ages, north of the later Altstadt, on a hill above the River Fulda (all the buildings were demolished in 1880, the land now occupied by the Max Eyth school in Zeughausstrasse). In addition to the foundation, the Ludovingians established a parish church, referred to in 1152 as *ecclesia in Cassale*. This is generally thought to have been the later Altstadt parish church of St. Cyriacus, which stood approximately on the present Marställer Platz until it was demolished in c. 1526. Since at least 1189, it is recorded that Kassel had a regional market for agricultural produce. At this date, the Ludovingians again fortified the town and the castle, and Kassel again became a focal point in north Hesse. The Ludovingian castle, like the early royal courts, was probably on the hill where the Stadtschloss later stood (the present location of the Regierungspräsidium), immediately next to the parish church.

Trade routes and several fords over the River Fulda encouraged the growth of a market settlement in the following years between the Ahnaberg foundation at the north and the parish church and castle 400 m south of it. Today, the only reminder of this is the name Altmarkt. The streets and houses built with the marketplace as a focus gave the settlement its typical irregular structure, shown clearly on old city maps.

A deed of the year 1239 confirms Kassel's status as a town and contains the first evidence of a town wall, which was in the north, running from the Fulda past the district of the Ahnaberg foundation, whose outer wall it was, along today's Graben to the castle hill, where it met the Fulda again.

When the dynasty of the Landgraves of Thuringia became extinct in the male line, the house of Brabant laid claim to the Hesse part of the inheritance from 1247. The first Landgrave of Hesse, Heinrich I (reigned 1263–1308) – a grandson of St. Elizabeth – chose Kassel as his permanent residence. In 1277 he had a new castle built on the castle hill and founded a new town on the other bank of the river, known as the Unterneustadt (lower new town). This *nova civitas Casale*, an independent community with its own administration first mentioned in 1283, was a planned town. The streets and residential districts formed a regular network surrounding the rectangular marketplace with the parish church of St. Mary Magdalene. A bridge over the Fulda is first mentioned in 1336, but it was probably built at the same time as the Unterneustadt. The bridge and the imperial privilege to hold three annual fairs increased the traffic to and from Kassel still further.

At the end of the 13th c., a mendicant order settled in the Altstadt, adding another element typical of medieval cities. In 1292 the Carmelites – summoned to Kassel by the Landgrave a short time earlier – began to build their monastery beside the castle, on the site of today's Brüderkirche and the Renthof (no. 67).

Similarly at a rather late date and again with the support of the Landgrave, a charitable institution was founded. In 1297 Mechthild of Cleves – the second wife of Landgrave Heinrich I – founded the Elisabeth-hospital outside the Zwehrener Tor on the Steinweg (stone path), the road to Frankfurt and Cologne. Judging by old pictures, the hospital, like other medieval hospitals, was a simple two-storey building with a first-floor hall that was both invalids' room and chapel, so that the patients could join in the religious service from their beds. The present appearance of the building dates from the 16th and 20th centuries. (no. 8).

In c. 1330, Landgrave Heinrich II (reigned 1328-76) made a second extension of the town, the Freiheit (liberty), adjoining the Altstadt at the north-west. The name refers to the privilege that exempted the inhabitants of the new district from all levies for some years. The inhabitants mainly came from the surrounding villages and formed a legally independent community with its own administration and church. It was a planned settlement with streets almost at right angles to each other. Again, the centre was formed by the marketplace and the parish church of St. Martin (no. 6), which was made into a collegiate church in 1366 and ostentatiously expanded for this reason.

When the town was expanded by the Freiheit, the ring wall was also enlarged. Fines paid in the town flowed into the financing of the new town wall. When it was completed, the 13th-c. inner defences around the Altstadt were demolished; today, only the name and course of the Graben ('ditch') recall them. Of the enlarged fortifications, today there remain only the round Druselturm (no. 5), the Zwehrener Turm (no. 10), the only medieval city gate preserved, and a small remnant of the town wall (Untere Karlsstrasse 10–12).

In 1377/78, the three legally independent districts – Altstadt, Unterneustadt and Freiheit – were made into one administrative unit with a council. A few years later, Landgrave Hermann II (reigned 1376–1413) exploited the political and social tensions in the council to impose a new authoritarian constitution on it in 1384. Even if the citizens later recovered some of their rights, the city and its development were now more strongly influenced by the Landgrave and his residence. At the end of the 14th c., Kassel was a medium-sized city of c. 36 ha and probably with about 4,000 inhabitants. The city area was now three times the size of the original Altstadt area, and until the second half of the 17th c. this area remained constant and determined the layout of the city (Fig. 1).

In the 15th c., only a few important buildings were erected: in 1408 the town hall on the Altstädter Markt-platz (demolished in 1837), in 1421 the Tuchhaus (drapers' hall, demolished in 1853) and the Hochzeits-haus, which was large enough for large festivities (demolished in 1909 for the building of the Wilhelms-brücke).

The next extensive building phase took place after the devastating fire of the year 1521, in which since most of the houses had thatched roofs, about three hundred buildings were burned down. The statement in the will of Landgrave Philipp (reigned 1518–67) that in Kassel he built splendid dwelling houses and also renovated and improved many buildings suggests that he had the damage repaired during his reign. But the introduction of the Reformation under Philipp in 1526 was to have even greater consequences for the city in the form of extensive building alterations: Kassel became a fortress town.

On the introduction of the new faith, the Cyriacuskirche was demolished and the stones used for stronger fortification of the Landgraves' Schloss, which now became a kind of citadel within the city. The three city sides were surrounded with a deep ditch and high rampart and given outlying towers; one bay of the Brüder-kirche had to be removed to accommodate the fortifications. At the same time, in 1526–47, the city was extended and became a modern fortress. The Landgrave commissioned his court painter Michael Müller to make a picture of the imposing fortification of his residence (Fig. 2); the picture no longer shows Kassel as a lightly fortified country town with simple walls and towers. The new artillery now requires large-scale, robust bastions. In front of the old city wall with gates and towers, a rampart up to 10 m high with a moat is placed. The large semicircular earthworks, also called 'mountains', are particularly clearly shown.

In the same year, 1547, in the course of the Schmalkaldic War, Philipp was taken prisoner by the emperor, and in consequence the ring of fortifications which had just been completed had to be razed. But after his return Philipp once more concentrated on fortifying his residence. He also concerned himself with two projects outside the town walls that could scarcely have been more contrasting in purpose. On the one hand he completed the pleasure garden outside the Zwehrener Tor, outside the south town wall, which he had begun in 1529. On the other hand he built a cemetery outside the Hohe Tor, outside the north-west town wall, in 1564. This was to serve for burial for almost 300 years: today Lutherplatz (no. 56). In 1533 Philipp, against the energetic protests of the city council, moved the cemeteries from beside the churches to outside the city walls, for reasons of hygiene. When the Lutherkirche was built in 1897 (no. 56), only the most important graves were preserved.

Philipp's son Wilhelm IV (reigned 1567–92) continued work on the fortifications. From 1571–87 he altered the bastions, which were outdated, in line with modern Italian models. The projecting round earthworks were replaced by acute-angled widely extending bastions. Kassel became one of Germany's strongest fortresses. The elevation and bird's eye plan of Matthäus Merian of 1647 show us both the massive bastions and the classical stellate fortress ground plan (Fig. 3). In the Thirty Years' War, the imposing fortification did save Kassel from the destruction suffered by other cities, but at the same time it hindered the civil life of the city and its business and social development until the late 18th c. Further building activity was concerned only with individual projects inside the walls. In particular, the large landgraviate buildings should be mentioned: in 1580, at the east, directly beside the former Ahnaberg foundation, now used for fruit storage, building began on the imposing armoury (no. 60), which had room for the accoutrements of about 25,000 men and for 200 cannons. Further alterations and new building took place mainly near the Schloss district. Thus the Renthof (royal financial administration building, no. 67) with the chancellery wing was built onto the former Carmelite monastery (from 1580). And to the north of the Schloss, Wilhelm had the imposing four-wing complex of the Marstall (no. 63) built in the style of contemporary palace buildings in 1591–93. Apart from the use as stables and armoury, the upper storey was also intended for the Landgrave's cabinet of wonders and art gallery and the royal library. These three buildings – armoury, financial administration building, stables – have almost identical façades, of roughstone with ashlar, pilasters, volutes etc. decorating only windows, doors and gables. The Elisabethhospital (no. 8), almost 300 years old, was further extended and from 1586–87 was used as a nursing home for long-serving court officials.

Under Wilhelm, the first building and landscaping took place in the area of the present Karlsaue (no. 71). There was not enough space for a typical pleasure garden of the time near the Schloss, so the land between the Kleine Fulda and the Grosse Fulda below the Schloss, at that time almost an island, was chosen for the purpose. First a bridge was built over the Kleine Fulda (1568), and then on the north-east part (now Hessen-kampfbahn stadium) a pleasure garden was made. The exotic plants were widely famed. In addition, a small pavilion and bathhouse was built here in 1570/71, a hunting lodge in 1575 and an orangery with farm and other service buildings in 1578. There is also mention of waterworks in the written sources. In its day, the residence garden was among the most impressive of its kind in Central Europe.

With the many imposing buildings in the Weser Renaissance style and features such as the royal library, the art collections and the first institutionalized observatory in Europe, Landgrave Wilhelm IV made Kassel into an prestigious residence which did not need to fear comparison with other German royal courts, above all as far as art was concerned.

The Schloss of the Landgraves of Hesse (1557–1811)

From 1557–63, in the reign of Landgrave Philipp (reigned 1518–67) the Schloss on the Fulda was gradually developed into an imposing Renaissance Schloss under the supervision of his son Wilhelm IV (reigned 1567–92; Fig. 4). The three-storey building was four-sided, with polygonal towers for spiral staircases at the four corners, a three-storey arcade on the north-east side of the courtyard and a high roof with scroll gables. This gable, also known as 'Landgrave's gable', was used by Philipp's successors in a large number of royal buildings in Hesse, for example in their residences in Darmstadt and Marburg. It has been shown that the Schloss in Kassel was much influenced by the Schloss in Dresden, which had been built shortly before it and which Philipp and Wilhelm knew because of their family connections with the Wettins. The rooms were splendidly finished in the Renaissance style in the following decades by Landgrave Wilhelm IV and his son Landgrave Moritz. Elements preserved include some of the valuable alabaster reliefs made by Elias Godefroy from 1557–59 for the Alabaster Chamber (Hessisches Landesmuseum, Kassel).

At the end of the 17th c., the narrow and awkward Renaissance Schloss buildings were no longer modern. In the baroque period, generously built three-wing complexes with cour d'honneur and imposing staircases were required, set in parks or squares with axes linking them to other features. There were a large number of plans (e.g. by Louis Remy Delafosse, 1722), showing that Landgrave Karl (reigned 1677–1730) was considering converting or rebuilding the Schloss in such a style, but none of the plans was carried out. The growing royal household meant that there was not enough space, but the only attempt to remedy this situation was the installation of partition walls.

The alterations in the following years also concentrated on the interior: the rooms were adapted to the taste of the time. It was only when the fortifications were demolished under Landgrave Friedrich II (reigned 1760–85) that there was more extensive building work in the area of the Schloss: to the south west, a parade ground was laid out beside the Rennbahn (race track, Simon Louis du Ry, 1726–99); at the north-west, several rows of chestnut trees were planted and at the north-east beds with sculptures were introduced. In the Schloss itself, windows, portals and the decoration were renovated, and the façades were rendered and repainted. The residence now presented itself to the city in the spirit of the enlightened absolutism of the Landgrave. In addition, Friedrich commissioned two respected representatives of the academy of architecture in Paris to draw up plans for more extensive alterations to the Schloss. In 1782, Charles de Wailly (1730–98) suggested that the Schloss should be given the necessary qualities by adding projections and colonnades in the form of annexes and that a relationship with the surroundings should be created, a plan fully in the spirit of the baroque. The plan by Claude Nicolas Ledoux (1736–1806), on the other hand, already reflected what came to be known as revolutionary architecture (Fig. 5): it was a kind of colossal temple, with a rusticated pedestal storey. It need hardly be said that neither project was carried out: the end of absolutism had arrived.

Elector Wilhelm I did have a staircase built on the south-west side of the courtyard by Heinrich Christoph Jussow (1754–1825) in 1803–04, a project contemplated earlier, but in 1811 (in the time of King Jérôme) the old Schloss was burnt down, and five years later it was completely demolished. The only remaining evidence of its existence is the Rondell, a bastion on the Fulda (no. 68).

Back to the architectural history of Kassel. Landgrave Moritz der Gelehrte (the Learned, reigned 1592–1627) was interested in science and took an active part in the arts as a royal dilettante, composing music and writing poetry, and also drawing up architectural plans. He was interested in particular in the Moritzaue which replaced his father's pleasure garden on the Fulda island and also in building the Ottoneum (no. 11). This was the first freestanding theatre in Germany, named after Moritz's eldest son, built from 1603–06 south of the Zwehrener Tor. His love of theatre is also shown in splendid processions in the tradition of Italian trionfi and the court festivals celebrated as tournaments, for which he had the Rennbahn redesigned. However, Kassel's architectural and cultural development were both interrupted by the beginning of the Thirty Years' War.

The city itself was spared direct war damage, but the war soon showed its effects on the urban landscape, for example when the funds of the city council scarcely sufficed to maintain the public buildings. A letter from the mayor and the council to Landgravine Amalie Elisabeth (Wilhelm V died in 1637) dated 1644 describes the situation graphically, referring to important town buildings so dilapidated that they need large sums of money to be repaired, for example the centre pillar of the Fulda bridge, dilapidated roads and bridges across the town ditches becoming more dangerous by the day, while at the same time the city's income is decreasing and the city finance department is not in a position to pay for the building work.

After the enormous setback to civilization suffered by Hesse-Kassel and by most other German states as a result of the Thirty Years' War, Landgrave Karl (reigned 1677–1730) came to power, an absolutist ruler who saw and carried out his duties in all areas of public life, in government, the military, and the promotion of the economy and the arts. He was particularly active in architecture and landscaping. Two remarkable products of this passion were created outside the city gates. On the east slope of the Habichtswald, the Karlsberg gardens with the Hercules Octagon (no. 141) were laid out. The models can be found in the Villa d'Este in Tivoli and in particular the Villa Aldobrandini in Frascati, which Karl visited on his journey to Italy in 1699–1700. And in the river valley he had the Karlsaue garden created with the orangery (nos. 70, 71), following Netherlands and French models.

Under Karl, Kassel became very much a residence and garrison city. A refugees' district was added. Landgraviate bye-laws governed the cleaning, paving and illumination of the streets, and the repair of derelict city sites and dilapidated buildings following a prescribed scheme. In addition, a 'Prison and House of Correction' (Karlshospital, no. 61), a 'Poorhouse and Orphanage' in the Unterneustadt and, after the duty to billet had ended, barracks were built. Karl also had a 'Model house' (destroyed) built for the many architectural models of the buildings he planned or carried out. In 1696 the Ottoneum (no. 11) was altered for the landgraves' art collection and in 1709 it was finally altered to be the seat of the Collegium Carolinum. To promote local industry, copper works and Messinghof (no. 172), a paper and powder mill, a forge and a stone polishing works were also built within a short period of time.

From April 1685, a full six months before the Edict of Nantes was revoked, Karl issued the 'Grant of Liberty' to attract highly-skilled craftsmen and manufacturers, above all from France, to move to Hesse. In the course of the exodus of Huguenots and other religious groups from France that began six months later, c. 4,000 emigrants came to Hesse, most of whom settled in Kassel. At first they were house in the Altstadt as far as possible, but also in huts by the Schlossgraben. In the following period, the two most important projects to help the refugees settle were the Oberneustadt in Kassel and the port of Sieburg, from 1715 on known as Karlshafen (no. 192).

Even before the refugees came, Kassel was to be extended by enlarging the Unterneustadt, and even to create an independent city for commerce and trade called 'Auf dem Forst' (by the forest). Finally, however, Karl decided to locate it on a plateau at the south-west of the Altstadt (Fig. 6). This must have been influenced by the fact that most of the site was already in the possession of the Landgrave and the city and only small areas had to be bought up. On the recommendation of William of Orange, Karl commissioned Paul du Ry (1640–1714), who had built Maastricht fortress, to design and plan the refugees' city.

Du Ry planned a city based on the latest ideas – the Oberneustadt (roughly the present area between Obere Königsstrasse, Schöne Aussicht, Friedrichsstrasse and Friedrichsplatz): in a chequerboard plan, streets intersected at right angles, forming nine square blocks. The centre section of the first transverse street, now Wilhelmsstrasse, was widened, creating a narrow square, in the axis of which the Karlskirche (no. 22) was built from 1689–1706. The block adjoining Karlsplatz at the west was reserved for public buildings. Here in Wilhelmsplatz, the town hall, the Messhaus and the French Hospital were built later. Today, the town hall (no. 36), built from 1905–09, takes up the whole block. Work began on the first building in the new town, Paul du Ry's own home, in 1688. But despite extensive financial and organizational support from the Landgrave, the work proceeded slowly; in 1731, 104 buildings had been completed.

For the Oberneustadt, Paul du Ry designed a simple house type, with a symmetrical ground plan and elevation: mostly two-storey buildings with saddleback roof, three-storey with mansard roof at the street corners. A gable accented the centre axes, which were one storey higher and contained the entrance. The street façades were required to be rendered and painted with oil paint, but apart from the pediments on the portals and the windows on the piano nobile they were unadorned. The ground plans were also uniform: through the centre main entrance on the street side, there was a narrow hall which merged into a corridor with stairs. On both sides of the hall and the corridor were the rooms; the back rooms received light from an inner courtyard. This courtyard with galleries or balconies and usually a small garden was also the transition from the front house to the back house, which was often just as impressive. This type was followed later by the son of Paul du Ry, Charles, and his grandson, Simon Louis, when designing dwelling houses (Fig. 7). Apart from the house Schöne Aussicht 9 (no. 21) and the house Friedrichsstrasse 25, of the first half of the 19th c., which preserves not only the facade but also the typical arrangement of rooms, only the Fünffensterstrasse today specifically recalls the precise, balanced and simple facade design of the Huguenot architecture.

Along the slope, with a fine view over the landscape to the east, mainly royal palaces were built (Fig. 8). Besides Palais Bellevue (no. 24), in the following period princes Wilhelm, Georg and Maximilian and the later Landgrave Friedrich built their town residences. Prince Georg connected his palace with the Aue by a terraced garden, today the site of the war memorial (no. 71). Following the model of the royal family, the Oberneustadt became a residential district chosen by the aristocracy and high-ranking court officials. It was separated from the Altstadt not only in terms of town planning (outside the ring of fortifications and without its own defences) but also constitutionally. This created problems for the development of the town as a whole.

Following the destruction in WWII, scarcely anything remains of the baroque extension of the city. Even the historical ground plan has almost been obliterated as a result of the city ring system of the 1950s and the gap sites and new (parking) spaces. The dreary block buildings of the administration of justice close the city off from the Aue; only the name of the street recalls the 'beautiful view' from the once so refined residential district on the Auehang slope.

In the course of the Seven Years' War, Kassel suffered several occupations and sieges, despite the fortifications, Landgrave Friedrich II (reigned 1760–85) therefore had them demolished from 1767 on and instead of that a simple wall with tollgates built, now surrounding the Oberneustadt too. Remains of this wall are preserved in Wallstrasse in the Unterneustadt. With the removal of the fortifications it became possible to enlarge the medieval Altstadt, which till then had been restricted in area. Above all, the Altstadt could be allowed to marge into the baroque Oberneustadt, which till then had been isolated. Friedrich commissioned Simon Louis du Ry (1726–99), mentioned above, of the family of architects now settled in Kassel, to develop this plan.

Du Ry developed a far-sighted concept that satisfied the functional, aesthetic and town planning requirements. Three prestigious squares were to be built, lying concentrically around the south-western part of the Altstadt on the former fortification ring, creating a harmonious and extensive connection of the two districts (Fig. 6): at the north-west, Königsplatz (no. 1), at the south-west Friedrichsplatz (no. 20) and at the south the parade ground with colonnades (destroyed). In addition, the main street of the Oberneustadt – the later Obere Königsstrasse – was enlarged. As the main axis, it now formed a direct link to the Altstadt and at the same time marked the narrow end of Friedrichsplatz on the city side. At its upper end, du Ry later built Wilhelmshöher Platz (now Brüder-Grimm-Platz, no. 30) as a connection to Weissensteiner (now Wilhelms-höher) Allee, which was straightened in 1777.

It was therefore in the Oberneustadt, around the squares and along Obere Königsstrasse with its large open plots, that the focal points of the further enlargement of the residence city lay. In addition to numerous public buildings, such as the Messhaus, town hall, opera and Museum Fridericianum (no. 10), mainly dwelling houses for the middle class and palaces for the nobility were built here with state support.

However, some buildings had a particular architectural significance, for example the Palais Jungken (destroyed, formerly Friedrichsplatz), the Palais Waitz von Eschen (destroyed, formerly Opernplatz; Fig. 10) or the Palais Hessen-Rotenburg (destroyed, formerly Königsplatz). The design of the façades of these buildings not only expresses a desire for more social prestige, but is also part of the overall town plan. But there were also middle-class houses whose rich stucco facade decoration made them stand out from the otherwise fairly uniform streetscape, for example the house of the sculptor J. A. Nahl (destroyed, formerly Königsstrasse) and the house of the court stuccoworker J. M. Brühl (destroyed, formerly Königsplatz; Fig. 11). A particular architectural peculiarity is the Elisabethkirche, built from 1770–74 to the right of the Fridericianum. A statute prohibited the building of Catholic churches in Hesse after the Reformation, but Landgrave Friedrich II converted to Catholicism and circumvented this law by ensuring that the 'House of God' outwardly resembled the Palais Jungken, to the left of the Fridericianum, and thus appeared to be a secular counterpart without a visible religious function (Fig. 12).

In the Altstadt proper with its three- and four-storey timber-frame houses, the building was restricted to the restoration of a few properties. The building department, founded in 1775, had the task of encouraging the house-owners by threat of punishment or promise of privileges to replace their old houses with new ones or at least to improve the appearance of the façades (by facing); this campaign was not very successful.

Whereas the baroque planning programme was governed by the absolutist ideas of a residence city, the town planning ideas and buildings of Simon Louis du Ry show the spiritual and stylistic revolution of his age. This turning point is best illustrated by the building of Friedrichsplatz and the buildings erected there close together in place and time. If the pre-1770 buildings largely have elements of late baroque, the building of the Museum Fridericianum (no. 10) in an exposed situation marked the change of direction towards the Enlightenment and classicism.

Outside the city, the new spirit appeared earlier and was more obvious. From 1766 on, Friedrich II had the Karlsberg extended with additions in the style of an English garden. Under his successor Wilhelm IX (reigned 1785–1821), the second, large-scale phase of alteration took place: here, the park was made into an extensive idealized natural landscape. The building work concentrated on the rebuilding of the Weissenstein Schloss (from 1798 known as Wilhelmshöhe, no. 134), which was built by Simon Louis du Ry from 1785 on in place of an earlier hunting lodge.

Three years later, Heinrich Christoph Jussow (1754–1825) was appointed the Landgrave's director of building works and immediately involved in the redesigning of the park and the building of the Schloss; soon, he was the source of ideas for the further plans. Jussow's design for the corps de logis won through, and he also played a decisive role in the park buildings. Particular mention should be made of the aqueduct (no. 140) and the Löwenburg (no. 139). The Schloss and hill park of Wilhelmshöhe (no. 134–140) – built in a period of 130 years (1700–1830) – uniquely combine the architectural and landscape ideas of the epochs in question: a unity unequalled in Europe.

After the residence city was successfully modernized, which was above all to be attributed to du Ry's farsightedness, Wilhelm was able to concentrate on individual building measures in the city. From 1788–93 the old Fulda bridge, which was dilapidated, was replaced by a new bridge. In order that the two market places, the Altmarkt in the Altstadt and the Holzmarkt in the Unterneustadt, could be connected by a straight street axis, the new bridge was built further downriver. But to do this, several older buildings had to be demolished, including the Gothic Magdalenenkirche in the Holzmarkt, which was later replaced by a new building by Jussow on Leipziger Platz (destroyed). On being elevated to Elector in 1803, Wilhelm devoted himself in the first instance to making the city gates more prestigious in appearance: particular note should be taken of Wilhelmshöher Platz (no. 30).

When the Electorate of Hesse was occupied by French troops in 1806 and the Kingdom of Westphalia was created under King Jérôme, the brother of Napoleon, this was a decisive event in many ways, including its effect on the city plan. The new situation, expressed first in an extensive reform of government and law, was to be demonstrated in the urban landscape by an architecture in the style of the Napoleonic empire. Together with the young Leo Klenze (1784–1864), after Friedrich Schinkel the most important German architect in the first half of the 19th c., the well-known Parisian architect-draughtsman Auguste Victor Grandjean de Montigny (1776–1850) was made the First Architect (premier architecte) of the king. His appointment is directly connected with the conversion of the Museum Fridericianum into a diet building (no. 10), the most important institution for the new kingdom's self-presentation. Not all of Klenze's contributions were realized. The court theatre on the Wilhelmshöhe (no. 130), at that time called Napoleonshöhe, should be mentioned, as should the stables building in Schöne Aussicht (demolished in 1871 when the Neue Galerie was built). Private building activity was also rather modest in nature. Under the interim government, members of the new Westphalian aristocracy commissioned only about 20 town houses and palaces. Of the public projects that were intended to extend the residence city according to a plan, for example an extension of the Unterneustadt southwards with the addition of a 'ville commerçale', little was realized. This must be put down both to the short duration of this artificial form of government and to its notorious lack of funds.

The Congress of Vienna (1814–15), which dealt with the reorganization of Europe after the victory over Napoleon, gave Wilhelm I, who had returned to Kassel, neither the title of king that he wanted nor a real increase of territory: he was the only German ruler to keep the title of Elector, which had become meaningless. So in his restored electorate he concentrated mainly on his own projects; he no longer gave commissions for public buildings. His largest building project was the 'Chattenburg' on the site of the Landgrave's schloss above the Fulda, which had burnt down in 1811 under Jérôme. The huge project of building a new residence had become anachronistic, and Jussow, who had been commissioned to design it, had to visit large residences of past times, including Würzburg, Versailles and Caserta, in order to satisfy his Elector's restoration ambitions. The result was a monumental building in classicist formal syntax, which did not rise any higher than the ground-floor window jambs, for after Wilhelm's death in 1821 the building work was stopped, not least because of the enormous costs.

The unrest of the July revolution in Paris in 1830 reached Kassel too and resulted in the convening of the provincial diet. Wilhelm II was obliged to allow the diet to draw up a constitution. In the presence of a delegation of liberal citizens, the head of which was Kassel's mayor Karl Schomburg, Wilhelm signed the constitutional charter. Wilhelm II, associated with scandal and mistresses, withdrew from Kassel and from government in the same year and appointed his son, Crown Prince Friedrich-Wilhelm, as co-ruler, but in fact Friedrich-Wilhelm ruled alone from this time on.

Sascha Winter

From the electoral residence to the present day

In the last decades of the Electorate of Hesse, planning decisions were made that set the course for Kassel's future, and the industrial roots of the city lie in this period too. In 1834 the Electorate of Hesse joined the German Zollverein (customs union); in 1810 the Henschel company was founded, manufacturing machinery, goods wagons and locomotives, and it attained international standing in the 19th c. The only example of the industrial architecture of this time is the magnificent Henschel foundry built in 1836–37 (no. 145).

At the beginning of the century Kassel had approximately 18,000 inhabitants; it was only in the second half of the century that this figure grew by leaps and bounds. In 1848 Kassel was joined to the railway network when the Friedrich-Wilhelm-Nordbahn railway was opened, and in the following decade an imposing station was built (no. 52); however, there is scarcely any evidence of an economic or financial policy on the part of the ruling family. In these decades, financial lethargy was united with political gloom, which was not lightened even when municipal gas lighting was installed in 1854.

The first 19th-c. extension of the city, which adjoined the nucleus, was carried out in the 1830s, creating the district known as Friedrich-Wilhelms-Stadt, now Ständeplatz (no. 40). There were no systematic projects meriting the name of town planning to the north or to the west, along the Wilhelmshöher Allee, now accentuated by Jussow's gatehouses (no. 34). Documents and the town maps of the first decades of the 19th c. show that there was an unnoticeable transition from the baroque city centre to the scarcely inhabited natural landscape – at the north along what is now the Wolfsschlucht, at the west along what is now Fünf-fensterstrasse.

One of the most striking buildings of this period was the synagogue built in 1836 by the Kassel architect Albrecht Rosengarten. This was not only the first building in the extension of the city to the north-west beyond Holländischer Tor, which had been moving very slowly, but also one of the first German 19th-c. synagogues. The building of this synagogue was accompanied by intensive and heated discussion about a style of architecture suited to the Jewish faith. Later synagogues followed oriental architecture, but Rosengarten returned to Romanesque formal syntax and in this way showed the attempts of the Jewish community to become assimilated.

The splendid electoral residential palace or Red Palace (no. 19), built between 1821 and 1825, was of little significance in town planning but was conspicuous in its expression of power. It was needed after the Schloss fire in 1811 and was built by Bromeis between the Fridericianum and the Palais von Jungken on the Friedrichsplatz, shifting the seat of government from the bank of the Fulda into the inner city – a break with a tradition of centuries that was not to last long.

The year 1866 was an interruption in political, social, cultural and therefore also town-planning terms. When Prussia annexed the Electorate of Hesse, Kassel lost its status as a residence, but now that it was made the capital of the Prussian province of Hesse-Nassau, new big-city prospects opened. Despite the immeasurable loss of substance, the architecture shows what status was to be accorded to the Prussian administrative centre after 1866. The Prussian state administration was growing and needed housing for its civil servants and soldiers, new administrative buildings, barracks and suitable places for recreation. Expressed in figures, the building requirements are as follows: between 1858 and 1866, 467 dwelling houses were built; between 1866 and 1873 there were 1032 new buildings. The population rose from 46,300 in 1871 to 72,477 in 1890 (Fig. 13).

In the first years under Prussian government, Kassel's economic and demographic development was slow, but after the foundation of the German Reich in 1871 it was extremely rapid, as in all cities. Above all, the quickly growing industrial activities attracted new inhabitants to move from the country to the city. At the same time, the population was also increased as Prussian soldiers were stationed there and civil servants moved there; the first extensions to the city were adapted to the social needs and standards of the latter.

The most notable and largest of these city extensions in the Prussian period was the Hohenzollernstadt, now known as Vorderer Westen, between Friedrich-Wilhelms-Stadt and the Wilhelmshöhe railway station. The driving force behind this was the Kassel textile manufacturer Sigmund Aschrott (1826–1915); from the end of the 1860s he bought up land from the surrounding communes of Wehlheiden, Kirchditmold and Wahlershausen in order to make it possible for the western approach to the city to be uniform and planned.

This plan, both modern and on a big-city scale, at first met with lack of understanding and rejection from the city authorities, and these reactions never completely vanished. Aschrott, highly successful as a supplier of large lengths of textiles to the army, was at first forced to proceed with the extension as an independent contractor at his own risk, which is thought to have been high.

The main access routes were the Hohenzollernstrasse (now Friedrich-Ebert-Strasse), from Ständeplatz to Querallee, and Kölnische Strasse, which was parallel. In 1869, Aschrott came to an agreement with the city authorities on the building and links to other streets. At first, the streets were laid out in a conventional chequerboard pattern. Only Viktoriastrasse (now Bürgermeister-Brunner-Strasse), built in 1875 and linking the new district with the main railway station, is diagonal to the pattern and runs parallel to the Ständeplatz.

In 1884 the road network for extension west of Queralee was established. At this date, Aschrott had bought c. 127 hectares of land, paid for city enterprises to connect it to the sewage system and attended to the sale of lots. In addition he made several donations: he gave land to the churches that were going to build there and built a church for the British colony.

The settlement of the new district proceeded slowly. In order to achieve a high quality of living – large courtyards without buildings, border planting, broad streets, parks - it was planned to build on only 50% of the land, which was a financial burden for the landowners and resulted in some plots remaining vacant for the time being.

At a late date (from 1896), the most important German town planner of the 19th c., Josef Stübben, was commissioned to draw up a plan. We have no information about this plan, and Stübben's active role in the planning cannot have been very great. However, Aschrott probably now followed published materials: Stübben's famous designs for the Neustadt in Cologne, for Berlin, Düsseldorf and other cities.

The area west of Queralee is more generously planned than the areas developed earlier. The streets here lie diagonally to the main axes, which means that the huge differences in height can be compensated for better. The acute and obtuse angles created in this way make attractive squares. Pavements, bridle paths and rows of trees edge the streets; parks break up the blocks of buildings. All in all it is a district for the better-off classes, civil servants, officers and businessmen, who till then had lived in the Oberneustadt. The district was therefore kept free of industrial enterprises and large workshops.

Squares and crossroads were accentuated by end sections with cupolas and turrets, higher than the adjoining buildings. Administrative buildings and churches also came to the district, but all of these were built later: police headquarters (1905; no. 86), post office building (1904–06; no. 47), insurance building (1905; no. 88), Friedenskirche (1905–08; no. 98), Rosenkranzkirche (1900–01; no. 99), city hall (1911–14; no. 100). The building dates show that it was only after 1900 that the new district was noticeably more densely settled.

Little of the architecture of the first building period has been preserved, apart from the garden villa of the architect Bromeis (no. 51) above the station or the house of the textile dealer Scheldt (no. 48). In Friedrich-Ebert-Strasse, between Annastrasse and Queralee, there are some houses from this time (probably 1880s). They are four- and five-storey brick houses with massive balconies and sandstone columns on window aediculas and portals.

A development in style is scarcely to be seen. The historicist mixture of styles is matched by a varied division into rooms, and dense and open building styles alternate. For closed building, multi-storey blocks of flats were often used, the owners who built the blocks themselves lived in free-standing villas (including Queralee, Goethestrasse and Parkstrasse). The variety of façades, strongly criticized by contemporaries, is genuinely historicist: there are buildings with neo-baroque or classicist decoration, and a surprising number using the forms of the local Weser Renaissance. For a time, the neo-Gothic was particularly successful, since one of its main proponents, the architect and theoretician Georg Gottlob Ungewitter (1820–1864), worked in Kassel and taught at the Polytechnikum. Only with Jugendstil c. 1900 did a contemporary style find a voice. Jugendstil houses can therefore be found only in the second building period and almost everywhere, but there were no uniform connected groups of buildings. This kind of Jugendstil is usually only standardized facade decoration, not the buildings with an organic floral design like those found in Vienna, Darmstadt and elsewhere.

Between 1900 and 1914, and after 1918, the district became more densely populated, with the buildings of the Beamten-Wohnungs-Verein, a civil servants' housing association (inter alia in Murhardstrasse), of the Arbeiter-Bauverein, a workers' building association (including Dörnbergstrasse) and other communal flat building companies. Under the growing economic pressure, some rear buildings were also built, although Aschrott saw them as eyesores.

The extensions of the Nordstadt and at the east towards Bettenhaus did not proceed so moderately and with so much planning as at the west. The residential districts outside Holländischer Tor directly adjoined the premises of the large industrial enterprises. Here, beside the industrial sites, Prussian blocks of flats of modest dimensions were built. They were usually five-storey brick buildings, placed close together, often containing only small two-room flats.

In the Frankfurt suburb at the south too, these blocks of flats can be found, but the city was developed more generously here; the district also profited from its delightful position between the Karlsaue and Weinberg.

The Weinberg (no. 72) changed its appearance after 1870. The site was bought by the Henschel family of industrialists and secured with a prominent supporting wall still standing today, enabling the family to build two villas on the plateau. The larger villa was demolished in 1932 to avoid levies on houseowners. The only Henschel building still standing is the coachhouse, now the home of the Museum für Sepulkralkultur (no. 35).

The extensions of the city to the west, south and north permanently altered the social structure of the city. Gradually, the middle-classes took advantage of the new possibilities in the west of Kassel and moved out of the Oberneustadt and the Altstadt, which increasingly became the home of poorer inhabitants, in particular workers and workmen. The state of repair of the houses and the social and hygienic situation became worse and worse; the housing shortage meant that more and more annexes were built, and fewer and fewer courtyards gave air and light.

In the Prussian period, the overall situation changed for the better, permitting a large number of construction schemes on the edge of the inner city. The large Prussian buildings rarely encroached on the older baroque buildings. The outstanding buildings before the turn of the twentieth century include the art gallery, built in 1872–77 after plans by Heinrich von Dehn-Rotfelser (today Neue Galerie, no. 25). The building, at the south-east of the Oberneustadt, at the end of Schöne Aussicht, had dimensions appropriate beside the surrounding baroque buildings and was based on Klenze's Pinakothek in Munich.

On the site of the Landgraves' Schloss, burnt down in 1811, the Kattenburg – 173 m long and 126 m wide – rose no further than the foundations or ground storey and was demolished to make way for the scarcely less monumental new building of the Prussian seat of justice and government, which was built between 1876 and 1880. In 1871 the town government decided to alter Friedrichsplatz, and in 1871 the Auetor was widened at the end as a Prussian monument to victory, showing 'Hesse bravery' in the war against France.

In the year 1890, Meyer's Konversations-Lexikon, an encyclopaedia, reported 72,477 inhabitants, including the soldiers stationed in the city, among them 6,230 Catholics and 2,017 Jews. In the year 1899 the village of Wehlheiden was incorporated in the city, and as a result the population of Kassel was over 100,000, making it a Grossstadt (big city) by the German definition. Following the expansive building in the Gründerjahre in the late 19th c., the city was densely built-up even at the periphery, and so further districts were incorporated in the first decade of the 20th c. - Rothenditmold, Kirchditmold, Wahlershausen and Bettenhausen. In the year 1909 Kassel had 153,000 inhabitants.

Further new buildings in this decade expressed the general economic prosperity. In 1905 the Murhard brothers donated a library (today Murhardsche und Landes-Bibliothek), a neo-Renaissance building on the Weinberg after plans of the architect Emil Hagberg (no. 32). Nearby, in time for the city's 1000-year jubilee between 1910 and 1913, the Landesmuseum (no. 33) was built, made possible in part by a generous donation from Siegmund Aschrott. The Munich architect Theodor Fischer combined Weser Renaissance ideas with Jugendstil elements and created a building which attracted a great deal of attention near Jussow's gatehouses (no. 34). In 1909, the neo-baroque new town hall (no. 36) by the architect Karl Roth in Königs-strasse, which rose high above the baroque Oberneustadt, was completed.

In the same year, the Prussian Staatstheater on the south-east side of Friedrichsplatz was built (Fig. 14; demolished in 1953 after destruction in WWII). In place of the former Auetor, which was now moved to Schlossplatz and was destroyed there in WWII, the theatre building closed the square. The portico facade faced Friedrichsplatz, but the rest of the building was terraced down the Aue slope.

Kassel's rapid development stopped abruptly in the years after 1914. The effects of WWI, the economic crisis, the political crisis, mass unemployment and mass poverty made themselves felt here as elsewhere. In 1918, a workers' and soldiers' council ruled Kassel for a short time, but between 1920 and 1925 its most prominent mayor shaped the city: the later Reich chancellor Philipp Scheidemann.

Before the war the first estates were built, satisfying the need for small flats which had been long underestimated in the course of the expansion to the west: in 1912, a housing estate was built in Schön-felderstrasse at the corner of Heinrich-Heine-Strasse (no. 83): this was suited to the situation in the west of Kassel, a block periphery development based on a density typical of city building. In contrast, the garden city of Forstfeld (no. 173), the building of which commenced in 1916, in the middle of the war, is an example of a conservative approach to small estate and garden city. Further estates with small flats for workers were built at Fasanenhof (no. 149) in the north of Kassel and at Bettenhaus in the west, where the 'Kunigundishof' (no. 171) surrounding the Kunigundiskirche may be regarded as a both conservative and original solution to contemporary residential building.

In the Hohenzollern district, after 1918, the city was able to buy back some areas from Aschrott's land administration and had flats for civil servants (e.g. Kattenstrasse) and a large housing project along the west Goethestrasse built.

In the 1920s, under the city council planning and building director Gerhard Jobst, consideration was given to a careful restoration of the Altstadt, but this was not carried out for lack of funds. The highest priority was given to building new flats; in addition, the narrow Altstadt lots and the convoluted ownership put an end to the plans, which were highly thought of at the time.

Kassel's reputation as the city of the International Style is due mainly to chance: the young Philip Johnson (later a world-famous architect), as curator of the architecture exhibition entitled International Style held in the Museum of Modern Art (New York) in 1932, in ignorance included several new Kassel buildings of 1928–32 in the catalogue. The international tendencies in contemporary architecture which he observed in these buildings gave rise to the name International Style. In comparison with Frankfurt or Berlin, and in proportion to its echo in other contemporary publications, Kassel is over-represented. But nevertheless, here too, encouraged by the liberal cultural and political climate of the time, original and progressive buildings were erected. In 1927, encouraged by the mayor Herbert Stadler and Gerhard Jobst, a building code came into force which contained new criteria for public housing: planting, hygiene, sunlight.

A first example of functional architecture was the manufacturing hall and warehouse of the Konsum- und Sparverein, built in 1927 by Karl Wittrock in Hafenstrasse. It was a reinforced concrete building with a facade with continuous strip windows, but today has lost much of its original appearance as a result of additions and alterations. Among the buildings listed in the International Style catalogue were the Stadtsparkasse (1929–

31, no. 46) and the Dapolin filling station (both by Hans Borkowsky), whose completely glazed sales pavilion was preserved and is waiting to be erected again.

In particular, Otto Haesler's building projects attracted great attention, in both the positive and the negative sense. Haesler, from Celle, had already made a name for himself as a colleague of Martin Gropius, when in 1929 he won the competition for a home for widows of the Marie von Boschan-Aschrott foundation (no. 109). The Kassel press reacted with mockery to the steel-frame construction of the wings, and described the architecture as an aquarium and a glass case. Haesler also had to confront reservations when he built the Rothenberg estate (1929–31; no. 93) in Rothenditmold. Only the first of the terraces of houses could be built as steel-frame buildings. Local architects and manufacturers of building materials pressed for building to continue in traditional solid brick construction, and shortly afterwards the project was abandoned on account of the political situation.

In addition to further buildings in the International Style (Fasanenhofschule, architects Catta & Groth, 1929–30, no. 150), buildings in mixed styles are found, combining expressionist interiors with the block-like building structures of Neues Bauen; this can be seen in the Bundesknappschaft building (1928, no. 90) or the Hallenbad Ost swimming pool (1930, no. 169). In contrast, the Malwida-von-Meysenbug-Lyzeum (today Heinrich-Schütz-Schule, no. 107), built by Heinrich Tessenow in 1930 in the west of Kassel, is unique. Tessenow was not an adherent of industrial buildings like Gropius, Bruno Taut or Otto Haesler, but followed a clearly proportioned neo-classicism, which requires accurate craftsmanship. Nevertheless, the punctuated facade and the cubic approach to the annexes show the influence of the International Style.

A large number of competitions in the years 1930–33 indicate that Neues Bauen was becoming more attractive. None of these competitions led to the realization of the winning project.

The change of power that had the greatest long-term consequences in German history took place gradually. In the Reichstag elections in 1930, the National Socialist Party became the second-strongest party in the city parliament after the Social Democrats. In the following Reichstag election in July 1932, it was the strongest party. In the elections for the city council in 1933, the NSDAP did not win the absolute majority, but the main opponents, the KPD and SPD, were largely eliminated, and so National Socialist policies could be enforced in the Kassel city council without check.

The decisive balance of power enabled policies that were totalitarian in every respect, and it also encouraged the incorporation of further villages from 1933 on. Kassel's population grew to 220,000 in 1936. An official census in the year 1939 revealed 226,000 inhabitants - the largest figure in the history of Kassel.

The population increase was also a result of the demand for workers in the growing armaments industry, which was growing by leaps and bounds, represented in Kassel by names like Henschel, Junckers, Fieseler, Spinnfaser or Wegmann. Large housing estates were built on the Mattenberg and in Lohfelden to meet this population growth.

It was certainly only by chance that in 1933 a congress on the preservation of monuments, took place in Kassel. It had a National Socialist programme.

National Socialist ideas of preservation of monuments in the Kassel Altstadt did not have serious consequences, but the 'rebuilding' in the Nazi sense prepared the ground for completely misguided rebuilding after WWII. In the Third Reich, rebuilding meant not only rationalizing cities so they were prepared for war, but also 'Entbürgerlichung', that is, removing the middle-class element and making the citizen the 'Volksgenosse', the Nazi comrade. The NSDAP party structure, consisting of cells, was to be expressed in town planning in the form of workers' estates on the periphery: these sprang up everywhere, in Kassel and in other cities too. The type of house preferred typically has a 'German gable', a pointed gable, which was seen as elementary and natural, in contrast to the flat roofs of Neues Bauen. An example of this building mentality was the estate on the Hegelsberg, built in 1934–35.

In 1936, in the inner city of Kassel, the 'Freiheiter Durchbruch' (Freiheit breakthrough) took place, much exploited for propaganda purposes. Several dozen buildings were demolished, creating a slightly curved path from the Altmarkt to the Martinsplatz. This measure was of most advantage for the traffic.

Two years later, the Kassel synagogue in Untere Königsstrasse was desecrated: on 7 November, two days before the nationwide Kristallnacht pogrom, vandals broke in and damaged it, and shortly afterwards it was demolished, under the pretence that it was dilapidated.

In the second half of the 1930s, the planning of the 'gau capital' was marked by megalomania, with the perspective of a Great Kassel that was to have 300,000 inhabitants in 1980. A transcontinental traffic junction for rail and motorway was planned in Waldau, to the south, and the plans for the inner city envisaged moving the station to the west, as a transit station, and creating a double ring road system.

As was to be expected, Gerhard Jobst, did not carry out these plans in compliance with National Socialist ideas. He was removed from office in 1941. His successor was Erich Heinicke, a party member who followed the party line – a fatal decision, as was to become clear in the first years after WWII.

Heinicke's plan was for the parts of the city to be loosely linked, concentrating equally on the requirements of transport, industrial development and anti-aircraft defence. This included the planning of broad highway axes which could also be used for march pasts. The plans of the years 1941–42 included widening Wilhelmshöher Allee and building a main-line railway station; on the Weinberg, there was to be a monumental 'gau forum', which would have comprised the usual parade ground, the hall of the people and a bell tower.

Scarcely any of this was actually realized. An insignificant block was built in Wilhelmshöher Allee (in Rathenau-Platz), after the district defence building (now the seat of the Federal Social Court; no. 108) had been built in Wilhelmshöher Allee in 1938. Its dimensions and location and the architecturally banal 'cour d'honneur' facing Wilhelmshöher Allee give some idea of what National Socialist town planning would have meant if it had been completed.

The first extensive bombing of Kassel in summer 1942 did particular damage to the Museum Fridericianum: the famous library was burnt out. The attacks on the 'gau capital', which at first thought it was safe from air attacks, meant that the planned projects were quickly scrapped, but Heinicke very soon turned to a new approach to town planning. In September 1943 (before the massive destruction), a decree from the Führer raised Kassel to the rank of a 'city to be rebuilt', and the master plan for this was drawn up by a Berlin panel under the leadership of Albert Speer. In addition to Heinicke, Konstanty Gutschow, Hans C. Reissiger and the Kassel architect Werner Hasper, who was already familiar with National Socialist town planning, were commissioned to submit plans. Among the most important requirements were the improvement of the city for traffic and questions of anti-aircraft defence, which required a loose arrangement of settlement cells in a kind of city landscape. The new concept was combined with elements of the planning for the 'gau capital'. Thus, the axis from the railway station to the gau forum on the Weinberg was retained, as was the widening of Wilhelmshöher Allee and the enlargement of Adolf-Hitler-Platz (now Brüder-Grimm-Platz). An opening was also to link the railway station to Friedrichsplatz. One of the more bizarre and unrealistic models was that of Reissiger, which involved moving Königsplatz, so that the medieval Druselturm would have stood in its centre.

After the Kassel Altstadt with its timber-frame house was almost completely destroyed by firebombs in October 1943 (Fig. 15), the authorities believed that they were fully justified in making such extreme interventions in the historical city structure. The later bombardments in 1944 were directed more at the outer districts, where they destroyed about 70% of Kassel industrial firms. In the years 1944–45, the bombing decreased. In 1944, the degree of destruction of the city was calculated to be 44.2%, in 1945 it was found to be 68%, in 1947 even 77.6%. The fact that the degree of destruction appeared to increased is explained by the massive demolition works, which began during the war. Frequently, whole facade complexes were razed. This led to protests from the advocates of the preservation of monuments, and the gau leadership often found it necessary to have representatives of the government on site at the head of the demolition columns.

In July 1944, the provincial curator Friedrich Bleibaum drew up a graduated table of values, with comments, recommending a diversity of approaches and prudent treatment. Some passages are worth quoting, for example: 'The only Gothic buildings preserved are remains of the Martinskirche and of the only slightly damaged Brüderkirche. Attention should also be paid to remains of the Siechenhofkapelle. The very imposing gables of the Renaissance stone houses, which were characteristic of Kassel, have also in part been destroyed. The following examples appear suitable for restoration: the Linkersches Haus in the Altmarkt and the Pinne in Wildemanns-Gasse (19), and also the buildings Am Graben (1 and 2), Martinsplatz (2) and Marktgasse 19 [none of the examples mentioned by Bleibaum was preserved]. (...) Of the remaining streets in the Oberneustadt, Schöne Aussicht appears most important to me. (...) The ruins in Friedrichsstrasse, Fünffensterstrasse, Karlsstrasse and Wilhelmsstrasse are also in part suitable for restoration. It will be possible to make additions to other parts, following the old rhythm, to such an extent that a self-contained townscape is recreated.'

These words of Bleibaum had no effect. Instead, the fact that the same people remained in office in the city building authority, and that some architects and planners involved in the National Socialist planning continued to be employed, meant that the plans of the National Socialist rebuilding panel could be taken over seamlessly into postwar planning.

On 4 April 1945, the troops of the U.S. army marched into a city lacking the most basic necessities of life for the 35,000 remaining inhabitants. Of the 65,000 flats, 45,000 had been completely destroyed, and only 2,700 remained undamaged. Kassel was thus one of the German cities with the highest degree of destruction. The air raids alone had killed 5% of the population.

In August 1945, before the U.S. military government gave approval on 13 October for political parties to be founded, the city planning director Heinicke, who had quickly left the NSDAP and joined the SPD, commissioned various architects to complete the old plans (Fig. 16). As early as in spring 1946, therefore, he presented an exhibition with the title 'Kassel rebuilds', based exclusively on old rebuilding plans (Fig. 17). Even the poster was disturbing: against the sketchy background of the Hercules octagon, an outsized pickaxe descends onto a black, almost empty landscape of ruins, into the front of which the 'new' Kassel, like a wedge, has moved. This is another example of homage to the old gigantism: broad street axes lead to a high round hall with a huge forecourt (gau forum?). But the decisive point is that inside the new city not one single historic building can be seen.

The speed with which the exhibition was presented to the public is astonishing in view of the chaos and shortages that marked everyday life. The question of many visitors as to how so many plans could have been drawn up in so short a time is easy to answer: the planners included the complete planning panel that had been in charge of the rebuilding plans under Albert Speer. Together with a few architects with a clean past, Heinicke also presented a plan on behalf of the municipal buildings administration.

The reactions to the plans were unusually violent, and after only a few days the exhibition had to be closed. Most visitors soon realized where the plans had originated. In some cases the stamps and annotations of the National Socialist period had been barely concealed. To illustrate the many indignant voices, here is a quotation from the architectural journal 'Baumeister': 'One was all the more astonished and alienated by the (...) drawings and models from the city planning department. They would have delighted the eye and the heart of a gauleiter. And we cannot shake off the suspicion that they had already done so, before they were now presented to the astonished inhabitants of Kassel as a vision of the future of their city. It appeared as if documents that had survived the end of the war and the defeat hidden away in a drawer were put on exhibition without alteration. (...) Let us look around us! The centre of the city is really completely destroyed. But here too there are many remains of historically important and modern buildings which cannot be passed over. (...) even in the almost extinguished city nucleus, it is only the elevation that has been destroyed, while the ground plan, the network of streets and the supply network still functions. The rights of possession and security are also preserved, and in the city centre they represent quite substantial values. Is an unrestrained city plan now to finally destroy what the bombs spared?' On the traffic planning, the author emphasizes: 'We would like to plan the traffic routes only to the extent absolutely necessary according to their importance. (...) We resist any attempt to accord an important public role to traffic. It is necessary, it supplies the framework, but no more than that.'

The vehemence of the last words seems born of the despairing realization that the new trend goes hand in hand with the old – in its mixture of technocratic belief in progress, the remains of National Socialist mentality and petty bourgeois blindness to history.

After this disaster, the city announced a new nationwide competition at the end of 1947, and there were 168 entries. As before, the historical architecture and the historical ground plan were seen as fully open to redesign. Karlskirche, Martinskirche, Brüderkirche, Renthof, Marstall, Zeughaus, Druselturm, Orangery, marble bathhouse and the buildings on the north side of Friedrichsplatz were protected, but the following buildings were 'dependent on town-planning solutions', that is, available for free disposition: the Gemäldegalerie (Neue Galerie), Kommandantur, Ständehaus, Ottoneum, Rathaus, the gatehouses on Wilhelmshöher Platz and the only house remaining in Schöne Aussicht (no. 21). This is unmistakably directed towards a new creation of the city, not rebuilding.

The competition attracted much attention far beyond Kassel; the jury found that the competitors all satisfied a high standard. Typical of the time was the dominance of traffic problems, which was dealt with by strategies to improve the flow of traffic. However, there were plans, above all that by Hans Högg, Walter Baumgarten, Günther Marschall and Wilhelm Greiner which won the first prize, that took up with moderation the historical shape of the city.

But the results of the competition were not realized. At the end of 1947, a planning committee was founded, including the prewar city planning director Jobst and the Kassel architect Werner Hasper, and Hans Högg and Diez Brandi, two of the competition winners. The chairman of the committee was Werner Hasper, who in 1948 also became head of the city planning department. The fact that Hasper had taken part in the National socialist planning for rebuilding after 1943 and that his design for the 1947 competition came only eighth clearly did not disqualify him, in particular since Heinicke supported him.

In 1948 the planning authorities began to draw up a general plan for the city and to have this passed by the regional government, and in the meantime some large buildings were demolished, including buildings which could have been preserved, in particular since the prizewinning plans intended these buildings to remain. Thus, after 1948, the following buildings were removed without necessity: the remains of the main post office in Königsplatz, the government and justice building above the Fulda, several baroque buildings in Königsstrasse and in the Oberneustadt, including the Waitz-von-Eschen palace, the Elisabethkirche, the White and Red Palaces in Friedrichsplatz and finally, after 1951, the Preussisches Staatstheater. A particularly serious loss was the house of the Kassel court sculptor Johann August Nahl in Friedrichsplatz, demolished in 1950 after its rococo facade, modernized in 1931, had been secured only a short time before. The demolition for the Treppenstrasse, which joined here, was carried out before the municipal development plan had been approved by the regional government.

In the Nordstadt and by the Wesertor too, buildings were thoughtlessly demolished if they would have led to the streets being curved or narrowed. Heinicke, who retired in 1949, expressed his opinion on this in a rather garbled way in 1947: 'In the building areas after 1870, in connection with creating new traffic paths, which are indeed needed, it will be necessary to completely rearrange the plots and reorganize the buildings in accordance with modern viewpoints.' His successor in office was Wolfgang Bangert, who together with Werner Hasper and Werner Noell, the head of the building construction office was to have a decisive influence on the rebuilding of Kassel.

In mid-1950, the plans of the city planning department were approved. A ring road system was built immediately, in line with the great importance accorded to traffic planning. As part of this system, Kurt-Schumacher-Strasse was built as a straight continuation of the Fulda bridge, dissecting the formerly unified Altstadt district. The Altmarkt, originally intended as a square, became merely a large crossroads, although the 1953 development plan had intended to preserve the remains of historical architecture.

The newly built Frankfurter Strasse and the widening of the Fünffensterstrasse now divided the Oberneustadt. Originally, a unified block periphery development was planned, but this plan was soon dropped and transverse blocks were permitted, in line with the ideas of a 'city landscape', as in Kurt-Schumacher-Strasse and Friedrich-Ebert-Strasse.

The pedestrian complex in Treppenstrasse (no. 44), lined with shops, was finished in 1953. It runs between Scheidemannplatz and Friedrichsplatz and dates back to early 19th-c. ideas, realizing the connection between the main railway station and Friedrichsplatz. At the building exhibition 'Constructa' (Hannover 1951), Treppenstrasse was applauded (Fig. 17).

The interference with the historical ground plan of the city and the adaptation to technocratic planning requirements shows a changed view of city life which is most obvious in the area of the former Altstadt. The development is accurately described by Folckert Lüken-Isberner: 'What was the Altstadt became a suburban estate, mainly residential in use. Echoes of the old city centre were completely suppressed; there was to be no possibility of identifying the district with the past.' Another disadvantage for the former Altstadt and other districts was the requirement of three-storey houses after 1952. In addition, all the houses had their main façades on the eaves side, erasing every memory of the medieval Altstadt, whose houses had their main façades on the gable side.

The Pferdemarkt (horse market) and Entenanger (duck green), designed to be anti-urban, contrast with the buildings on Ständeplatz. Here banks, insurance companies and authorities built multistorey buildings, mainly clad in natural stone, with grid façades emphasizing the vertical. In contrast to the outer severity, the interior has a graceful stil nuovo design, marked by dynamic spiral staircases and generous light foyers (no. 38; no. 29; no. 14).

Only rarely are really original buildings found in this period, for example the branch of Nordstern-versicherung in Friedrich-Ebert-Strasse (no. 89). On the periphery too, scarcely any architecture was built in the 1950s that went beyond an aesthetics of utility. An exception is the Auefeld estate (no. 79), built from 1954 on and dedicated to the idea of the garden city.

The scandal surrounding the building of the new Staatstheater shows what the political climate was with regard to building in the years when Kassel was being rebuilt. The old theatre, damaged in the war, was demolished in 1953 against public opinion and in contradiction to the official building plans. The competition for a new theatre was won in 1952 by Hans Scharoun and Hermann Mattern with a design internationally admired, breaking the axis of Friedrichsplatz and creating a bridge connection over Steinweg. The plan was intended to be a building that developed out of the functionality of the interior, with different types of staggering, dealing with the spatial distance between the city and the Karlsaue. While the foundations were being laid, remains of old fortifications were excavated, and this was taken by politicians and architects as an occasion to question Scharoun's competence. After heated debate, not without intrigues, the regional government withdrew the commission from Scharoun in 1955 and a few months later commissioned Paul Bode to build the theatre. Bode quickly produced a design not dissimilar to Scharoun's, but without the skilful connection to Friedrichsplatz (no. 12).

For the more recent history of Kassel, the year 1955 is of particular significance. The Kassel art professor Arnold Bode organized the documenta, an exhibition of contemporary art of world fame, which since then has succeeded in establishing itself as one of the central art exhibitions of its kind and every four or five years puts Kassel in the centre of the stage in the international art world for one hundred days. At first, the Fridericianum and the severely damaged orangery were used as exhibition halls. Since then, in the documenta exhibitions, artists have again and again looked at Kassel as a city, which has led to interesting plans and projects, including the documenta-urbana estate (documenta VIII; no. 165) and particularly the 7000 oaks project of Joseph Beuys (documenta VII). Under the motto 'Stadtverwaldung statt Stadtverwal-tung' (City afforestation instead of city bureaucratization'), roadside strips were planted with little oak trees flanked with basalt steles which improve the urban landscape in many places. The enormous, steadily growing number of visitors make possible architectural projects like the rebuilding of the orangery, the building of a new documenta hall (1992; no. 13) and the alteration of the main railway station (1997; no. 52).

In the year of documenta I, Kassel also hosted the German Federal Garden Show, which was the real occasion for Bode's art exhibition. For this, Hermann Mattern redesigned the Auehang, which had been raised in height by the addition of rubble, made a rose slope and landscaped the baroque Karlsaue garden as an open, plateau like space.

Despite the ignorance with which the historical city and architecture had been abundantly treated in Kassel, original examples of architectural culture were created there, for example the 'Haus der Jugend' (no. 64) on the Fulda, which retains the original shape of the Kastell and preserves the character of the earlier building through its natural stone cladding. The rebuilding of the Martinskirche (no. 6) is still admired today: an original interpretation of the Gothic support systems is being installed by Otto Heinrich Vogel, using modern materials and forms.

Sep Ruf, one of the great German postwar architects, built a department store at Friedrichsplatz (no. 19). Ruf relates the building to the residence palace and integrates the portico of the Red Palace into the otherwise plain facade to the square. In this way he succeeds in drawing attention to the gap thoughtlessly left when the state authorities unnecessarily sold the symbolic plot to the Bilka chain of department stores.

Finally, in 1964, the Marstall (no. 63) was restored. The original arrangement of its rooms was lost, but its exterior was restored and since then it has been used as a market hall and houses the city archives. In view of this successful example of the historical city appearance being preserved for contemporary use in an isolated case, one wonders why nothing has yet been done to restore the scarcely more damaged remains of the Zeughaus (no. 60) and the Karlshospital (no. 61) and make intelligent use of them.

The 1960s scarcely altered Kassel's appearance in the long term. It continued on the path towards a city suited to cars, but faceless and lacking in history. The destruction of valuable historical buildings continued to be permitted without restriction. A sad example of this was the demolition of the Pausenwangsches Haus in Fünffensterstrasse: it made way for a mediocre high-rise insurance building. In Wilhelmshöher Allee, Biedermeier houses prevented the widening of the road, while the Gründerjahre facade of the former inn Zum Zehntgrafen, on the corner of Querallee/Friedrich-Ebert-Strasse, was clad with grey panels.

In the years of Germany's economic miracle, Kassel's population rose to 215,000 in 1971, the highest postwar figure. However, the growth had markedly slowed in comparison to the first two postwar decades.

In 1971, the university was created by combining several educational institutions. It was to have a noticeable effect on Kassel's architectural and social development. From 1974, the now useless Henschel site in Holländischer Platz was available (no. 145). Henschel's old administration building in Holländische Strasse continued to be used, but the old factory building was largely demolished to make way for new buildings. Only the foundry remained, as a remarkable architectural industrial monument. The brick-clad university buildings, erected since 1983, have become a small-town idyll, full of nooks and crannies and often functionally defective. The attitude of the students is divided. The mechanical building block in Kurt-Wolters-Strasse (1995) sets off the university from the city. What might elsewhere be interpreted as a technocratic gesture may here be regarded as a welcome protective rampart, in the face of six-lane roads.

With the university, the critical potential grew in Kassel for a discussion about the repair of the city and reconstruction of its character. Thus, at the end of the 1970s, a planning procedure was started on the repair of the city. In this connection, plans were drawn up to fill gap sites and to redesign Friedrichsplatz.

Such projects show a lack of pressure to invest, as a result of Kassel's location in a zonal border area and gradual deindustrialization. There was no decisive consolidation of the city – compare aerial photographs before and after WWII – and therefore the character of the city centre, with some elements of a small town, was preserved.

For the Federal Garden Show in 1981 the Karlsaue was redesigned in the baroque style, and on the other side of the Fulda the Feldaue, a newly created local recreation area, was joined to it. The restoration of the historical garden was followed by the rebuilding of the orangery, which houses the Museum of Astronomy and the History of Technology.

It was only in the 1990s that there were realistic and practical beginnings of town planning in Kassel. This includes the building of the Wilhelmshöhe main-line railway station (no. 116), a project on an enormous scale and of great town planning importance, and at the same time the nucleus of a new district centre. This transit station, planned from 1981 on and completed in 1991, has an enormous canopy resting on columns, under which the local railway station is located. In addition to other large individual projects such as the IHK building by the main railway station, the documenta hall (no. 13) or the Ufa-Palast (no. 23), which increased the density of the city building, plans are developing to recreate the Unterneustadt (no. 66) and the barracks conversion at Marbachshöhe (no. 125).

The rebuilding of the Unterneustadt was seen as a 'critical reconstruction' and attracted attention far beyond the borders of Kassel. On the basis of the old city plan, the postwar wasteland was changed into a lively district whose situation by the river close to the city centre made it an attractive place to live. There is an interesting tension between the uniform overall plan (passed in 1994) for the building project on an area of about five hectares and the individual architectural solutions for the 100 building lots. The financing by a mixture of public and private funds (private-public partnership) has the character of a model. The reduction of Leipziger Strasse, which is essential for the reconstruction of the Unterneustadt Kirchplatz, may be seen as forward-looking.

Marbachshöhe, on the city periphery, a 37-hectare area of former army barracks, is somewhat in the shadow of the Unterneustadt. However, its conversion involves almost as much intelligent planning and the volume of construction is larger. On the one hand, the old barracks buildings have been undergoing rebuilding for residential purposes since 1998, and on the other hand the open land is being used for a large number of new buildings. A centre for business start-ups and technology has been installed in the former barracks and expresses the idea of using the site for multiple growth-oriented purposes.

Planning projects are being developed for the city centre, aiming to increase the density of building, and postwar temporary buildings to which the inhabitants of Kassel have become accustomed are gradually being replaced by genuine town houses. Exemplary illustrations of this combination of denser building and the creation of attractive spaces are Florentiner Platz and Lyzeumsplatz – both along the Neue Fahrt. By the year 2010, it is intended to achieve more urbanism and make the city centre more inviting by traffic calming, facade repair and architectural improvement. The renovation (and new use) of the Garnisonskirche ruin near Königsplatz seems to mark a new accent in Kassel's postwar history. More than half a century as a neglected ruin will thus be ended. Even if the ruins of the Zeughaus and Karlshospital still stand as reminders – hope is beginning to grow that Kassel may become an attractive city and particularly have an urbanized, functional and historically legitimated city centre.

Stefan Schweizer

1
Königsplatz
1766: Simon Louis du Ry; Neugestaltung 1960er Jahre: Hochbauamt der Stadt Kassel;
Umgestaltung 1989: Gustav Lange (Hamburg)

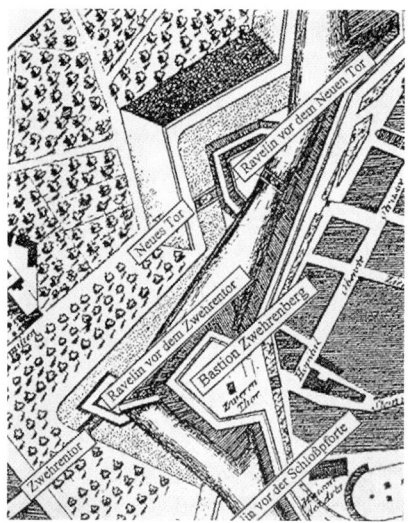

Stadtplan 1742
Town plan 1742

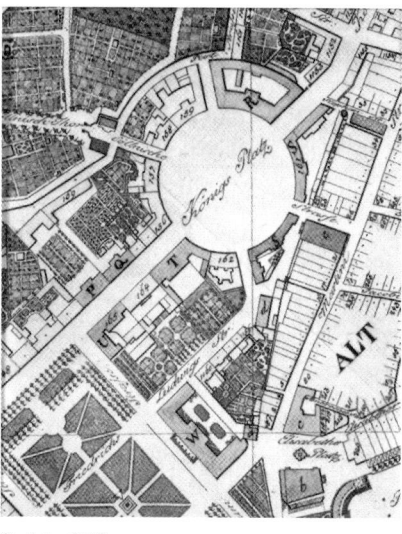

Stadtplan 1803
Town plan 1803

Mit der Schleifung des Ravelins vor dem „Neuen
Tor" sollte, unter Landgraf Friedrich II., nordwestl.
der Altstadt eine städtebauliche Verbindung der
mittelalterlichen Stadt mit der barocken Oberneustadt geschaffen werden. Eine Planung an dieser
Stelle war sowohl aus verkehrstechnischen wie aus
stilistischen und städteplanerischen Aspekten besonders diffizil. Du Ry konzipierte nach französischen, wohl auch englischen Vorbildern eine kreisrunde Platzanlage und wurde damit allen Anforderungen gerecht. Er schuf einen Dreh- und Angel-
punkt für die verschiedenen Straßenläufe, verhinderte ein direktes Aufeinanderprallen der höchst unterschiedlichen Bauepochen und -stile und eröffnete
die Möglichkeit einer zukünftigen Erweiterung der
Stadt nach Nordwesten. Auf den neuen Platz führen
6 sternförmig angelegte Straßen. Er sollte in seiner

Aquarell, 1820
Watercolour, 1820

Mitte ursprünglich das Denkmal seines Namens-
gebers tragen, Landgraf Friedrichs I., zugleich König
von Schweden. Anstelle dessen besetzte ab 1800
eine aufgesockelte Säule das Zentrum, sodann
unter Jérôme kurzzeitig eine Statue Napoleons I.
Der Verkehr wurde entlang der Peripherie geführt,
wobei die Innenfläche anfangs begrünt, später in
geometrischen Feldern gepflastert war. Die regelmäßigen, segmentförmigen Abschnitte des Platz-
randes wurden ab 1769 bis auf eine Ausnahme von
du Ry bebaut. Neben dem Posthaus und den Ge-
werbehallen entstanden repräsentative Palais, die
sich in ihrer architektonischen Grundform glichen.
Die 2- bis 3-geschossige Randbebauung stand
dabei in einem ausgewogenen Verhältnis zur Platz-
ausdehnung. In der Folgezeit ging diese Gesamt-

konzeption immer mehr verloren. Die Nachfolge-
bauten überschritten die ehem. Trauf höhe, die Innenfläche wurde umgestaltet, die restliche barok-
ke Bebauung wurde 1943 zerstört. Auch der Wiederaufbau der Nachkriegszeit war dem Ursprungs-
konzept wenig angemessen. Der Königsplatz erfuhr
das zeittypische Schicksal, zunehmend als
Verkehrsfläche und -knotenpunkt verstanden und
noch bis in die 80er Jahre mit Autos befahren zu
werden. Bereits seit dem 19. Jh. ist er durch die
Straßenbahntrasse in 2 Halbkreise geteilt und damit
seiner Mitte beraubt. 1989 versuchte man (in Anlehnung an die Vorkriegsbepflanzung), mit einem 2-
reihigen Platanenring die Kreisform des Platzes zu
stärken. Die Innenfläche ist heute mit blendendem
Gußasphalt aus Naturstein- und Metallteilen versie-
gelt. In seiner städtebaulichen Qualität zählte der
Königsplatz zu den bedeutendsten und fortschritt-
lichsten europäischen Anlagen seiner Zeit. Er war,

Fortsetzung nächste Seite

1
Fortsetzung

2
Ruine der Garnisonskirche
Oberste Gasse/An der Garnisonskirche
1757–1770: Heinrich Christoph Bröckel;
1943 zerstört

Blick von Süden, um 1930
View from the south, c. 1930

Vorkriegszustand
Prewar state

trotz seines Namens, nicht mehr ausschließlich der Idee einer repräsentativen ,Place Royal' verpflichtet, sondern entsprach als multivalent konzipierter Knotenpunkt im Ansatz bereits den städteplanerischen Anliegen des 19. Jh. (SW)

When the ravelin in front of the Neues Tor was razed, the space was to be used as an architectural link between the medieval and baroque city. Du Ry's circular design satisfied all the requirements: it was a hub for the streets, avoided a direct clash of architectural epochs and opened the possibility of later extending the city to the north-west. Six streets arranged like rays of a star lead to the new square. From 1800 a column stood in the centre, followed briefly by a statue of Napoleon I. The traffic was kept to the periphery, the centre at first grassed over and later paved. Later, this overall concept was gradually lost, with inappropriate postwar rebuilding and increasing traffic volume. Since the 19th c., it has been divided into two semicircles by the tram lines and has thus lost its centre. In 1989 there was an attempt to strengthen the circular form with the addition of a double ring of plane trees. When it was created, Königsplatz was among the most advanced European designs of its day, designed as a traffic junction corresponding to the 19th-c. intentions.

Die Reste der rechteckigen Umfassungsmauer der spätbarocken Saalkirche erinnern im Zentrum Kassels an die Zerstörungen des 2. Weltkrieges. Die Schmalseite mit 5 Fensterachsen und einem Nebeneingang lag zur Obersten Gasse, während sich das Hauptportal innerhalb eines übergiebelten Risalits in der Mitte der 9-achsigen Längsseite befand. Die große, betont schlichte Kirche schloß mit einem abgewalmten Satteldach, das mit einem Uhr- und Glockentürmchen bekrönt war. Genutzt wurde die Kirche von den in Kassel stationierten Soldaten. Die Gräber hochrangiger Offiziere befinden sich zum Teil noch heute in den verschütteten Grüften. Die derzeitige gastronomische Nutzung des erhaltenen westlichen Gebäudeteiles soll durch Baumaßnahmen, in die auch eine Sanierung der Mauerreste und Grüfte integriert werden wird, erweitert werden. Die Realisierung des in den 80er Jahren prämierten Wettbewerbsentwurfs von Inken Baller für einen Wiederaufbau als Wohn- und Geschäftshaus ist zunächst auf unbestimmte Zeit verschoben. (SN)

The remains of this late baroque hall church recall the devastation of WWII. It had a hipped saddleback roof with spire, and its main portal was in a projection on the side of the building. The church was used by soldiers stationed in Kassel, and some tombs of officers are still buried under the rubble. The present use as a restaurant continues; the 1980s design for rebuilding as a residential and office building has been postponed.

3
Commerzbank
Königsplatz 32–34
1911/12: (Robert) Meissner & (Adolf) Liborius
(Magdeburg); neuer Innenausbau u. Fassaden-
sanierung 1987–89: Klaus Gebhardt (Kassel)

4
Geschäftshaus
Wolfsschlucht 18a
1999: Gert Stürken (Kassel)
Henschelhaus
Ecke Wolfsschlucht/Kölnische Straße
1921

Vorkriegszustand
Prewar state

Der 3-geschossige Baukomplex mit Mansarde und
Gauben umfaßt das Bankgebäude (12 Achsen) und
ein Geschäftshaus (10 Achsen), das sich im stumpfen Winkel an der Oberen Königsstraße anschließt
und dessen rückwärtiger Teil für ein Kino bestimmt
war. Der verputzte Stahlbetonskelettbau brannte
1943 aus. Seitdem wurde die Raumdisposition
mehrfach verändert. Die vereinfacht rekonstruierte
neobarocke Fassade des Bankgebäudes folgt der
Kreisform des Königsplatzes. Ein 6-achsiger Mittelrisalit mit schmalem Austritt über toskanischen Säulen, ionischen Kolossalpilastern (OG) sowie Ochsenaugen und Gebälk ist in das vorgezogene, rustizierte
EG eingeschoben. Es entstehen so 2 Terrassen mit
Balustrade, die über die gesamte Front geführt ist.
Das Dach wurde flacher und ohne die mittige, runde
Plattform wiederaufgebaut. Der Mittelrisalit ist rückwärtig in Höhe des EG weit hinausgezogen und
wurde dort ehem. durch Oberlicht erhellt. (SD)

The 3-storey bank and office complex, burnt out in
1943, has a neo-baroque façade following the
curve of Königsplatz. A six-axis centre projection
with narrow balcony over Tuscan columns, with
Ionic colossal pilasters, oeuils de boeuf and
entablature is set into the projecting, rusticated
ground floor, creating 2 terraces, with balustrade
extending over the whole façade.

Obergeschoß
Upper floor

Das Büro- und Geschäftshaus setzt sich aus 2 Baukörpern zusammen und reagiert durch unterschiedliche Höhen auf die vorhandene heterogene Bebauung. Zur Wolfsschlucht hin zeigt sich ein 5-ge-
schossiger weiß verputzter Massivbau mit Rasterfassade, der seinen Abschluß in einem reduzierten
OG mit horizontalem Fensterband findet. Durch
einen winkelförmigen, 3-geschossigen Glaskörper
mit gliedernden Holzfenstern wird die Platzseite
konturiert. Im Süden ist über dem EG ein begrünter
Innenhof eingeschnitten, der zusammen mit einer
gläsernen Brücke die Verbindung zum Nachbar-
gebäude darstellt. Durch die Platzgestaltung des
Landschaftsarchitekten Tobias Mann entstand ein
innerstädtischer Platz von einer hohen Aufenthaltsqualität. (PL)
Auf abgerundetem L-förmigem Grundriß das langgestreckte Henschelhaus. In der Form und dem
Dekor des Rokoko ist das Gebäude eine
späthistoristische Reminiszenz an das 1943 zerstörte ehem. am Königsplatz angrenzende Brühlsche
Haus (S. L. du Ry, 1770). (SD)

The shop and office complex comprises two
buildings, of different heights as is the surrounding
architecture. A 5-storey white rendered building,
with strip windows at the top, adjoins an angled, 3-
storey glass building. At the south, an inner court
with a glass bridge forms the access to the
neighbouring building. Landscaping by Tobias Mann
has created an inner-city square of high quality.
The long Henschel building on a rounded L-shaped
ground plan forms the street corner. The historicist
rococo recalls the former Brühl building (S. L. du
Ry, 1770), destroyed in 1943.

5
Stadtbefestigungen, Druselturm
Druselplatz
13. Jh.; Erweiterung der Stadtbefestigung bis ins 18. Jh.; Druselturm 1415

Stadtplan von M. Merian, 1646
Town plan by M.Merian, 1646

Auf eine frühmittelalterliche Stadtbefestigung Kassels kann nur indirekt aufgrund von Schriftquellen geschlossen werden. Die Stadtmauer des 13. Jh. umschloß die eigentliche Altstadt, ihr Verlauf wird noch von dem Straßenzug „Graben" erinnert. Mit Anlage der „Freiheit" ab 1330 wird der Befestigungsring erweitert. Hiervon sind nur Reste erhalten, besonders der (fast vollständige) Druselturm (Druselplatz). Der zylindrische, 6-geschossige Turm mit Kegelhaube wird 1415 errichtet. Am 1. OG ist der Ansatz eines Wehrganges und der Eingang mit massiver Holztür zu sehen. 1905 durch einen Brand beschädigt, wird er ein Jahr später wieder aufgebaut. An den Grenzen der Feldmark werden zur Sicherung der Hauptlandstraßen Warten errichtet, runde freistehende Türme, die zur Frühwarnung vor feindlichen Überfällen dienen. Erhalten ist noch die Crumbacher Warte, heute Turm der ev. Pfarrkirche in Crumbach, im Süd-Osten Kassels. Der Turm ist nachträglich von einem Spitzbogenportal durchbrochen. Auf der Westseite ein Relief aus dem 14. Jh. (Lammgottes). Ein weiterer Wartturm befindet sich an der ev. Pfarrkirche in Niederzwehren. 1472 errichtet, weist er an den 4 Schallarkaden Pechnasen mit Schlüsselscharten auf; der Spitzhelm wird von 4 auf Steinkonsolen sitzenden Ecktürmchen flankiert.

Anfang 16. Jh. wird die Stadtbefestigung nach der Dürerschen Befestigungslehre erweitert (davon einzig erhalten eine Bastion, das „Rondell"), ab 1547 geschleift und ab 1567 nach wehrtechnisch modernem italienischen Vorbild erneuert. Statt runder Bollwerke und Basteien entstehen nun spitzwinkelige Wehranlangen; Wassergräben und Ravelins werden außerhalb des Grabenrings angelegt. Wegen abnehmender strategischer Bedeutung und Behinderung der Stadtentwicklung wird der Bering 1767 abgetragen. Auch die zur Erhebung von Zoll und Steuern 1768–92 errichtete Mauer wird bis auf wenige Reste (Unterneustadt) endgültig entfernt (1834). (KK)

The course of the 13th-c. town wall, documented only in written sources, is marked by the street called Graben. The Freiheit was built from 1330, extending the defence ring, of which only parts remain, including the round 6-storey Druselturm (1415, rebuilt after a fire in 1905). The lower part of a sentry walk on the battlements and an entrance with massive wood door can be seen on the first storey. Watch towers were erected on the borders of the town fields: the Crumbacher Warte is now the tower of the Protestant parish church in Crumbach, south-east Kassel. It was later given a pointed-arch portal. Another tower (1472) is that of the Protestant parish church in Niederzwehren; it has machicolations and keyhole-shaped slits, and a helm roof with corner turrets.

6
Martinskirche (ev.)
Martinsplatz
1367–1461; spätere Umbauten; Wiederaufbau 1954–58: Heinrich Otto Vogel (Trier)

Hist. Südansicht, nach 1891
Historical south view, after 1891

Nach der Gründung des Stadtteils „Freiheit" 1330 durch Landgraf Heinrich II. als Pfarrkirche erbaut, später zum Kollegiatsstift erhoben. Die 3-schiffige gotische Hallenkirche mit 6 Jochen und einem 5/8-Chorschluß wird 1367 geweiht. Seit 1889–92 ersetzen 2 Türme den Renaissancesüdturm von 1564/65. Nach Zerstörung im 2. Weltkrieg Wiederaufbau unter Interpretation des gotischen Innenraums im Stil der 50er Jahre. Chor und Türme bis auf Höhe des Umgangs und Hauptportals bleiben erhalten. Der Innenraum wird zweigeteilt: Festkirche für Feiertage und Konzerte (Langhaus) und Gemeindekirche (Chor und erstes Langhausjoch). Schlanke Betonpfeiler erinnern an das ursprüngliche Stützensystem; auch das Stahlbetongewölbe ahmt zurückhaltend das gotische Sterngewölbe nach. Ein bemerkenswertes Beispiel manieristischer Grabmalkunst ist das vom Chor in das nördl. Langhaus versetzte Epitaph (1567–72, Elias Godefroy und Adam Beaumont) für Philipp den Großmütigen und Christina von Sachsen. Das Äußere der Kirche wird geprägt durch teilweise erhaltene gotische Elemente:

West- und Südportal (mit Steinrelief des Hl. Martin, 14. Jh.), Spitzbogenfenster, Streben und andere Details. Moderne Bronzetür an der Südseite (1966, Ulrich Henn). Den Turmstümpfen wurde eine mit Kunstsandstein verblendete Betonskelettkonstruktion mit Kupferhelmen aufgesetzt, die weithin sichtbar das Stadtbild prägt. (JA)

St. Martin's was built as a parish church for the new Freiheit district in 1330. It was originally a Gothic hall church, destroyed in WWII and rebuilt in a 1950s interpretation of the Gothic interior. The chancel and towers to the ambulatory and main portal, and a number of external features, remain. The interior is divided into a formal nave and a section for the congregation. Slender concrete pillars recall the original supports, and the reinforced concrete vaulting imitates the Gothic star vaulting. The tower bases bear a concrete skeleton construction faced with artificial sandstone and copper helms, a dominant element in the urban landscape.

7

Entenanger/Aschrott-Wohlfahrtshaus
(heute Kinder- und Jugendbibliothek)
Entenanger 2
1954–56: Catta & Groth (Kassel)

8

Ehem. Elisabethhospital
Oberste Gasse
Gegründet 1297; erweitert 1586/87;
Wiederaufbau 1952

Mechthild von Kleve gründete das Spital 1297 außerhalb der Stadtmauern zur Aufnahme von Aussätzigen. Im Zuge der Stadterweiterung 1330 wurde infolge der nun innerstädtischen Lage ein Funktionswandel nötig; das Haus wurde zunächst zum Armenhospital, sodann, 1586/87 unter Landgraf Wilhelm IV., zum Domizil für arbeitsunfähige und erkrankte Hofbedienstete. Der schlichte 3-geschossige Zweiflügelbau aus Bruchsteinmauerwerk besitzt eine Fassade mit 2 Giebelfronten und 12 Fensterachsen auf der Haupt-, 3 und 5 Achsen auf der Nebenfront. Die Südfassade wurde um 1740 durch einen Stutzflügel erweitert. Daselbst eine Sandsteinfigur (Kopie) der hl. Elisabeth (1. Viertel 15. Jh.) sowie ein Relief mit dem hessischen Wappen von 1587. Nach schwerer Kriegszerstörung (1943) wurde nur die Fassadenmauer (unter Verzicht auf die mittlere Giebelfront) rekonstruiert; ein Blick in den Hof verrät, daß man es im übrigen mit einem völligen Neubau nach Art der angrenzenden Wohnanlage zu tun hat. (KK)

Der Entenanger, ein abfallender rechteckiger Platz, stellt eine Erweiterung der 1943 weitgehend zerstörten, mittelalterlich bebauten Entengasse dar. Der Platz bildet das Zentrum des südwestl. Areals der heutigen „Altstadt". Die Nebenstraßen folgen dem historischen Verlauf, während die Parzellierung durch den Bauherren (die Hessische Heimstätte) erneuert wurde. Die 3- und 4-geschossige, kleinstädtisch aufgefaßte Blockrandbebauung rahmt begrünte Freiflächen und verändert mit dieser offenen Struktur den ehem. gedrängt bebauten Charakter des Stadtzentrums. Es handelt sich um traditionalistische Architektur, deren Fassadenbild durch Erker, Gauben und Satteldächer bestimmt ist, deutlich orientiert am sog. Heimatschutzstil der Vorkriegszeit. Nur am Aschrott-Wohlfahrtshaus (Nordwestecke des Platzes) tritt moderne Baugesinnung zutage. Catta & Groth übersetzen die Prinzipien der klassischen Moderne ins Bauen der 50er Jahre. Im Gesamtkontur der biederen Umgebung angepaßt, ist hier der konstruktive Kern freigelegt: Dem 4-geschossigen Stahlbetonskelettbau sind an der Platzseite schmale, aus grazilen Stahlstützen gebildete Laufgänge vorgelegt, während das EG der Schmalseite in eine Kolonnade aufgelöst ist. Eine geschwungene Treppe in der doppelgeschossigen Empfangshalle erschließt das heute als Jugendbibliothek genutzte Gebäude. (SS)

Founded as a lepers' hospital outside the city wall, the hospital later treated the poor and then employees of the landgrave. The roughstone masonry building with 2 flank fronts was damaged in the war, and only the façade wall was reconstructed; the rest is modern, in the style of the adjoining housing. A sandstone figure (copy) of St. Elizabeth and the Hesse coat of arms are on the side section.

The course of the streets adjoining the Entenanger square and the division into lots are original, despite the destruction in 1943. The periphery with 3- and 4-storey buildings contrasts with the former dense inner-city development. Oriels, dormers and saddleback roofs are in the prewar country style. But the Aschrott-Wohlfahrtshaus at the northwest stands out as an example of classical modernism: a 4-storey reinforced concrete skeleton construction, with narrow galleries formed by slender steel supports on the front and a colonnade at the end.

9
Gerhart-Hauptmann-Schule
(Kulturhaus dock 4)
Untere Karlsstraße 2–4
1902–04: Hochbauamt der Stadt Kassel; Toiletten-
anbau 1950/51: Werner Noell (Kassel); Erweiterung
1953/54: H. C. Mensching, Gustav Spier (Kassel);
Turnhalle/Schwimmbad 1958/59: Noell (s.o.);
Umbau 1988/89; Gastronomie 1997: crep D (Kassel)

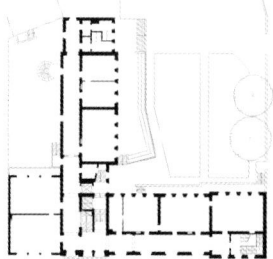

Erdgeschoß ohne Turnhalle
Ground floor without gymnasium

Der 3-geschossige Putzbau auf L-förmigem Grundriß wird aus Lärmschutzgründen straßenseitig ein-
bündig erschlossen. An der Hauptfassade markieren
breite Fenster und ein eigener Eingang den Flur des
rückwärtigen Flügels. Eine angrenzende risalierende
Achse hebt den 2-bogigen Eingang zum Haupttreppenhaus hervor. Der Hauptflügel schließt mit
einem 3-achsigen Eckrisalit mit Zwerchhäusern ab.
Das Souterrain ist mit Werkstein verkleidet, das 2.
OG mit Sohlbankgesims und gekuppelten Rundbogenfenstern zwischen Lisenen betont. Hofseitig sind
die ehem. Klassenräume an 4-teiligen Fenster-
gruppen ablesbar. Die Architekturelemente erinnern
an Renaissanceformen. Neben kleineren Erweiterungen entstand in den 50er Jahren rückwärtig ein
2-geschossiger Sportanbau (UG: Schwimmbad; EG:
Turnhalle). Zur documenta X (1997) wurde das
Souterrain des Hofflügels zum Bistro ausgebaut und
ein abgesenkter Sitzbereich im Hof geschaffen. (SD)

The former school has two entrances, for noise
protection. A projection marks the main staircase,
and the main section ends in a corner projection
with dormers. The semibasement is faced with
ashlar; the second floor is emphasized by a cornice
and paired round-arch windows between lesenes. A
2-storey sports building was added in the 1950s.
For the documenta X (1997), a bistro and sunken
seating area were created in the courtyard.

10
Fridericianum und Zwehrenturm
(Kunsthalle)
Friedrichsplatz 18
1769–76: Simon Louis du Ry; Umbau zum
Ständehaus 1808–10: Johann Heinrich Wolff;
Umgestaltung der Räume 1828; Wiederaufbau
1955–64

Nach Umbau zum Ständehaus, 1810
After conversion to diet building, 1810

Friedrich II. beauftragte 1769 du Ry, das Museum
Fridericianum für seine landgräfliche Sammlung zu
erbauen und zwar an der Nahtstelle zwischen Alt-
und Oberneustadt. Errichtet wurde eine streng symmetrische, 2-geschossige Dreiflügelanlage mit
19:10 Achsen. Die Hauptfassade ist mit einer ionischen Kolossalordnung instrumentiert, Freisäulen (6)
am giebelbekrönten Portikus, Pilaster (2 x 8) auf
den Wandflächen. In den Interkolumnien die Fenster, rundbogig im EG, rechteckig im OG. In den
Seitenflügeln befindet sich in Höhe des Gebälks ein
Mezzaningeschoß. Der Dachansatz ist durch eine
umlaufende vasenbekrönte Balustrade verdeckt; auf
der Attika über dem Giebel stehen allegorische Figuren (Philosophie, Malerei, Architektur, Bildhauerei,
Geschichtsschreibung, Astronomie), angefertigt von
den Brüdern Heyd und Samuel Nahl. Infolge heftiger
Kritik, du Ry habe das UG zu tief angesetzt, so daß
das Gebäude wie im Boden versenkt erscheine,
wurde das nicht ausgebildete Sockelgeschoß freigelegt. Die vertikale Erschließung erfolgte über ein der
hofseitigen Mittelachse vorgelagertes Treppenhaus;
1810 nach Plänen von Wolff zum halbrunden Anbau umgebaut. Im EG befanden sich Kabinette für
die den Makrokosmos widerspiegelnde Kunstsammlung und die Säle für die Antiken; im OG ein
durchgehender Bibliothekstrakt.

Fortsetzung nächste Seite

10

Fortsetzung

1779 stellte du Ry die Verbindung zwischen Muse-
um und Zwehrenturm her. Der 1330 im Zuge der
Freiheiter Stadtbefestigung über quadratischem
Grundriß errichtete 5-geschossige Torturm mit spitz-
bogiger Durchfahrt wurde bereits 1707 um ein
Geschoß für die Sternwarte erweitert. Es ist ein 8-
eckiger verputzter Fachwerkaufsatz mit Umgang und
Plattform. Unterschiedlich große profilierte
Rechteckfenster und Balkone gliedern die mit dem
landgräflichen Wappen (1554) und der astronomischen Sonnenuhr von A. Coester (1859) verzierten
Fassaden. Die Erschließung erfolgt über ein vorgelagertes Treppenhaus.
Das Fridericianum ist neben dem Wörlitzer Schloß
eines der frühesten klassizistischen, vom Palla-
dianismus beeinflußten Bauwerke in Deutschland
und eines der ersten Museen, in dem fürstliche
Sammlungen der Öffentlichkeit zugänglich gemacht
wurden. (MD)

The Fridericianum was built as the landgrave's
museum. Its main façade has an Ionic colossal
order, freestanding portico columns, and pilasters
on the wall areas. There is a mezzanine in the
wings, a roof balustrade with vases, and allegorical
figures above the pediment. The basement, which
lacks structural design, was exposed after criticism
that the building appeared sunk in the ground.
On the ground floor were cabinets for the art
collection, on the first floor an undivided library
section. In 1779 du Ry joined the museum and the
Zwehrenturm, a defended gateway with passage
built in 1330, extended in 1707 by a timber-
framed observatory storey with platform: on the
façade are a coats of arms and astronomical
sundial. This is one of the earliest classicist buildings
in Germany, with Palladian influence, and one of the
first museums to show royal collections to the
public.

11

Ottoneum (Naturkundemuseum)
Steinweg 2
Theaterbau 1603–06: Wilhelm Vernukken; Umbau
zum Kunsthaus 1696: Paul du Ry; Wiederaufbau
1949–54; neue Raumdisposition 1995–96:
Vladimir Nikolic (Berlin)

Landgraf Moritz veranlaßte den Bau dieses ältesten
Schauspielhauses in Deutschland. Vernukken errichtete ein 2-geschossiges Gebäude über rechteckigem Grundriß mit leicht ausgestellter Nordwand. Die
Hauptfassade ist mit einem phantasievoll gekurvten
Volutengiebel, die Westfassade mit einem Segmentgiebel geschmückt. Rundbogenfenster und Okuli
gliedern die Wand. Das Gebäude unterlag wech-
selnden Zweckbestimmungen. Während des Dreißigjährigen Krieges als Gießhaus und Garnisonskirche genutzt, ließ es Landgraf Karl 1696 von du Ry
für die Kunstsammlung umbauen. Dieser fügte der
Hauptfassade das bis in die Giebelzone reichende
dorisch instrumentierte Portal mit 2 Balkonen hinzu.
Zwischen den Triglyphen seines Architravs die Initialen CLZH (Carl Landgraf zu Hessen). Das Ottoneum
wurde durch einen 8-eckigen Kuppelaufbau zur
Sternwarte und durch die gleichzeitige Gründung
des Collegium Carolinum zu einer Lehranstalt mit
integriertem Anatomischen Institut ausgebaut. Die
Kunstsammlung wurde ausgegliedert und die
Raumdisposition verändert. Seit 1884 als
Naturkundemuseum genutzt. Der 1943 zerstörte
Kuppelaufsatz wurde nicht rekonstruiert. (MD)

Built as the first theatre in Germany with a scroll
gable on the main façade and a segmental
pediment on the west side, this building was a
foundry and a garrison church in the Thirty Years'
War, and later a museum and an observatory. Since
1884 it has been a natural history museum. The
Doric portal with two balconies was added in 1696.
An octagonal superstructure with dome was added
for the observatory; this was destroyed in 1943.

12
Staatstheater
Friedrichsplatz 15
1955–59: Paul Bode, Ernst Brundig (beide Kassel)

13
documenta-Halle
Du-Ry-Straße 1
1992: Jourdan + Müller PAS (Frankfurt/Main, Kassel)

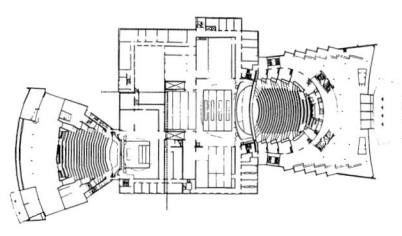

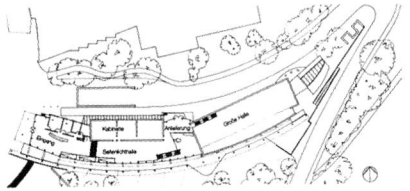

Erdgeschoß
Ground floor

Der Neubau des Drei-Sparten-Theaters am Hang zur Karlsaue negiert die historische Platzanlage. Bode und Brundig errichten den Neubau unter Einbeziehung von Plänen der Wettbewerbssieger Hans Scharoun und Hermann Mattern, die 1954 vom Bauauftrag entbunden werden. Aus einem durch kubische Baukörper gebildeten Mitteltrakt über Rechteckgrundriß, in dem sich die Bühnenhäuser verbergen, treten die Foyers von Oper (1.000 Plätze) und Schauspielhaus (590 Plätze) vor. Die geschwungene Fassade des doppelgeschossigen Opernfoyers richtet sich zum Friedrichsplatz; die Fensterfront durch horizontal versetzte Glasstreifen aufgelockert. Darüber erhebt sich das Halbrund des Zuschauerraums, während eine Kupferplatte die Lage der Opernbühne akzentuiert. Das hangabwärts plazierte Schauspielhaus ist in die gestufte Höhen- und Formstaffelung (konkav-konvex) und die differenzierte Materialverwendung einbezogen. Schmale Säulen in den Empfangshallen, Holzvertäfelungen und graziles 50er-Jahre-Design im ‚Stil nuovo' charakterisieren die Inneneinrichtung. (SS)

Bode and Brundig incorporated plans by the original competition winners Scharoun and Mattern. The centre cubic section holds the stage houses; the foyers of the opera house (1000 seats) and theatre (590 seats) extend beyond it, the former with a curved façade, broken by horizontal glass strips, the latter further down the sloping site. Narrow columns in the reception halls, wood panelling and graceful 1950s 'Stil nuovo' design in the interior.

Als erstes eigenes Ausstellungshaus für die documenta IX gebaut, bildet die Halle den südöstl. Abschluß des Friedrichsplatzes. Sie paßt sich in ihrer langgestreckten gebogenen Form dem Abhang zur Karlsaue an, ohne die Sicht auf sie zu versperren. Der transparente Eingangsbereich hält sich gegenüber dem benachbarten Staatstheater bescheiden zurück, während sich die Nordseite entschiedener abschließt. Im Gegensatz dazu ist die Südfront, die von einer luftigen Kolonnade begleitet ist, durchgehend verglast und zum Park geöffnet. Am östlichen, untersten Abschnitt endet der Bau wieder zwischen geschlossenen Wänden. Den äußersten Endpunkt der Anlage bildet, leicht abgerückt, eine begehbare Ziegelskulptur von Per Kirkeby. Im Inneren bieten Treppe, Rampe und Aufzug verschiedene Wege zur Überbrückung des Niveausprungs zwischen der oberen Seitenlichthalle (mit flankierenden Kabinetten) und dem großen Oberlichtsaal im UG, die beide ausstellungstechnisch als schwierig gelten. (PL)

The transparent entrance area of the first documenta building is restrained beside the theatre. The south façade, with a colonnade, is glazed throughout and opens onto the park. A brick sculpture by Per Kirkeby marks the end of the complex. Inside, stairs, ramp and lift join the levels. Both the lower skylight room and the upper side-lighted hall are regarded as problematic for exhibitions.

14
AOK
Friedrichsplatz 14
1957: Konrad Proll (Kassel)

15
St. Elisabeth (kath.)
Friedrichsplatz 13
1959/60: Armin Dietrich (München)

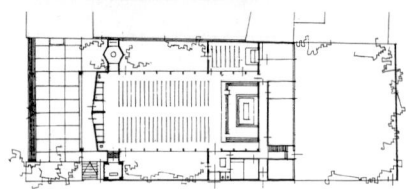

Der L-förmige, 4-geschossige Skelettbau bildet das Scharnier zwischen dem Friedrichsplatz und der Schönen Aussicht. Er weist eine für die Verwaltungsgebäude der 50er Jahre charakteristische Rasterfassade auf, die an der zur Schönen Aussicht vortretenden Seite im oberen Geschoß durch eine Loggia aufgelöst ist. Deren konische Ovalpfeiler tragen eine ondulierte Decke, die sich nach innen fortsetzt, wo sich Kantine und Tagungsraum befinden. Der zum Friedrichsplatz vorspringende Eckbaukörper bildet, von Pfeilern gestützt, den Eingangsbereich; er ist betont durch großzügigere Fensterflächen, die aufgrund des hier gegenüber den Seitenfassaden verringerten Rastermaßes möglich werden. An dieser Stelle befindet sich auch die eindrucksvolle, freitragende Treppe mit ihrem geschwungenen Lauf, die durch ihre Lage im Schnittpunkt der beiden Büroflügel eine optimale Gebäudeerschließung gewährt. Die Neugestaltung des Eingangsbereichs und der Kundenhalle im EG (1984) verderben partiell den ansonsten in seiner klaren Formensprache für die 50er Jahre beispielhaften Bau. (KKr)

The L-shaped 4-storey health insurance building has a grid façade typical of the 1950s, interrupted on the upper floor of the Schöne Aussicht side by a loggia whose undulating ceiling continues inside in canteen and conference room. The projecting corner structure, supported on pillars, marks the entrance area, with a curved cantilevered staircase; its formal syntax suffered somewhat as a result of the 1984 alterations, as did the customer hall.

Die Elisabethkirche ist Nachfolgerin der 1943 zerstörten gleichnamigen (1777 geweihten) ‚Mutterkirche' aller kath. Kirchen Kassels, die sich auf der Nordseite des Friedrichsplatzes befand. Die heutige Kirche mit filigranem Campanile, Pfarr- und Gemeindehaus ist durch eine Mauer gegen die Straße und die angrenzenden Verwaltungsbauten abgeschirmt. Öffnungen der aus der Flucht zurückgesetzten Giebelwand: 3 gestapelte Sechseckfenster und offene Vorhalle, zum Friedrichsplatz. Das Innere mit sichtbarer Stahlskelettkonstruktion, Werktags- und Taufkapelle ist zurückhaltend und klar. Ausstattung: Mosaik-Kreuz an der Altarwand und Kreuzweg (Alfred Schöppfe, Grafing), rechts 3 Ölbilder von Johann Heinrich Tischbein d. Ä., 3 kristallförmige Ausbuchtungen in der Betonwand der Rückseite. Besonderheit: Im 1. Turmgeschoß der Sarkophag Landgraf Friedrichs II. (gest. 1785), Bauherr der alten Elisabethkirche; im Turmuntergeschoß die Gruft des 1. kath. Hofpredigers Heinrich Bödigers. (JA)

The earlier St. Elizabeth's was destroyed in 1943. The present church with filigree campanile has a recessed gable wall with 3 hexagonal windows and an open porch. The interior is restrained, with exposed steel skeleton. Furnishings: mosaic cross on altar wall and stations of the cross; 3 oil paintings by Johann Heinrich Tischbein the Elder; 3 hollows in the form of quartz crystals in the back wall.

16

Geschäftshaus
Friedrichsplatz 8
2001: Bieling & Bieling (Kassel)

17

Kaufhof
Obere Königsstraße 31
1954–64: Hermann Wunderlich, Reinhold Klüser,
Hermann Koop (alle Köln), Eduard Moos (Kassel);
Umbau 1996: Büro Bregulla (Griesheim)

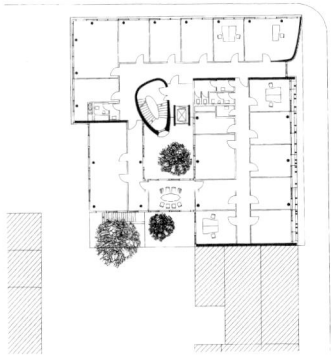

2. Obergeschoß
2nd floor

Das Büro- und Geschäftshaus schließt gegenüber
dem Fridericianum die Süd-Ost-Seite des
Friedrichsplatzes und stellt so formal die historische
Blockrandbebauung der hugenottischen Stadterweiterung wieder her. Die Hauptansicht des einen
Lichthof einschließenden Hauses zeigt eine 2-
schichtige Fassade, bestehend aus einer Glasfront
und springend versetztem Gitterwerk aus grünlichem
Dolomit. Ein sphärisch wirkendes Eckelement leitet
zur transparent gestalteten Süd- und Westfassade
über. Dem rechtwinklig bestimmten Grundriß steht
das gewendelte Treppenhaus entgegen. In seiner
Höhe und Kleinteiligkeit paßt sich das Haus den
benachbarten Nachkriegsbauten an. Dennoch wurde letztlich die Gelegenheit versäumt, an diesem
prominenten Standort mit einer überzeugenden
Lösung erfolgreiche Stadtreparatur zu leisten. (PL)

The shop and office building with atrium formally
restores the original Huguenot periphery building.
The façade has 2 layers, a glass front and a
projecting lattice of greenish dolomite. The spiral
staircase contrasts with the rectangular ground plan.
The building is adapted to its surroundings but is not
a convincing solution to city repair.

Auf dem Gelände des Kaufhauses Tietz (1936
durch „Arisierung" in die Kaufhof AG eingegliedert)
entstand nach Abriß des teilzerstörten Gebäudes der
24. Warenhaus-Neubau der Kaufhof AG nach
1945: Ein mächtiger Stahlbetonbau mit 3 Straßenfronten, zur Bauzeit gerühmt als „das modernste
Warenhaus der Bundesrepublik". 1954 wurde das
Eckgebäude errichtet, das sich dem Gefälle zur
Neuen Fahrt durch abgetreppte Schaufenster an der
Opernstraße anpaßt. Die denkmalgeschützte fein-
gliedrig gerasterte, 5-stöckige Hauptfassade aus
Glas und Aluminium in dunkelgrünem Firmenton
unter abgesetztem Flugdach (1964 nach Erwerb
des Nachbargrundstücks verlängert) folgt dabei der
kaufhoftypischen Vertikalisierung; die Fassade zur
Opernstraße zeittypisch gekachelt. Die gläserne
Ecke über dem Haupteingang Königsstraße/Opern-
platz 1996 hinzugefügt. Auf der Rückseite des Gebäudes zur Neuen Fahrt ersetzt seit 1964 eine 2-
läufige Spindel den Lift, der bis dahin die Autos auf
das Parkdeck beförderte. (TM)

Built on the site of the Aryanized Tietz building, and
hailed as 'the most modern department store in
Germany', the Kaufhof has a listed main façade of
glass and aluminium in the dark green company
colour with cantilevered roof and the vertical
emphasis typical of Kaufhof; the Opernstraße façade
is tiled. The glazed corner was added in 1996.
In 1964 the car lift was replaced by a double spiral
ramp.

18
Wohn- und Geschäftshaus
Opernstraße 2
Um 1905

19
Kaufhaus Sinn-Leffers
Friedrichsplatz 19
1960/61: Sep Ruf;
1991: Walter von Lom & Partner

Hist. Ansicht, 1962
Historical elevation, 1962

Das vom Opernplatz zurückgesetzte markante Eckgebäude mit rundem Frontturm (ab dem 3. OG) ist dem Stil der Wiener Sezession verpflichtet. EG und 1. OG werden durch eine Korbbogenarkade zusammengefaßt und als Schaufensterfläche zur Straße geöffnet. Die schmalen hochrechteckigen Fenster des 2. OG sind gruppiert und durch ein umlaufendes Sohlbankgesims miteinander verbunden. Ihre hohen Fensterstürze sind mit einer stilisierten Zahnschnittleiste verziert, die an der Gebäudekante unterhalb des Rundturms beginnt. Diesem sind an den Hausecken am Opernplatz ornamentierte Säulen vorgestellt, die durch stilisierte Palmettenfriese zu 2 Zwillingspaaren zusammengefaßt und mit einem Austritt versehen sind. Dadurch, daß das 4. OG an der Opernstraße leicht zurückgenommen ist, entsteht ein Terrassenstreifen, der von 2 Zwerchhäusern unterbrochen wird. Die Fassade der Längsseite wird durch einen 2-geschossigen Erker mit Austritt akzentuiert. Trotz des ungünstigen Grundstücks entstand eine gelungene Geschäftsarchitektur, die noch heute Aufmerksamkeit erregt. (SD)

The striking corner building with round front tower is in the style of the Vienna Secession. An arcade with shop windows brackets the ground and first floors. The grouped vertical second-floor windows are linked by a windowsill cornice. Their high lintels are decorated with denticulation. In front of the tower are columns with stylized palmette friezes and a balcony. The side façade is accented by a 2-storey oriel with narrow balcony.

An einen der Vorgängerbauten, das 1954 nach Kriegsschäden abgebrochene Residenzpalais (Bromeis, 1821–25), erinnert nur noch der als Spolie angefügte dorische Portikus zum Friedrichsplatz (darauf seit der documenta IX Skulpturen von Thomas Schütte). Mit Sep Ruf stellte sich einer der namhaften Nachkriegsarchitekten der Aufgabe, im Neubau des ehem. Bilka-Kaufhauses Gestalt und Elemente des Palais' zu wahren. Während Schaufenster das EG zur Königsstraße auflösten, erinnerte eine geschlossene, mit Sandstein verkleidete Fassade zum Friedrichsplatz an den Vorgänger (Abb. 20). Die Umbauten des Sinn-Leffers-Hauses beeinträchtigen den ›steinernen‹ Charakter des Ruf-Baus. Zur Königsstraße ist dem Bau nun eine durchgängige Glasfassade vorgelagert. Das neue DG erscheint zum Friedrichsplatz diskret zurückgesetzt; eine neue Geschoßaufteilung schafft 4 Verkaufsetagen. Zum Baukomplex gehört auch der links an das Kaufhaus anschließende 6-geschossige Verwaltungsbau. Über schmalrechteckigem Grundriß errichtet, bildet er – früher mehr als heute – einen hochragenden Kontrapunkt zum breit gelagerten Hauptbau an der Königsstraße. (SS)

Sep Ruf's new Bilka department store used elements of the pre-war Residenzpalais (with Doric portico spolia); its stone-built quality was partly lost in the 1991 alterations. Shop windows opened up the ground floor to Königsstrasse (now with projecting uninterrupted glass façade), and a windowless sandstone-clad façade to Friedrichsplatz recalled the predecessor. The 6-storey administrative building forms a counterpoint, now less emphatic.

20
Friedrichsplatz, Opernplatz
1768–83: Simon Louis du Ry; Neugestaltung Nachkriegszeit; Umgestaltung 1989: Jourdan + Müller PAS
(Frankfurt/Main, Kassel)

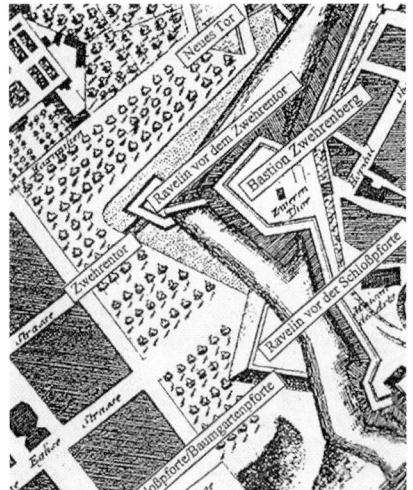

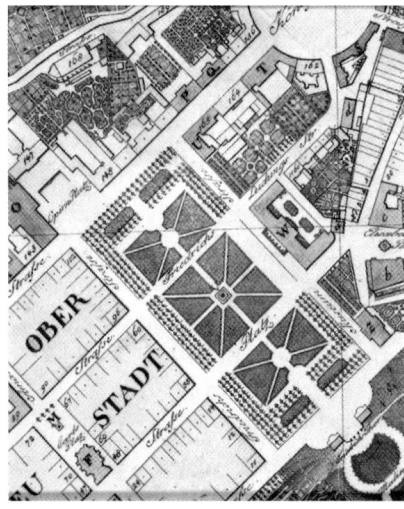

Stadtplan 1742, Ausschnitt
Town plan 1742, detail

Stadtplan 1803, Ausschnitt
Town plan 1803, detail

um 1790, Modell
c. 1790, model

Unter Landgraf Friedrich II. sollte südwestl. von Kassel mit Niederlegung der Festungsanlagen eine direkte Verbindung der 'alten' Stadt mit der barokken Oberneustadt geschaffen werden. 1710 hatte bereits Paul du Ry dieses Areal, die sog. Esplanade, mit Grünflächen und Baumbepflanzungen geplant. Der von seinem Enkel für diese Stelle entworfene Friedrichsplatz, einer der größten europäischen Plätze seiner Zeit, hatte die Form eines langgestreckten Rechtecks. Die Fläche wurde südöstl. durch die Bellevue- und nordwestl. durch die seit 1767 bebaute Königsstraße begrenzt. Während die geschlossenen Häuserblocks der Oberneustadt den südwestl. Abschluß bildeten, sah du Ry für den nordöstl. Rand einen rhythmischen Wechsel von Architektur und Räumen vor. An der Nordecke baute er bereits 1767 das Palais Jungken, dessen architektonisch angeglichenes Pendant zur Aue hin

die 1770–74 erbaute kath. Elisabethkirche bildete. Die Mitte dieser Flucht nimmt das Museum Fridericianum ein, das mit seiner breitgelagerten Front dem dort abfallenden Gelände einen horizontalen Halt gibt. Die beiden Grundstücke zwischen den Gebäuden waren mit Bäumen bepflanzt. Fuldaseitig öffnete sich der Platz in Form eines vorgeschobenen Rondells mit Auetor zur Landschaft. Der gesamte Platz bis auf die Fläche gegenüber dem Rondell und Fridericianum wurde 4-reihig mit Bäumen umstellt. Damit erhielt die Anlage 2 Blickachsen, eine auf das Museum, die andere in die umliegende Natur gerichtet. Die bestehenden Straßen der Oberneustadt wurden über den begrünten Platz an die 'Altstadt' herangeführt, die entstandenen Rasenrechtecke geometrisch aufgeteilt. Mittig setzte man das Marmorstandbild Landgraf Friedrichs II. von Johann August Nahl und seinem Sohn Samuel. Unter König Jérôme wurde der Platz kurzzeitig in Ständeplatz umbenannt und nach Beseitigung der Grünanlagen und Bäume zum Exerzieren und Paradieren genutzt. In den 1820er Jahren wurden die nordöstl. und 1905 die südöstl. Platzseite im Widerspruch zum du Ryschen Konzept baulich geschlossen. 1943 und beim Wiederaufbau ging mit Ausnahme des Museums die gesamte Randbebauung verloren. Durch den Theaterbau (1955–59) und die den Platz teilende, 6-spurige Straßenführung ist das Platzgefüge gravierend beschädigt. In den 1990er Jahren durch eine Tiefgarage unterkellert, wird die Oberfläche des Platzes anschließend in Anlehnung an die historischen Vorgaben neu interpretiert.

Fortsetzung nächste Seite

20
Fortsetzung

um 1930
c. 1930

Der Opernplatz, benannt nach dem hier 1767 erbauten Opernhaus (1909 abgebrochen), wurde von
du Ry 1770 betont asymmetrisch nordwestl. an den
Friedrichsplatz angefügt. Der kleine Rechteckplatz
war ehem. von Palais umbaut, von denen das an
der Süd-Ost-Ecke befindliche Gebäude, die sog.
Kommandantur, noch einen ungefähren Eindruck
gibt. 1770 von du Ry für den Kaufmann Roux erbaut, wird es, obwohl nahezu unbeschädigt, 1945
abgebrochen, später aber wieder aufgebaut. 1882
wurde das von Ferdinand Hartzer geschaffene
Denkmal des Komponisten Louis Spohr aufgestellt.
Der Friedrichsplatz orientierte sich in seiner Grund-
rißform, seiner enormen Ausdehnung und der verwirklichten Synthese von Architektur und gärtneri-
scher Gestaltung an einer der berühmtesten Platzanlagen des 18. Jh. – der von Jacques Ange Ga-
briel gestalteten Place de Louis XV., heute Place de
la Concorde, in Paris. Die Öffnung des Stadtraums
zur Landschaft folgte dagegen englischen Vorbildern. Mit der Akzentuierung des Platzes durch ein
Museum (Fridericianum) werden die städtebaulichen
Usancen des Absolutismus infrage gestellt bzw. neu
definiert. Jetzt beansprucht ein „öffentlicher' Kultur-

bau jenen Repräsentationsraum, der zuvor nur der
fürstlich konnotierten Architektur vorbehalten war:
Ein halbes Jh. bevor sich dieser Wandel beim Bau
von Schinkels Altem Museum am Berliner Lustgarten als allgemein wahrgenommener Epochenschritt
dokumentierte. (SW)

The earliest plans for this space, known as the
esplanade, formerly occupied by the fortifications
and intended as a direct link between 'old' town and
baroque Oberneustadt, were made by Paul du Ry in
1710; Friedrichsplatz was designed by his grandson
Simon Louis as one of the largest of the Europe of
its day. It was a rectangle bordered by buildings at
the south-west; du Ry planned a rhythmic
alternation of architecture and trees at the north: the
Palais Jungken, the Museum Fridericianum and the
Elisabethkirche formed an axis. A circular garden-
bed with gate faced the river. 4 rows of trees
surrounded most of the square. In the centre was
the marble statue of Landgrave Friedrich II.
Buildings were later added at the northeast (1820s)
and southeast (1905) sides. In 1943 and in the
rebuilding, the only peripheral building left standing
was the museum. The new theatre and the 6-lane
road mar the design. The square was later
reinterpreted on the basis of the historical design,
with underground car park. Opernplatz (opera house
demolished in 1909) was deliberately asymmetrical,
at the time surrounded by buildings, of which the
Kommandatur has been rebuilt. Friedrichsplatz was
inspired by the Place de Louis XV, now Place de la
Concorde, in Paris, in its shape, length and
synthesis of architecture and garden design, but the
opening up of the city to the countryside had English
models. The placing of the museum questions
absolutist town planning: a public cultural building
claims a site previously the preserve of the
aristocracy, 50 years before Schinkel's Altes Museum in Berlin.

21
Wohnhaus
Schöne Aussicht 9
1734

22
Karlskirche (ev.)
Frankfurter Straße 1–5
1698–1706: Paul du Ry; Wiederaufbau 1954–57:
Werner Seidel (Kassel)

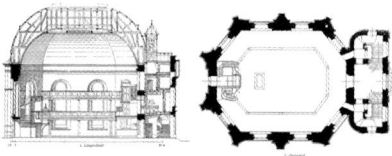

Längsschnitt, Grundriß, urspr. Zustand
Longitudinal section, ground plan, original state

Die Schöne Aussicht (ehem. „Bellevue") galt wegen
ihrer exponierten Lage am Hang zur Karlsaue und
der Nähe zum Residenzschloß als bevorzugte
Wohngegend. Von der ehem. Randbebauung ist
nur noch das 1734 errichtete Wohnhaus des französischen Gesandten erhalten. Nach Kriegszerstörung 1943 wurde es, auch unter Wahrung
der Raumdisposition, rekonstruiert. Die schlichte,
aber noble Fassade ist 3-geschossig, besitzt 7 Achsen, deren mittlere durch einen Giebel sowie einen
auf 2 Pilastern und 3 Voluten ruhenden Balkon
betont ist. Die beiden seitlichen Achsen werden
durch je einen kleinen Giebel abgeschlossen. Links
befindet sich eine rundbogige Einfahrt, die ursprüngliche Erschließung erfolgte aber mittig. (KK)

The 'Bellevue' area, close to the Residenzschloß,
was once a desirable place to live. Only the French
envoy's residence (1734, reconstructed after WWII)
remains on the periphery. The centre axis of the
simple and elegant façade has a gable and a
balcony on 2 pilasters and 3 volutes.

Ab 1698 errichtet du Ry für die Hugenotten-
gemeinde nach französischen Vorbildern einen 8-
eckigen oblongen Zentralbau in der neugegründeten
Oberneustadt. Blendbogengerahmte Rundbogenfenster und markante Eckpfeiler gliedern den Bau
bis zum Dachgesims, darüber sind die 8 Seiten zu
einem Zeltdach zusammengeführt, dem ein Dachreiter mit Glockenspiel aufsitzt. Die heutige Gestalt
der Kirche weicht nach massiver Kriegszerstörung
erheblich vom Ursprungsbau ab: Das Hauptportal
(heute an der entgegengesetzten Seite) war in einen
Vorbau zur Frankfurter Straße integriert, dessen
Fassade durch das von du Ry favorisierte Motiv von
3 durch Segmentgiebel gekuppelten Fensterjochen
(Orangerie, Invalidenhaus in Bad Karlshafen)
gegliedert war. Hier lagen nachträglich angelegte
Treppenaufgänge zu den 1730 eingefügten Emporen, auf die beim Wiederaufbau verzichtet wurde.
Der heutige Dachaufbau ersetzt eine Kuppel mit
flachgewölbter Innenschale und 1892 aufgesetztem
Glockenturm. (SS)

The octagonal, centrally planned Huguenot church
in French style has round-arch windows in blind
arches and prominent corner pillars; the 8 sides
meet in a pavilion roof with belfry. Before WWII, the
portal was in a porch with 3 window bays joined by
segmental pediments facing Frankfurter Straße.
Here there were stairs to the 1730 galleries. The
roof was surmounted by a cupola and bell tower.

23
UFA Palast
Karlsplatz 8
2000: Peter Fuhrmann, Wallrath + Weinert Architekten (beide Köln)

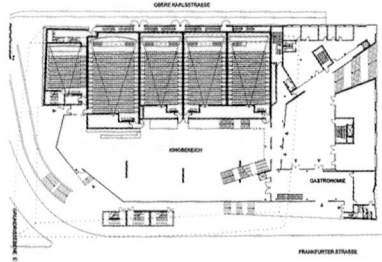

Erdgeschoß
Ground floor

Der neben Rathaus und Karlskirche gelegene Gebäudekomplex wurde an der Stelle eines oberirdischen Parkhauses errichtet und gibt einem Verkehrsknotenpunkt mit ehem. Blockrandbebauung eine neue Kontur. An der Ecke Frankfurter Straße/Fünffensterstraße erhebt sich über einer gläsernen Sockelzone eine geschwungene Edelstahlfassade mit weiter Auskragung, die einen der 3 hängenden Kinosäle in sich birgt. Der polymorphe Baukörper mit seiner strukturierten silbernen Außenhaut hebt sich spektakulär von der einförmigen, kubischen Nachkriegsbebauung der Umgebung ab. Dennoch nehmen die stadtseitigen Fronten in ihrer Materialgestaltung (Muschelkalk) Bezug zur baulichen Umgebung. Im vorgelagerten Gebäuderiegel zum Karlsplatz hin ist die Musikakademie der Stadt Kassel untergebracht. Eine den Riegel zerschneidende Freitreppe führt zum erhöhten Innenhof, über den man die gastronomischen Einrichtungen sowie das Multiplexkino erreicht. (PL)

The cinema has a curved stainless steel façade and glass base, and a broad overhang housing one of the 3 suspended auditoriums. The polymorphous outer skin contrasts with the uniform cubic postwar surrounding buildings. But the façades facing the town are linked to the surroundings by their material (shell limestone). An outer staircase leads to the raised inner court, restaurants and cinema.

24
Palais Bellevue (Brüder-Grimm-Museum)
Schöne Aussicht 2
1714: Paul du Ry; Umbau 1790: Simon Louis du Ry

1714 baut P. du Ry im Auftrag des Landgrafen Karl das am südwestlichen Rand der Oberneustadt liegende Palais Bellevue. Es wird als 3. Sternwarte Kassels konzipiert (neben Ottoneum und Zwehrenturm), aber bald als Wohnhaus für Mitglieder des Hofes genutzt. Unter Wilhelm IX. 1790 von S. L. du Ry umgebaut. Nach schwerer Kriegszerstörung im Inneren und Äußeren weitgehend getreu rekonstruiert, beherbergt der Bau heute das Brüder-Grimm-Museum. Auf fast quadratischem Grundriß erhebt sich der 3-geschossige Bau, mit 5 bzw. 6 Fensterachsen auf der Haupt- und 7 auf der Nebenfront. An der rückwärtigen Gartenfront 2 seitliche risalitartige Flügel. Das hohe Mansarddach mit Giebelausbauten umfaßt einen ursprünglich kreuzförmigen Dachaufbau mit Kuppel der Sternwarte. Deren oktogonaler Grundriß ist in dem heute ausgebauten Dachgeschoß noch abzulesen. Kleine Rundnischen nahmen ehem. die astronomischen Instrumente auf. Die im Osten liegende Eingangshalle wird durch ionische Pilaster gegliedert. An sie schließt sich westlich das klassizistische Stiegenhaus an. (KK)

The Palais Bellevue was commissioned by Landgrave Karl as an observatory, but soon used as a residence. After severe damage in WWII it was largely restored and now contains the Brothers Grimm Museum. It is a 3-storey building with a square ground plan. The mansard roof with gables contains an originally cruciform roof superstructure with the observatory dome. The entrance hall with Ionic pilasters adjoins the classicist staircase.

25
Neue Galerie
Schöne Aussicht 1
1871–74: Heinrich von Dehn-Rotfelser (Kassel); Wiederaufbau 1964–76: Staatsbauamt Kassel

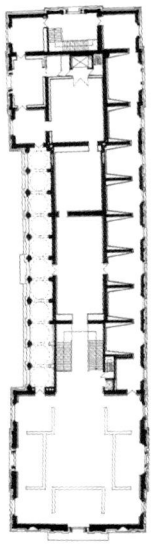

1. Obergeschoß mit Oberlichtsälen
First floor, rooms with skylights

Die Konzeption der mit Rotsandstein verkleideten Galerie – langgestreckter, 2-geschossiger Baukörper mit Kopfbauten, Loggia (nach Südosten), Seitenlichtkabinetten und Oberlichtsälen – geht auf Leo v. Klenzes Alte Pinakothek (1826–36) in München zurück. Die 3-achsigen Eckpavillons auf quadratischem Grundriß werden durch Mittelrisalite mit Dreiecksgiebeln, gekuppelte EG- sowie 3-teilige OG-Fenster gegliedert. Sie besitzen figürliche Giebelfelder (Karl Hassenpflug) und springen nur im Südosten aus der Flucht des 11-achsigen Mitteltrakts. Die Horizontale wird von Fensterbank- und Stockwerkgesimsen, die Vertikale von Eckquadern (EG) bzw. Eckpilastern (OG) betont. Die Süd-Ost-Fassade nach Münchener Vorbild gestaltet: Im EG auf rustizierter Sockelzone stehende Rundbogenfenster mit flacher Verdachung, im OG große Rundbogenfenster zwischen ionischen Halbsäulen, Nebenportal in der Mittelachse (Karyatiden: Carl Friedrich Echtermeyer). OG-Fenster der Nordfassade in Anlehnung an das Alte Museum in Berlin (1822–28: Karl Friedrich Schinkel): gerader Fenstersturz, Rahmung durch zwei Pilaster, gegenständige Schwäne als Relief der Brüstungsfelder, EG-Fenster ebenfalls gerade gedeckt. 3-türiges Hauptportal mit flacher Verdachung auf Eckpfeilern und Doppelsäulen an der Nordostseite. Hervorragende Lichtverhältnisse im Innern. Beim Wiederaufbau Verlegung der Haupttreppe aus dem nur äußerlich rekonstruierten Nordostpavillon in den Mitteltrakt; neues Treppenhaus am Südwestende des Gebäudes. Raumdisposition im EG neu konzipiert; im OG wurde ein Rundgang angelegt und der Keller zu Ausstellungsräumen umgebaut.

Ein wichtiger deutscher Galeriebau zwischen Klassizismus und Neorenaissance, zu dessen Wiederaufbau (1943 ausgebrannt) die Nutzung als provisorischer Ausstellungsort der documenta 3 mit den Anstoß gab. (SD)

The red-sandstone-clad gallery is based on the Alte Pinakothek in Munich: end sections, loggia, side-lighted cabinets and halls with skylights. The corner pavilions have centre projections. Only at the southeast do they depart from the alignment of the centre section. Cornices emphasize the horizontal, stone quoins and pilasters the vertical. The north façade windows are modelled on Schinkel's Altes Museum in Berlin: straight lintels, pilaster framing, swan reliefs on the parapet panels. 3-door main portal on the northeast side. Superb lighting inside. On rebuilding, the main staircase was moved, the ground-floor rooms reorganized and the basement converted into exhibition rooms. This is an important German gallery between classicism and neo-Renaissance.

26
Frühstückspavillon
Schöne Aussicht/Weinberg
um 1815: Daniel Engelhardt (Kassel)

27
Toilettenhäuschen
Weinbergstraße
1961: Werner Noell (Kassel)

Kurfürst Wilhelm I. läßt sich im damaligen „Bellevue-Garten" anstelle einer ‚Gloriette' einen freistehenden Rundtempel, den sog. Frühstückspavillon, als Point de vue über der Karlsaue errichten.
Der Monopteros, 2-seitig über Treppen zugänglich, erhebt sich auf niedrigem Hügel über einem 3-stufigen Stylobat. Den 8 inwendig abgerundeten Pfeilern sind korinthische Halbsäulen vorgelegt. Diese tragen ein kreisrundes, palmettenverziertes Gebälk, darauf eine flach ausschwingende Kuppel. Die verbleibenden Wandflächen über den 8 hochrechteckigen Öffnungen sind mit üppigem Stuckdekor versehen: in der unteren Zone jeweils schwere Früchtefestons, darüber je 2 Greifen, die eine antikische Vase flankieren. Das Innere ist schmucklos. Der Rundtempel ist beispielhaft für die bauliche Gartenstaffage, die nach der Entdeckung pompejanischer Landschaftsbilder seit dem 18.Jh. zuerst in England, dann auf dem Kontinent Verbreitung fand. (SW)

The breakfast pavilion is accessed by steps on 2 sides and has a 3-step stylobate. The 8 Corinthian demi-columns support a circular entablature with palmettes and a shallow cupola. The external walls have sumptuous stucco decorations: fruit garlands, griffons; the interior is unadorned. This is a typical example of garden decor inspired by the discovery of Pompeian landscape pictures.

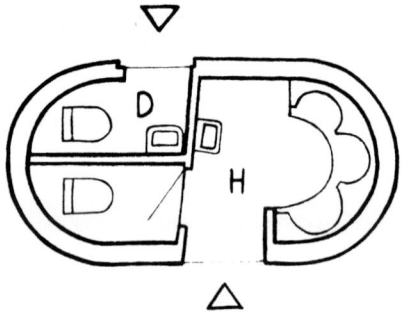

Das Toilettenhäuschen, ein Pavillonbau in gelbem Klinkermauerwerk unter weit überkragendem Betonflachdach, ist auf ovalem Grundriß errichtet. Zu beiden Seiten gehen gemauerte Winkel ab, die den Eingang zu den 2 WC-Kabinen kennzeichnen, die im oberen Bereich von einem Lichtband aus Glasbausteinen umgürtet sind. Der Pavillon stellt den Grundtyp eines Standardentwurfs dar, der, in Größe und Form variierend, im gesamten Stadtgebiet zu finden ist. Die für die 50er Jahre typischen, leicht verspielten Gestaltungsprinzipien wurden hier in origineller Weise auf eine etwas ‚randständige' Bauaufgabe übertragen. (KKr)

The oval yellow clinker lavatory building has a broad projecting flat concrete roof. The two toilet enclosures receive light from a surrounding glass brick lighting row above. This playful 1950s design can be found all over the city, in a building type sometimes overlooked.

28
Hölkesches Haus
Friedrichsstraße 36
1879; Umbau u. Restaurierung 2000/01:
Sprengwerk Architektur + Sanierung (Kassel)

29
Hotel mercure Hessenland
Obere Königsstraße 2
1953: Paul Bode (Kassel); Umbau 1979 und
1987–91

Ursprüngl. Dachterrasse
Original roof terrace

Entwurfszeichnung
Design

Das 4-geschossige Mietshaus mit Walmdach auf L-
förmigem Grundriß (7:7 Achsen) setzt sich von der
benachbarten Neuen Galerie durch hellgelbe Klinker
und reichen polychromen Bauschmuck ab. Die 2
Fassaden sind, mit Blick aufs bauliche Ambiente,
unterschiedlich gestaltet, die östl. aufwendiger mit
Mittelrisalit, Balkon und Terrasse, die nördl. mit
einem weiteren, an die Hausecke gerückten Säulen-
Balkon. Der Bau besitzt eine 4-fach gestapelte
Pilastergliederung, der regelmäßige Rund- bzw.
Segmentbogenfenster eingepaßt sind. Werkstein-
gesimse betonen die Horizontale. Der reiche Dekor
aus Formsteinen und inkrustierter farbiger Keramik
orientiert sich an lombardischem Bauschmuck der
Renaissance. Im Innern Gußeisentreppe und florale
Schattenmalerei (Decke EG) erhalten. Im EG größe-
re Wanddurchbrüche und Innenhofüberdachung für
Gastronomie. Einziges saniertes Beispiel für die
gründerzeitliche Prachtentfaltung in der Kasseler
Backsteinarchitektur. (SD)

The 4-storey block of flats has 2 façades with different designs. It has a 4-level pilaster motif with
regular round-arch and segmental-arch windows.
The rich decoration of shaped brick and coloured
ceramics is modelled on Renaissance Lombardy
architectural decoration. Inside is a cast-iron
staircase. The only restored example of the splendid
Kassel brick architecture of the Gründerzeit.

Das Hotelgebäude, markant an der Nahtstelle der
beiden städtebaulichen Hauptachsen Kassels
(Königsstraße und Wilhelmshöher Allee) gelegen,
nimmt einen traditionsreichen Standort ein: Ehem.
befand sich hier das Café Hessenland (im 2. Weltkrieg zerstört), ein kultureller Treffpunkt der Stadt,
an den der Hotelname noch heute erinnert.
1953 entsteht der 1. Großhotelbau Kassels mit 200
Betten, 2 Restaurants, Bar, Konferenzräumen und
Festsaal. Der 5- bis 6-geschossige Stahlbetonskelettbau weist eine strenge Rasterfassade auf, die
zum Brüder-Grimm-Platz kleinteilig durch die den
Zimmern vorgelegten Loggien gebildet wird. Besondere Attraktion war damals die große Sonnenterras-
se, die von einem kühn geschwungenen Flugdach
gedeckt war. Der Umbau des Dachs zum Vollgeschoß 1979 zerstört dieses einst wesentliche
Architekturmotiv.
Im Kontrast zum strikt orthogonalen Außenbild dominieren im Inneren dynamisch gekurvte Formen: In
der Empfangshalle die freitragende Treppe, deren
Spiralschwung um eine Neonlichtstele in die Galerie
des 1. Stockwerks übergeleitet wird. Imposant einst
auch der große Festsaal (150 Personen) mit drei-
seitig scheinbar schwebender, an der Decke aufge-
hängter Empore. Ungenutzt verfällt er heute zuse-

Fortsetzung nächste Seite

29
Fortsetzung

30
**Brüder-Grimm-Platz,
ehem. Wilhelmshöher Platz**
1781: Simon Louis du Ry; Überplanung 1805:
Heinrich Christoph Jussow; Umgestaltung 1964:
Albrecht von Eichel-Streiber (Kassel)

hends. Dies ist u. a. Resultat unterschiedlicher
Interessenlagen, des Denkmalschutzes und der
Hotelgruppe ,mercure', die das Hessenland 1987
übernimmt. Nach langer Umbauphase zeigen sich
bei der Wiedereröffnung 1991 Kompromißlösun-
gen, die die Qualität des Baus erheblich mindern.
(KKr)

In 1953, this was Kassel's first big hotel, with 200
beds, 2 restaurants, bar, conference rooms and
grand hall. The reinforced concrete skeleton
building has a grid façade. The large sun terrace
with curved cantilevered roof was a particular
attraction, destroyed in 1979 when the roof was
converted into a full storey. The interior is
characterized by dynamic curves, such as the
cantilever spiral staircase with central neon stele.
The grand hall (seating 450) with an apparently
floating suspended gallery is disused and decaying.
Rebuilding considerably impaired the quality of the
building.

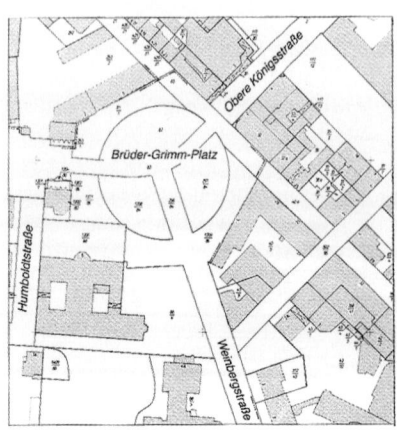

Lageplan
Site plan

Unter Landgraf Friedrich II. soll am südwestl. Stadt-
rand, vor dem damaligen „Königs Thor", ein repräsentativer Übergang von der 1777 begradigten
„Weißensteiner Allee" – heute Wilhelmshöher Allee
– zur Königsstraße geschaffen werden.
Dafür plant du Ry eine polygonale (1778) wie auch
eine kreisförmige Platzanlage (1780), von der aber
nur ein einfacher, baumbestandener Rundplatz mit
einem Wohnhaus (1799) in der Achse der Königsstraße realisiert wird. Der frisch erworbenen Kurwürde (1803) gemäß, soll der Platz unter Wilhelm I.
architektonisch nobilitiert und zu einem ansehnlichen
Ausgangspunkt und Gegenpol zum neuen Schloß
Wilhelmshöhe werden. Entsprechend plant Jussow
einen 6-eckigen Platz mit repräsentativer Toranlage

30
Fortsetzung

31
Ehem. Verlagshaus „Kasseler Post"
Brüder-Grimm-Platz 4
Entwurf 1806–09: Heinrich Christoph Jussow;
Erweiterung 1926; Wiederaufbau 1951–53: Catta
& Groth (Kassel); Sanierung 1989: Horst Siegert,
Tilmann Störmer (beide Kassel)

und geschlossener, einheitlicher Randbebauung,
von der die sog. „Kasseler Post" noch ungefähr
Zeugnis gibt, während das „Fürstenhaus" vis-à-vis
1943 zerstört wurde. Infolge der franz. Besetzung,
Gründung des „Königreichs Westphalen" 1806,
verändert sich die bauliche Fassung des neuen
Platzes, bleibt aber auch nach Wiederherstellung
des Kurfürstentums (1813) unvollendet: in der
Hauptsache ein von Linden gesäumter Rasenkreis,
der im Volksmund die Bezeichnung „Rondell" erhält.
Mit Erbauung der Murhardschen Bibliothek, vor
allem aber des Landesmuseums wird die ursprüngliche Form eines geschlossenen Hexagons völlig
aufgegeben. Der asymmetrisch gewordene Platz ist
heute von der Wilhelmshöher Allee und der Weinbergstraße in drei Segmente mit unterschiedlicher
Gestaltung geteilt. Aufgrund des derzeit hohen und
dichten Bewuchses kommen einige Fassaden entgegen ihrem Rang und ihrer einstigen städtebaulichen Intention nicht angemessen zur Geltung. (SW)

An imposing transition to Königsstraße was to be
created at the southwest of the city; only a simple
round square with trees was realized. When the
state was made an electorate, work began on
improving the square: a hexagonal area with formal
gate and uniform peripheral buildings was planned.
The Kasseler Post building gives an idea of this.
Under the French occupation, the architecture was
changed, but even when the electorate was
restored (1813) it remained unfinished: it was
largely a lawn surrounded by lime trees. Later
buildings caused the abandonment of the hexagonal
form. The trees now obscure some of the façades,
and roads divide it into three heterogeneous
sections.

Der Branntweinschenk Wilhelm Ritz (Initialstein mit
Jahreszahl 1806 auf der Hausrückseite) läßt mit
fürstl. Zuschuß das Gebäude zum „Handel mit
Spezereywaren" beginnen. Nach franz. Besetzung
1806 geht der gesamte Bauplatz, der vermutlich für
3 Privathäuser vorgesehen war, in staatlichen Besitz
über. König Jérôme läßt das Gebäude zu einem
großen Palais für Hofbeamte ausbauen. Der entstandene Komplex aus Haupt- und Nebengebäuden
erstreckt sich bis zur Karlsstraße (Reste eines Portals im Hof). Seit 1813 als (Papier-) Tapetenfabrik
genutzt, wird der Bau 1927 zum Druck- und Verlagshaus der „Kasseler Post" umgebaut. Damals
werden die bislang noch getrennten Eckbauten an
der Friedrichsstraße durch einen Mittelflügel verbunden. Heute von Anwaltskanzleien genutzt.
Der 3-geschossige, verputzte Steinbau mit flachem
Walmdach erhebt sich über L-förmigem Grundriß
mit 17:20 Achsen. Die Hauptfassade ist durch einen 7-achsigen leicht ausgeprägten Mittelrisalit mit
ionischen Kolossalpilastern betont. In der Mittelachse der Haupteingang, darüber ein auf Konsolen
gelagerter Balkon. Ein durchlaufendes Gurtgesims
grenzt das EG mit Quaderputz klar von den glatten
OG ab. Die Fenster der Seitentrakte liegen im 1. OG
in Blendarkaden aus Pilastern und Rundbögen. Das
2. OG durch ein Sohlbankgesims abgesetzt, die
Fensterbrüstungen mit Gittern versehen. Der
nordöstl. Nebenflügel mit rundbogigen Zugängen im
hohen Sockelgeschoß führt im 1. OG das
Blendarkadenmotiv der Seitentrakte fort. Beim Wiederaufbau rekonstruierte man die rückseitigen Fassaden einfacher und veränderte die Raumdisposition. In seinem zurückhaltenden Klassizismus
ist der Bau ein schönes Beispiel der noblen
Wohnarchitektur im früheren Kassel, zugleich eine
Reminiszenz an die von Jussow intendierte Randbebauung des ehem. Wilhelmshöher Platzes. (SW)

Fortsetzung nächste Seite

31
Fortsetzung

The building was opened as a grocer's in 1806.
After the French occupation it became state
property and was extended as a palatial residence
for court officials. After 1813 it was a wallpaper
factory and in 1927 converted as the printing and
publishing house of the Kasseler Post newspaper.
The 3-storey stone building has an L-shaped
ground plan. The main entrance is in a centre
projection, beneath a balcony on consoles. Cornices
divide the storeys. The first-floor side windows are
set in blind arcades; this motif is continued in the
northeast section. The back façades were simplified
and room arrangement changed on rebuilding. The
restrained classicism recalls elegant residential
building in the former Kassel.

32
Murhardsche Bibliothek
Brüder-Grimm-Platz 4a
1901–05: Emil Hagberg (Friedenau/Berlin);
Wiederaufbau 1958/59

Hist. Ansicht, 1914
Historical elevation, 1914

Erdgeschoß
Ground floor

Aus den bereits seit 1884 andauernden Planungen
zum Bau der Bibliothek ging eine Wettbewerbsaus-
schreibung mit der Forderung nach kurzen Wegen
für Nutzer und Angestellte sowie einer Erweiterungs-
möglichkeit hervor. Am (ausgeführten) 1. Preis wurde daher die unregelmäßige Gruppierung der 4
Baukörper auf annähernd doppel-T-förmigem
Grundriß und die durchgängig direkte Belichtung
gelobt. Ursprünglich 2-geschossig mit Souterrain
und steilen Dächern. Die Magazinebenen besitzen
halbe Geschoßhöhe und sind auf das 1. OG des
Mittel- und Südtrakts verteilt. An diesem ist im Westen ein reiner Magazintrakt mit 6 Ebenen angefügt.
Sandsteinfassade mit reichem Bauschmuck in Formen der deutschen Renaissance. Hauptportal an
der Nordseite mit Freitreppe und Vestibül; darüber
Veranstaltungssaal (jetzt Lesesaal); an der Ostseite
reich verzierter Erker. 1943 ausgebrannt. An den
Putzfassaden im Stil der 50er Jahre ist der Teilwiederaufbau unter Aufstockung des Südtrakts um
eine weitere Magazinebene ablesbar. (SD)

The competition-winning library design has a ground
plan aimed to reduce distances for users. Originally
2 storeys with semibasement and steep roofs. The
storage areas are half-storey height; at the west is a
6-level storage wing. The sandstone façade has
German renaissance forms, with richly decorated
oriel on the east side. Burnt out in 1943. The partial
rebuilding added a further storage level.

33
Hessisches Landesmuseum
Brüder-Grimm-Platz 5
1910–13: Theodor Fischer (München)

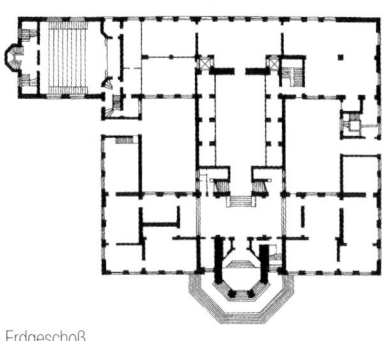

Erdgeschoß
Ground floor

Die nahezu quadratische Anlage nimmt sowohl
Bezug zur Wilhelmshöher Allee als auch zur Königsstraße, der sie durch ihren oktogonalen Mittelturm
einen markanten Abschluß gibt.
2 Hauptflügel mit 3 Vollgeschossen und Mansarde
in Ost-West-Richtung; dazwischen 2 schmalere, 2-
geschossige Seitenflügel sowie ein breiter Mittelflügel bilden 2 Innenhöfe; Hörsaal- und Bürotrakt
mit eigenem Eingangsvorbau am Ostende des Südflügels. Die Hauptfassade zeigt 2 Giebelhausfronten,
getrennt durch den Turm mit dem Haupteingang.
Eine schmucklose Travertinverkleidung, in den OG
als Lisenen fortgeführt, zieht Souterrain und Erdgeschoß zu einer Sockelzone zusammen. Einzige
museumstechnische Besonderheit sind die ‚altdeut-
schen‘ Breitfenster. Sie versorgen die als Rundgang
angeordneten Räume mit Atelierlicht.
Der Besucher gelangt über Freitreppe und Vorhalle
in das quergelagerte Foyer; an dessen Schmalseiten stand je eine Skulptur von Fritz Klimsch (vor
1909), eine erhalten. Gegenüber dem Eingang,
wenige Stufen höher, betont durch ein dekoratives
Relief aus rötlichem Stuck, der niedrige, tonnengewölbte Durchgang, von dem die 2 Treppenläufe
der Haupterschließung abgehen; dahinter der 2-
geschossige, basilikale Antikensaal (heute: Vor- und
Frühgeschichte) mit flacher Kassettendecke sowie
obergadenartiger Fensterzone. Eine ursprünglich
durch den Mittelflügel führende Blickachse wurde
1936 unterbrochen. Der in 2 OG des Turms eingeschobene ehem. Ehrensaal für die kurhessische
Armee ist im unteren Bereich zum Treppenhaus
geöffnet; im 8-seitigen oberen Bereich hochovale
Fenster über Wappenfries der althessischen Ritter-
schaft.
Dem namhaften Städtebauer und Architekten Fischer ist zwar kein wegweisender Museumsbau,
aber ein städtebaulicher Akzent gelungen, der moderne Betonbauweise hinter lokal-historistischem
„Formenschatz" verbirgt. (SD)

The museum has two main 3-storey sections and 3
lower sections between. Two gable fronts are
separated by the main entrance tower. Plain
travertine cladding in the socle zone continues as
lesenes on the upper floors. The 'old German' broad
windows are a museum feature giving studio light to
the rooms. Above the foyer, with a reddish plaster
relief, is the low barrel-vaulted passage giving
access to the two main staircases; beyond is a 2-
storey, basilical hall (now prehistory and early
history) with a shallow coffered ceiling and a window
area like a clerestory. On the 2nd floor of the tower
the former hall of honour for the army of the
electorate of Hesse, with octagonal upper section
with frieze with coats of arms.

34
Torwachen, ehem. Wilhelmshöher Tor
Brüder-Grimm-Platz 1, 6
1805/06: Heinrich Christoph Jussow

35
Museum für Sepulkralkultur
Weinbergstraße 25–27
Altbau 1903: Anton Karst u. Hans Fanghänel (Kassel); Neubau 1992: Wilhelm Kücker (München)

Entwurf Jussow, um 1805
Jussow design, c. 1805

Die beiden Bauten sind Kassels einzig erhaltene Toranlage des 18. Jh. Als Flügelgebäude sollten sie einen monumentalen Triumphbogen als Auftakt der Allee zum neuerbauten Wilhelmshöher Schloß rahmen. Die 3-geschossigen Bruchsteinbauten, ehem. für Verputz gedacht, mit flachem Walmdach erheben sich über rechteckigem Grundriß mit 5:3 Achsen. Den sich zugewendeten Hauptfassaden sind unkannelierte dorische Sandsteinsäulen kolossaler Ordnung mit Altanen vorgelagert, darunter jeweils Freitreppen. Kolossalpilaster und Sims führen dieses Motiv an den stadtseitigen Fassaden fort. Die Fenster sind flach, nur im Attikageschoß rundbogig geschlossen. Die nördliche Wache ist mit dem Verwaltungsgericht verbunden, die südliche (Museum für Angewandte Kunst und Design), rückwärtig mit einem Treppenhaus abgeschlossen, war ebenfalls auf einen Anbau hin geplant. Die Raumdispositionen wurden beim Wiederaufbau verändert. In ihrem schroffen Gestus sind die Bauten deutlich der sog. franz. Revolutionsarchitektur verpflichtet. (SW)

The two guardhouses are Kassel's only remaining 18th-c. gate. They were intended as part of a monumental triumphal arch leading to the new Wilhelmshöhe palace. The rough-stone masonry main façades have colossal order Doric sandstone columns without fluting. The north building is joined to the administrative court; the south building was also intended to be an annexe. The buildings are in the architecture of the French Revolution.

Den Wettbewerb für das weltweit erste Museum für Sepulkralkultur (1987/88) gewann Kücker mit einem Entwurf, der einen eigenständigen Neubau mit dem denkmalgeschützten Altbau verbindet und architektonisch auf die Inhalte des Museums abgestimmt ist.
Der Altbau (Weinbergstraße 27), 1903 im Stil der Neorenaissance (gelbverklinkert mit Sandsteinelementen) erbaut, gehört zu dem ehem., den südl. Weinberg beherrschenden Villenkomplex der Familie Henschel; er beherbergte Kutscherwohnung, Remise und Pferdestall. Es handelt sich um eine freistehende 2-geschossige Dreiflügelanlage mit halbrundem Anbau im südl. EG, erreichbar durch 2 geschwungene Treppen. Im Zuge der Sanierung wurde der Innenhof durch eine Glaskonstruktion (Dach u. Fassade) als Raum nutzbar gemacht. Die vergleichsweise schlichte Nordfassade mit profilierten Zwillingsfenstern wird durch 2 das Rundbogenportal flankierende Erker akzentuiert.
Das schadhafte ehem. Haus des Kammerdieners (Weinbergstraße 25) wurde abgebrochen und durch den Neubau ersetzt. Die massive, nur durch wenige Fenster gegliederte Nordfassade ist durch das verwendete Material, Leichtbeton in Sichtqualität, charakterisiert. An der Südfassade dominieren Glasflächen; besonders auffällig die eingezogenen polygonalen Glaserker an der Süd-Ost-Ecke. Über dem

35

Fortsetzung

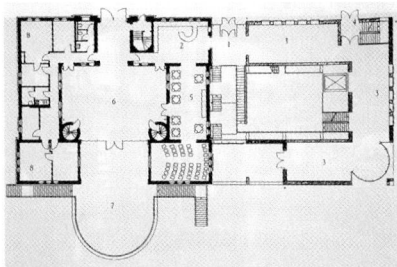

Erdgeschoß
Ground floor

umlaufenden Oberlicht 2 parallel verlaufende Satteldächer. Die Erschließung des Gebäudes erfolgt an
der Nahtstelle zwischen Alt- und Neubau. Der dort
eingeschobene gläserne Zwischenbau nimmt die
Treppe auf, zur Rechten die freiliegende Ostfassade
des Altbaus. Der Neubau greift auf die Proportionen
der Remise zurück: So entspricht das eingehängte
Zwischendeck den Maßen des Innenhofes; und
dort, wo dieser sich öffnet, erscheint an der gläsernen Nachbarfassade ein geschlossenes Betonfeld.
Derart architektonisch kommunizierend, bilden Alt-
und Neubau einen spannungsreichen Gesamtkom-
plex. (MD)

The first museum for sepulchral culture in the world
connects a new building with the listed old building.
The yellow-clinker villa had a coachman's flat,
coachhouse and stable. In the rebuilding, the
courtyard was made into a room with the addition of
a glass construction. Two oriels accent the plain
north façade. The new building's north façade is in
fairfaced light concrete. The south façade is
dominated by glass, with recessed polygonal glass
oriels on the southeast corner. The building takes
the proportions of the coachhouse: the suspended
intermediate deck is the same size as the courtyard,
and a plain concrete panel on the glass façade of
the new building repeats the courtyard opening. The
communication between the two buildings makes
this an exciting complex.

36

Rathaus
Obere Königsstraße 8
1909: Karl Roth; Wiederaufbau 1950; Erweiterungen Wilhelmsstraße 1958: Werner Noell (Kassel);
Fünffensterstraße 1961: Noell (s.o.); Karlsstraße
1972: Noell (s.o)

Aufriß 1909
Elevation 1909

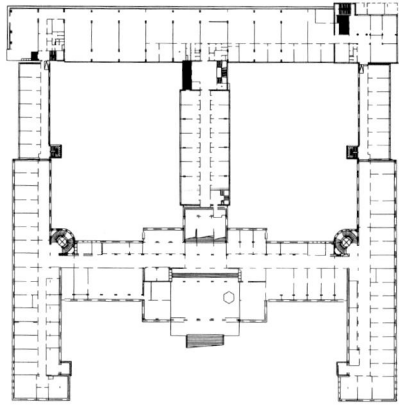

1. Obergeschoß
First floor

Seinen Bauplatz fand das neue Rathaus am Rand
der schon dicht bebauten Innenstadt, der ehem.
Oberneustadt. Der pompöse Gelbsandsteinbau
erhebt sich auf symmetrisch H-förmigem Grundriß
und besitzt einen ehrenhofartigen Vorplatz. Über der
Freitreppe ein rustiziertes Sockelgeschoß mit Hauptportal, rechts und links terrassenartig erweitert. Darüber das mit kolossalen ionischen Dreiviertelsäulen
instrumentierte Hauptgeschoß (in den Bürotrakten
2-geschossig), abgeschlossen durch ein verkröpftes
Kranzgesims, darauf in Höhe des Dachmezzanins
dekorative Skulpturen. Das gesamte Fassadenbild
ist durch vor- und zurücktretende Bauelemente,
Balkone, Altane, Gesimse und Erker geprägt (frühere Ziergiebel und Uhrenturm nicht rekonstruiert). Der
ehem. Eingang für den Publikumsverkehr an der
Nord-Ost-Seite wird von ionischen Doppelsäulen
und Altanmotiv mit Puttengruppen gerahmt. Der
Bau wird durch mehrere Treppenhäuser, insbesondere die 3-läufige Hauptstiege in der Achse der

Fortsetzung nächste Seite

36
Fortsetzung

37
Ehem. Bosch-Studio Wagener
Königstor 2
1955–56: Werner Hasper (Kassel)

Freitreppe erschlossen. Das Innere, die Flure, Treppen sind reich verziert: mit Kreuzgratgewölben und vielerlei Werksteinarbeiten, gedrungenen Pfeilern, dekorativen Kapitellen, Blumenfestons, Türrahmungen. Ratskeller und Sparkasse sind seit Erbauung integriert. Die spätere Verlängerung der Seitenflügel und des Mitteltrakts sowie ein abschließender Südostflügel verdecken heute die Rückansicht des Altbaus. Auf dem Vorplatz zur Königsstraße links der Henschelbrunnen (1912: Hans Everding) und rechts der Aschrott-brunnen, nach nationalsozialistischer Zerstörung (1939) rekonstruiert von Horst Hoheisel zur documenta 8 (1987), wobei der ehem. hochragende Obelisk im Boden versenkt erscheint. (CM)

The yellow-sandstone town hall has a forecourt with outer staircase, above which is the main portal, with colossal Ionic three-quarter columns above, ending in an angulated cornice with decorative sculptures. Projecting and receding elements characterize the façade. The former north-east entrance is framed by double columns with groups of putti. The interior is richly ornamented, with groined vaulting and ashlar, compact pillars and decorative capitals. The restaurant and the bank have always been part of the building. Two fountains on the forecourt, the right-hand one reconstructed after Nazi destruction for documenta 8 (1987): the obelisk, once towering, now appears sunk in the ground.

Hist. Ansicht, um 1960
Historical elevation, c. 1960

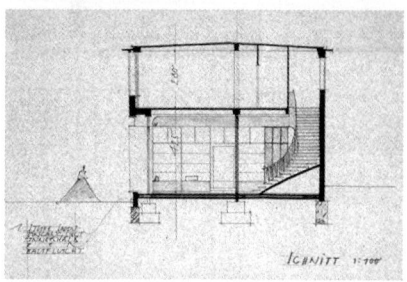

Entwurf 1955
Design 1955

Der 2-geschossige, flachgedeckte Ladenbau auf quadratischem Grundriß ist dem Hauptgebäude (bereits 1952/53: Hasper) des ehem. Bosch-Firmengeländes angegliedert und schließt es, leicht aus der Bauflucht nach hinten gerückt, ab. Über niedriger Sockelzone erhebt sich die vorkragende, zum Eingangsbereich geschwungene, gänzlich gläserne Ladenfront mit 4 innenliegenden Pfeilern. Diese durchlaufen das Gebäude bis zum Dach und sind als konstruktive Elemente durchgängig klar erkennbar. Eine schwarz gefaßte Fuge, vor der die Pfeiler (hier im Außenbereich liegend) verlaufen, trennt das höhere EG vom niedrigeren OG, welches, mit Werksteinplatten verkleidet, durch das Band hochrechteckiger Fenster von alternierender Breite gegliedert wird. Die Dachkante war ursprünglich durch Lichtelemente (weiße Neonröhren) begrenzt, die an die Lichtarchitektur der 20er Jahre erinnern. Der tragende Pfeiler sowie die freitragende Treppe im Innern des Verkaufsraumes komplettieren das gut proportionierte Gebäude: ein originelles Beispiel des Ladenbaus der 50er Jahre. (TM)

The 2-storey shop building marks the end of the former Bosch main building, slightly set back. The projecting shop front is fully glazed, with four interior pillars, visible from base to top. The first floor is lower-ceilinged than the ground floor and is structured by a band of vertical windows of varying width. The eaves originally had white neon tubes.

38
Landeskreditkasse
Ständeplatz 17
1953: Julius Brahm, Rudolf Kasteleiner, Helmut Richter, Ernst Zimmerle, Bodo Glüer (alle Kassel)

Hist. Ansicht, 50er Jahre
Historical elevation, 1950s

Der nach 1833 von Ruhl im Stadterweiterungs-
gebiet nordwestl. der Oberneustadt parallel zur
Königsstraße angelegte Ständeplatz erhält nach der
Kriegszerstörung ab 1950 eine geschlossene
südöstl. Randbebauung mit monumentalen Verwal-
tungsgebäuden. Stilistisch sprechen sie eine neue
Sprache, sollen auf ihre Weise aber dem Platz seinen repräsentativen Charakter zurückgeben. Meist
sind sie 5- bis 6-geschossig und zeigen streng
gegliederte Rasterfassaden. Das EG ist in der Regel
für Ladenlokale in Glasflächen aufgelöst, das oberste Geschoß gewöhnlich als ein Attikageschoß mit
Flugdach ausgebildet. Ein repräsentatives Beispiel ist
die Landeskreditkasse, ein in Stahlbetonskelettbauweise ausgeführter, frei zwischen Wil-
helms- und Seidlerstraße stehender 6-geschossiger
Baukörper mit niedrigeren Seitenflügeln. Das Attikageschoß besitzt hier einen umlaufenden Balkon.
Die Fassade des Gebäudes, mit Muschelkalkplatten
verkleidet, präsentiert sich zum Ständeplatz mit 24
schmalen Achsen; die abgesetzt profilierten
Brüstungsfelder der einzelnen Fenster (nicht mehr
im Originalzustand) nobilitieren die Front zusätzlich.
Die Ecken des Gebäudes sind durch geschlossene
Wandscheiben betont. Die Buchhandlung im EG
weist die für die Ladengeschäfte der 50er Jahre
typischen schlank eingefaßten großflächigen Schaufenster auf. Das Treppenhaus mit seinem freitragen-
den, geschwungenen Lauf kontrastiert, wie üblich in
dieser Zeit, mit der strengen, gradlinigen Erscheinung des Äußeren. Ganz in der Nähe, Ständeplatz
1-3, vergleichbar konzipiert, das Raiffeisen-Gebäu-
de von 1952/53 mit seiner immensen 46-achsigen
Rasterfassade. (KKr)

After WWII, monumental administrative buildings
were erected on the south-east side of Ständeplatz,
an attempt to restore its original dignity. Most had
grid façades with ground-floor shops and a
cantilevered roof. The Landeskreditkasse bank is a
skeleton building with an attic-storey balcony. The
Ständeplatz façade is clad with shell limestone; the
original spandrels enhanced its appearance. The
corners are emphasized by plain sections. The
ground floor bookshop has the typical 1950s large
shop windows. The cantilever curved staircase
contrasts with the stern exterior. Close by, Ständeplatz 1–3, is the similar Raiffeisen building with 46-
axis grid façade.

39
Kunstverein (Stadtmuseum)
Ständeplatz 16
1869–71: A. Scholtz (Berlin); Ausbau 1877/78;
Wiederaufbau 1953–55: Heinz-Werner Nolte (Kassel)

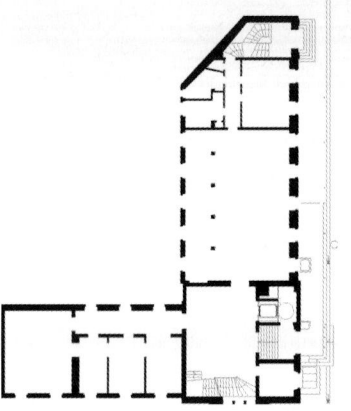

Aufgrund der Form des Bauplatzes wird das ehem. Kunstvereinshaus auf unregelmäßigem Grundriß (8:11 Achsen) mit Eckrisalit errichtet. Das Neo-renaissancegebäude wurde nach wenigen Jahren als Schule umgenutzt und aufgestockt. Zerstörung 1943. Die Fassaden wurden verändert instand-gesetzt und das Hauptportal mit den Terrakotta-karyatiden nach Albert Wolff (Darstellungen von Architektur bzw. Skulptur) vom Ständeplatz an die Wilhelmsstraße verlegt. Zunächst Ziegelrohbau, beim Wiederaufbau verputzt. Architekturteile in ro-tem Sandstein: unterschiedliche Fensterformen und -verdachungen, Kordongesimse, Pilaster in den OG, Architrav und Fries im 1. OG. Nach oben abneh-mende Geschoßhöhen. Der Eckrisalit zeigt zum Ständeplatz 3-teilige Fenster und 2 von ehem. 9 Terrakotta-Tondi (Karl Hassenpflug) mit Künstler-portraits (Raffael und Dürer). Neuer Innenausbau im Stil der 50er Jahre. Im 2. OG gibt es seither einen Oberlichtsaal mit flachem Tonnengewölbe. (SD)

The neo-Renaissance Art Association building has an irregular ground plan. It was rebuilt with alterations after WWII. Architectural parts are in red sandstone; varying window forms and pediments, string courses, pilasters, architrave and frieze. The heights of the storeys decrease towards the top. The corner projection has 2 of originally 9 terracotta tondi with portraits of artists. New interior in 1950s style.

40
Ständeplatz, Scheidemannplatz (ehem. Friedrich-Wilhelm-Straße, Neuer Wilhelmsplatz)
1833: Julius Eugen Ruhl; Neugestaltung 1950–54: Hochbauamt der Stadt Kassel; Umgestaltung 1964: Hochbauamt der Stadt Kassel

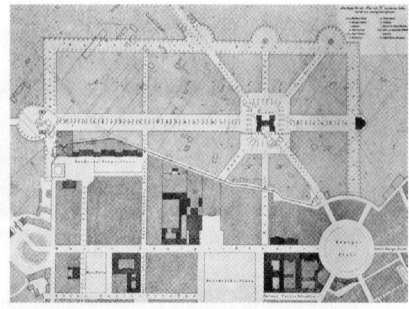

1. Entwurf von J. E. Ruhl, 1833
First design by J. E. Ruhl, 1833

Unter Kurprinz-Mitregent Friedrich Wilhelm, dem späteren letzten hessischen Kurfürsten, sollte in Anlehnung an frühere Planungen – Simon Louis du Ry (1768) und Johann Andreas Eberhardt (um 1812) – eine großzügige städtebauliche Erweite-rung Kassels nach Westen geschaffen werden, die sog. Friedrich-Wilhelm-Stadt.
Die Realisierung beschränkt sich jedoch vorerst nur auf die parallel zur Königsstraße geführte Friedrich-Wilhelm-Straße – heute Ständeplatz – mit einer in der Mitte verlaufenden, baumbestandenen Prome-nade. An der westl. Straßenflucht wird 1834–36 das ebenfalls von Ruhl entworfene Ständehaus er-richtet. Die Verdichtung der Randbebauung schreitet indes nur langsam voran, erst Ende des Jh. läßt sich eine geschlossene Häuserfront erkennen, die die ‚Prachtstraße' zu einem schmalen, aber langge-dehnten Rechteckplatz formt. Im Norden schließt sich der ebenfalls nach dem Regenten benannte rechteckige Neue Wilhelmsplatz – heute Scheide-mannplatz – an. Nach den ursprünglichen Planun-gen wäre dieser Platz von der Friedrich-Wilhelm-Straße durchschnitten und achsensymmetrisch mit je 3 Radialstraßen versehen worden – das Zentrum sollte das Ständehaus einnehmen. Die z. T. ausge-führten, heute noch im Stadtgrundriß ablesbaren Radialstraßen stellten im Südosten eine Verbindung zur Stadt her und sollten nordwestl. in halbkreis-förmigen Plätzen an den die Erweiterung umlaufen-den Boulevards enden. Bemerkenswert ist Ruhls Intention einer parallel zur Wilhelmsstraße geführten Achse, die im Entwurf als „Museums-Straße" be-zeichnet ist. Während an ihrem nordwestl. Ende 1855–61 der Bahnhof entsteht, wird der südöstl. Abschnitt nicht verwirklicht. Er hätte bereits der heu-tigen Treppenstraße, der Verbindung zwischen Hauptbahnhof und Friedrichsplatz, entsprochen. Als Abschluß der Friedrich-Wilhelm-Straße war im

40
Fortsetzung

Dlick von Nordosten, 1930: im Vordergrund der ehem. Neue Wilhelmsplatz
View from northeast,1930: in the foreground then former Neue Wilhelmsplatz

Nordwesten ein Halbkreis mit Akademiegebäude und im Südwesten ein Dreiviertelkreis mit Anbindung an die Wilhelmshöher Allee vorgesehen – beides jedoch nicht realisiert. 1943 wird die gesamte Südostbebauung zerstört. Beim ‚verkehrsgerechten' Wiederaufbau wird der Ständeplatz unter Verlust der Promenade als Teil des inneren Stadtrings ausgebaut und von Bürohäusern der 50er/ 60er Jahre eingefaßt. Der südwestl. Platzabschluß und der Scheidemannplatz dienen nun als Verkehrsknotenpunkte und sind in ihrer historischen Struktur negiert. Der Ständeplatz verliert den optischen Halt seiner Endpunkte und ist heute nur noch als überdimensionierte Verkehrsschneise ‚erfahrbar'. (SW)

Under Prince Elector and regent Friedrich Wilhelm, later the last Hesse Elector, it was intended to extend the city generously westwards, creating 'Friedrich Wilhelm Town', but only the tree-lined promenade was finished. On the western building line, from 1834–36, the Ständehaus was built, but only slowly were buildings completed. Neue Wilhelmsplatz, now Scheidemannplatz, adjoined. The Friedrich-Wilhelm-Straße was to dissect this square asymmetrically with three radial streets. Ruhl intended to create an axis called 'Museumsstraße', parallel to Wilhelmsstraße. The railway station was built at its north-west end, but the south-east section was not realized. The present Treppenstraße marks the intended site. In 1943 all the southeast building was destroyed. Ständeplatz was rebuilt without the promenade, as part of the inner city ring, lined by 1950s and 1960s office buildings. The southwest end and Scheidemannplatz are now traffic junctions, denying their historical structure.

41
Landeszentralbank
Ständeplatz 12–14
1950–51: Rahn (Stuttgart); Erweiterung 1986–89:
Jourdan + Müller PAS (Frankfurt/Main, Kassel)

42
Ständehaus
Ständeplatz 6–10
1834–36: Julius Eugen Ruhl; Um- u. Ausbau
1904-06: Alfred Röse (Kassel); Wiederaufbau u.
neuer Büroflügel 1949–52: Bolte (Kassel)

Der 3-geschossige Dreiflügelbau mit markant er-
höhtem EG und Walmdach ist vom Ständeplatz um
die Tiefe eines Heckengartens zurückgesetzt. Die
Fenstergewände, das Sockelgeschoß, die mit Binder und Läufer gequaderten Ecken und der mittig
plazierte Altan sind durch ihr Material, Krensheimer
Muschelkalk, von der weißen Fassade des Stein-
putzbaues abgesetzt. Ein Vestibül führt in die öffentliche Kundenhalle mit detaillierter, funktionaler Innenarchitektur (hier „Kasseler Bilderzyklus", Alfred
Cüppers). Parallel zum alten Gebäude und zur
Hangkante nach Nordost, eingespannt zwischen
terrassierten Stützmauern, schließt sich der 3-ge-
schossige Erweiterungsbau mit Tonnendach an. Das
Gelenk zwischen Alt- und Neubau bildet ein niedriger Zwischenbau mit Verladehalle. Trotz einiger
Details, die der klassischen Moderne verpflichtet
sind, ist der Altbau der konservativen Architektur der
50er Jahre zuzurechnen, die formal noch an die
Formensprache des 3. Reichs erinnert. Am Rand
des Vorgartens die ironische Skulptur „Herkules,
den Obelisken tragend" von Ivan Theimer. (TM)

The 3-wing building has details in Krensheim shell
limestone, including ashlar at the corners, set off
against the white plaster façade. The banking hall
has detailed, functional architecture. The barrel-
roofed extension is attached by a low building with
loading hall. The older building is an example of
conservative 1950s architecture recalling the formal
language of the 3rd Reich. Ironic sculpture of
Hercules carrying the obelisk in front garden.

Ehem. Tagungsstätte der hess. Landstände. Ruhl
legte den 3-geschossigen Geschäftstrakt mit Attika
an die 1833 erschlossene Straße, treppte ihn unter
Ausbildung von Terrassen ab und fügte den Sitzungssaal rückwärtig an. Im EG Eckquaderung sowie Sohlbankgesims. Trennung der Geschosse
durch Gurtgesimse. Rundbogiges Hauptportal mit
einem von toskanischen Doppelsäulen getragenen
Altan. Fortführung des Motivs der Doppelstützen mit
ionisierenden Pilastern (1. OG) und zierlichen Wand-
vorlagen (2. OG). Alternierende Fenster mit
Segmentbogen- bzw. Dreiecksverdachungen im 1.
OG sowie Fenster und Nischen im 2. OG. Beide OG
weisen eine umlaufende Balustrade auf. Die Mittelachsen sind betont (an der Schmalseite durch eine
3-teilige Fenstergruppe mit Verdachung in Anlehnung an das Palladio-Motiv). Hervorzuheben sind
die gußeisernen Portalflügel mit bislang unüblicher
Verglasung.
Dem 2-geschossigen, ursprünglich fensterlosen
Saalbau (mit Oberlicht) wurden 1903 beidseits Ne-
benräume sowie rückwärtig ein 4-geschossiger
Quertrakt angegliedert. Deren Fassaden zitieren in
vereinfachten Formen den Altbau. Zerstörung des
Ständesaals 1943. Im Zuge des Wiederaufbaus
wurden Vestibül und Haupttreppenhaus des
Geschäftstrakts umgebaut sowie dem rückwärtigen

42
Fortsetzung

43
EAM-Hochhaus (ehem. EAM-Hauptverwaltung)
Scheidemannplatz 8
1954–56: Fleischmann, Werner Seidel (Kassel)

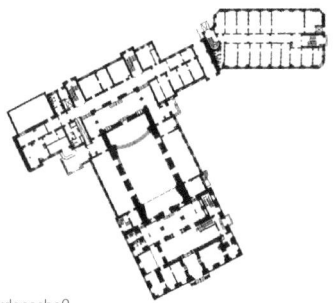

Erdgeschoß
Ground floor

Anbau ein neuer Büroflügel angefügt. Der Innenarchitekt und Maler Arnold Bode gestaltete den neuen Ständesaal, „dessen Wände mit abwechselnd hellen und dunklen Hölzern verkleidet sind und über dem, scheinbar schwerelos, wie ein Lichtphänomen die von Messingbändern durchwirkte Decke schwebt" (Merian 1952).
Friedrich v. Thiersch (München) würdigt das Haus 1902 in einem Gutachten als einen der ersten Bauten, „bei dem der Schöpfer den Mut gefunden hätte, den Palastbau der oberitalienischen Renaissance in so verständnisvoller und frischer Weise anzuwenden." (SD)

The former provincial diet front office building has storeys separated by string courses. The round-arch main portal has a narrow gallery on Tuscan double columns, a motif continued above in Ionic-style pilasters and delicate projections. Alternating windows with segmental arches and triangular gables on the first floor. Both upper storeys have balustrades. The cast-iron portal doorleaves are glazed, unusual for their time. The 2-storey chamber building behind, with roof-light, extended in 1903, was destroyed in 1943. Alterations were made to the office wing in rebuilding. The new chamber interior was designed by Arnold Bode, with pale and dark wood and a ceiling with brass bands.

Das erste Kasseler Hochhaus der Nachkriegszeit markiert den Beginn der Treppenstraße und vermittelt als städtebauliche Dominante zwischen Hauptbahnhof und Friedrichsplatz. Der 10-geschossige Stahlbetonskelettbau über Rechteckgrundriß mit 14:8 Achsen, gebaut als Verwaltungssitz des Energiekonzerns EAM, begrenzt den Scheidemannplatz nach Nordwesten. Markante Hausteinbänder, zusammengefaßte Baukanten und hochrechteckige Fenster unterstützen die vertikale Wirkung der mit sandfarbenen Steinplatten verkleideten Rasterfassaden. Das OG ist durch vertiefte Fensternischen betont und verstärkt so das Fassadenrelief. Über dem vorkragenden Flachdach ein kleiner Pavillon. Das von einem kräftigen Gesims abgeschlossene EG öffnet sich in große Schaufenster. (SS)

Kassel's first postwar high-rise building, built as the headquarters of a power company, was placed as a dominant point between the station and Friedrichsplatz. Prominent ashlar bands and vertical windows emphasize the vertical effect of the grid façades. The top floor has recessed window niches.

44
Treppenstraße
Straße 1953, Randbebauung 1953–57: Werner Hasper (Kassel)

Hist. Ansicht, 1966
Historical elevation, 1966

Die Neugliederung der Innenstadt nach 1945 und der damit verbundene Bau einer Ringstraße machte eine Befreiung des engeren Stadtkerns vom Durchgangsverkehr möglich: Auf Grundlage des Wiederaufbau-Wettbewerbs (1947) plante Hasper den neuen Durchbruch als innerstädtische Fußwegverbindung, womit er bisher unverbundene Viertel vereinte. Damit nahm er eine Idee des Hofbaudirektors Ruhl (19. Jh.) auf, die eine entsprechende Achse zwischen dem Ort des heutigen Bahnhofs und dem Friedrichsplatz als „Museums-Straße" vorsah (auch in den Plänen zur NS-Gauhauptstadt berücksichtigt). Die Gestalt der Treppenanlage ist gemäß dem Geländeverlauf durch eine regelmäßige Folge von Treppenabschnitten und langgestreckten Podesten geprägt. Der breitere obere Teil mit kaskadenartig angelegten Grünflächen und terrassierenden Stützmauern (an der unteren Brunnenanlage von H. Pohl, 1954) wird symmetrisch flankiert von kammartiger Randbebauung: geschlossene Ladenzeilen in 2-geschossiger Stahlskelettbauweise mit Walmdächern, ausgefachten Brüstungsfeldern und risalitartig vorgesetzten Treppenhäusern. Die Wolfsschlucht teilt die Straße und bildet mit ihr eine platzartige Erweiterung. Symmetrische 5-geschossige Torbauten mit vorgesetzten Pavillons (der rechte als Eingang zur Königsgalerie umgenutzt und stark verändert) bilden den Eingang

zum unteren, schmaleren Teil: zwischen 2-geschossiger Randbebauung liegen hier breite Treppenabschnitte, die in der Mitte durch eine Rampe für Kinderwagen etc. geteilt sind. Die Treppenstraße, als erste Fußgängerzone Deutschlands konzipiert und ausgeführt, stellt ein typisches 50er-Jahre-Ensemble dar. Das einheitliche und klar gegliederte Erscheinungsbild wurde jedoch durch z.T. willkürliche Veränderung der Einzelfassaden, die Umbauten zur 2. Bundesgartenschau 1981 und den Durchbruch zur Königsgalerie (1993) erheblich beeinträchtigt. (TM)

After 1945, a ring road took through traffic away from the centre. The new passage, recalling the 19th-c. 'Museums-Straße' plans, was planned as a pedestrian connection, linking districts for the first time. Sections of stairs and long landings alternate. The broad upper section with cascading green areas and terrace walls has symmetrical buildings, rows of shops with projecting staircases. Below, symmetrical 5-storey gate buildings lead to the narrower bottom section, with broad steps divided by a ramp for prams. Treppenstraße was Germany's first planned pedestrian zone. Some arbitrary alterations impaired the 1950s uniform and clear design, as did the rebuilding for the Bundesgartenschau (1981) and the opening to Königsgalerie (1993).

45
Florentiner Platz
1958: Kurt Wolters, Werner Noell (beide Kassel);
Neugestaltung 1995: Uli Hellweg (Kassel)

46
Stadtsparkasse
Wolfsschlucht 7–11
1931: Gerhard Jobst, Hans Borkowsky (beide Kassel); Umbau 1993: Jürgen Zerbe (Hamburg)

Hist. Ansicht, um 1932
Historical elevation, c. 1932

Blumenpavillon
Flower pavilion

Die kleine Platzanlage westl. der Treppenstraße wurde anläßlich der Städtepartnerschaft von Florenz und Kassel eingerichtet. Die Gestaltung wird von dem südöstl. abfallenden Gelände zwischen Wolfsschlucht und Neuer Fahrt bestimmt: Die Stützmauer, begleitet von einem blumenbepflanzten Grünstreifen, und der abgestufte, in typischer Formensprache der 50er Jahre ausgeführte Blumenpavillon, beide in Sandstein, überspielen einen Höhenunterschied von 3 m, der von dem anliegenden Abschnitt der Theaterstraße mit Treppen überwunden wird. Wirklichen Platzcharakter mit Aufenthaltsqualität erhielt die Anlage jedoch erst durch die 1995 vollendete Umgestaltung: Die Neue Fahrt wird für den Durchgangsverkehr auf Höhe der Treppenstraße gesperrt, die bis dahin als Parkplatz dienende baumbestandene Fläche als Café-Garten genutzt. Dennoch ist der Versuch, den Florentiner Platz in die Fußgängerzone zu integrieren (durchgehende Verwendung gleicher Materialien, Bürgersteig mit Flachborden), halbherzig geblieben; weiterhin wird er vom Autoverkehr umkreist. (KKr)

Created to mark the town twinning between Florence and Kassel, the square has 1950s features: a green strip with sandstone terrace wall and flower pavilion divert attention from a 3m difference in elevation. Only in 1995 did Florentiner Platz really become a square. Through traffic was removed and a car park became a café garden. Despite the uniform architecture, surrounding traffic still prevents real integration in the pedestrian zone.

Das Gebäude der Stadtsparkasse bildet den Blickpunkt in der Achse der Opernstraße vom Opernplatz aus. Der ursprüngliche Zustand dieses einst beachteten Kasseler Baus im Internationalen Stil ist heute stark beeinträchtigt. Anerkennung fand vor allem die Fassadengestaltung, inzwischen stark verändert, aber noch ablesbar. Die Ausführung in Skelettbauweise ermöglicht durchgehende horizontale Fensterbänder, die den 5-geschossigen Bau gliedern. Besondere Umstände bestimmten das Äußere: Aufgrund baupolizeilicher Vorschriften mußte die Fluchtlinie für den Hauptteil des Gebäudes an der Wolfsschlucht um 2 m zurückverlegt werden. Dadurch verlorene Nutzfläche sollten die auskragenden OG ausgleichen, die durch die Stützen im Eingangsbereich aufgefangen werden. Das Dachgeschoß springt wieder in die Flucht des EG zurück. Für den östl. Teil galt die Auflage nicht, daher setzt sich dieser deutlich als Block ab. (KKr)

The bank was a highly regarded example of the International style, its original façade design now impaired. The skeleton construction allows continuous strip windows. Building regulations required the main building line to be set 2 m back. The projecting upper floors were to compensate for this loss of floor space. The eastern section is more clearly a block.

47
Ehem. Oberpostdirektion
Friedrich-Ebert-Straße 24
1903–06: Reichspostamt (Berlin); Wiederaufbau
1946–51: Hochbauabteilung der Bundespost-
direktion Frankfurt/Main

48
Villa Scheldt (Engelsburg-Gymnasium)
Akazienweg 7
vor 1889

Hist. Ansicht, 1910
Historical elevation, 1910

Der Verwaltungsbau auf V-förmigem Grundriß im Stil
der späten deutschen Neorenaissance ist in Anlehnung an klassische Zweiflügelanlagen gegliedert. An
einen auf Fernsicht konzipierten zentralen Gelenkbau
schließen sich nach geschwungenen Verbindungs-
trakten, abgesetzt durch Risalite, unterschiedlich
lange, später um ein Geschoß aufgestockte Seitenflügel an. Der kürzere Westflügel endet mit einem
Eckrisalit, hinter dem sich ein abknickender Quertrakt verbirgt. Der monotone längere Südostflügel
wird durch die von einem vorspringenden
Fassadenabschnitt gefaßte Zufahrt zum Posthof
aufgewertet. Das verklinkerte Gebäude erhält gemäß seiner ‚hoheitlichen‘ Bedeutung reichen Bauschmuck in Sandstein. Beim Wiederaufbau wurde
die monumentale Wirkung durch Verzicht auf den
Hauptgiebel und die Zeltdächer über den flankierenden Treppentürmen beeinträchtigt. Die ursprüngliche vielfältige Nutzung benötigte keine repräsentativen Innenräume. (SD)

The neo-Renaissance post office building has
unequal wings. The longer south-east wing has a
projecting façade area at an entrance to the
courtyard. The rich sandstone decoration on the
clinker building marks its status. On rebuilding, the
main pediment and pavilion roofs were omitted,
detracting from the monumental character. No
formal rooms were required.

Die historistische Unternehmervilla in den Formen
der italienischen Spätrenaissance wurde von dem
Baustoffhändler Ernst Scheldt errichtet; sie erfuhr
zahlreiche Umnutzungen und dient heute dem Engelsburg-Gymnasium als Unterrichtsgebäude. Die
Pracht des Hauses ist nicht aufs Äußere beschränkt,
sondern heute auch innen wieder erkennbar, vor
allem im EG und Treppenhaus. Der auf quadratischem Grundriß stehende 2-geschossige Bau mit
Mansarddach ist rot geklinkert, die Fensteröffnungen sind durch helle Klinker abgesetzt. Die
Fassade wird durch figürlich und ornamental gestaltete Bänder und Gesimse horizontal gegliedert. Die
Restaurierung 1990 sorgte im Inneren für die alte
Farbigkeit im Eingangsbereich. Bemerkenswert in
diesem authentischen Raum das antikisierende
Fußbodenmosaik mit einer Orpheus-Darstellung und
ein aus 3 gemalten Supraporten bestehender Zyklus
des Kasseler Künstlers Theodor Matthei von 1889.
(PL)

The historicist villa in Italian late Renaissance style is
now used by a school. The building is of red clinker,
with pale clinker at the window openings. Figurative
and ornamental bands and cornices structure the
façade. In 1990 the colours were restored in the
entrance hall, whose classical floor mosaic showing
Orpheus and series of three painted sopraportas are
striking.

49
St. Familia (kath.)
Kölnische Straße 55
1897–99: Georg Karl Wilhelm Kegel (Kassel), Christoph Hehl (Berlin); Wiederaufbau 1952: Johannes Trelle; Renovierung 1968/69: Josef Bieling (Kassel)

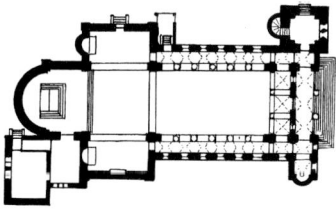

Die 3-schiffige Säulenbasilika auf kreuzförmigem Grundriß in historischer Art war der zweite katholische Kirchenbau in Kassel. Bruchsteinmauerwerk und neoromanische Dekorationselemente in Werkstein sowie eine überlebensgroße Skulpturengruppe der namensgebenden Hl. Familie (Werkstatt Heise, Warburg) prägen das Äußere der Kirche. Die Taufkapelle im Osten und der hohe, quadratische, mit einem Rautendach schließende Turm im Westen flankieren die Fassade. Der klar gegliederte Innenraum mit kassettierter Holzdecke und Säulen mit archaisierenden Würfelkapitellen wird im Süden durch eine Chorapsis und 2 Nebenapsiden, im Norden durch eine Orgelempore eingefaßt. Die ursprünglich reiche Wandbemalung wurde nach dem Krieg lediglich in den Arkaden- und Vierungsbögen rekonstruiert. Die von E. Hildegard Bricks entworfenen Bleiglasfenster wurden von der Firma Süßmuth (Immenhausen) angefertigt. Die Ausstattung des Altarraumes in schlichten kubischen Formen stammt von Heinrich Söller. (SN)

The 3-aisle Holy Family basilica on a cruciform plan was the second Catholic church in Kassel. The exterior is of roughstone masonry with ashlar decoration and a larger than life sculpture group of the holy family. The baptistry and the rhomboidal roof flank the façade. The interior with coffered ceiling and columns with archaic cushion capitals ends in an apse and 2 apsidioles. After WWII, the wall painting was restored only in the arcade and crossing arch.

50
Brandkasse
Kölnische Straße 42–46
1973: Wolfgang Haeseler (Kassel)

Die 1767 von Landgraf Friedrich II. gegründete Hessische Brandversicherungsanstalt (Brandkasse) setzt 1973 mit der Errichtung ihres Bürohauses in Hauptbahnhofsnähe ein unübersehbares Zeichen im Stadtbild Kassels. Das Punkthochhaus in Skelettbauweise ragt mit 10 Geschossen über einem horizontal ausgerichteten, 3-geschossigen Sockelbau auf rechteckigem Grundriß empor. Der aussteifende Betonkern (Aufzugschacht und Treppenhäuser) und die auf einem Stützenraster aufgelegten quadratischen Flachdecken bilden die konstruktive Grundlage für eine variable Aufteilung der Gesamtfläche von 6.000 qm in Zellen- oder Großraumbüros. Die weit auskragenden, scheinbar übereinander schwebenden Betonscheiben mit umlaufenden Balkonen bestimmen die Struktur der Fassade; seinen oberen Abschluß findet das Gebäude in einem massiv und voluminös wirkenden Baukörper, der Technikgeschoß und Sitzungssäle birgt. Konstruktiv und funktional vertritt die Brandkasse eine Regeltypologie für Büro- und Verwaltungsgebäude der 60er und 70er Jahre. (KKr)

The point block insurance company building near the station, typical of 60s and 70s office buildings, is a landmark in Kassel's urban landscape. A 10-storey skeleton construction above a horizontal pedestal has a supporting core and square flat projecting floors, a fundamental design element. The floor space has variable partitioning as open plan offices or cells. The mechanical floor and meeting rooms are in the block at the top.

51
Bromeissches Gartenhaus
Kölnische Straße 40
1825: Johann Conrad Bromeis

52
Hauptbahnhof (Kulturbahnhof)
Bahnhofsplatz 1
1852–56: Gottlob G. Engelhardt (Kassel); Erweiterung 1899–1903; alter Nordflügel 1911–13: Petri (Kassel); Wiederaufbau u. neuer Nordflügel 1952–61: Friedrich W. Bätjer, Dietrich Helbig (beide Kassel); Restaurierung u. Umbau 1994–99: crep D, AIS (beide Kassel)

Bromeis errichtet sich im damals noch größtenteils unbebauten Gebiet nördlich der Stadt das repräsentative Gartenhaus. Der 2-geschossige, 5-achsige Bau wird von 2 um ein Dachhaus erhöhten Eckrisaliten flankiert. Hinter dem rötlichen Verputz und der Schindelverkleidung an den Schmalseiten verbirgt sich eine Fachwerkkonstruktion. Das Gebäude ist mit weißen hölzernen Architekturelementen wie Quaderecken, Lisenen und Gurtgesimsen gegliedert. Unter den Fenstern des ersten OG befinden sich ovale Rosetten. Dem Eingang in der Mittelachse ist ein hölzerner toskanischer Portikus mit Altan vorgelagert. Auf der Rückfront entspricht diesem eine Apside mit dorischer und korinthischer Pilastergliederung. Das klassizistische, heute zwischen Bürobauten und Bahngelände eingeklemmte Gartenhaus zeugt noch von der damals reizvollen Gegend mit ihren einstigen großen Bürgergärten und Villenanlagen. (SW)

The formal summerhouse was originally on unbuilt land. It has a timber-frame construction behind reddish plaster and shingles. Its white wooden design elements include lesenes and string courses; below the first-floor windows are oval rosettes. A wooden Tuscan portico with balcony indicates the entrance. It recalls the large gardens and villas once here.

Der Bahnhofskomplex stellt mit seinem neuen 5-geschossigen Nordflügel den Endpunkt der beim Wiederaufbau Kassels angelegten städtebaulichen Achse zum Friedrichsplatz dar. Durch den Bau des Fernbahnhofs Wilhelmshöhe (1991) wurde der alte Kopfbahnhof auf den Regionalverkehr beschränkt. Seitdem „Kulturbahnhof", belebt durch Kasseler Kulturinitiativen. Der Umbau am Empfangsgebäude (im Stil der 1950er Jahre) begann mit der Neukonzeption des Bahnhofskinos und dem Einbau der Galerie „Caricatura" (crep D). Der Charme der 50er Jahre wurde in der ehem. Schalterhalle insbesondere durch die Farbgestaltung und die Erhaltung des Wandgemäldes von Bernhard Delsing (1955) an der Stirnseite neu zur Geltung gebracht. In der alten Gepäckaufbewahrung wurde der Gastronomiebetrieb „Gleis 1" eingerichtet. Die große Durchgangshalle ist von dem Stahlgerüst des neueingedeckten Tonnengewölbes aus dem Jahr 1903 geprägt. Gebäudeteile mit Stilelementen der Neorenaissance, wie der für die documenta X im Inneren neu gestaltete Südflügel (AIS), oder eines reduzierten Jugendstils, wie der alte Nordflügel, zeigen die bewegte Baugeschichte des 1943 fast vollständig zerstörten Hauptbahnhofs.
Eine um 1880 an der Fulda (Am Auedamm 13) errichtete Pumpstation versorgte den Hauptbahnhof mit Wasser. Ihr 2-geschossiger Mittelbau wird von

52
Fortsetzung

53
**Bürogebäude der Krankenversorgung für
Bundesbahnbeamte (KVB)**
Franz-Ulrich-Straße 12
1998–2000: Bieling & Bieling (Kassel)

Erdgeschoß
Ground floor

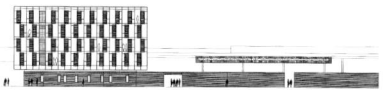

Aufriß
Elevation

eingeschossigen Bauteilen mit unterschiedlichen
Traufhöhen flankiert. Ziegelrohbau mit Terrakotten,
Sandsteingesimsen und -sockel sowie portalartigen
Türeinfassungen.
Von einem Ausbesserungswerk blieb als Rest ein
Wasserturm (um 1900) von reinstereometrischer
Formschönheit: ein oktogonaler Ziegelturm mit ei-
nem unverkleideten Metallkugelbehälter
(Frasenweg). (SD)

The main station was rebuilt after WWII as the end
of the axis to Friedrichsplatz. After 1991 it served
only local trains and became the Kulturbahnhof,
housing cultural projects. The reception hall was
rebuilt (in the 1950s style), the station cinema
redesigned and the Caricatura gallery installed. The
colours in the former booking hall emphasize the
1950s charm. The concourse is dominated by the
newly roofed 1903 barrel vault; there are also neo-
Renaissance and Jugendstil elements. Water came
from a pumping station on the Fulda, of raw brick
with terracotta, sandstone cornices and socles and
portal-like door surrounds. A water tower of
geometrical beauty remains: an octagonal brick
tower with a spherical metal tank (Frasenweg).

Der Neubau der KVB komplettiert das Gebäudeensemble am Südflügel des Kulturbahnhofs.
Die dortige denkmalgeschützte Gleisüberdachung
einer ehem. Postverladestelle ist durch die hinaus-
greifende Zungenmauer aus Ziegel-Sichtmauerwerk
in die Gestaltung der Außenanlage einbezogen. Der
massiv gemauerte Sockel des Gebäudes wird durch
eine farbige Fuge von der vollständig verglasten
kubischen 5-geschossigen Hülle getrennt, in deren
Außenzone sich die natürlich belichteten und belüf-
teten Büro- und Arbeitsräume befinden. Die Außenhülle ist Bestandteil eines Farbkonzepts des Kasseler
Künstlers Maarten Thiel. Im Inneren befindet sich ein
massiver Kern aus Sichtbetonwänden, in den die
Geschoßdecken eingespannt sind. Im Treppenhaus
wiederholt sich die Farbgestaltung der Gebäude-
fuge. (NS)

The health insurance building integrates a listed
track superstructure, once part of a postal loading
station. Above the base, a fully glazed 5-storey
envelope contains the offices in the naturally lit and
ventilated outer zone. The colouring of the skin is
part of a colour scheme of the Kassel artist Thiel.
Inside is a massive core of exposed concrete walls.

54
Polizeipräsidium Nordhessen
Grüner Weg 33
1999: Göller Architekten (Kassel)

55
Transformatorenstation N1547
Lutherplatz/Rudolf-Schwander-Straße
1955: Bauabteilung der Städtischen Werke (Kassel)

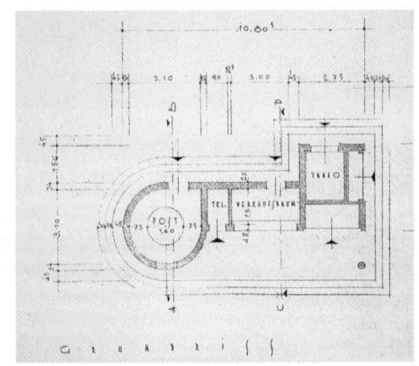

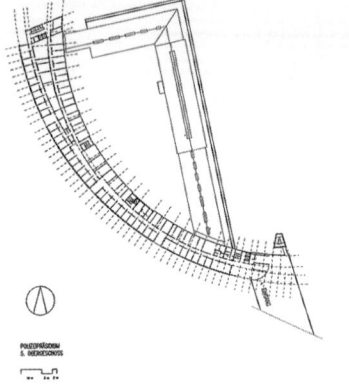

Der weiß verputzte eingeschossige Pavillon mit zylindrischem Abschluß der Nordwestseite erhebt sich über einem 3-seitig abgetreppten, dem Gelände angepaßten Sockel. Das zur Hangseite leicht geneigte Pultdach, an der Nord-Ost-Ecke auf einem Stahlbetonpfeiler aufliegend, bildet parallel zur Plattform die obere Einfassung des kleinen Kompositbaus, der ursprünglich 4 Funktionen vereinte: Der runde Ostteil diente als Wartehalle für Fahrgäste, daran anschließend eine Telefonzelle. Der mittlere Part – erkennbar an dem rechteckigen, 5-fach unterteilten Schiebefenster – diente als Kiosk; der Westteil wurde als Transformatorenstation genutzt. Die gut proportionierte originale Kleinarchitektur, deren Nutzung 1987 eingestellt wurde, ist ein schönes Beispiel des „organischen Bauens" der 50er Jahre und zugleich ein technisches Denkmal eigener Art. Heute als Ausstellungsraum genutzt. (TM)

The white-plastered pavilion with cylindrical end has a sloping base stepped on 3 sides. The pent roof forms its top, parallel to the platform. Until 1987, the building served as a waiting room, telephone box, kiosk and transformer station. It is an example of 1950s organic building and an unusual technological monument.

Das aus 2 Komplexen bestehende Gebäude verbirgt vom Bahnhofsvorplatz aus sein erhebliches Bauvolumen durch die Lage am Steilhang. Der 8-geschossige Haupttrakt folgt mit konvexem Schwung dieser Geländesituation und ist im Südosten bis zum 5. Geschoß aufgeständert. Durch Überbauung des Bunkers aus dem 2. Weltkrieg sowie der Gleisanlagen entstand eine Terrasse, über die man von der Innenstadt aus das Hauptgebäude auf Höhe des 5., am Kopf offenen Stockwerks erreicht. Hier wird ein weiter Blick in die Landschaft frei. Die lichtblaue, vertikal gegliederte Hang-Fassade kontrastiert mit der Gegenfront, die eine vertauschte Materialabfolge und horizontale Gliederung aufweist. An der konkaven Seite ist dem Hauptbau ein 3-geschossiger Annex auf L-Grundriß mit geböschtem, sandsteinverkleideten Sockelgeschoß und leichtem Stahl-Glas-Aluminium-Aufbau vorgelagert. Im Treppenhaus Lichtinstallation „Blaulichtkette" von Norbert Radermacher. (PL)

The 8-storey main section of the police headquarters follows the slope and is on stilts at one end up to the 5th storey, above the tram lines, with a terrace giving access to the 5th floor from the inner city. The vertically structured slope façade contrasts with the opposite horizontally structured façade, in which the sequence of materials is reversed. An L-shaped annexe faces the concave side.

56
Lutherkirche, Altstädter Friedhof
Lutherplatz
1893–97: Hugo Schneider (Kassel);
Neubau 1968–70: Heinz Rall (Stuttgart)

57
Synagoge
Bremer Straße 9
1998–2000: Alfred Jacoby (Frankfurt/Main)

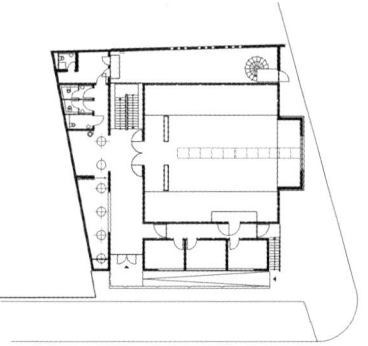

Ein funktionaler Gemeindekomplex in rohem Sichtbeton ist dem 76 m hohen Turm der im Krieg aus-
gebrannten neugotischen Lutherkirche zur Seite
gestellt. Bis 1968 war in die Ruine eine Notkirche
eingebaut, die die noch vorhandenen Bauteile, wie
etwa die Marmorsäulen, integrierte. Der Turm mit
quadratischem Grundriß, neogotischem Stufen-
portal, durchbrochener Maßwerkgalerie, fialen-
gesäumten Wimpergen und spitzem Helm läßt erahnen, wie reich die ursprüngliche Kirche geschmückt
war. In hartem Gegensatz hierzu steht das heutige
Kirchen- und Gemeindezentrum, das sich – durch
einen Beton-Laubengang verbunden – östlich des
Turmes befindet. Die Kirche liegt inmitten des park-
ähnlichen Terrains des Altstädter Friedhofes. Herausragende Grabstätte ist das hinter einem Zaun
befindliche Mausoleum der Kurfürstin Wilhelmine
Karoline (gest. 1820) von Heinrich Christoph
Jussow. Der dorische Antentempel in Rotsandstein
hat durch den nahegerückten Neubau der angrenzenden Kurfürstengalerie viel an romantischem
Stimmungswert eingebüßt. (SN)

The neo-Gothic Luther church was burnt out in
WWII; till 1968 the ruins housed a temporary
church. The tower with stepped portal and perforated traceried gallery hints at the rich decoration of
the church itself. In crass contrast is the present
church and community centre, linked by a concrete
access gallery. The surrounding park-like cemetery
contains the tomb of Electress Wilhelmine Karoline
(d. 1820).

Die nach Osten ausgerichtete Synagoge befindet
sich etwa an der Stelle der beiden Vorgängerbauten
von 1839 und 1965 in der Nähe zum Holländischen Platz. Der 2-geschossige Bau birgt einen
großen Gebetsaal sowie weitere, teilweise im Souterrain liegende, Gemeinderäume (Foyer, Küche,
Unterrichtsraum, Festsaal, Büroräume und ein
Gästeappartement). Auffällig ist das aus dem rechteckigen Baukörper aufsteigende geschwungene
Dach des Mittelbaus, dessen längsgerichtete Wöl-
bung die kassettierte Decke des Gebetsaales bildet.
Das 9 m hohe rechteckige Bleiglasfenster im Osten
integriert den Toraschrein. Außen ist die Ostseite
ebenso wie die Dachkurve mit symbolträchtigem
Zedernholz (vgl. Altes Testament) verkleidet. Im
Innern treffen Sichtbeton, Stahl, Zedernholz, Natur-
stein und Glas aufeinander.
Eine bescheidene, aber durchaus bemerkenswerte
Dorfsynagoge des Architekten Albrecht Rosengar-
ten, dessen im 19. Jh. viel diskutierter Kasseler
Synagogenbau (1836–39) 1939 zerstört wurde,
befindet sich heute noch in Gudensberg. (SN)

The oriented synagogue stands on the approximate
site of its two predecessors (1839 and 1965).
There is a large prayer hall and other rooms, partly
in the souterrain. The curved roof forms the coffered
ceiling of the prayer hall. The torah shrine is set in
the 9 m high lead glass east window. Outside, the
east side and roof curve are clad in symbolic
cedarwood. Inside, exposed concrete, steel,
cedarwood, natural stone and glass are used.

58
Schule am Wall
Am Schützenplatz 3
1886–88: Ludwig von Noël (Kassel)

59
Pferdemarkt
1951–56: Hessische Heimstätte,
Architekt u. a. Ludwig Hönig (Kassel)

Vorkriegsansicht
Prewar elevation

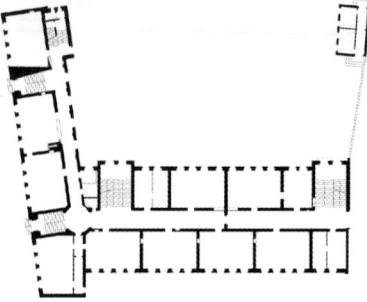

Erdgeschoss
Ground floor

Die Bürgerschulen Nr.5 und Nr.6 sind als Doppel-
schulhaus auf dem ehem. Festungswall am Holländischen Tor erbaut worden. Der Mittelbau der mit
rotem Klinker verblendeten U-förmigen Dreiflügelanlage ist in 2 Hälften unterteilt. Die Mädchenschule
im südlichen und die Knabenschule im nördlichen
Trakt haben separate Eingänge zum Hof und in den
Seitenflügeln; der Hof wird durch eine Turn- und
Festhalle geteilt. Der 3-geschossige Korridorbau
enthielt 43 Klassenzimmer, Lehrerzimmer, Bücherei
und eine Hausmeisterwohnung im Kellergeschoß.
Die schlichte Fassadengestaltung mit Ziegel-
ornamenten und Rundfenstern mit Maßwerk ist
angelehnt an die Neogotik der Hannoveraner Schule. Wegen Verbreiterung der Kurt-Wolters-Straße ist
der intakte Nordflügel 1964 abgerissen worden,
eine neue Turnhalle wurde 1957 außerhalb des
Schulhofs errichtet. (CM)

The U-shaped red-clinker-clad double school
building stands on the former rampart. The girls'
school at the south and the boys' school at the
north have separate entrances; the playground is
divided by a gymnasium and auditorium. There
were 43 classrooms, teachers' room, library and
caretaker's flat. The simple façade with brick
ornamentation is based on Hannover neo-Gothic.

Die ursprüngliche Bebauung des Areals nordöstl. der
Martinskirche geht zurück auf die Stadterweiterung
des 14. Jh. Beim Wiederaufbau wird das leicht abfal-
lende Gelände durch die Schumacher-Straße vom
Stadtkern abgeschnitten und z.T. auf dem alten
Straßennetz neubebaut. Mit dem Pferdemarkt entsteht ein begrünter öffentlicher Platz, an den sich
nördl. 2 Baublocks zwischen Bremer Straße,
Schäfergasse, Müllergasse und Kastenalsgasse
anschließen. Die Karrees besitzen große, weitgehend unbebaute Höfe und werden durch 2- bzw. 3-
geschossige, traufständige Häuser gebildet. Über
die Traufen geführte Giebelerker und Stichbogen-
einfahrten lehnen sich an mittelalterliche Stadtbilder
an. Ein bemerkenswertes Sgraffito (1952) am Haus
Kastenalsgasse 13 stellt den Grundriß des dicht-
bebauten mittelalterlichen Häuserblocks dem Bau-
plan des entkernten Viertels entgegen. (SS)

When this area was rebuilt after WWII, it was cut off
from the city centre. Pferdemarkt was created as a
public square with plants and two blocks of
buildings to the north. The blocks have 2- and 3-
storey houses and large courtyards, with gabled
oriels and segmental-arch entrances. A sgraffito
(1952) on Kastenalsgasse 13 shows the plan of the
densely built-up medieval block.

60
Zeughaus
Zeughausstraße 1
1580–1611: Graf Rochus von Lynar, Christoph
Müller; Teilabriß ab 1960

61
Karlshospital, ehem. Zuchthaus
Weserstraße 2
1720/21

urspr. Aufriß
Original elevation

nach 1906
After 1906

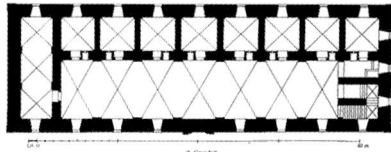

Sockelgeschoß
Basement

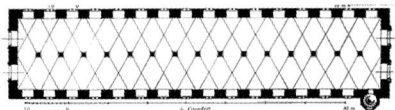

Erdgeschoß
Ground floor

Landgraf Wilhelm IV. läßt den stattlichen Weser-
renaissancebau am östlichen Stadtwall zur Lagerung
von Waffen, Rüstzeug und Proviant erbauen. Das 4-
geschossige, über rechteckigem Grundriß aus
Bruchstein errichtete Bauwerk hatte 16:4 einfach
strukturierte Achsen und jeweils einräumige Geschosse; das EG 2-schiffig mit Kreuzgewölbe auf
toskanischen Pfeilern. Das Dach besaß zeittypische
Zwerchhäuser. Nach Zerstörung 1943 werden zwei
Drittel der Ruine, ungeachtet ihrer noch immer ein-
drucksvollen Wirkung, zugunsten eines Schulbaues
abgerissen. Teile der Außenmauern sowie der 5-
geschossige, polygonale Treppenturm sind erhalten,
ebenso große werksteingefaßte Fenster mit Querstock und rundem Oberlicht im EG, sonst
gekuppelte Rechteckfenster. An der südlichen
Hauptschauseite befinden sich 2 1766 umgestalte-
te Portale mit Pilastern, Segmentgiebeln und den
Initialen F. L. Z. H. (Friedrich Landgraf zu Hessen).
Dazwischen sitzt ein Sandsteinrelief (Kopie) mit
pompöser Inschriftenkartusche, der vollplastischen
Halbfigur des Erbauers in einem hermengefaßten
Triumphbogen mit dem hessischen Wappen. (SW)

The imposing Weser Renaissance arsenal had 16:4
simple axes and one-room storeys. The ground
floor had two aisles with cross vaulting on Tuscan
pillars. After WWII, two-thirds of the ruin were
demolished for a school. Parts of the exterior walls
and the 5-storey polygonal stair turret are
preserved, as are large windows with round upper
lights. Two portals with initials of Landgrave Friedrich
on the south façade; between is a sandstone relief.

Landgraf Karl läßt auf dem sog. Zuchthausberg am
Ostende der damaligen Stadt das „Erziehungs– und
Besserungshaus" erbauen – später, bis zur Zerstörung 1943, nacheinander als „Zuchthaus",
„Fürsorgeheim" und im Nationalsozialismus als Ge-
fängnis genutzt. Der 2-geschossige Bruchsteinbau
erhebt sich über rechteckigem Grundriß mit 9:3
Achsen, ehemals von einem Krüppelwalmdach
abgeschlossen, heute nur noch Dachgesims und
nördl. Giebel erhalten (Notdach). An den Ecken ist
der Bau von Quaderlisenen gefaßt, auf der Längsfront ein zentrales Flachbogenportal mit Pilastern
und Horizontalgesims, werksteingefaßte Rechteckfenster sowie Lichtöffnungen mit Segmentbogen im
UG. Dieses ist fuldaseitig über einem hohen Sockel
mit Wulstgesims voll ausgebildet, Zwillingsrechteck-
fenster im EG, Souterrain mit Kreuzgewölben.
Im Inneren lagen ehem. östl. die quadratischen
Zellen, davor ein großer queroblonger Saal, nördl.
ein einachsiger Raum. Dem südl. Treppenhaus
wurde später ein nördl. hinzugefügt. (SW)

The roughstone building was originally a prison, then
a home. The former half-hipped roof has been
replaced by a temporary roof. There are corner
lesenes and a central segmental arch portal with
pilasters, windows with ashlar surrounds and light
openings with segmental arches in the basement,
which on the Fulda side is fully designed above a
high pedestal. Inside, the square cells were formerly
at the east end.

62
Portale und Treppenhaus
Innenstadt
17. Jh.

Martinsplatz 2
Martinsplatz 2

Die Freiheit 12
Das rundbogige Sandsteinportal mit profiliertem
Gewände ist von jeweils 2 übereinandergestellten,
ornamental verzierten Pilastern flankiert, die ein
verkröpftes Horizontalgesims tragen. Das Renais-
sance-Portal war ehem. Teil des um 1600 erbauten
Hauses am Martinsplatz 4. Nach Abriß des Hauses
Anfang des 20 Jh. wurde es an diesen Massivbau
versetzt, der 1936 im Zuge des „Freiheiter Durch-
bruchs" entstand.

Graben 20
Das flachbogige Sandsteinportal ist seitlich von ge-
stuften Pilastern mit Akanthuskapitellen flankiert.
Diese tragen einen verkröpften Segmentbogen mit
Trophäenschmuck. Der Schlußstein mit einem
Löwenkopf verziert. Das Portal war ehem. Teil des
1697 erbauten Steinhauses in der Marktgasse 17.
Nach der Zerstörung 1943 wurde es hier als Hof-
eingang zu einer 50er-Jahre-Wohnsiedlung wieder-
verwendet.

Martinsplatz 2
Das rundbogige Sandsteinportal mit Schlußstein
wird beidseitig von gekuppelten toskanischen Pilastern mit geradem Gebälk gerahmt. Dem Portal sind
aufgesockelte toskanische Doppelsäulen vorgelagert, die einen Altan mit verkröpftem Triglyphenfries
tragen. Rückwärtig an das Haus schließt ein gedrun-
gener, bruchsteinerner Turmbau über quadratischem Grundriß an. Den Abschluß bildete einst eine
Terrasse mit Balustrade. Im Inneren befinden sich
Reste einer 4-läufigen Treppe und ein Kreuzgewölbe über 4 toskanischen Mittelpfeilern. Das 1600
errichtete Steinhaus wurde im 19. Jh. als höhere
Gewerbeschule genutzt, in der der renommierte
„Neugotiker" Georg Gottlob Ungewitter lehrte
(Inschriftentafel an der Hausfront), Neubau nach
1950. (SW)

Die Freiheit 12
The round-arch Renaissance sandstone portal,
flanked by pilasters bearing an angulated horizontal
cornice, was part of a building of c. 1600,
demolished in the early 20th c. It was moved here
in 1936.

Graben 20
The segmental-arch sandstone portal with pilasters
with acanthus capitals bearing a segmental arch was
once part of a house built in 1697. After the 1943
destruction it was moved here.

Martinsplatz 2
The round-arch sandstone portal with paired Tuscan
pilasters has double columns in front bearing a
narrow balcony. A squat roughstone tower adjoins
behind, originally with terrace and balustrade. Inside
are remains of a 4-flight staircase and cross vaulting
above 4 Tuscan centre piers. The 1600 building
was used as a school in the 19th c.

63
Marstall (Markthalle)
Graben 10
1591–93: Hans Müller, Hieronymus Müller; Wiederaufbau 1963/64: Hochbauamt der Stadt Kassel; Umbau 1994: Bieling & Bieling, Nolte, Plaßmann, Reese, Ohlmeier Architekten (alle Kassel)

64
Haus der Jugend
Mühlengasse 15
1952/53: Werner Noell (Kassel), Hochbauamt der Stadt Kassel

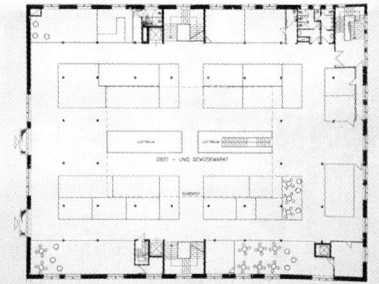

1. Obergeschoß
First floor

Landgraf Wilhelm IV. läßt den 2- bis 3-geschossigen Bau im Stil der Weserrenaissance auf abfallendem Gelände nördlich des Schloßbezirks errichten. Die ursprüngliche Vierflügelanlage mit Treppentürmen in den Winkeln des Innenhofes stand in der Tradition zeitgenössischer Schloßbauten. Das EG diente zur Unterbringung der Pferde und der Rüstkammer, in den OG befanden sich u. a. Kunst- und Raritätenkammer, Druckerei, Münze sowie die fürstliche Bibliothek. Beim Wiederaufbau wird der Bau nur äußerlich rekonstruiert: Bruchsteinfassaden, Gebäudekanten und Bauglieder aus Werkstein, kleinere Mittel- und größere Eckvolutengiebel mit Lanzenträgern, Löwen und Zierobelisken, Rundbogenportale mit Horizontalgesims, gekuppelte Fenster mit einfach profiliertem Sandsteingewände; der Innenhof erhält ein durchgehendes Glasdach und wird so zur Halle. Durch eine freischwebende Mitteltreppe werden die beiden Verkaufsebenen miteinander verbunden. Der Platz ist z. T. mit Tiefgaragen überbaut. Am westlichen Platzrand befindet sich als Spolie das Portal des ehem. Lutherischen Pfarrhauses um 1700. (SW)

The Weser Renaissance building with stair turrets at the quadrangle corners, now the market hall, was built by Landgrave Wilhelm IV; the ground floors housed horses and armoury, the upper floors had art collections, the mint and the royal library. On post-WWII rebuilding, only the exterior with façades and ornamentation was preserved. The courtyard was made into a hall with a glass ceiling. A cantilevered staircase links the two sales floors.

Das Ensemble ist ein bemerkenswertes Zeugnis für einen zurückhaltenden Umgang mit historischer Bausubstanz in den 50er Jahren. Es steht auf den Mauern einer barocken Bastion (1686), dem sog. Kastell, die nach der Entfestigung im 18. Jh. umgebaut wurde. Aus dieser Zeit stammt das rustizierte Rundbogenportal (1794–97) an der Mühlengasse, das ursprünglich als Eingang in die Kasematten, nach deren Schleifung in den Magazin- bzw. Gefängnishof diente. Noell griff nach der Kriegszerstörung die L-förmige Grundrißdisipostion auf und hob das Bodenniveau des einst ummauerten Innenhofs an. Die massiv gemauerten Neubauten sind mit dem Steinmaterial (Bruchstein) der historischen Architektur verkleidet. Entlang der Fulda erstreckt sich der 3-geschossige Hauptflügel, in dessen Fassaden ein vertikalbetontes Fensterraster eingelassen ist. An den Hauptbau setzt nordwestl. ein schmalerer 2-geschossiger Flügel an. (SS)

The Youth House shows sensitive treatment in the 1950s of historical architecture. It stands on the walls of a baroque bastion altered in the 18th c. (rusticated portal 1794–97). After WWII destruction, the inner bailey was raised. The solid new buildings use the roughstone of the historical architecture. The main wing, with windows with vertical emphasis, follows the river.

65
Messepavillon Unterneustadt
Leipziger Straße 2
um 1955: Werner Noell (Kassel)

66
Unterneustadt mit Karl-Branner-Brücke
Bettenhäuser Straße 4–10, Christophstraße 4–32,
Maulbeerplantage 16–18, Sternstraße 5–16
Ab 1996: Diverse Architekten (s. Liste)

Hist. Ansicht, 50er Jahre
Historical elevation, 1950s

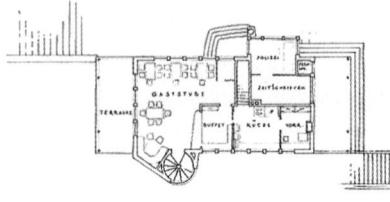

Erdgeschoß, Zustand 1955
Ground floor, 1955 state

Der am ehem. Messeplatz errichtete Pavillon inte-
grierte verschiedene Nutzungsfunktionen in einem
Baukörper: Gaststätte, Verkaufskiosk, Polizeiraum
mit 3 Zellen, Trafostation und öffentliche Toiletten.
Er erhebt sich 2-geschossig auf rechteckigem
Grundriß, das UG paßt sich dabei der abgetreppten
Hanglage an. Im Süden tritt ein halbrundes, zum
Teil verglastes Treppenhaus hervor, mit Natursteín-
verblendung anstelle der sonst vorherrschenden
verputzten Flächen (so auch gegenüberliegend im
Bereich der Sockelzone). Die einst ‚schwebende‘
Terrasse (inzwischen z.T. unterbaut) und das über
ihr weit auskragende Flugdach en miniature werden
von dünnen Eisenrohren getragen. Der Messe-
pavillon zeigt beispielhaft, daß in den 50er Jahren
auch kleinere Bauaufgaben mit architektonischem
Einfallsreichtum angegangen wurden. Seit Jahren
ungenutzt, ist er in höchstem Maße sanierungsbedürftig. Die Pläne der neuen Unterneustadt sehen
die Erhaltung und Einbeziehung vor. (KKr)

The trade fair pavilion, now in need of repair, was at
once restaurant, kiosk, police office, transformer
and public lavatory. It is adapted to the slope, with a
projecting semicircular staircase at the south. The
terrace was originally cantilevered, carried on thin
iron tubes like the roof above. It shows that 1950s
architecture was able to find imaginative solutions
even for small projects.

Die 1943 bei einem Bombenangriff fast komplett
zerstörte Unterneustadt wurde nach dem Krieg aufgegeben. War bereits in der NS-Planung hier ein
Kahlschlag (Aufmarschgelände) vorgesehen, so
wurde das Gebiet im südwestl. Bereich jetzt vollends
zum städtebaulichen Brachland: geteilt von einer 6-
spurigen Ausfallstraße und als Parkplatz und Kirmes-
gelände genutzt. Erst in den 80er Jahren begann
man unter dem Motto ‚Stadt am Fluß‘ eine Wieder-
belebung dieses innenstadtnahen Quartiers in Be-
tracht zu ziehen; 1994 wird der Neuaufbau durch
die Stadtverordnetenversammlung beschlossen. In
einem 1-jährigen öffentlichen Fachdialog entstand
ein Rahmenplan, der konkrete Vorgaben für die
Bebauung festlegte, dabei größtenteils auf städtebauliche Wettbewerbe verzichtete. Grundgedanke
ist die sog. kritische Rekonstruktion des alten Stadtgrundrisses, gemeint ist die Verbindung der Historie
des Viertels mit den Anforderungen und Erkenntnis-
sen moderner Wohn- und Stadtarchitektur. Gewollt
ist ein lebendiges, abwechslungsreiches Quartier mit
hoher städtebaulicher Dichte. Dazu wurde das gesamte Gelände parzelliert und an eine Vielzahl verschiedener Bauherrn verkauft. Berücksichtigt wurden dabei die ehem. Plätze sowie das ursprüngliche
Straßennetz. Die Koordinationsinstanz des gesamten
Vorhabens, die Projektentwicklungsgesellschaft
(PEG), wurde eigens dafür gegründet und ist verantwortlich für das Zusammenspiel aller Beteiligten.
Das Zurückbauen der Leipziger Straße zu einem 4-
spurigen Verkehrsweg mit Boulevard-Charakter soll
(künftig) das Zusammenwachsen der beiden getrennten Stadtviertel fördern. Mit der Karl-Branner-

66
Fortsetzung

Rahmenplan von 1995
Master plan of 1995

Brücke wird die kürzeste, nämlich die Geh-verbindung zur Innenstadt hergestellt, Bänke in der Mitte machen sie aber zu mehr als einem bloßen Verkehrsweg. Unterschiedliche Wohnmodelle be-stimmen das gewollt heterogene Bild des Viertels: Komfortwohnungen in Mehrfamilienhäusern, die sich zur Flußlandschaft orientieren; frei finanzierte Mehr-familienhäuser; Reihenhäuser mit kleinen Gärten als Eigenheime; öffentlich geförderte Mietshäuser mit gemeinschaftlichen Einrichtungen; gereihte Ein- und Zweifamilienhäuser als Einzelentwürfe. Jedes einzel-ne Objekt ist hierbei den Anforderungen der ver-schiedenen Bauherrn angepaßt und nach deren Wünschen gestaltet. Trotz der Handlungsfreiheit bei der Einzelgestaltung und der daraus resultierenden architektonischen Vielfalt bleibt die ordnende Hand der PEG immer spürbar. Im südl. Areal, abgeson-dert von der 3- bis 5-geschossigen Parzellen-bebauung, entstanden mehrere Solitäre, sog. Stadt-villen, für deren Optik die gründerzeitliche Villa an der Drahtbrücke maßgeblich war. Die lockere Be-bauung in parkähnlicher Umgebung, in der sich noch Reste der alten Zollmauer befinden, hebt sich von der sonst hohen Baudichte der Unterneustadt ab. Auf der anderen (nordöstl.) Seite der Leipziger Straße wird die Bebauung des entstehenden Viertels durch betont familienfreundliche Reihen- und Mehr-familienhäuser ergänzt. Zur Förderung einer tragen-den Infrastruktur sind Laden- und Büroflächen ein wichtiger Bestandteil der Planung. Das sich 2002 noch im Bau befindliche Quartier will mehr sein als Urbanität aus der Retorte, will ein sozial funktionie-rendes Viertel mit natürlicher Urbanität werden. Die rege öffentliche Beteiligung am Planungs- und Bau-prozeß läßt ein lebhaftes Interesse am Gelingen dieses städtebaulichen Experiments erkennen. (PL)

Architekten
Karl-Branner-
Brücke: Architekturbüro Brigitte Kochta
                   (Berlin)
                   Ingenieurbüro Grassl GmbH
                   (München)
Christophstraße Nr.
4   Architekturbüro Klaus Hartmann
                   (Calden)
8   Architekturbüro Enno Schneider
                   (Berlin/ Detmold)
10, 20, 28,
30, 32   LM-Architekten (Kassel)
14, 25, 27   Baufrösche Architekten (Kassel)
18   Bieling & Bieling (Kassel)
19   Architekturbüro Schmidt-Kestner
                   & Brocke (Kassel)

Fortsetzung nächste Seite

66

Fortsetzung

21, 23, 24	Streckenbach & Zeitraum Architekten (Kassel)
26	WohnStadt (Kassel)

Sternstaße Nr.

5, 7	LM-Architekten (Kassel)
9, 11	Hegger Hegger Schleiff HHS (Kassel)
12a, 12b, 12d, 12e	Harald Werner (Kassel)
12c	Andreas Zoldan (Kassel)
14	Penkhues Architekten (Kassel)
15	Reichel Architekten (Kassel)

Bettenhäuser Straße Nr.

4, 6, 8	Architekt Hans Albrecht (Hardegsen)
10	Architekturbüro Schmidt-Kestner & Brocke (Kassel)

Maulbeerplantage Nr.

16	Beissner – Gibhardt Architekten (Kassel)
18	Penkhues Architekten (Kassel)

The Unterneustadt area was abandoned after war damage, leaving wasteland with an arterial road running through it. In 1994 the town council resolved on rebuilding. The master plan developed in a public experts' discussion is based on 'critical reconstruction' of the old town plan - town planning competitions were largely avoided - combining history and modern requirements to create a lively, varied, densely built district. The area was divided into lots and sold to a variety of owners. Former squares and road network were taken into account. A project development company is in charge of the overall project. Leipziger Straße is to be reduced to a four-lane boulevard so that the two districts are less divided. The Karl Branner bridge, with benches, will create the shortest route to the city centre. The district is to combine heterogeneous living styles: luxury flats, multifamily housing, terraced houses, apartment houses. Each individual property is adapted to the wishes of the individual owner. Several villas were built in the southern section, in parklike surroundings, and north of Leipziger Straße are terraced and multifamily houses. Shops and office space are also part of the planning. This is intended to be a socially functioning district with a naturally urban quality. Strong public interest has been evident.

67

Brüderkirche und Renthof

Brüderstraße/Steinweg
Kirche: ca. 1292–1304; Chor 1331; Langhaus 1376; Teilwiederaufbau 1952–55;
Renthof: 2. Hälfte 16. Jh. u. 1616–18;
Barockanbauten 1785; Wiederaufbau 1959

Die 2-schiffig-asymmetrische Bettelordenskirche (Karmeliter) mit Dachreiter ist die älteste Kirche Kassels. 1526 als Kloster aufgelöst, wurde der Raum als evangelische Pfarrkirche genutzt, sukzessive protestantischen Bedürfnissen angepaßt (Entfernung des Lettners, Hinzufügung einer Empore usw.) und im Westen um ein Joch verkürzt. Das im Norden liegende Hauptportal (Tympanon mit Beweinungsrelief, um 1500) mit spätgotischem Vorbau führt in das 4-jochige Seitenschiff, das durch 3 schlanke, 8-eckige Pfeiler vom breiteren Hauptschiff der kreuzgewölbten Hallenkirche getrennt wird. Sandsteinarchitekturteile wie kehlprofilierte Rippen, Kragsteine, figürliche Schlußsteine und hohe 2- und 3-bahnige Maßwerkfenster strukturieren das Innere. Der im Norden an den Chor grenzende rechteckige, in seinen Proportionen ausgewogene, netzgewölbte sog. Kapitelsaal wird heute von der griechisch-orthodoxen Gemeinde Kassels genutzt. Seit 1970 steht die Kirche leer; in jüngster Zeit wird sie für kulturelle Veranstaltungen genutzt. Südöstlich der Kirche bildeten 3 um den ehem. Kreuzgang liegende Flügel das Klostergebäude (heute Seniorenwohnheim). 1598 Um- und Anbau als Universität, 1616–18 zur Ritterschule umgebaut. 1578–80 wurde parallel zur Fulda ein riegelartiger Gebäudeflügel als Renthof (fürstliche Finanzverwaltung) errichtet und durch einen weiteren Trakt mit den bestehenden Gebäuden verbunden. Die 2- bis 3-geschossige Renaissance-Anlage in Bruchsteinmauerwerk mit Zwerchgiebel, Renaissanceportalen und sog. Apollobrunnen umschließt 3-seitig einen weiten Hof. Im Barock wurden das Mansarddach sowie der zum Binnenhof gelegene Fachwerkanbau mit innenliegender Holztreppe hinzugefügt. 1959 wurde der zerstörte Renthofflügel mit einem modernen Speichergeschoß als Theatermagazin neu gebaut. Die neue Fußgängerbrücke

67
Fortsetzung

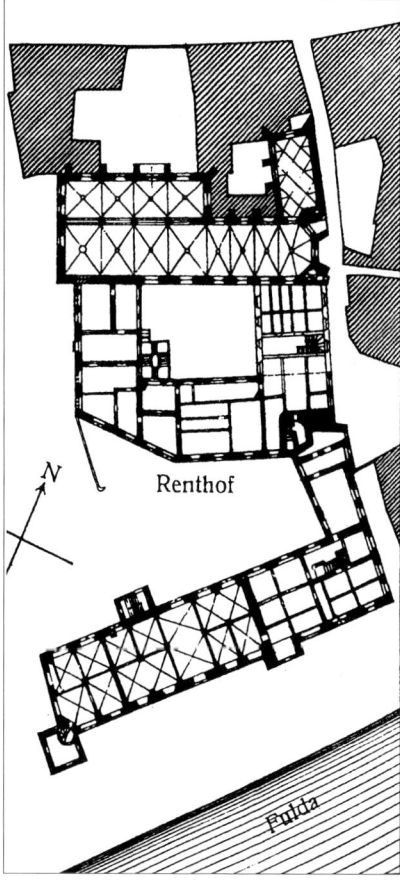

Vorkriegszustand
Prewar state

(2000) aus der Unterneustadt, die rüde das Renthofgebäude durchbricht, mündet in den Hof. (SN)

The 2-aisle asymmetrical friars' church (Carmelite order) is the oldest church in Kassel. The monastery was dissolved in 1526 and the church was thereafter Protestant. Main portal tympanum with relief of the lamentation, c. 1500. The interior has sandstone details, figured keystones and high traceried windows. The chapter house is used by Kassel's Greek Orthodox community. The church has been empty since 1970, apart from cultural events. The monastery buildings were south-east of the church (now an old people's home). In 1578-80, parallel to the River Fulda, a Renaissance block was built for the royal financial administration (Renthof). It was rebuilt in 1959 with an attic as a theatre store. The new pedestrian bridge cuts abruptly into the Renthof building.

68
Bastion, sog. Rondell
Fuldaufer, südl. des Renthofes
ab 1523

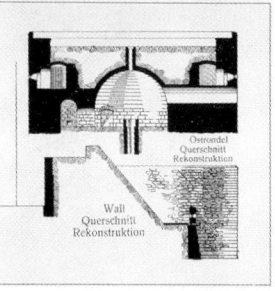

Querschnitt
Cross section

Die in die Fulda ragende Ostbastion ist der letzte von 3 runden Wehrbauten der ehem. Schloß-befestigung. Das mit Steinen verstärkte Erdwerk über gemauertem Unterbau ist der Festungsbau-lehre Dürers verpflichtet. 1567 erhöht. Die ostseitige Inschrift verweist auf eine Wiederherstel-lung nach Teileinsturz 1652 unter Wilhelm VI., Spu-ren der Erneuerung im Mauerwerk ablesbar. Auf halber Höhe sitzen Schießscharten mit dahinter-liegendem Rundgang. Im Inneren ein überkuppelter kreisförmiger Raum, der die Kanoniere und Kano-nen aufnahm. Mit 9 m Durchmesser besitzt er die-selbe Dimension wie die umgebende Mauermasse. Von dort gehen 3 Radialgänge ab, der westliche Gang führte ins Schloß; der nördliche Zugang wurde erst später als Verbindung zum Renthof geschaffen. Die über der Kuppel liegende Zone (mit Kamin) ist mit Erde verfüllt.
Die südwestlich anschließende Wallmauer mit Schießscharten ist ebenfalls Teil der Befestigungs-anlage des 16. Jh., der obere Mauerabschnitt je-doch Ergänzung des 19. Jh. (SW)

The Rondell is the last of 3 round castle defences, a retrenchment on a stone foundation, based on Dürer's ideas. It was partly rebuilt in 1652. Halfway up are loopholes with a circular corridor behind. Inside is a circular room for cannons, with a domed ceiling 9 m in diameter. 3 radial corridors lead away to the castle and elsewhere. Above the ceiling the ventilation space has been filled with earth. The wall with loopholes to the southwest is also of the 16th c., but the upper part added in the 19th c.

69
Hessenkampfbahn
Auedamm, An der Karlsaue
1924–26: Erich Allstädt (Kassel);
Wiederaufbau 1946–48; Renovierung 1984

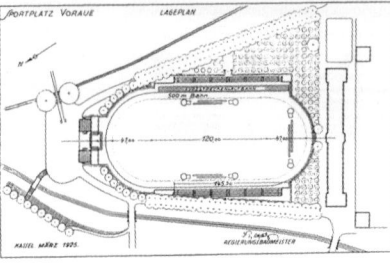

Lageplan
Site plan

Das erste kommunale Stadion Kassels wurde auf einer Landzunge an der Fulda zwischen Innenstadt und Unterneustadt errichtet. Seine Proportionen sind auf die südl. angrenzende barocke Orangerie abgestimmt. Deren Mittelpavillon diente bei festlichen Einzügen als Durchgang. Am Nordende wird mit 2 symmetrischen Eingangsbauten nicht nur die Hauptachse der Karlsaue aufgegriffen, sondern im Sinne der barocken Anlage (freistehende Pavillons) arrondiert. Die 2-geschossigen, ansprechend proportionierten Putzbauten sind den Pavillons an der Orangerie angepaßt: quadratischer Grund, niedriger Sokkel, rundbogige Fenster unten, rechteckige oben, darüber Kranzgesims und flaches Dach. Südl. sind ihnen unterkellerte Terrassen vorgelagert, zwischen denen eine flache Treppe zum abgesenkten Wettkampfbereich mit 500 m(!)-Laufbahn führt. In den Querachsen des Stadions, das mit einer Hainbuchenhecke umgeben ist, je 2 Kassenhäuschen und eine Standuhr. (SD)

Kassel's first community stadium has proportions harmonizing with the baroque orangery, whose centre pavilion was used as an entrance on ceremonial occasions. 2 symmetrical entrance buildings with cornice and flat roof follow the main axis of the Karlsaue. To the south, shallow stairs between terraces with cellar lead down to the competition area with a track of 500 m.

70
Orangerie (Museum für Astronomie und Technikgeschichte)
An der Karlsaue 20
1701–11: Paul du Ry; Wiederaufbau 1975–81:
Staatsbauamt

In unmittelbarer Nähe zum Landgrafenschloß entsteht inmitten einer älteren Gartenanlage ein bewohnbares Lustschloß für Landgraf Karl. Ursprünglich ist vorgesehen (etwa nach Marly oder der Favorite in Mainz), mehrere Einzelpavillons durch Galerietrakte zu verbinden – zuerst trabantenartig um die Eckbauten, später entlang dem kleeblattförmigen Bowlinggreen. Nur der Küchenpavillon und das Marmorbad können ausgeführt werden. Im Hauptbau erhebt sich ein oktogonaler Mittelpavillon über die Galerieflügel, die zu den doppelgeschossigen Eckpavillons führen. Die Gliederung erfolgt variantenreich: an den freistehenden Pavillons aufgesockelte ionische Kolossalpilaster, an den Seitenpavillons gleichfalls ionische Pilaster im EG, das OG vereinfacht; die Galerietrakte und der Mittelpavillon mit den von du Ry bekannten Elementen: Rundbogenfenster in Blendbögen sowie Blendrisalite über 3 Fensterachsen mit Pilastern und Segmentgiebeln. Die Zuschreibung an Paul du Ry erfolgt hypothetisch auf der Basis stilistischer Vergleiche, in den Quellen wird kein Architekt genannt. Von der reichen künstlerischen Ausstattung (Malereien im Apollonsaal des Mittelpavillons, Skulpturen auf den umlaufenden Balustraden) des bis auf seine Außenmauern zerstörten Schlosses hat sich kaum etwas erhalten. (SS)

Marmorbad
An der Karlsaue
1722–30; Innenraum: Pierre-Etienne Monnot;
Restaurierung 1989–2001: Verwaltung der Staatlichen Schlösser und Gärten Hessen

Als westlicher Trabantenbau der Orangerie entsteht 1722–30 im Auftrag Landgraf Karls das Marmorbad, im Inneren gestaltet durch den Bildhauer Monnot (Rom). Der höchst originelle einräumige Bau ist im Grundriß quadratisch, sein Zentrum bildet der Badetempel, ein oktogonaler Kuppelbau (mit Laterne) auf Pfeilern und Bögen. Arkaden und Nischen alternieren. Darin das in den Boden eingelassene Becken. Herum legt sich ein tonnengewölbter, stuckierter Umgang, dessen Wände mit reicher Marmorinkrustation ausgestattet sind. Die überaus reiche und qualitätvolle Marmorausstattung thematisiert Figuren und Szenen der klassischen Mythologie. 2 (Bacchus und Leda) der 12 Skulpturen aus carrarischem Marmor hatte Monnot vor Auftragserteilung in Rom gearbeitet und mitgebracht, während er die übrigen 10 sowie die 8 Kuppelreliefs, mit den Personifikationen der 4 Jahreszeiten und 4 Elemente, auftragsgemäß ab 1720 fertigte. Über den Kaminen an der Nord- und Süd-

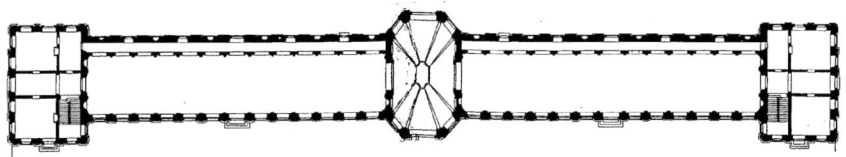

Erdgeschoß, urspr. Zustand
Ground floor, original state

Innenansicht Marmorbad
Interior, marble bath

Marmorbad, Schnitt
Marble bath, section

wand befinden sich Reliefportraits des Auftragge-
bers und seiner, während der Errichtung bereits
verstorbenen Gemahlin Maria Amalia. Kraft seines
ikonographischen Apparats erscheint der Landgraf
als gerechter Herrscher und Förderer der Künste.
Das Bild seiner verstorbenen Frau wird durch die
Vermischung profan-heidnischer und christlicher
Assistenzfiguren zu einer Art Epitaph, zugleich wird
die Fürstin durch ihre Nähe zum Schönheitsrichter
Paris mit Venus verglichen und so zur schönsten
Frau erklärt. Das Marmorbad bildet in seiner Form
und Ausstattung ein einzigartiges Denkmal historischer Gartenarchitektur, dessen Funktion, da die
technischen Voraussetzungen eines Badehauses
fehlen, sich auf die künstlerische Inszenierung, zugleich die fürstliche Repräsentation beschränkt ha
ben dürfte. (KK)

Fortsetzung nächste Seite

70

Fortsetzung

Orangerie (Museum für Astronomie und Technikgeschichte)
The summer residence of Landgrave Karl was intended as several pavilions linked by galleries, but only the kitchen pavilion and the marble bathhouse were finished. The main building consists of an octagonal centre pavilion above the gallery wings leading to the two-storey corner pavilions. The architecture is varied, with pilasters, projections and blind arches. The work appears to be by Paul du Ry, but this is not certain. Very little of the rich artistic furnishings and paintings has been preserved.

Marmorbad
The marble bathhouse was built as an octagonal domed building with lantern. The basin is sunken, surrounded by a stucco ambulatory, its walls with rich marble incrustation. Of the 12 Carrara marble sculptures, the Roman sculptor Monnot made Bacchus and Leda in Rome; the others were commissioned in Kassel, as were the 8 reliefs personifying the 4 seasons and 4 elements. Relief portraits of Landgrave Karl and his wife are above the stoves. He is shown as a just ruler and patron of the arts, and she, who died before the building was completed, is compared to Venus. The marble bathhouse is a unique monument of historical garden architecture; for lack of the necessary technology, it is unlikely to have been used in practice.

71

Karlsaue
Anlage des barocken Gartens Anfang 18. Jh.: Johann A. Wunsdorf; Umgestaltung ab 1800: G. W. Homburg

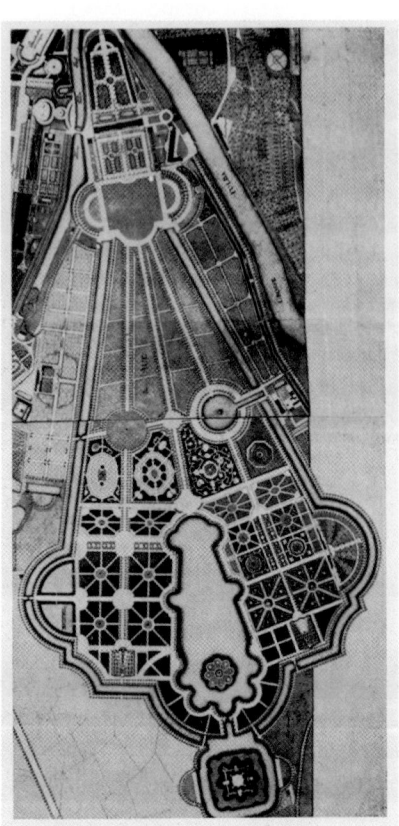

Plan der Karlsaue, 1781
Plan of Karlsaue, 1781

Südlich der Orangerie, zwischen großer und Kleiner Fulda, erstreckt sich die historische Gartenanlage, die sog. Karlsaue. Landgraf Wilhelm IV. läßt ab 1568 das Gebiet unterhalb des Stadtschlosses als einen mauerumschlossenen Lustgarten anlegen. Ab 1700 wird der Garten durch künstliche Wassergräben und streng symmetrische Beete, nach französischen und holländischen Vorbildern, barock umgestaltet. Vor der Orangerie werden durch Wunsdorf geometrische Beete und ein großes Bowlinggreen, die sog. Karlswiese angelegt. Das Bowlinggreen, südlich dreipaßförmig begrenzt, bildet den Ausgangspunkt für ehem. 5 (heute 3) fächerförmig

71
Fortsetzung

72
Weinberg

ausstrahlende Achsen (z.T. Kanäle). Der Südteil der Karlsaue wird durch 2 künstlich angelegte, geometrisch regelmäßige Bassins gebildet. Das vordere mit der Schwaneninsel (darauf eine ‚Villa Rotonda' en miniature, der „Liebestempel", Anfang 19. Jh.), das hintere mit der künstlich aufgeschütteten Insel Siebenbergen (ab 1722). Ab 1790 wird die Anlage unter Beibehaltung barocker Strukturen (3 Achsen/Kanäle und Bassins) nach den Prinzipien des englischen Landschaftsgartens umgestaltet. 1804 werden am Südrand des Bowlinggreen 12 Plastiken (antiker Götter) aufgestellt (z. T. aus der Werkstatt Kötschaus). 2 Rossebändiger von J. A. Nahl (um 1767) wurden an den Eingang zur großen Mittel-Allee versetzt. Weitere Bauten: Parkwächterhäuser am Auedamm 58 und Menzelstraße (2. H. 18. Jh.). Hier schmiedeeisernes Tor („Aueportal") von dem zerstörten Lusthaus des Prinzen Maximilian (1730). Auedamm 18, schlichte Gebäudegruppe der Parkgärtnerei mit Satteldach und Zwerchgiebeln von 1950. Am westlichen Abhang der Schönen Aussicht wurde 1922 ein ehem. barocker Terrassengarten mit einer doppelläufigen symmetrischen Treppe zu der kurhessischen Kriegergedächtnisstätte umgebaut. Hinter dem Marmorbad 2 einfache Brücken über die Kleine Fulda (S. L. du Ry 1792, Löwenbrücke 1813). Die Karlsaue bietet in der Synthese französischer und englischer Prinzipien, mit ihren Staffagen und dem teilweise alten Baumbestand ein eindrucksvolles Natur- und Kunsterlebnis.
(KK)

The historical Karlsaue gardens were created as a walled garden in 1568. From 1700, artificial water ditches and symmetrical beds were added in the baroque style. A large sunken lawn, the Karlswiese, was made in front of the orangery; from its trefoil southern border, 5 (now 3) axes radiate, some of them canals. Two artificial basins form the south part of Karlsaue, each with an island. From 1790 the gardens were adapted in the English landscape garden style, keeping some baroque features. 12 sculptures of Greek and Roman Gods were added in 1804, and 2 of horse breakers c. 1767. Other structures, buildings, a memorial and bridges have been added at various points. The synthesis of French and English garden styles, the accessories and the old trees make Karlsaue an impressive experience of nature and art.

Hist. Ansicht, um 1930
Historical view, c. 1930

Als „Weinberg" werden die Hochfläche und deren Südhang bezeichnet, die sich zwischen der Stützmauer an der Frankfurter Straße und etwa der Pfannkuchstraße erstrecken und deren nördl. Begrenzung die Wilhelmshöher Allee bildet. Das Gebiet, vor allem sein westl. Teil, galt um 1900 als das schönste Wohnviertel der Innenstadt.
Der Name leitet sich vom Weinbau ab, der am südlichen Steilhang bis Ende des 16. Jh. betrieben wurde. Danach wurde das Gelände für fürstliche Gärten genutzt. Im 17. Jh. Anlage einer vorgezogenen Schanze der Stadtbefestigung, die das Frankfurter Tor sicherte. Später kurzfristige Wiederaufnahme des Weinbaus durch Landgraf Friedrich II.; dafür 1765 Terrassierung des unteren Hangabschnitts; zeitgleich parkähnliche Maulbeerplantage auf der Hochfläche.
Parzellierung und Verkauf des landgräflichen Besitzes um 1800. Es folgten Privatgärten sowie die 3 legendären Biergärten in bester Lage mit Aussicht über die Karlsaue. An ihrer Stelle wurde die „Villa Henschel" (1869/70: Richard Lucae, Berlin; 1943 zerstört) im Stil der Neorenaissance erbaut. Ihre z. T. erhaltene, terrassierte Gartenanlage wurde von Julius Eubell (Kassel) entworfen. Die heute die „Südstadt" überragende, mit imposanten Bögen prunkende und einer Pergola abschließende Stützmauer (Stampfbeton) wurde 1903 im Zuge der Planungen für eine weitere Neorenaissancevilla („Haus Henschel", 1931 abgebrochen) durch das Büro Karst & Fanghänel (Kassel) errichtet; sie fand weithin Beachtung als technische und ästhetische Leistung (im nördl. Abschnitt neuerdings durch Spritzputz verunstaltet).
Auf dem Murhardschen Stiftungsgrundstück entstanden die Bibliothek und der Murhardpark mit 2 Denkmälern: dem „Vaterländischen Denkmal (1896: K. Begas d. J.) und dem „Mahnmal für die Opfer des Faschismus" (1953: H. Sautter). In unmittelbarer Nähe das Hessische Landesmuseum und das heutige Friedrichsgymnasium.

Fortsetzung nächste Seite

72
Fortsetzung

Aus dem 1886–88 von C. A. Rebentisch als neogotischer Ziegelrohbau errichteten Schwesternheim
(mit Kapelle) erwuchs das Elisabeth-Krankenhaus.
Der teilzerstörte, an der Frankfurter Straße gelegene
Altbau wurde dem modernen Spitalkomplex angegliedert.
Das im wesentlichen ab den 1870er Jahren bebaute Wohnviertel auf dem westlichen Teil des „Wein-
bergs" wurde im 2. Weltkrieg stark zerstört. Das
1876 errichtete Mietshaus in der Humboldtstraße 4,
ein 4-geschossiger Putzbau im Stil der italienischen
Hochrenaissance, ist dem Anfang der Bebauungs-
geschichte zugehörig, während die monumentale
neoklassizistische Villa Rosenzweig (1913: W. Freiherr v. Tettau; Terasse 1) stilistisch den Endpunkt
der Bebauung (vor der Zerstörung) darstellt. Back-
steinbauten mit Renaissancezitaten sind Marien-
straße 10 (1882) und Amalienstraße 10 (um
1892). (SD)

The raised area behind the supporting wall on
Frankfurter Straße is known as the Weinberg
(vineyard), as vines grew here until the end of the
16th c., and c. 1900 was the most desired inner-
city residential district. In 17th c. an outlying
fortification was built here. Vineyard again under
Landgrave Friedrich II, with terracing of lower slope,
and addition of a mulberry plantation above. The
royal possessions were divided into lots and sold c.
1800. There followed private gardens and three
legendary beer gardens. The neo-Renaissance Villa
Henschel was built there 1869/70. The imposing
wall (tamped concrete) was built in 1903 and was
admired as a technical and aesthetic achievement
(northern section now marred by spray plaster).
Features include the Murhard library and park, with
two monuments, the Hessisches Landesmuseum
and Friedrichsgymnasium grammar school, and the
Elisabeth-Krankenhaus, which started as a nurses'
home. The western section, built from the 1870s
on, was badly damaged in WWII. Note 1876
apartment building (Humboldtstraße 4), 1913 Villa
Rosenzweig (Terrasse 1), and brick buildings with
Renaissance features.

73
Kunsthochschule
Menzelstraße 13–15
1960–65: Johannes Krahn, Joseph Lucas (beide
Kassel); 1965–69: Paulfriedrich Posenenske (Kassel)

74
Auestadion
Menzelstraße
1953: Norbert Harle (Kassel); 1983–93:
Hochbauamt der Stadt Kassel

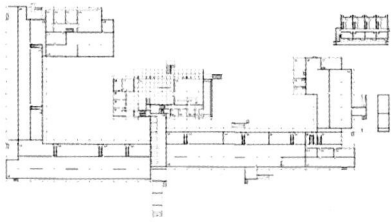

Das Auestadion ist Teil eines weitläufigen Areals
moderner Sportbauten (Eissporthalle, Turnhallen,
Tennisanlagen und Nebenplätze). Es kombiniert
ein Fußballfeld mit 6-spuriger Tartanlaufbahn und
diverse Leichtathletikanlagen. Ein von ausgreifenden
Stahlträgern getragenes Dach überspannt die ca.
2.300 Sitzplätze bietende Haupttribüne. Harle be-
ruft sich mit der Verglasung der Seiten- und Rück-
wände auf Vorbilder des Internationalen Stils (Amsterdam, Nürnberg, Wien). Die Haupttribüne besitzt
Presselogen und birgt neben den Umkleidekabinen
auch ein Restaurant. Die beiden etwas abgesetzt
postierten, vom Hochbauamt der Stadt Kassel reali-
sierten Nebentribünen nehmen Höhe und Formensprache der mittlerweile unter Denkmalschutz stehenden Mitteltribüne auf und harmonisieren die
Stadionarchitektur. Kurven- und Gegentribüne besitzen umlaufende Stehterrassen und verfügen ausschließlich über Stehplätze. Das Stadion faßt heute
etwa 15.000 Zuschauer. (SS)

Die heutige Kunsthochschule besteht aus 2 kurz
nacheinander entstandenen Gebäudekomplexen.
Der südl. gelegene, 4-geschossige Scheibenbau
der ehem. Werkakademie besitzt Rasterfassaden
mit großzügiger Fensterung (Ateliers). Mit einem
verglasten Galerie-Gang verbunden, schließt sich ein
flacher Vierflügelbau ("Atrium") mit Innenhof an (Arbeitsräume und Werkstätten). Der 1. Bauabschnitt
war von Beginn an auf modulartige Erweiterung
angelegt, die Posenenske im nördlichen Abschnitt
aufgriff.
Der 3-geschossige Hauptbau birgt Hörsaal, Bibliothek, Seminarräume und Mensa; zur Aue ist ein
Balkon vorgelagert. Die über das Flachdach verlän-
gerten Stahlträger visualisieren den Modulgedanken.
Ein klammerartig angelegtes System freiliegender
Laufgänge (z. T. mit Innenhöfen) erschließt die (dis-
ponibel konzipierten) Ateliers entlang der
Menzelstraße und des nördl. Dreiflügeltrakts. Der
ebenso offen wie funktionalistisch gedachte Komplex bildet an dieser Stelle eine gelungene Randbebauung der historischen Karlsaue. Allerdings
kontrastiert der betont ungepflegte Sichtbeton, der
durch seine jüngste Sanierung ästhetisch (farblich)
nochmals gelitten hat, mit der durchaus fein-
strukturierten Leichtigkeit, die den Bau im übrigen
auszeichnet. (SS)

The stadium is part of a complex of modern sports
buildings. It combines a football field with a 6-lane
tartan track and athletics facilities. The roofed
grandstand, now listed, seats 2,300; the glazed
side and back walls recall the International Style.
The other two stands, with standing room only, take
up the height and formal language of the
grandstand. The stadium holds c. 15,000
spectators.

The art college comprises two buildings: the south
building is a 4-storey frameless construction with
studio windows, with adjoining atrium building. It
was designed for modular extension; the main 3-
storey building represents this extension. The steel
girders extending above the roof express the idea of
modules. A bracket-like system of exposed galleries
leads to the studios along Menzelstraße and the
north building, where the building marks the edge of
the Karlsaue. The impression is marred by the
deliberately neglected exposed concrete.

75
Ehem. Jägerkaserne
Ludwig-Mond-Straße 31-45
Infanteriekaserne 1903; Husarenkaserne um 1910;
Erweiterung 1934–39; Umbau u. Teilumnutzung
durch die Bundesbahn ab 1955; Um- u.
Ergänzungsbauten für die Bundeswehr seit 1960;
zivile Nutzung ab 1992

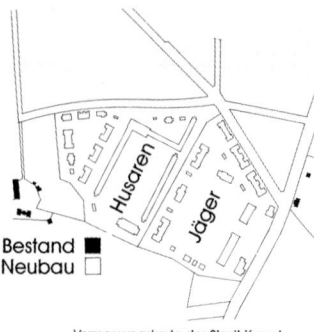

Bestand ■
Neubau ☐

Vermessungskarte der Stadt Kassel
von 1917 nachgezeichnet

Der Kasernenkomplex liegt in terrassierter Hanglage
am südl. Rand einer um 1900 geplanten Stadterweiterung. Durch seinen urban wirkenden Habitus
im sog. deutschen Renaissance-Stil prägt er das
Bild der Südstadt. Die freistehenden Gebäude im
unteren Teil (ehem. Kaserne des Infanterieregiments
167), die ehem. Stallungen der Husarenkaserne
(Bundesbahngelände) sowie die Quartiere der Husa-
ren waren um Innenhöfe gruppiert. Während in
technischen Bereichen mehrfach modernisiert wurde, sind die Unterkünfte und das ehem. Kasino der
167er-Kaserne (Kreiswehrersatzamt) erhalten. Der
Grundtyp ist ein 2- bis 4-geschossiger Putzbau mit
Eckpavillons (z. T. mit Mittelrisalit), Stufengiebeln,
Walmdächern bzw. Zwiebelhauben über den Treppenhäusern. Einzelne Elemente wie Sockel, Ecken
(Quaderung), Portale und Fenstergewände in rotem
Sandstein. Die Kaserne wird seit 1992 vollständig
zivil genutzt und stellt ein prägnantes, wenn auch
keineswegs martialisches Beispiel für die ehem.
starke militärische Präsenz in Kassel dar. (SD)

The German Renaissance former barracks complex
dominates the southern part of Kassel. The
detached lower buildings and stables were grouped
around courtyards. The accommodation and
officers' mess are preserved. The basic type is a 2-
to 4-storey plaster building with corner pavilions,
crow-step gables and hipped roofs. Some elements
are in red sandstone.

76
Presse + Druckzentrum (HNA)
Frankfurter Straße 168
1972: Werner Hasper (Kassel)

Die Staffelung des Verwaltungsgebäudes wirkt der
Hanglage des ehem. Schrebergartenquartiers und
dem Gefälle der Frankfurter Straße entgegen. Das
6-geschossige Hauptgebäude mit Verbindungstrakt
zum vorgelagerten 3-stöckigen Wohnhaus (Haus-
meister und Haushandwerker) wird durch den kräftigen Schwarz-Weiß-Kontrast der dunklen Fertig-
betonsäulen und der hellen Brüstungsbänder bestimmt. Die terrassenartige Bauweise bietet die
Möglichkeit künftiger Aufstockung. Mit dem Einrich-
ten eines modernen Kasinos und eines Schwimm-
bads entsprach man der damals zeitgemäßen Vorstellung eines mitarbeiterfreundlichen Arbeitsortes.
Im Westen schließt das als reiner Ingenieurbau konzipierte Druckzentrum mit über 12.000 m² Nutzfläche an. (PL)

The staggering of the press centre counters the
sloping site. A 6-storey main building is linked to the
3-storey accommodation building; a modern
canteen and a swimming pool are available for
workers. The functional printing centre has over
12,000 m² usable floor space.

77
Schloß Schönfeld
Park Schönfeld
1777; Erweiterung um 1809: Leo von Klenze; Umbau 1823/24: Heinrich Christoph Jussow;
Wiederaufbau 1963–65; Umbau zum Restaurant 1989–92

Im Jahre 1777 wird das südwestlich der Stadt gelegene Schlößchen durch den preußischen Oberst
Nikolaus von Schönfeld erbaut: Zunächst die 2
gleichgroßen Flügelbauten. In der äußeren Aufteilung identisch, sind die beiden 2-geschossigen
Trakte in schlichter Fachwerkmanier (verputzt) ausgeführt mit je 2 Achsen auf der Haupt- und 5 auf
der Nebenfront, Walmdach und Zwerchgiebeln. Der
Ostflügel nahm die eigentliche Wohnung auf, während vis-à-vis die Gärtnerwohnung, Küche und Stallungen untergebracht waren. Nach mehreren wech-
selnden Besitzern erwirbt 1809 König Jérôme das
Anwesen und läßt es von Klenze als Sommerresidenz umbauen. Die Pläne sahen einen 3-achsigen
Arkadentrakt vor, der die beiden Flügel des Schlöß-
chens miteinander verbinden sollte. Nach Sanierung
der Flügelbauten wird aber nur eine eingeschossige
Verbindungsgalerie mit oktogonalem Mittelbau errichtet. Erst 1823, unter Kurfürst Wilhelm II., führt
Jussow (nicht Bromeis, wie bisher angenommen)
den Um- und Erweiterungsbau im Sinne Klenzes
durch: 2-geschossig unter Berücksichtigung des
oktogonalen Mittelbaues. Dieser beherbergte eine
zunächst offene Eingangshalle und einen Ballsaal im
Obergeschoß. 1821 erhält die Gemahlin Wilhelms
II., Kurfürstin Auguste, das Schloß als Geschenk,

deshalb zeitweise in Augustenruhe umbenannt.
Nach Kriegszerstörungen 1943 in den Jahren
1963–65 rekonstruiert. Nach neuerlichem Umbau,
der die befremdlichen Glasportale mit sich bringt,
wird das Haus von einem gastronomischen Betrieb
genutzt. Der anschließende Park war Bestandteil der
Gesamtanlage. Von Schönfeld durch Alleen und
Taxusgänge planmäßig erschlossen, wird der Park
nach 1798 anglisiert, wobei die großzügigen Teich-
anlagen durch Kaskaden verbunden werden. (KK)

The Schloß was built in 1777 as two separate
wings, timber-framed and plastered, one for the
residence, one for gardener's flat, kitchen and
stables. The building was eventually taken by King
Jérôme in 1809 and converted into a summer
residence by Klenze. The planned 3-axis arcade
section linking the wings was built by Jussow in
1823, under Elector Wilhelm II. There was a
ballroom in the upper floor of the octagonal centre
building. The Schloß was given to Wilhelm II's
consort Electress Auguste in 1821. Reconstructed
in 1963–65 after WWII damage. Now converted
into a restaurant, with disconcerting glass portals.
The park was landscaped in the English style after
1798 and the ponds joined by cascades.

78
Markuskirche (ev.)
Richard-Wagner-Straße 8
1960: Diez Brandi (Göttingen)

Über den Gemeinderäumen im EG liegt der nahezu quadratische Kirchenraum, von einer Art Baldachin überformt, der auf 4 ca. 12 m hohen Stahlbeton-säulen ruht. An der Rückwand eine asymmetrisch angelegte Empore mit formgerecht eingepaßter Orgel. Das Ziegelmauerwerk ist im oberen Bereich lebhaft ornamentiert. Beleuchtung mit Tageslicht durch das große rechteckige Betonmaßwerkfenster an der Altarwand sowie Rosetten an den übrigen Wänden. Umgestaltung des Raums 1995: Entfernung von Podest und Kanzel aus funktionellen Gründen, Anordnung der Bankreihen um den Altar; Altar und Taufstein in den Formen des kassettierten Baldachins erneuert. Farbliche Akzentuierung durch das blaue Altarbild, das die Farbe des Prediger-pultes aufnimmt. Erschließung der Kirche über eine vor der Nordfassade verlaufende Rampe. Kirche und Turm, Gemeinde- und Pfarrhaus (Sandstein-verkleidung) bilden ein einheitliches Ensemble im Mittelpunkt der Auefeldsiedlung. (JA)

Above the church interior is a baldachin on concrete columns; at the back is an asymmetrical gallery with organ. The brick masonry has lively ornamentation. A large traceried window gives daylight. The interior was altered in 1995: dais and pulpit were removed and altar and font replaced in the forms of the coffered baldachin. The church, tower and other buildings are uniformly sandstone-clad.

79
Auefeld-Siedlung
Richard-Wagner-Straße, Hans-Böckler-Straße, Eber-hard-Wildermuth-Straße, Erich-Klabunde-Straße
1955–57: Planungsabteilung der GEWOBAG (Geschoßwohnungen und Altenheim), Helmut Lepper, Karl Heinz Knaepper (alle Kassel), Heinz Graaf (Hamburg) (Einfam.-Häuser)

Auf nach Süden abfallendem Hang erstreckt sich das Auefeld zwischen Frankfurter, Ludwig-Mond- und Heinrich-Heine-Straße. Erste, nicht ausgeführte Bebauungspläne in den 20er und 30er Jahren. 1955 Planung der heutigen Siedlung durch die GEWOBAG. Grundgedanke war die Schaffung einer Wohnsiedlung in gemischter, stark aufgelockerter Bauweise mit Einfamilienhäusern und Miet-wohnungsblocks für ca. 2.500 Menschen. Kirche, Schule, Altenheim, Läden, Sammelgaragen bilden die Gemeinschaftseinrichtungen. Nicht ausgeführt wurden Gaststätte und Großwaschanlage, die eben-falls geplant waren. Für die Einfamilienhäuser erfolg-te ein Wettbewerb: Gewinner Mitarbeiter der GEWOBAG und Graaf (Hamburg). Dessen Split-Level-Haus nutzt die Hanglage und bietet auf 4 Ebenen verhältnismäßig viel Wohnraum, gute Durchsonnung und den Komfort von 2 Eingangs-ebenen. Im obersten Geschoß Abstellraum, Kinder- und Schlafzimmer; auf dem Niveau des Hauptein-gangs das Bad und ein weiteres Kinderzimmer. Wiederum ein paar Stufen tiefer das Wohnzimmer mit nicht einsehbarem Freisitz und Küche, eine wei-tere Ebene tiefer der Keller. Auch die anderen Eigenheimtypen bieten Vorzüge wie gute Besonnung, Lichthöfe, Freisitze und günstige Raumaufteilungen.
In den 50ern als „größte geschlossene Wohn-siedlung Nordhessens" (HN, 03.11.55) betitelt, ist das gartenstadtähnliche Auefeld in Kassel die 1. große Baumaßnahme nach dem Krieg. In seiner Struktur nahezu vollständig erhalten (z.B. Begrü-nung, Farbgebung der Mietshäuser), jedoch im Bereich der Eigenheime hingebungsvoll individuali-siert, repräsentiert das Auefeld ein signifikantes Siedlungsmodell der 50er Jahre. (JA)

79
Fortsetzung

80
Kirche der Selbst. Ev.-Luth. St. Michaelis-Gemeinde
Tischbeinstraße 71–73
1962: Siegfried Schmeling (Kassel); Anbau Gemeindesaal ca. 1965: Eigenarbeit

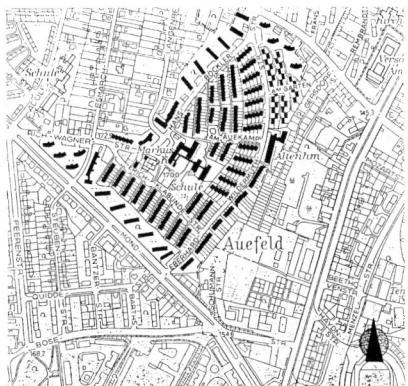

Lageplan
Site plan

Plans for an estate in the Auefeld were carried out only after 1955, by GEWOBAG. An estate with open spaces consisting of house and blocks of flats for c. 2,500 people was planned, with church, school, old people's home, shops and garage compound. The competition-winning split-level house exploits the sloping site and has well-lit living space on 4 levels with entrances on 2 levels. The other house types also have features such as atria and outdoor seating areas. Auefeld was the first large postwar building project, the 'largest housing estate in North Hesse' and is almost unchanged, but with many individual touches on the houses: an important 1950s estate type.

Die innen mit Hohlbacksteinen verklinkerte Betonschale ist umgekehrt parabolisch geformt und verjüngt sich zum Altar hin. Die vertikal vermauerten, unregelmäßigen Steine betonen die nach oben strebende Form. An der Stirnseite wird das Schiff durch eine einfache Glaswand abgeschlossen, der die auf 2 Pfeilern ruhende, trapezförmige Orgelempore vorgestellt ist. Gegenüber der Empore öffnet sich die Schale zu dem vom Raum abgesetzten Altarraum mit höhergelegenem, holzverkleideten Tonnendach, dieser wird durch Fenster an den Schmalseiten der Tonne mit Tageslicht versorgt (Altarbild: Hermann Pohl). Der Raum ist durch Türen mit dem dahinterliegenden, später hinzugefügten Gemeindesaal verbunden. Tonne und Parabel bestimmen auch das Äußere. Der Kirche ist ein niedriger Backsteinbau vorgelagert, der in einen den Eingang überdachenden Wandelgang übergeht. (JA)

The church is a concrete shell in the form of an inverted parabola narrowing towards the altar. The vertically set bricks emphasize the upward thrust. A plain glass wall forms the end; opposite the organ gallery in front, the shell opens onto the chancel with higher, wood-cladded barrel ceiling. Doors lead to the parish hall. The exterior reflects the barrel and parabola forms.

81
Wohnhaus Klipp
Hellmut-von-Gerlach-Straße 29
1929: Catta & Groth (Kassel)

82
St. Michael (kath.)
Ludwig-Mond-Straße 129
1965: Armin Dietrich (München)

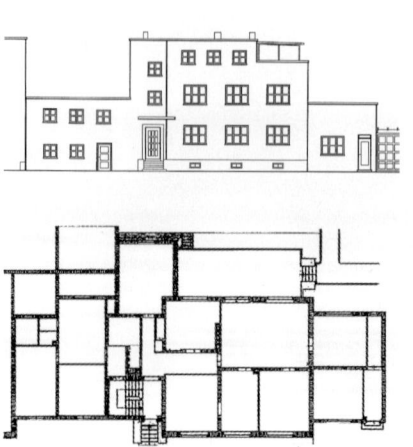

Erdgeschoß
Ground floor

Das 3-geschossige, flachgedeckte Haus, erbaut für
den Bauingenieur Wilhelm Klipp, besticht durch
seine schlichte abgestufte Quaderform und die klar
disponierte, schmucklos weiße Beton-Fassade. Der
im 2. Weltkrieg (lt. Amt für Wiederaufbau) „mittel-
schwer" zerstörte Bau wurde 1946 durch einen an
das Nachbarhaus (1931) angrenzenden 2-ge-
schossigen Lagerraum erweitert, der dem Haus
zusammen mit dem eingeschossigen Anbau auf der
Südseite nun einen lagernden Charakter gibt. Die
Architektur erinnert in ihrer geometrischen,
funktionalistischen Klarheit an die zuvor von Adolf
Loos konzipierten Wohnhäuser in Wien (1910) und
Paris (1926), wobei die konventionelle Organisation
im Innern des Hauses nicht dem Prinzip des
Loos'schen Raumplanes folgt. (TM)

The 3-storey flat-roofed house is a cube with
unadorned white concrete façade. WWII damage
was 'moderately serious'; in 1946 a 2-storey
storeroom was added, giving it a reclining
appearance. The architecture recalls Adolf Loos's
earlier houses in Vienna and Paris, but its interior
arrangement is more conventional.

Die bestimmenden Faktoren des kubischen Innenraums sind Sichtbeton und Putzflächen. Beton-
wabenfenster an der Altar- (2 Engel) und Eingangs-
wand (Engel und symbolhafte Darstellung der Kirche) korrespondieren miteinander; die erste ist mit
einer farbigen Rosette durchbrochen. Die Chorschranke überlebte die Reform der Altargestaltung
(2. Vat. Konzil). Die Betonwaben der Längsseiten
sind rechts des Eingangs verglast, links verschlos-
sen. Darüber ist das Stahlbetonskelett mit über-
schlämmtem Kalksteinmauerwerk ausgefacht. Die
Decke besteht aus 9 abgehängten gekrümmten
Gipsplattenschalen; dazwischen bleibt jeweils ein
Lichtschlitz ausgespart. Links neben dem Eingang
eine Taufkapelle mit Glasoculus über dem Altar. In
der Außenerscheinung spiegelt sich die innere Aufteilung wider. Abschluß des Gebäudes im Portal-
bereich (mit Vordach) durch Betonverblendung mit
Kreuz, an Rück- und Seitenwänden durch umlaufendes Band mit kleinen Ziergiebeln. (JA)

The interior has exposed concrete and plaster
areas, with concrete honeycomb windows. The
choir screen survived the reform of altar design
(Vatican Council II). Above, the concrete skeleton is
filled in with whitewashed limestone masonry. The
ceiling consists of 9 suspended curved plaster
shells. To the left of the entrance is a baptismal
chapel. The inner partition is reflected in the
exterior.

83
Wohnhofanlage
Heinrich-Heine-Straße 116–122, Schönfelder
Straße 51–71
1912/15: Beamten-Wohnungsverein

84
**Sog. Ingenieurschule (Universität,
Fachbereich Elektrotechnik)**
Wilhelmshöher Allee 71–73
1953: Staatsbauamt Kassel; 1956–59: Werner
Hasper (Kassel); 1993–95: Schultze + Schulze
(Kassel)

Der rapide Anstieg der Einwohnerzahl um 1900
führte zur Nachfrage nach Kleinwohnungen, deren
Bau wiederum gemeinnützige Wohnungsbaugesellschaften auf den Plan rief. Bei der Wohnhofanlage
handelt es sich um ein derartiges Projekt für bürgerliche Ansprüche. Die Anlage setzt sich aus der
Randbebauung an der Schönfelder Straße (6 Eingänge) und Heinrich-Heine-Straße (2 Eingänge)
sowie einem dahinterliegenden 2. Gebäuderiegel
zusammen; dazwischen ein straßenähnlicher Innenhof. Die Riegel bestehen aus einzelnen aneinander-
gebauten Häusern, deren Fronten reich und abwechselnd gegliedert sind: mehrgeschossige Erker
bzw. Risalite, Loggien, Balkone, gürtelähnliche
Gesimsbänder. Auch die Dachzone ist kräftig variiert
mit spitz- und rundgiebeligen Zwerchhäusern und
Gauben. Die Fassadengestaltung ist, anders als
beim privaten Mietbau (mit kargen Seiten- und Hin-
terhäusern), auch auf die Hofseiten ausgedehnt,
wodurch alle Wohnungen den gleichen gehobenen
Standard erhalten (Balkone, Loggien, Erker). Die
Verdichtung der Wohnfläche steht so im Einklang
mit den vermehrten Ansprüchen an hygienisches
und sozialverträgliches Bauen. (CM)

With the population increase c. 1900, there was a
demand for flats, and non-profit building societies
developed to build them. This project comprises
peripheral building of two streets, with another block
lying behind and a courtyard like a street between.
The buildings are adjoining but separate, with richly
designed façades, and loggias or balconies. The
roof area is also richly varied. Even the courtyard
flats have the same decoration and facilities, unlike
in private buildings.

Der Komplex der ehem. Staatl. Ingenieurschule
besteht aus mehreren verschiedenen Baulichkeiten:
Den ältesten Abschnitt markiert der 4-geschossige
Hauptflügel entlang der Adolfstraße, dem sich parallel zur Wilhelmshöher Allee ein 2-geschossiger Riegel mit Foyer anschließt. Die nachfolgend errichteten Gebäude erschließt ein in westl. Richtung ver-
laufender Trakt mit vorglastem EG, dem nach Norden 3-geschossige, z. T. mit Ziegelmauern verkleidete kammartig ausgreifende Trakte mit Rasterfassaden vorgelagert sind; hangabwärts nach Süden
die Aula und ein schräggestellter flacher Riegel.
Die Aula selbst ist beispielhaft für Raumformen und
-dekor der 50er Jahre. Nach Westen wird der
Komplex um eine 4-geschossige Verlängerung des
Haupttraktes und einen vorgelagerten 2-geschossi-
gen Pavillon mit Atrium, Hörsaal und Seminar-
räumen erweitert. Entlang der Hangsohle verläuft
der jüngste Anbau – ein in den OG plastisch aufge-
löster Riegel, dessen geböschter westl. Abschluß
einen weiteren Hörsaal birgt und über eine geschlossene Brücke mit den älteren Bauten verbunden ist. (SS)

The former engineering college comprises several
buildings: the 4-storey main wing, a 2-storey block
with foyer, a connecting section with glazed ground
floor, wings with grid façades and lower down the
typically 1950s assembly hall and a low block. The
main wing has an extension to the west and a 2-
storey pavilion in front. The latest addition, a block
three-dimensionally dissolved on the first floor, is
joined to the older buildings by a closed bridge.

85
Kreuzkirche (ev.)
Luisenstraße 11–15
1906: Anton Karst u. Hans Fanghänel (Kassel);
Wiederaufbau 1959: Gustav Gsaenger (München)

86
Ehem. Polizeipräsidium
Am Königstor 31
1904–07: Oskar Launer (Berlin), Emil Seligmann
(Kassel)

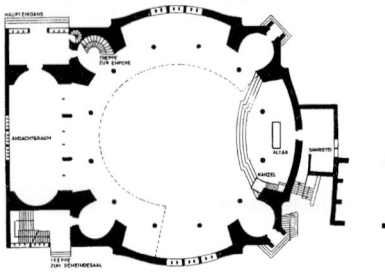

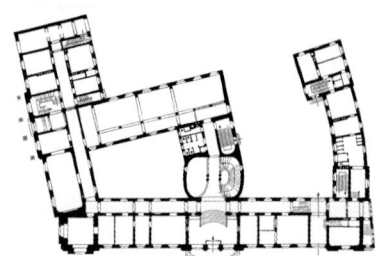

Erdgeschoß
Ground floor

Der im Krieg zerstörte Vorgängerbau, er besaß eine mächtige Kuppel und 4 Ecktürme, war außen historistisch, im Inneren mit Jugendstilmosaiken geschmückt. Beim Neubau wurden die alten Grundmauern weitgehend verwendet. Das äußere Erscheinungsbild wird akzentuiert durch die mit Kupfer gedeckte Holzkonstruktion der Außenkuppel und den beim Wiederaufbau hinzugefügten 56 m hohen quadratischen Turm, dessen 4 Ebenen als Gemeinderäume genutzt werden. Die eher konservativ schmucklose Kirche, innen vorwiegend in grau und weiß gehalten, bietet ca. 700 Menschen Platz. Die durchbrochene Betonkuppel, die ein Sternenzelt zu symbolisieren sucht, überwölbt den Innenraum. Die Rundform wird durch 12 schlanke Rundpfeiler betont, welche Innen- und Außenkuppel tragen; eine asymmetrisch angelegte, dreiviertelkreisförmige Empore verstärkt diesen Effekt. (JA)

The walls of the former church, destroyed in WWII, were used for the new building. The copper-roofed wooden dome and the 56 m high square tower with parish meeting rooms accent the exterior. The rather conservative undecorated church, mainly grey and white inside, seats c. 700. The perforated ceiling, supported by 12 pillars, symbolizes the firmament.

Aus städtebaulichen Gründen wurden die 3 Hauptflügel des neobarocken Zweckbaus als je eigenständige 4-geschossige Baukörper behandelt. Die Hauptfassade am Königstor (15 Achsen) wird von einem 3-achsigen Mittelrisalit in der Flucht der Engelsstraße dominiert sowie von einem Eckturm und einem einachsigen Eckrisalit eingefaßt. Zum Haupteingang führt eine kurze Freitreppe. Über der Eingangshalle der zentrale Sitzungssaal mit breitem Balkon. Der Risalit (ehem. mit Walmdach) schließt mit einem geschweiften Flachgiebel ab. Im Giebelfeld: Monogramm des deutschen Kaisers und preußischen Königs Wilhelm II. von 2 Adlern über Spruchbändern gerahmt. Rückwärtig befindet sich ein Stummelflügel mit dem beeindruckenden Haupttreppenhaus.
Das Grundstück weist an der Ecke Weigelstraße/Am Königstor einen stumpfen Winkel auf. Der markante 5-geschossige Eckturm mit vorgelagerten Kolossalsäulen (ehem. mit Zwiebelhaube) vermittelt hier von 2. Hauptflügel an der Weigelstraße (9 Achsen) und ermöglicht so eine optimale Ausnutzung des Grundstücks. Im 1. OG des 2. Hauptflügels befand sich die Dienstwohnung des Polizeipräsidenten, deren

86
Fortsetzung

87
Laubenganghäuser
Friedrich-Ebert-Straße 67 u. 69
1956: Walter Grüning (Kassel)

Eingang durch einen eigenen Mittelrisaliten mit Altan
und Erker hervorgehoben ist. Der 3. Hauptflügel,
der Gefängnis- und Untersuchungstrakt (7 Achsen),
ist rechtwinkelig an den Eckrisaliten der Hauptfassade (Königstor) herangeschoben. Er wird durch
die einfachere Putzfassade und Eckpavillons von
den beiden Verwaltungsflügeln abgesetzt, deren
Straßenfassaden mit Sandstein verkleidet sind. Ihr
EG ist rustiziert und hat ein umlaufendes Stockwerk-
gesims. Das 3. OG ist als Attikageschoß über einem
umlaufenden Gebälk ausgebildet, darüber die ursprünglichen Mansarddächer mit Gauben.
Die plastische Fassadendekoration greift in der Tradition wilhelminischer Staatsbauten auf verschiedene
barocke Bauformen zurück, wobei lokale Vorbilder
bevorzugt wurden (u. a. Schloß Wilhelmsthal). (SD)

The 3 wings of the neobaroque former police
headquarters were treated as independent buildings.
The main façade is dominated by a centre
projection. Above the entrance hall is the central
meeting room with a broad balcony, and in the
tympanum the monogram of the Emperor of
Germany and King of Prussia Wilhelm II. The
impressive main staircase is at the back. The site
has an obtuse angle; the striking corner tower with
colossal columns ensures that the plot is fully used.
Another centre projection marks the entrance to the
official flat of the chief of police. The 3rd wing, simpler in design, with jail and questioning rooms,
adjoins the corner projections of the main wing at a
right angle. The sculpture façade decoration is in the
tradition of Wilhelm II period state buildings.

Die 2 parallelen 8-stöckigen Wohnhäuser mit rück-
springendem Dachgeschoß liegen zurückgesetzt
von der Friedrich-Ebert-Straße auf dem „Badoglio-
Hügel", eine aus Trümmerschutt geschaffene Anhöhe. Den Eingangsbereich bilden rechteckige Vor-
bauten im typischen Stil der 50er Jahre. Laubengänge erschließen die 5 ost-west-orientierten Zweizimmerwohnungen in jedem Stockwerk, deren
sichtgeschützte Balkone in der vertikal gezahnten
Westfassade liegen. Den Abschluß eines jeden
Geschosses bilden am Ende der Laubengänge süd-
west gerichtete Einzimmerwohnungen, die durch
freischwebende nierenförmige Balkone an der Südfront markiert sind. (TM)

The 2 8-storey blocks with recessed attics are set
back from the street. 5 east-west-oriented two-
room flats are joined by galleries on each floor, and
at the ends of the galleries are south-west-oriented
one-room flats marked by cantilevered kidney-
shaped balconies on the south façade.

88
Landesversicherungsanstalt
Friedrich-Ebert-Straße 44
um 1904: Anton Karst (Kassel); Wiederaufbau
1950/51: Hans Reibold (Darmstadt); Sanierung
2001: Baufrösche Architekten (Kassel)

Hist. Ansicht, 1919
Historical elevation, 1919

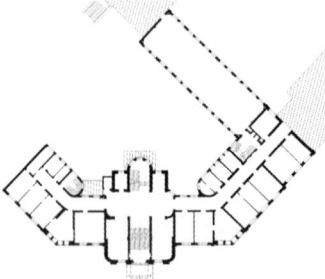

Erdgeschoß
Ground floor

Durch die Schrägstellung des Mittelflügels wird ein
Vorplatz geschaffen, der den palastartigen Eindruck
des ehem. 3-geschossigen neobarocken Verwaltungsgebäudes betont. Die abgewinkelten Seitenflügel werden durch je eine risalierende Achse mit
Balkon auf prächtigen Konsolen (ehem. mit Zwiebelhauben) abgesetzt. Beim Wiederaufbau wurde
die Mansarde über dem Kranzgesims zu einem
Vollgeschoß ausgebaut und die Fensterformen am
Mittelpavillon verändert. Dieser verlor neben der
hohen Kuppel (jetzt Zeltdach) den ornamentierten
Schweifgiebel. Das hohe rundbogige Hauptportal
führt auf eine einläufige Treppe, die in einem Vestibül endet, an das sich rückwärtig ein halbrunder
Treppenturm anschließt. Im 1. OG befindet sich ein
zentraler Sitzungssaal. Beim Wiederaufbau wurde
versucht, die Monumentalität des Zweckbaus zu-
rückzunehmen. (SD)

The centre section stands diagonally on the site,
creating a forecourt to the palatial insurance
building. On rebuilding after WWII, there was an
attempt to reduce the monumentality: the dome was
replaced by a pavilion roof, the decoration reduced
and the attic made into a full storey. The main portal
leads to a vestibule and a semicircular stair turret.

89
Nordsternhaus
Friedrich-Ebert-Straße 26
1955: Herbert Frank (Düsseldorf), Franz
Baumgartinger (Bad Hersfeld); Umbau 1975 u.
1988: Heinz Kuhfeld (Braunschweig)

Hist. Ansicht, 50er Jahre
Historical elevation, 1950s

Das Nordsternhaus entstand als Mehrzweckgebäude: In dem 6-geschossigen Hauptbau befanden sich Verwaltungsräume der ehem. Nordstern-
Versicherungs-AG (Bauherr) sowie im EG die traditi-
onsreiche Gaststätte „Zeppelin" (seit 1909 an dieser
Stelle, im Krieg zerstört). Westl. schließt sich ein
vortretender, 4-geschossiger Flügel mit weiteren
Büros und Läden im EG an, nördl. ein 3-geschossi-
ger Trakt mit ehem. Klubräumen, Hausmeisterwohnung im EG sowie 4 Wohnungen in den OG.
Das vielfältige Bauprogramm, die städtebauliche
Situation gegenüber der ehem. Hauptpost und das
beengte, stark ansteigende Grundstück stellten
hohe Ansprüche an die Architekten, denen sie ein-
drucksvoll gerecht wurden. Der hohe Baukörper an
der Straßenecke, ehem. mit Firmenlogo und
Leuchtbahnen, antwortet, leicht zurückgenommen,
seinem Gegenüber; die ihm angegliederten niedrigeren Flügel vermitteln zur Nachbarbebauung.

89

Fortsetzung

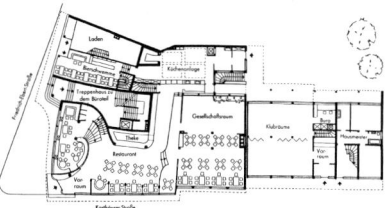

Erdgeschoß
Ground floor

Die Stahlbetonskelettbauweise zeigt sich unverkennbar im strengen Rastersystem der Fassade, leicht
geschminkt durch gelblich weißen Terranova-
Waschputz, Wandverkleidungen aus gelbem Jura-
Muschelkalkstein etc.; die Fenstergewände und
-brüstungen mit grauem Betonstein verstärkt. Das
EG durch großzügige Ladenfenster geöffnet.
Haupthaus und westl. Flügelbau sind durch ein ge-
schwungenes Vordach elegant miteinander verbunden.
Die Sanierungsarbeiten zu Beginn der 90er Jahre
trugen wesentlich zum Erhalt des Nordsternhauses
und damit eines herausragenden Beispiels der
Nachkriegsarchitektur in Kassel bei. (KKr)

The important Nordstern insurance building was
multi-purpose, with a restaurant, offices, shops and
flats. The architects met the challenge of the
narrow, sloping, highly central site. The tall corner
building responds to its counterpart; the lower wings
lead to the adjoining buildings. The skeleton building
method is unmistakable in the strict façade grid
system, softened by yellowish-white scrubbed
plaster and yellow Jura shelly limestone cladding;
the window splays and aprons are strengthened with
grey precast concrete stone. A curved canopy
elegantly links main building and west wing.
Preservation work in the 1990s.

90

**Verwaltungsgebäude der
Bundesknappschaft**
Kölnische Straße 73
1928: Wilhelm Saenger, Karl E. H. Schmiedt (beide
Kassel); Umbau 1995/96: Kluthe + Schaumburg
(Kassel)

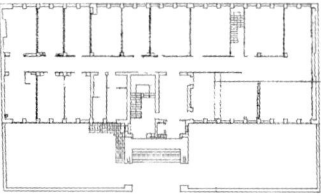

Erdgeschoß
Ground floor

Der 3-geschossige Bau, mit flachem Satteldach
hinter einer Attika, ist asymmetrisch akzentuiert
durch die Freitreppe und das hochragende, vorspringende Stiegenhaus. Der Kontrast von Rauputz
und Klinker charakterisiert die Fassade im Ganzen
und strukturiert sie zugleich im Detail. Vor- u. rückspringende Binder- und Läuferschichten gleichen
Materials fassen die (stilbewußt erneuerten) Kasten-
fenster zu horizontalen Bändern zusammen und
betonen so den lagernden Charakter des Gebäudes
– im Gegensatz zum vertikalen Akzent des
Treppenturms. Während die dekorative Verwendung
der Klinker Berührungen mit dem in den frühen
20er Jahren des 20. Jahrhunderts typischen
„Expressionismus" erkennen läßt, folgt die Grundstruktur des Bauwerks den Prinzipien der Sachlichkeit und des Neuen Bauens. (TM)

The social security administration building has a
façade marked by the interplay between roughcast
and clinker. Projecting and recessed headers and
stretchers surround the box-type windows and
emphasize the horizontal. The decorative use of
clinker recalls Expressionism, but the basic structure
of the building follows the principles of the International Style.

91
Ehem. Eisenbahndirektion
Kölnische Straße 81
1897–1900: Königliche Staatseisen-
bahnverwaltung; Erweiterung 1910–1912; Sanierung seit 1999: Bieling & Bieling (Kassel)

Erdgeschoß
Ground floor

Der Komplex besteht aus einer Vierflügelanlage mit
Eckpavillons und weiterer Untergliederung des Innenhofs sowie 3 Erweiterungstrakten. Diese zitieren
zwar den neobarocken Fassadenschmuck, nähern
sich aber stilistisch der frühen Moderne an (vermutlich A. Holtmeyer). Die 3-geschossige Hauptfassade
wird von dem kräftig gegliederten Mittelrisalit beherrscht. Das Portal (ehem. mit Balkon) wird von
Säulen und Pilastern flankiert. Darüber sind die OG
durch eine Pilastergruppe mit reichen Kapitellen
zusammengefaßt, darüber ein mächtiger Dreiecksgiebel. Im Giebelfeld der preussische Adler mit Krone. Idealköpfe am oberen Ende der mittleren Pilaster symbolisieren Dampf und Elektrizität. Die ehem.
Kuppel (mit Laterne), die Mansarddächer und das
geflügelte Rad über dem Hauptgiebel wurden nicht
rekonstruiert. Die Schaufassade des Neubaus an
der Parkstraße gewinnt aufgrund des starken Gefäl-
les, wie die Seitenfassaden, zusätzlich ein Souterrain und ein weiteres Geschoß. (SD)

The four-sided building in historicist style with corner
pavilions was extended by 3 sections closer to early
modern style. The main façade is dominated by the
centre projection, with columns and pilasters
flanking the portal. In the tympanum is the Prussian
eagle, crowned, with idealized heads symbolizing
steam and electricity. The former dome, mansard
roofs and winged wheel were not restored.

92
Bruderhilfe Neubau (Versicherungsgesellschaft)
Kölnische Straße 108
1998: Rickard Rotstein (Stockholm),
Architektenbüro Wehn, Beissner –
Gibhardt Architekten (beide Kassel)

Der Neubau des Bürohauses bildet den Auftakt zu
einer großräumigen Erweiterung und Modernisierung der heterogen gewachsenen Geschäftsstelle
der Versicherungsanstalt. Das 6-geschossige Gebäude mit zurückspringendem DG verarbeitet architektonisch Elemente der vorhandenen Bebauung.
Der Eingangsbereich wird gemäß seiner zentralen
Stellung für die Erschließung des gesamten Kom-
plexes betont: Von hier aus zieht sich eine schräg
verlaufende Achse durch das Gelände und verbindet
die einzelnen Häuser miteinander. Die beiden unteren Geschosse sind mit hellem Granit verblendet,
die folgenden verputzt. Gläserne Sonnenschutz-
lamellen verleihen der Fassade Plastizität und betonen gemeinsam mit den paarweise gereihten Fenstern die Horizontale. Das DG mit leichter Metall-
fassade hebt sich vom restlichen Baukörper durch
großzügigere Verglasung ab. Die Hofgebäude sind
charakterisiert durch große Glasflächen für maximale
Tageslichtnutzung. Der Bau zweier Wohnhäuser
(Kopfbauten der Hofgebäude) und deren Einbindung
in die parkartig gestalteten Außenanlagen zeigt das
Bemühen um eine Verbesserung des Quartiers. (PL)

Elements of the existing buildings are taken up in
the new insurance company building, with recessed
attic storey. From the entrance, given extra
emphasis, a diagonal axis crosses the site. Glass
shading slats structure the façade and emphasize
the horizontal. The courtyard buildings have more
glass, for maximum daylight. Two residential
buildings (end sections of the court buildings) show
an interest in improving the quality of the district.

93
Rothenbergsiedlung
Hünfelder Straße u.a.
1929–31: Otto Haesler (Celle)

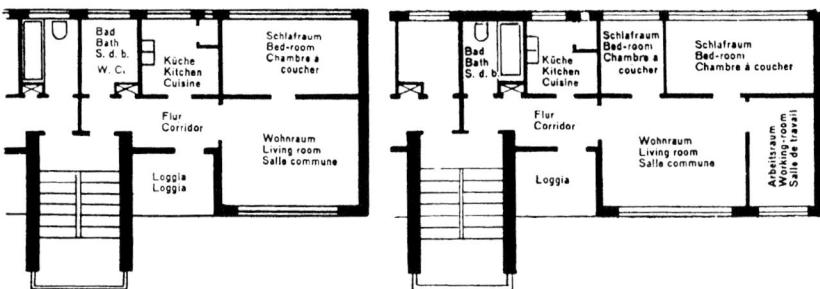

Wohnungsgrundrisse
Ground plans of flats

1929 erhält Haesler von der Kasseler Wohnungsfürsorgegesellschaft den Auftrag zu einem Erschließungs- und Bebauungsvorschlag für das Rothenberggelände. Er plant die Anlage mit 2.500 Wohnungen, von denen schließlich 216 realisiert werden. Durch großzügige Grünflächen voneinander getrennt, entstehen in Nord-Süd-Ausrichtung 7 parallele Zeilenbauten in Stahlskelettkonstruktion. Die Fassaden, gestaltet nach dem Prinzip der modularen Regelmäßigkeit, werden durch die markant hervortretenden Treppenhausverglasungen gegliedert. Die horizontalen, farbig gefaßten Fensterbänder der als Zweispänner angelegten Wohneinheiten spiegeln deren Größe und Raumdisposition wider. Inzwischen sind die Fassaden sowohl durch ihre ‚Aufpolsterung' (Maßnahme zur Wärmedämmung) als auch durch die Verglasung der ehem. Loggien (neben dem Treppenhaus gelegen) in ihrer Oberflächenstruktur wesentlich beeinträchtigt. Die Grundrisse der Wohnungen sind modular als sog. „2- bis 5-Bettentypen" konzipiert: Während die Lage von Küche und Bad jeweils gleichbleibt, variiert die Fläche des Wohnraums entsprechend der Anzahl von Schlafkammern. Von den vorgesehenen gemeinschaftlichen Einrichtungen wurde nur ein 2-geschossiges Wasch- und Heizhaus verwirklicht (Hersfelder Straße 35). Es verfügt im OG über einen komplett verglasten Trockenraum sowie Trockenzüge, die die Abwärme der Heizkessel nutzen. Während der ersten Bauphase kommt es bei der baupolizeilichen Überprüfung zu Kontroversen. Widerstand von seiten Kasseler Architekten und der Bauwirtschaft zwingen Haesler zu Kompromissen: 160 weitere Wohnungen werden, zwar unter seiner Leitung und unter Beibehaltung der Gebäudeoptik, von lokalen Architekten in traditioneller Ziegelmassivbauweise ausgeführt. Wirtschaftskrise und die politische Entwicklung bedingen ab 1931 die Einstellung des knapp zu einem Zehntel verwirklichten Bauvorhabens. Als ein ebenso typisches wie beachtliches Beispiel des Neuen Bauens erfuhr die Rothenbergsiedlung internationale Anerkennung. (KKr)

Haesler planned 2,500 flats on the Rothenberg site, but only 216 were actually built. 7 parallel buildings have modular façades with prominent glazed staircase sections. There are two entrances on each staircase level; the windows indicate the arrangement of the rooms. Thermal insulation has been added and the former loggias (beside the staircases) glazed. The ground plans are of the '2- to 5-bed' type: the living space area varies with the number of bedrooms. A 2-storey communal washing and heating building (Hersfelder Str. 35) was completed. After the building control examination, Haesler was forced to compromise. 160 buildings with the same appearance were built by local architects in traditional solid brick construction. From 1931 the project was stopped, for political reasons and because of the depression. The typical International Style estate was internationally admired.

94
St. Joseph (kath.)
Marburger Straße 87
1906/07: Arnold Güldenpfennig (Kassel); Wiederaufbau 1953 sowie Umbauten 1975 u. 1979:
Josef Bieling (Kassel)

95
Finanzamt
Goethestraße 43
1911–14: Delius (Berlin), Gustav Janert (Kassel)

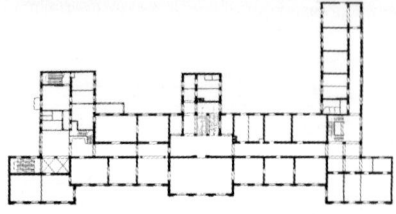

1. Obergeschoß
First floor

Der Wiederaufbau ersetzte die im Krieg zerstörte
neogotische 3-schiffige Hallenkirche. Dabei wurden
die alten Formen teilweise aufgenommen und neu
interpretiert, was u.a. am Grundriß erkennbar ist.
Gewölbe und Seitenschiffe sind weggefallen, sie
sind in ganzer Spannweite ersetzt von einer flachen
kassettierten Holztonne, so daß eine stützenfreie
Saalkirche entsteht. Diese ist von Seitenkapellen
flankiert, die durch gemauerte Arkaden mit dem
Hauptraum verbunden sind. Der Chorbereich von
1953 wurde bei der Innenrenovierung stark verändert, er schließt mit einer Holzdecke ab. Ausstattung
des Altarraumes durch H. Söller (Schweinfurt). Gegenüber dem Chor eine hölzerne, vor die Rückwand
gesetzte Orgelempore. Der Innenraum ist von 5
Chorfenstern und je 4 Fenstern an den Seiten sowie
Rundfenstern in den Kapellen beleuchtet. Die Kirche
bildet durch ihre Lage, Dimension und die Materialwahl (Naturstein) einen bedeutenden städtebaulichen Akzent. (JA)

The neo-Gothic hall church was rebuilt after WWII
with changes: no vaulting, no aisles, but a flat
coffered wooden barrel vault, creating a hall church
without columns. Side chapels are accessed
through masonry arcades. Later renovation greatly
changed the interior. There is a wooden organ
gallery. The location, dimensions and material
(natural stone) make the church a landmark in the
urban landscape.

Wie zahlreiche Staatsgebäude dieser Epoche orientiert sich auch das der Finanzverwaltung an einer
barocken Schloßanlage. Die insgesamt 23-achsige
Fassade des Dreiflügelbaus ist gegliedert durch
Mittel- und Eckrisalite sowie eine Kolossalordnung.
Diese ist an den Seiten mit toskanischen Pilastern
ausgelegt, in der Mitte, unter dem Dreiecksgiebel,
3-achsig zur Ionica gesteigert (grobschlächtiges
Tympanonrelief: Wilhelm Nida-Rümelin). Der verputzte ‚Überbau' erhebt sich auf einem mit Sandstein verblendeten, rustizierten Sockelgeschoß.
Hinter dem tempelartigen Mittelbau liegen das
Haupttreppenhaus, Bibliothek und Sitzungssaal
(dieser zum Treppenpodest mit aufwendigem,
pilasterdekoriertem Muschelkalk-Portal). Der kürzere
Ostflügel diente als Präsidentenwohnung und verfügte über ein separates Treppenhaus und Eingang.
Der längere Westflügel enthält über alle Etagen
Büros. Die Flure werden durch ovale Oberlichter
indirekt erhellt. Die Raumaufteilung ist bis auf wenige Abweichungen erhalten. (CM)

Like many official buildings of the time, the tax office
is based on a baroque palace. The façade has a
colossal order, with Tuscan pilasters and a
tympanum. Above the sandstone base, it is
plastered. Main staircase, library and conference hall
are behind the centre projection. The shorter east
wing contained the president's flat and had a separate entrance and stairs; the longer west wing
consists solely of offices.

96
Adventskirche (ev.)
Ecke Lasallestraße/Germaniastraße
1886–89: Werner Narten (Kassel);
Wiederaufbau 1960–63: Kurt von Wild (Kassel)

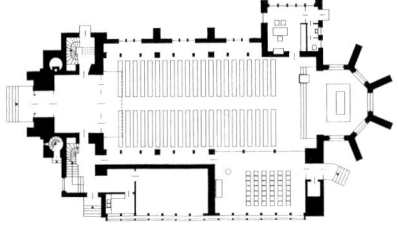

97
Privates Mietshaus/Vorderer Westen
Goethestraße 67
1907: Gerkelmeier

Die 1943 zerstörte Kirche wurde als vorletzte der Kasseler Kirchen wiederaufgebaut, wobei eine Synthese zwischen den historistischen Überresten (Chor mit 2-bahnigen Maßwerkfenstern und Turm) und den Ansprüchen moderner Architektur gesucht wurde. Beim Turm verzichtete man auf den Helm. Das neu eingefügte von pfeilergestützten Gängen begleitete Kirchenschiff ist auf der Nordseite von 4 Spitzbogenfenstern durchbrochen und mündet in den erhaltenen neogotischen Ostchor. Auf der Südseite eine perforierte Wand mit einem unter der Holzdecke verlaufenden Lichtband. An das südl. Seitenschiff fügt sich eine abtrennbare Wochentagskirche mit einfacher Verglasung an; darüber liegen weitere Gemeinderäume. Im Chorbereich und Kirchenschiff Glasfenster von Hans Leistikow und Dieter von Andrian. Die Längsfront zur Germaniastraße ist mit einem vorgestellten Betonwabengitter maskiert, das der Kirche ihr besonderes Gesicht gibt. (JA)

On rebuilding after WWII, a synthesis was sought between the neo-Gothic remains (chancel with windows and tower) and the modern. The nave and aisles are new, with a perforated wall at the east and a weekday church, which can be closed off, adjoining the south aisle. The exterior detached concrete honeycomb grid on the side gives the church its character.

Die 2 Flügel des 5-geschossigen Eckhauses auf V-förmigem Grundriß werden durch einen markanten, turmartig ausgeprägten Gelenkbau verbunden. Dieser ist mit 2-geschossigen, polygonalen Erkertürmen, Reliefs, abschließendem konkaven Ziergiebel und Glockendach ausgestattet. Die Dekoration setzt sich modifiziert an den Seitenflügeln fort. Auch im Inneren halten die Zierformen der Fassade Einzug, in der Treppenhausbemalung, den bleiverglasten Treppenhausfenstern und dem Deckenstuck der Wohnungen. Das private Mietshaus ist typisch für die dem Jugendstildekor verschriebene Architektur des ehemaligen Hohenzollernviertels (vgl. die Häuser Friedrich-Ebert-Straße 95 und 130, Dörnbergstraße 1–4, Goethestraße 69).
Mitte des 19. Jh. entwickelte sich Kassel zu einer Beamten-, Militär- und Industriestadt. Der Tuchfabrikant Aschrott schloß 1869 einen Vertrag mit der Stadt Kassel über die Bebauung der Hohenzollernstraße (heute Friedrich-Ebert-Straße) vom Ständeplatz bis zur Querallee. In den 1890er Jahren wurde das neue Viertel westlich der Querallee um ein insgesamt 11 km ausgedehntes Straßennetz mit spitzen und stumpfen Winkeln vergrößert. Insbesondere die Eckbauten werden durch Größe, Dekor und Bauform betont und spiegeln die Stilpluralität des Historismus wider. (Goethestraße 68, Lasallestraße 11, Pestalozzistraße 9 und 15).

Fortsetzung nächste Seite

97

Fortsetzung

98
Friedenskirche (ev.)
Friedrich-Ebert-Straße/Elfbuchenstraße
1905–08: Johannes Roth (Kassel); Wieder-
benutzung 1949; Umbau 1969: Werner Hasper
(Kassel); Farbgestaltung Innenraum 1999: Rolf-
Gerhard Ernst (München)

Neben bedeutenden Verwaltungssitzen (Industrie-
und Handelskammer, Oberpostdirektion, Landesversicherungsanstalt) und Geschäftshäusern waren
auch Parkanlagen in das dicht bebaute gutbürgerli-
che Beamtenviertel integriert: Bismarckpark (heute
Bahnverwaltung), Florapark (heute Stadthalle) und
„Kalkofen" (heute Aschrottpark). Nach dem 1. Weltkrieg kamen durch Wohnbaugenossenschaften
Mietshäuser mit Kleinwohnungen hinzu; 1923–31
entstanden u.a. unterhalb der Stadthalle, achsial an
ihr orientiert, gemeinnützige Wohnanlagen. (CM)

The private apartment building has 2 wings joined
by a striking, towerlike section with bartizans, reliefs,
concave pediments and a bell roof. The decoration
is modified on the sides. Inside the decoration
continues, with painting in the staircase and stucco
ceilings in the flats. The Jugendstil architecture is
typical of the former Hohenzollern district. In the
mid-19th c. Kassel became a city of officials, the
military and industry. The new district on the then
Hohenzollernstraße was built from 1869 on. The
corner buildings in particular reflect the variety of
historicism. There were administrative headquarters
and parks. Smaller flat developments were added
after WWI; from 1923-31, for example, estates
were built by cooperative below the Stadthalle (city
hall).

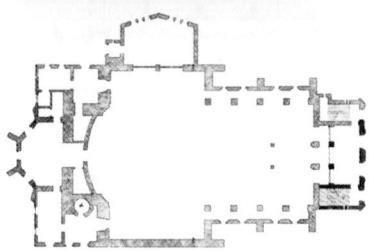

Die Kirche ist als ein weithin sichtbarer Blickpunkt an
einem platzartigen Straßenstern inszeniert. Vor allem
von Osten ein durchdachtes Spiel mit gleichsam
anwachsenden architektonischen Elementen: Vorhalle, Ostgiebel mit Mittelturm, Doppeltürme im
Westen; alle Giebel (auch des Querhauses) neo-
barock geschweift, sämtliche Türme mit doppelten,
welschen Hauben. Die von Kriegsschäden ver-
schonte Kirche wurde im Innenraum mehrmals modernisiert: 1969 wurden unter den originalen
Rippengewölben 2 sich kreuzende, perforierte Holz-
tonnen eingezogen; man schloß die Empore hinter
dem Altar, mauerte die Fenster im Obergaden zu
und weißte den Innenraum. 1999 wurde dieser
nunmehr farbig gefaßt; dabei entstand ein eigenwilli-
ges Zusammenspiel der Farbtöne. Über der wieder
freigelegten Orgelempore (neue Orgel 1992) ist das
originale Gewölbe sichtbar. Künstlerische Ausstattung: Fenster Querhaus: Spies (Marburg), Fenster
Vorhalle: Helga Rudolph (Kassel), Altarkreuz, Ambo
und Leuchter: Hermann Pohl (Kassel) und Gemälde:
Dietrich Stalmann (München). (JA)

Porch, east end with centre tower, west end with
double towers, all gables neo-baroque, all towers
with double bulbous cupola: the Peace Church is an
impressive landmark. Several interior modernizations
include the addition of 2 perforated barrel vaults at
right angles, windows walled up (1969), and the
use of colour (1999). The organ gallery was
uncovered again in 1992, and above it the original
vaulting can be seen. Windows and furnishings by
notable artists.

99
Rosenkranzkirche (St. Maria, kath.)
Bebelplatz/Kirchweg
1899–1901: Georg Karl Wilhelm Kegel (Kassel);
Wiederaufbau 1946–49: A. Baecker,
F. Sirrenberg (beide Kassel);
Renovierung 1974–75: Johannes Reuter (Kassel)

100
Stadthalle
Friedrich-Ebert-Straße 152
1912–14: Max Hummel, Ernst Rothe (beide Kassel); Bebauung am Huttenplatz 1924: Hummel
(s. o.), Ernst Rothe (s. o.); Sanierung, Um- und
Anbauten 1992–95 sowie Hotel 1998: Hegger
Hegger Schleif HHS (Kassel)

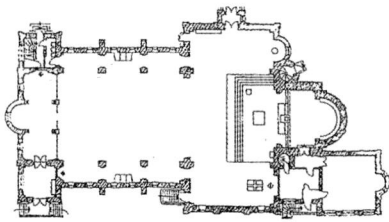

Die neoromanische Kirche prägt mit ihrem markant
über dem Chorjoch aufstrebenden Ostturm (48 m)
gemeinsam mit der nahegelegenen Friedenskirche
die Silhouette des Kasseler Westens. 3-schiffige
Basilika auf kreuzförmigem Grundriß. Bruchsteinmauerwerk und romanische Elemente wie Werk-
steinecken, Gesimse, Rundbogenfriese, Lisenen,
Halbsäulen, einzelne oder gekuppelte Rundbogenfenster, Radfenster, Apsiden und eine Zwerggalerie
an der Ostapsis bilden den historistischen Zierrat.
Eine Mittelapsis im Westen, die von 2 symmetrischen quergegiebelten Seitenhäusern flankiert wird,
simuliert eine Doppelchorkirche. Der klar gegliederte
Innenraum wird von einem flachen Tonnengewölbe
mit kleinen Stichkappen und Gurtbögen überspannt.
Gurte, rechteckige Pfeiler und Bögen sind durch
eine polychrome Haustein imitierende Malerei hervorgehoben. Im Westen trennt ein aus der Bauzeit
stammendes schmiedeeisernes Gitter das 1. Joch
vom Kirchenraum ab und macht dieses somit zu
einer Vorhalle unter der Orgelempore.

With its 48 m east tower, the neo-Romanesque
Church of the Rosary is part of Kassel's western
skyline. The main portal is on the south. The
masonry is roughstone, with Romanesque
decorative elements: round-arch friezes, lesenes,
wheel window, apsidioles and a dwarf gallery. A
centre apse at the west imitates a double choir. The
clearly structured interior has shallow barrel vaulting;
arches and pillars are emphasized by polychrome
painting imitating dressed stone.

Der Unternehmer Aschrott stiftete das Gelände des
Floraparks der Stadt mit der Auflage, dort eine
Stadthalle zur Tausendjahrfeier Kassels 1913 zu
errichten. Der gelbsandsteinverkleidete Monumentalbau liegt – zurückgesetzt – nördlich der Hauptstraße (heute Friedrich-Ebert-Straße) des ehem.
Hohenzollernviertels, achsial verbunden mit 2
tempelartigen Torhäusern an der Südseite der Straße, wo beidseits einer Freitreppe ein entsprechend
ausgerichteter Wohnkomplex der 20er/30er Jahre
anschließt. Dem querliegenden Baukörper ist in
voller Höhe ein Eingangstrakt vorgelagert, der als
monumentale Tempelfront mit 8 kolossalen ionischen Säulen ausgelegt ist. Dieses Motiv wird an
den Seitenwänden in Form von einfachen Pilastern
fortgeführt, die auch den eigentlichen Saalbau, unter
gigantischem Walmdach, umkleiden. Der grandiose
Gestus wird auf der Rückseite ironisch gebrochen
durch 2 kleinere Flankenhäuser, deren Giebel trotz
der klassischen Requisiten (Pilaster, michel-
angeleske Fenster) im Landhausstil geformt sind;
dazwischen ein ausgedehnter Balkon über dem hier
gelegenen Konzertgarten. Dieser ist symmetrisch
eingefaßt von palladianisch gedachten, toskanischen
Kolonnaden, die in je einem Torhäuschen enden.
Im EG: 5 Eingänge mit vorgelagertem Arkadengang,
Vestibül mit Kassenbereich, Garderobenhalle etc. Im
1. OG: Festsaal mit Podium, auch für Konzert- und
Theaternutzung. Der Saal läßt sich durch die angrenzende Wandelhalle und den Gesellschaftssaal
vergrößern. Auf gleicher Ebene ferner der Blaue
Saal mit 5 kleinen Mittelemporen und Bühnenan-
lage, Probesaal etc. Die 3 Säle bieten 3.000 Sitzplätze ohne feste Bestuhlung. Der Konzertgarten
dahinter liegt mit den Sälen auf einer Ebene. Im 2.
OG die Emporen des Festsaals. Die Fresken des
Gesellschaftssaals (Arno Weber, Paul Scheffler)
sowie der Blaue Saal sind weitgehend authentisch.
Genutzt werden die Räume für Konzerte, Kongresse, Ausstellungen, Sport- und Privatveranstaltungen.
Den Gegenwartsanforderungen gemäß wurde die

Fortsetzung nächste Seite

100
Fortsetzung

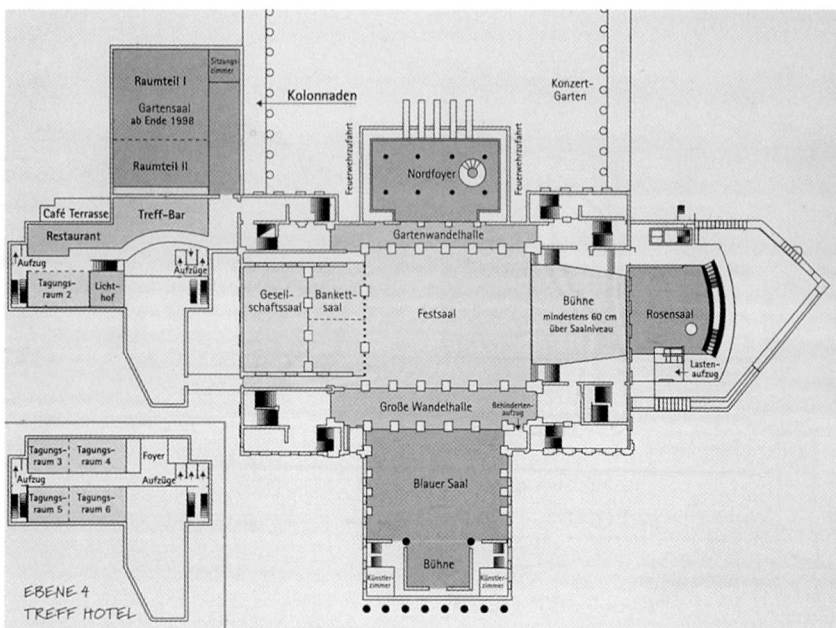

1. Obergeschoß
First floor

Bühnentechnik erneuert, ein gläserner Gartentrakt sowie – wenig stimmig – ein Hotel angegliedert (1998).
Der Stadthallenbau, der mit neomonumentalistischen Tendenzen seiner Zeit korrespondiert (z. B. P. Behrens), sollte ausdrücklich die alten monumentalen Quartiere Kassels, Friedrichsplatz und Schloß Wilhelmshöhe, verbinden und dieses durch einen weiteren, noch größeren Säulenportikus dokumentieren. (CM)

Aschrott gave the Florapark site to the city on condition that a city hall was built for Kassel's 1913 millennium celebrations. The monumental building clad in yellow sandstone has 2 temple-like gatehouses with outer staircases leading to residential complexes of the 1920s/1930s. The entrance is designed as a monumental temple façade with 8 colossal Ionic columns, echoed by pilasters on the sides. 2 smaller side buildings at the back are partly in the country house style; between them a balcony looks over the garden concert area. 5 entrances lead to a vestibule with box office, cloakroom etc.; on the first floor grand hall with podium and organ and theatre machinery, Blue Hall, rehearsal hall, the 3 halls seating 3000, without built-in seating. The frescoes is are largely authentic. The rooms are used for concerts, congresses and exhibitions. The theatre technology is modern; a glass garden section and a hotel were built on (1998).

101

Kirche des Diakonissen-Mutterhauses (ev.)
Goethestraße 85
1962, Glockenturm 1983: Wolfgang Haeseler
(Kassel)

102

Hupfeld-/Astrid-Lindgren-Schule
Hupfeldstraße 8
1953 u. 1961: Wolfgang Bangert, Werner Noell
(beide Kassel)

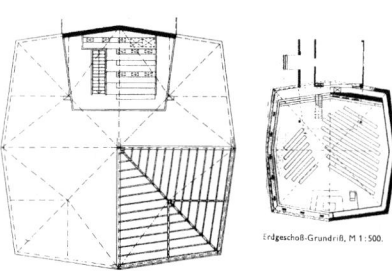

Erdgeschoß-Grundriß, M 1:500.

Das frei gruppierte Gebäudeensemble ist auf einem großzügig bemessenen, nach Norden abfallenden Geviert angelegt. Hinter dem 3-geschossigen Hauptbau mit großflächig durchfensterter Fassade liegen die anderen Trakte der Schule, die durch den nach links versetzten Eingang und ein Foyer erschlossen werden: Entlang einem Laubengang liegen kammartig 3 Flachbauten, die jeweils 4 Klassenräume, 2 Garderoben und ein Lehrerzimmer bergen. Zwischen den pavillonartigen Bauten befinden sich begrünte Höfe. Die sehenswerte, 1961 errichtete Sporthalle, mit Schwimmbecken im EG und Turnsaal im OG, grenzt den Schulhof nach Nordosten ab. Die markante Westfassade ist in einen doppelgeschossigen Säulenportikus aufgelöst. Die Schule stellt einen programmatischen Bau dar, der die großzügige bauliche Anordnung mit einem zusammenfassenden Erschließungssystem kombiniert und damit weit über Kassel hinaus Beachtung fand. (SS)

The freely grouped school buildings stand on a slope, the main building with large windows, and 3 flat-roofed classroom buildings, accessed by a gallery. The interesting 1961 sports hall with swimming pool forms the north-eastern edge of the complex. The west façade is a two-storey column portico. The use of space and planned access were admired far beyond Kassel.

Die am Hang liegende Kirche ist (in ihrer Hauptansicht von der Goethestraße) aus 2 sich über quadratischem Grundriß kreuzenden, schiefergedeckten Satteldächern gebildet. Die 4 Giebelflächen, jeweils mittig leicht gebrochen, sind komplett mit verglastem Betonmaßwerk ausgefüllt, im Osten durch den Zugang vom Mutterhaus tangiert. Talseitig ein Untergeschoß, dessen Front als Portikus ausgebildet ist, dahinter – im Keller – der Leichenraum, die Aussegnungshalle u. a. Die Holzdecke des Kirchenraumes reproduziert im Inneren die äußere Geometrie und vermittelt zusammen mit den rotbraunen Bodenplatten einen zeltartigen, geborgenen Eindruck. Hier wirkt auch die Glaskunst der 4 Giebeldreiecke mit, wo nach Entwürfen von Georg Paul Heyduck in farbigem Echt-Antik-Glas die 3 christlichen Kardinaltugenden erscheinen. Der abseits auf Betonstützen stehende Glockenturm weist die gleiche Betonwabenstruktur auf, die der Kirche im Zusammenspiel mit der eigenwilligen Dachform ihr markantes Aussehen verleiht. (JA)

The church has 2 slate saddleback roofs set crosswise. Below is a lower floor with portico façade and chapel of rest. The wooden ceiling reproduces the exterior geometry; with the reddish-brown floor slabs it creates a tent-like impression. The coloured antique glass in the 4 concrete tracery gables represents the cardinal Christian virtues. The separate bell tower and church have the same concrete honeycomb structure.

103
Hindenburgheim
Heubnerstraße 1–29
1927–29: Eduard Vogt (Kassel)

104
Ambulantes Herzzentrum Kassel
Bergmannstraße 28
2000: Bieling & Bieling (Kassel)

Erdgeschoß
Ground floor

Das Hindenburgheim ist das erste große Bauprojekt der „Casseler Wohnungsfürsorge" (später GWG). Als Altenwohnheim bot es 123 Wohnungen für sozial schwache Rentner. Nach dem 2. Weltkrieg werden die Wohnungen von der GWG frei vermietet. Jede der Ein- und Zweizimmerwohnungen besaß Schlaf- und Kochnische sowie eine Toilette; Badeanlagen und Zentralheizung in den Kellergeschossen. In dem 5-geschossigen, kubischen Haupttrakt, der gemeinsam mit den Seitenflügeln einen zur Straße geöffneten Hof bildet, lagen die Gemeinschafts- und Versammlungsräume sowie Lesezimmer. Die leicht geschwungenen Walmdächer geben den ansonsten einförmigen, durch eingezogene Gelenktrakte miteinander verbundenen Baukörpern den ästhetisch nötigen Halt. Von Kriegszerstörungen relativ verschont, ist das Hindenburgheim beispielhaft für den oft konservativen Stil sozialer Wohnanlagen der 20er Jahre. (JA)

The Hindenburg old people's home was the first large social building project of the later GWG. It had 123 flats with sleeping and cooking niches and lavatory, and communal baths. After WWII the flats were let without restriction. The cubic main section and wings form a courtyard open to the street. The slightly curved hipped roofs anchor the otherwise uniform buildings. The complex is typical of the often conservative style of 1920s welfare housing.

Der freistehende, gelagerte Kubus besitzt unterschiedliche Fassadengestaltung: Zur Straße sowie großenteils an den Seiten erscheint ein markant abgesetztes EG, dessen Faserzementplatten wie ein Rustikasockel anmuten; darüber 2 verglaste Geschosse, die von senkrecht angeordneten Aluminium-Elementen strukturiert sind (Bestandteil des Heizungs- und Lüftungssystems), nur die südöstl. Hausecke, dahinter das Treppenhaus, ist mit horizontalen Lamellen abweichend gegliedert. In den übrigen Teilen der Fassaden greift die Plattenverblendung auf die gesamte Hausoberfläche aus. Die Verwendung der aseptisch wirkenden Materialien Glas und Aluminium an der Außenhülle kann als Anspielung auf die (gerätemedizinische) Technik im Inneren gelesen werden. Im Sockel sind der Klinikbereich sowie die Funktionsräume untergebracht, in den zumeist verglasten OG die Untersuchungs- und Praxisräume. Das sparsam verwendete Element Holz (Verkleidung des westl. freiliegenden Kellergeschosses) setzt einen gestalterischen Kontrast im Außenbereich und verweist auf die Ausstattung im Innenraum, der durch unterschiedliche Holzoberflächen geprägt ist. (NS)

The horizontal cardiac clinic block has a clearly separate ground floor, with fibrated cement slabs like a rusticated base; above this are 2 glazed storeys structured by vertical aluminium elements (part of the heating and ventilation system); but the south-east staircase corner has horizontal slats. The aseptic materials may refer to the medical technology inside. The clinic and functional rooms are in the base, the examination and practice rooms above.

105
Rotes Kreuz Krankenhaus
Hansteinstraße 29
1907/08: Julius Eubell, Carl Rieck (beide Kassel);
Wiederaufbau 1951; Erweiterung 1973: Reese-
Bürger; 1992: TOP consult (Köln)

Hist. Ansicht, um 1908
Historical view, c. 1908

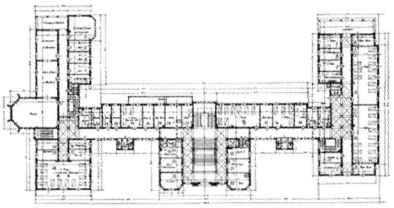

1. Obergeschoß, urspr. Zustand
First floor, original state

Der von Sophie I lenschel gestiftete 3-geschossige
Korridorbau erhebt sich auf H-förmigem Grundriß. In
die Dreiflügelanlage ist ein nach Norden gerichteter
Mittelpavillon mit polygonalen Ecktürmen eingefügt,
der als Eingangsbereich und Treppenhaus dient; im
2. OG ehem. OP-Saal. Die Ost- und Westflügel
sowie die nach Süden ausgerichtete Seite des
Quertrakts, früher auf allen Etagen mit Balkonen
ausgestattet, werden als Pflegestationen genutzt. In
der Verlängerung der Zentralachse im Ostflügel die
Kapelle. Der Neubau von 1973 ist durch einen
Verbindungstrakt, der die südliche Fortführung des
Mittelpavillons darstellt, dem Altbau angeschlossen.
Die ruhige Gestaltung der Klinkerfassade wird durch
die Rustizierung des EG und die ursprünglichen
Schaugiebel über den Portalen belebt. Durch den
Wiederaufbau zwar reduziert, verliert die Fassade
dennoch nicht ihren repräsentativen Charakter. (CM)

The Red Cross hospital has an H-shaped plan. The
entrance section is a centre pavilion with polygonal
corner towers, with former operating theatre on
second floor. Other wings are used as nursing
wards. The 1973 building is attached by a section
continuing the centre pavilion. The calm design of
the clinker façade, which is still imposing, is
enlivened by the rusticated ground floor and the
gables.

106
Siedlung Sophie-Henschel-Platz
Pettenkoferstraße 12–24, Virchowstraße 11–23
1923–26: Max Hummel, Ernst Rothe (beide
Kassel)

Der Sophie-Henschel-Platz war von Karl Henschel
als Parkanlage der Stadt Kassel gestiftet worden.
Die Wohnungsnot nach dem 1. Weltkrieg führte zur
Randbebauung des Platzes: Erbbauvertrag 1922
zwischen der Stadt Kassel und der Kali-Industrie
(Wintershall) zwecks Errichtung von 22 Mittel- und
Kleinwohnungen für Firmenangestellte sowie Beam-
te der Reichsfinanzverwaltung. Es entstand eine 2-
geschossige Dreiflügelanlage; eine breite, von 2
Ziegel-Stelen flankierte Öffnung im nördl. Flügel gibt
eine Blickachse zwischen der Wilhelmshöher Allee
und dem Mitteltrakt des Roten Kreuz Krankenhau-
ses frei. Die rote, etwas kleinteilige Klinkerfassade
vermittelt niederländisches Flair mit entsprechender
Gemütlichkeit und korrespondiert im Baumaterial mit
der älteren Spitalsfassade, die den südlichen Abschluß des Platzes bildet. (CM)

Sophie-Henschel-Platz was donated as a park.
Peripheral building was a reaction to the post-WWI
housing shortage: there was an arrangement
between the city and the potash industry to build 22
medium and small flats for workers and tax officials.
The 2-storey 3-wing complex has a red clinker
façade with a Dutch quality.

107
Heinrich-Schütz-Schule
Freiherr-vom-Stein-Straße 11
1930: Heinrich Tessenow (Berlin); Erweiterungsbau 1974/75

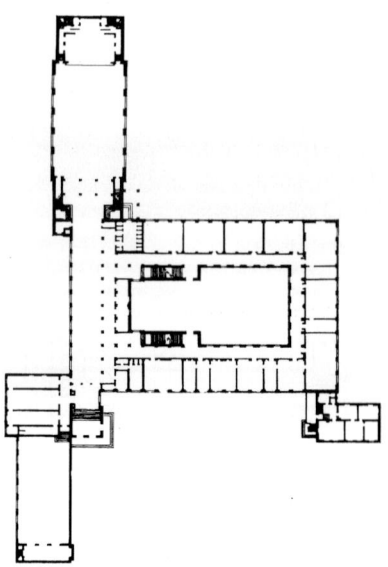

Erdgeschoß, Zustand 1930
Ground floor, 1930 state

Tessenow gewinnt den 1927 ausgeschriebenen
Wettbewerb für den Neubau des Lyzeums. Das von
ihm ausgeführte Gebäudeensemble bildet den südlichen Abschluß des Aschrott-Parks. Es ist von der
damals bereits verkehrsreichen Wilhelmshöher Allee
weitmöglichst abgerückt und zusätzlich durch eine
Grünanlage abgeschirmt.
Über einem Hochkeller schließen sich die 4
3-geschossigen Klassenflügel des Hauptkomplexes
um einen Innenhof, der südl. Flügel im EG ist als
Pausenhalle ausgebildet. Niedriger ausgeführt
schließen, unterschiedlich vorspringend, am Südflügel eine Aula (nach Westen) und eine 2-geschos-
sige Turnhalle (nach Osten) an. Nordöstl. ist eine
ebenfalls 2-geschossige Haus-meisterwohnung
angegliedert. Diese in den freien Raum greifenden
Anbauten brechen, typisch für das Neue Bauen, die
Symmetrie des Hofgebäudes auf. Alle Fassaden des
Haupttraktes sind durch quadratische, dezent farbig
gefaßte Sprossenfenster in streng angelegtem Raster strukturiert, das an West- und Ostfassade jeweils zu den Ecken hin aufgehoben wird. Ein zusätzlich gliederndes Motiv bilden an dieser Stelle auf der
Wand liegende Regenfallrohre. Turnhalle und Haus-
meisterwohnung nehmen dieses Raster auf; die
Aula ist mit durchgehenden vertikalen Fensterbändern versehen. Ihr Innenraum birgt einen großen
bestuhlten Bühnensaal mit abgeschrägtem Boden
und einer Empore.
Während die Fassaden-Sanierung 1999 gelungen
den charakteristischen Ausdruck des Internationalen
Stils wiedergibt, stellt der Einbau des Treppenhau-
ses (1992) im Nordflügel sowie der Erweiterungsbau im Süden (70er Jahre) einen herben Eingriff in
die originale Struktur des Baus dar. (KKr)

The secondary school is set far back from the busy
street. The competition-winning design has a semi-
basement and a courtyard; the south section is a
recess hall. Lower sections, breaking the symmetry
to varying degrees in the International Modern style,
are an assembly hall and a 2-storey gymnasium.
The facades have square astragal windows set in a
grid interrupted at the corners. A further design
element are the downpipes on the wall. The grid is
repeated in the gymnasium and caretaker's flat. The
hall has continuous vertical window strips. The
façade was sensitively restored in 1999, but the
1992 staircase and 1970s south annexe impair the
original structure.

108
Ehem. Wehrkreisdienstgebäude (Bundessozialgericht)
Graf-Bernadotte-Platz
1936–38: Ernst Wendel (Kassel); Erweiterung 1988: Staatsbauamt Kassel

 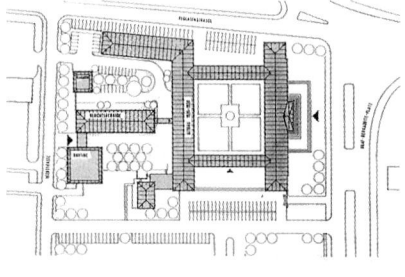

Lageplan
Site plan

Das ehem. Wehrkreisdienstgebäude, das sog. Ge-
neralkommando, nahm die Verwaltung des IX. Ar-
meekorps auf. Der monumentale Gebäudekomplex
sollte der Auftakt einer gigantischen Ausgestaltung
der Wilhelmshöher Allee und des Gebietes um den
damals bereits geplanten Wilhelmshöher Bahnhof
im Geiste nationalsozialistischer Stadtplanung sein.
Die kurze zweispurige Strecke vor der östlichen
Gebäudeseite, einst als nord-süd-orientierte, innere
Ringstraße gedacht, zeugt noch von diesem
Planungsgedanken. Der 4-geschossige Bau über
rustiziertem Sockelgeschoß um einen quadratischen
Innenhof gründet aus geologischen Gründen auf
1.250 Eisenbetonpfählen. Das Äußere im strengen
Neoklassikstil mit sandsteingefaßten Fenstern und
Quaderlisenen gegliedert. Dem Haupteingang ist ein
kolossaler Pfeilerportikus mit repräsentativer Freitreppe, flankiert von Rossebändigern (Entwurf: Joseph Wackerle, München), vorgelagert; südl. ist ein
Ehrenhof mit Pfeilerkolonnade eingerückt, südwestl.
das Wohnhaus für Stabschef und Korpsintendanten
angegliedert. Das Innere war mit 600 Zimmern und
7 großen Sitzungssälen schlicht und zweckmäßig
gestaltet. Nach dem 2. Weltkrieg schlägt Kassel den
damals zweitgrößten Bürobau Westdeutschlands zur
Unterbringung des Kanzleramtes und der Bundesre-
gierung vor. In den 50er Jahren ziehen das
Bundessozial- und Bundesarbeitsgericht sowie der
Bundesgrenzschutz ein; später westl. Erweiterungs-
bauten (Garagen, Gerichtsgebäude und Kantine).
Der Komplex mit 12.000 qm Nutzfläche, heute nur
noch Sitz des Bundessozialgerichtes, weist derzeit
starke bauliche Mängel auf.
Das Gebäude ist eine Inkunabel des entstehenden
NS-Neoklassizismus. Neben seinem praktischen
Zweck diente der mächtige Bau ehem. der Macht-
repräsentation des 3. Reichs und setzte im noch
wenig bebauten Aschrottgebiet ein demonstratives
Zeichen gegenüber dem Tessenowschen Schulge-
bäude im Stil der damals verpönten Neuen Sachlichkeit. (SW)

The monumental general command building was to
commence a gigantic National Socialist redesigning
of Wilhelmshöher Allee. For geological reasons, it
stands on 1,250 concrete piles. The exterior is
neo-classical, with sandstone details. The main
entrance is a colossal portico with outdoor staircase;
to the south is a cour d'honneur with colonnade, to
the south-west the residence for chief of staff and
intendant. The interior, with 600 rooms and 7 large
meeting rooms, was plain and functional. After
WWII, Kassel suggested that this, the second-
largest office building in West Germany, should
house the chancellery and federal government. In
the 1950s, the Federal Social Court, the Federal
Labour Court and the Federal Border Guard moved
in. The building has 12,000 m² usable floor space,
now houses only the Federal Social Court and has
serious structural defects. It encapsulates early National Socialist classicism. It was functional but also
a symbol of state power, especially opposite the
International Modern Tessenow school.

109
Altersheim der Marie-von-Boschan-Aschrott-Stiftung
Friedrich-Ebert-Straße 178
1930/31: Otto Haesler, Karl Völker (beide Celle); Umbau 1997–2000: August Engel (Kassel)

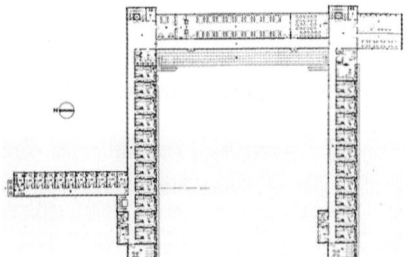

Obergeschoß, Zustand 1931
First floor, 1931 state

Mit ihrem „systematisch außerordentlich gut überlegte[n] Entwurf" (Urteil des Preisgerichts) gewinnen Haesler und Völker den 1929 von der Aschrott-Stiftung ausgeschriebenen Wettbewerb für den Bau des Altersheims. Die Gebäudekonzeption ist unabhängig von der Straßenführung entwickelt. Die Anordnung der 3 Flügel des Stahlskelettbaus ergibt sich aus ihrem funktionalen Zusammenhang: 2 parallele, jeweils ostwestl. ausgerichtete 5-geschossige Wohnflügel werden mit einem dazu querliegenden 2-geschossigen Wirtschaftstrakt verbunden. Das so 3-seitig eingefaßte Grundstück öffnet sich mit seiner Grünanlage nach Westen zum Aschrott-Park. Die Südfassaden der Wohnflügel sind in eine durchgängige Fensterfront aufgelöst. Diese gewährleistet eine gleichwertige Besonnung aller dahinter befindlichen, in Grundriß und Ausrichtung identischen Einzimmerappartements (11 pro Geschoß) und ist je Wohneinheit als doppelt verglastes, sog. Blumenfenster ausgebildet. Vorgelagert sind durchgehende Laufgänge, denen im Inneren parallel liegende Erschließungsflure entsprechen. In der südl. Verlängerung des Verbindungsbaus liegt der Haupteingang; an den nördl. Wohnflügel schließt rechtwinklig das Heizhaus (mit Personalräumen in den oberen Etagen) an. Während die bereits bald nach Fertigstellung erforderliche Montage von Markisen an den Südfronten einen sensiblen Umgang mit der Optik des Gebäudes zeigt, stellt – neben den üblichen Zweckanpassungen und dem partiellen Einbau neuer Fenster – die Erweiterung des Südflügels zu einem 2-bündigen Baukörper einen massiven Eingriff in die klare Struktur dieses bedeutenden Beispiels des Internationalen Stils in Kassel dar. (KKr)

Haesler and Völker won the 1929 competition to build an old people's home. The 3 wings of the steel-frame construction are arranged according to function: 2 parallel east-west residential sections are joined by a transverse service building. The garden adjoins Aschrott Park. The south façades form one continuous series of windows, giving sun equally to all the identical one-room apartments (11 per storey), with double-glazed sections for each flat. In front are galleries linking the flats. The main entrance is in the south extension of the centre section; the heating building adjoins the north section at a right angle. Awnings were sensitively installed on the south façades soon after completion, but the recent extension of the south section seriously impaired the clear structure of this International Style building.

110
August-Rosterg-Haus, Zentrale der Wintershall AG
Friedrich-Ebert-Straße 160
Altbau 1957: Schäffer-Heyrothsberge (Wiesbaden),
Georg Wichmann (Kassel)

Hist. Ansicht, um 1960
Historical elevation, c. 1960

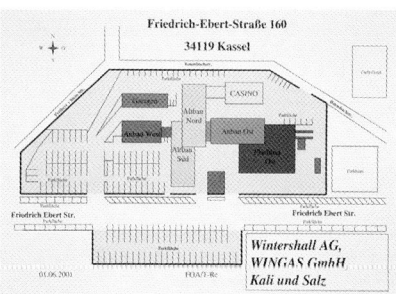

111
Direktoren-Wohnanlage
Dag-Hammarskjöld-Straße 40–46
1926; Umbau 1948: Julius Brahm, Rudolf
Kasteleiner (beide Kassel)

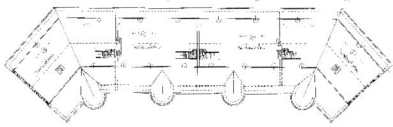

Dachgeschoß
Attic storey

Im gewachsenen Gebäudekomplex liegt zentral der Altbau des August-Rosterg-Hauses, ein ausgewogenes und zeittypisches Verwaltungsgebäude, das von 2 langgestreckten, ineinandergeschobenen Hochhausriegeln gebildet wird. Gutrestaurierte Travertinplatten prägen die strenge Rasterfassade des Gebäudes, der Nordbau überragt mit seinen 13 Vollgeschossen den im vorderen Teil ursprünglich auf Piloten stehenden Südbau und erhält durch das zurückgesetzte Laternengeschoß sowie das fliegende Dach einen besonderen Akzent. Das 2-geschossige Casino östl. des Nordbaus entstand 1958. Der 5-geschossige Erweiterungsbau (1966), durch einen Verbindungstrakt mit dem Altbau verbunden, war in den ursprünglichen Plänen bereits vorgesehen. Die hier noch vorhandenen originalen Fensterbeschläge erinnern an das einstige Aussehen des Altbaus. 1976 wurde der Komplex um den modernen, funktionalen Osttrakt erweitert, dem sich der Flachbau der Datenverarbeitung (1982) anschließt. (TM)

The Wintershall headquarters is a group of buildings, the oldest in the centre, a typical administration building of its time, comprising two telescoped high-rise blocks with well-restored travertine panels. The front of the south building was originally on pilotis; the north building is higher and has a recessed lantern storey and cantilevered roof. The 2-storey canteen and 5-storey extension (part of the original plan, with window fittings recalling the oldest building), east section and flat-roof data processing wing were added later.

Die 1926 errichtete Wohnanlage der Reichsbank (Berlin) besteht aus 4 aneinandergereihten Wohnhäusern und war für Direktoren im Ruhestand bestimmt. Durch stumpfe Anwinkelung der beiden äußeren Häuser gewinnt die Anlage einen wohnlichen Charakter. Die Bauten sind reich gegliedert: 4 halbrund vorspringende Treppenhäuser (mit den Eingängen) unter kegelförmigen Helmdächern betonen die Vertikalität (und zugleich das Einzelhaus); die gleichfalls vorgezogenen EG unter Pultdächern und das gemeinsame Satteldach vermitteln einen behäbig gelagerten Eindruck (und zugleich die Gemeinschaftlichkeit). 1948 werden die 4 Häuser (heute im Besitz der Landeszentralbank Baden-Württemberg) zu 10 kleineren Wohnungen umgebaut. Die Rückbesinnung auf den Landhausstil im Wohnbau ist beispielhaft für die Bauzeit an der Wende zur Neuen Sachlichkeit. (KK)

The 4 terraced houses for retired bank directors are richly designed: semicircular projecting staircases under conical roofs emphasize the vertical. The ground floors also project under pent roofs, and together with the saddleback roof they create a comfortable horizontal impression. In 1948 the 4 houses were converted into 10 smaller flats. The country house style is typical of the period just as International Style was beginning.

112
Architekturbüro ANP (Architektur und Nutzungsplanung)
Hessenallee 2
2000: ANP (Kassel)

113
Einfamilienhaus
Mittelbinge 8a
1993: Torsten Fröhlich (Kassel)

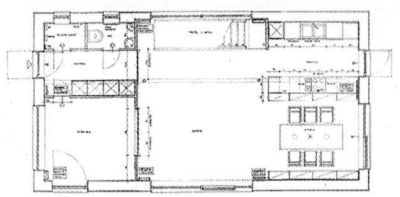

Erdgeschoß
Ground floor

Das 42 m lange und 8 m breite, also ungewöhnlich gedehnte Bürohaus entlang einer Schnellstraße und ICE-Trasse nutzt ein spitzwinkliges, leicht hanglagiges Restgrundstück an einer Straßenkreuzung aus. Es macht sich dabei, in der Flucht der bestehenden Lärmschutzmauer, für das dahinterliegende Wohngebiet zu einer eigenen Lärmschutzwand – gemäß dem Konzept: „Lärmschutz durch Städtebau". Der zur Straße 2- und rückwärtig 3-geschossige, dunkelgrau verputzte Baukörper mit Flachdach (extensive Begrünung) wird über eine Rampe erschlossen. Zur Hauptstraße, bis auf ein großes Treppenraumfenster aus Stahl und Glas, nur mit Fensterschlitzen versehen, wirkt das Gebäude streng und geschlossen. Der zum Wohngebiet orientierte, ruhige Arbeitsbereich ist mit großzügigen Holzfenstern ausgestattet. Die Strenge des Baukörpers wird unterbrochen durch einen rückwärtig herausgeschobenen roten „Kubus", der sich auch im Innenraum abbildet. (NS)

The office building is unusually long and shallow, on an expressway and ICE rail track, uses an angular, slightly sloping site, and acts as a sound barrier for the residential district behind. The dark-grey plaster building with flat roof is reached by a ramp. Nearly all the main street windows are slits, creating a closed and stern impression. The work area, facing in the other direction, has large wooden windows. The severity of the building is broken by an extruded red block behind.

Das kleine Haus steht wie sein Pendant (Mittelbinge 8) quer zur bestehenden Bebauung, um die optimale Ausnutzung des extrem schmalen Grundstücks zu gewährleisten. Bei der Gestaltung spielen hier die Sichtachsen zum Habichtswald, die heute durch weitere Bebauung stark gestört sind, eine große Rolle. Die Teilung des Hauses in 2 Zonen, eine Service- und eine Wohnzone, ist allenthalben ablesbar: im Grundriß, in der Form des Daches und in der Struktur der Fassade mit der Unterscheidung von verputzter Sockelzone und holzverkleidetem OG. Die Konstruktionen bleiben, nicht nur aus ökologisch-ökonomischen, sondern auch aus ästhetischen Gründen, sichtbar. Deutlich wird dies auch in dem späteren Annex, ein rot gestrichener Rahmenholzbau mit vorgeblendeter Wellpappe, der indes zusammen mit der starken Begrünung das Haus den Blicken entzieht. (PL)

The little house, like its counterpart (Mittelbinge 8), stands at right angles to the existing buildings, using the narrow plot to the full. The vistas to the Habichtswald played a large role. The house is divided into a service zone and a living zone, visible in the plan, the shape of the roof and the structure of the façade. The construction is left visible, for ecological and aesthetic reasons, shown also in the later red-painted annexe.

114
Einfamilienhaus
Mittelbinge 8
1993: Ohlmeier Architekten (Kassel)

115
Architekturbüro Baufrösche
Lange Straße 90
1993: Baufrösche Architekten (Kassel)

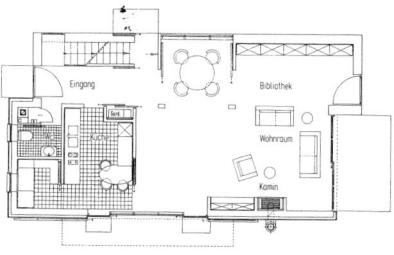

Erdgeschoß
Ground floor

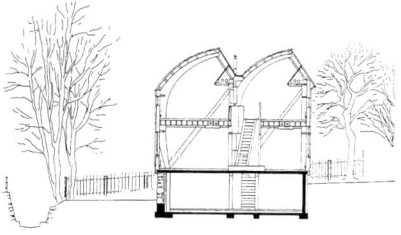

Querschnitt
Cross section

Quer zur bestehenden Bebauungsstruktur öffnet
sich das 2-geschossige Wohnhaus mit weitem Blick
zum Habichtswald und nutzt so mit seinem Pendant
(Mittelbinge 8a) das extrem schmale Grundstück
optimal aus. Das konventionell gemauerte Haus ist
in der Fassadengestaltung 2-geteilt: zu einem Drittel
weiß verputzt, besitzt die restliche Fläche eine blaue
Holzplattenverkleidung (durch magnisitgebundene
Farbe stark lichtreflektierend), die das vertikale Ord-
nungsprinzip der Außenhaut betont. Horizontal gliedernde Fensterbänder an den Längsseiten bilden
den gestalterischen Übergang zu der hölzernen
Dachkonstruktion. Dem Grund- und Fassadenriß
liegt ein Modul zugrunde, das sich bis in den Innenausbau (z.B. Wandschränke) fortsetzt. Das kleine
Haus zeichnet sich durch Funktionalität aus, wozu
auch Raumvariabilität gehört, die durch flexible
Wandelemente und Schiebetüren erzielt wird. (PL)

The house is conventionally brickbuilt, its façade
divided: one-third white plaster, two-thirds blue
wooden cladding (highly light-reflecting with
magnesite-bound paint) which emphasizes the
vertical. Horizontal strip windows form the transition
to the wooden roof. The ground plan and façade
are based on a module which continues into the
fittings (e.g. wall cupboards). The functionality
includes variable walls and sliding doors.

Das Architekturbüro in dörflicher Umgebung, von
außen als solches kaum zu erkennen, besteht aus
einem in Dänemark vorgefertigten, 2-geschossigen
Holzleichtbau, der von einem mit Trockenmauer-
werk (Bruchstein) verkleideten Betonsockel getragen wird. Das Haus besitzt auffällige Sheddächer,
deren Wölbungen blechgedeckt sind. Aus dem kühl
wirkenden Eingangsbereich (verputzter Beton) im EG
führt eine gewendelte Treppe auf die helle (hölzerne) Empfangsebene. Über eine weitere Stiege aus
Holz gelangt man in das großzügig bemessene
Atelier, das durch die Sheddächer (auf 4 gebogen-
nen Leimholzträgern) gleichmäßiges Nordlicht erhält.
Zusätzlich beleuchten niedrige Fensterschlitze die
Zeichentische der Mitarbeiter. (NS)

The village architecture office is a wooden
construction prefabricated in Denmark on a base
clad with dry masonry. There is a striking sawtooth
roof with sheet metal covering. A spiral staircase
leads from the entrance to the pale (wood)
reception, and thence a wooden staircase leads to
the large studio, which receives even north light.
Low window slits give additional light to the drawing
tables.

116
Bahnhof Wilhelmshöhe
Willi-Brandt-Platz 1
1983–91: Andreas Brandt & Rudolf Böttcher (Berlin), Peter Schuck (München)

Im Zuge des Neubaus der Schnellbahnstrecke Hannover-Würzburg sollte in Kassel ein neuer, zukunftsweisender ICE- und Fernbahnhof entstehen. Der Schnittpunkt des Schienenverlaufs mit der Wilhelmshöher Allee wurde schon im 19. Jh. als geeigneter Ort für einen Bahnhof befunden, in der NS-Zeit erneut in Planung genommen. Aufgrund der urbanistischen Tragweite des Projekts engagierte sich die Stadt Kassel und erreichte die Ausschreibung eines bundesweiten Wettbewerbs. Nach langem Findungsprozeß entschied man sich für die Architekten Brandt und Böttcher (Empfangsgebäude und Bahnhofsvorplatz) sowie Schuck (Gestaltung der Gleisanlagen). Im Gleisbereich wurde bereits von verschiedenen Architekten gebaut, und die Aufgabe bestand nun darin, das entstandene Sammelsurium zu vereinheitlichen. Von den Bahnsteigen führen Rampen und Aufzüge einerseits zum obligatorischen Parkdeck und andererseits in das 2-geschossige langgestreckte Bahnhofsgebäude mit seinen nördl. vorgelagerten Kolonnaden. Dieser schmale, konventionell gestaltete Trakt mit 2 gleichwertigen Eingangsbereichen beherbergt entlang der Besucherpassage das Reisezentrum, mehrere Ladengeschäfte, eine Gaststätte sowie im OG die Verwaltungsräume. Das auffälligste Motiv des Bahnhofs ist das fast fußballfeldgroße, auf 59 langgliedrigen Stützen (18 m) stehende Dach über dem Vorplatz. Hier befindet sich die Schnittstelle zwischen Fern- und öffentlichem Nahverkehr, zwischen Bahnhof und Umfeld. Mit seinem avantgardistischen Gestus stellt das wie eine gigantische Säulenhalle anmutende Schutzdach (laut Architekten eine Reminiszenz an den nahen Habichtswald) die Durchschnittsarchitektur des Funktionsgebäudes völlig in den Schatten. Es schiebt sich aufdringlich in die barocke Sichtachse zwischen Stadt und Schloß und ist damit auch von fern unübersehbar. (PL)

The Kassel ICE station was built for the new high-speed railway line, not the first station planned on this site. A national competition was won by the plans of Brandt and Böttcher for the reception and forecourt and of Peter Schuck for the track area. Some existing buildings in the track area had to be integrated. Ramps and lifts lead from the platforms to the parking level and the long 2-storey station building. The narrow, conventional section contains the travel centre, several shops, a restaurant and offices. The most striking element is the roof over the forecourt, almost the size of a football field and supported on 59 columns 18 m in height. Here long-distance and local transport, station and surroundings, meet. The avant-garde roof (apparently recalling the nearby forest) completely overshadows the conventional architecture of the station.

117
Drei Büro- und Geschäftsgebäude
Bertha-von-Suttner-Straße 1, 3 u. 7
Nr. 1: Gerling Konzern/1994: PSP Pysall Stahrenberg & Partner (Braunschweig)
Nr. 2: DB Netz AG/1999: Böhm Architekten (Köln)
Nr. 3: Kali + Salz/2001: Bieling & Bieling (Kassel)

Gerling Konzern

DB Netz AG

Kali + Salz

Mit dem Ausbau des Bahnhofs Wilhelmshöhe zum ICE- und Fernbahnhof entstand zu Erschließungszwecken parallel zu den Gleisen eine Nord-Süd-Verbindung der ostwestl. verlaufenden Hauptachsen Wilhelmshöher Allee und Druseltalstraße. An dieser neuen Straße bot sich die Möglichkeit zu großflächiger Bebauung in verkehrsgünstiger Lage.
Den Auftakt bildete 1994 der Verwaltungsbau des Gerling-Konzerns: Ein zylindrischer, 5-geschossiger Stahl-Glas-Körper (direkt an der Kreuzung zur Druseltalstraße) ist mit einem 4-geschossigen verputzten Längsbau verbunden, dessen zurückspringendes OG als Fensterband ausgebildet ist. Der Rückseite sind 3 3-geschossige Riegel kammartig vorgelagert.
Es folgte 1999 das Gebäude der DB Netz AG: Der 5-geschossige gläserne Baukörper mit sichtbarer Stahlkonstruktion wird durch 4 orangefarben verputzte, turmartige Anbauten, 3 davon auf der Ostseite, akzentuiert. Die zentrale Eingangshalle dehnt sich über die volle Höhe des Baukörpers aus und teilt das Gebäude. Geprägt wird sie von der farbigen Gestaltung der Wände sowie den Brücken und Stegen, die Teil des Erschließungssystems sind und beide Flügel wieder verbinden.
Die verbliebene Baulücke wurde 2001 durch das Gebäude der Kali + Salz Unternehmensleitung geschlossen: Der 6-geschossige Bau verfügt über ein Attikageschoß mit Flugdach; die Hauptfassade zeichnet sich durch die vorgeblendete, dynamisch ausschwingende Glashaut aus, während der Eingangsbereich durch eine Säulenreihe betont ist. Insgesamt zeigt die – zwangsläufig einseitige – Randbebauung der neuen Straße eine abwechslungsreiche Variante zeitgenössischer Architektur in Kassel. (PL)

A new street was made to connect to the extended ICE station and parallel to the tracks, affording a chance for large-scale building in a convenient location. The Gerling administrative building was the first: a cylindrical 5-storey glass-and-steel structure is linked to a 4-storey plaster building with a recessed top floor consisting of a row of windows, and 3 3-storey blocks behind. The DB Netz AG 5-storey glass building followed: it has 4 tower-like orange plaster annexes, 3 of them on the east side. The centre entrance hall rises the full height of the building and divides it. The Kali + Salz building closed the gap in 2001. It is a 6-storey building with an attic storey and cantilevered roof and a dynamic glass curtain wall. This peripheral building displays a variety of contemporary architecture.

118
Anthroposophisches Zentrum
Wilhelmshöher Allee 261
1992: Winfried Reindl (Karlsruhe)

119
Bürohaus „blackbox"
Rolandstraße 4
2000/01: Ohlmeier Architekten (Kassel)

1. Obergeschoß
First floor

Das 5-geschossige Gebäude mit seiner eigenwilligen Fassadenstruktur, die sich durch die Auflösung der Baumasse in mehrere rhythmisch gegliederte Baukörper und entsprechend springende Befensterung ergibt, hat an den Anspruch, die innere Nutzung im Äußeren anschaulich zu machen. Neben einem Saal für Kongresse und kulturelle Veranstaltungen birgt es eine Fachhochschule für Sozialpädagogik sowie mehrere Ladengeschäfte. Die Gestalt der Gebäudehülle spielt mit der Naturform des (nie rechtwinkligen) Säulenbasalts (in Erinnerung an Joseph Beuys' Kasseler Aktion „7.000 Eichen" zur documenta 7) und kehrt im Inneren wieder, wo die Räume in Form und Größe sehr unterschiedlich und stark ineinander verschachtelt sind. Alle Aspekte der Gestaltung, von der Anordnung der Räume, der Form der Flure, über die Farbgebung und Oberflächenstruktur der Wände bis hin zur Lichtführung, spiegeln den Geist der anthroposophischen Bauweise als Variante eines organisch verstandenen Architekturbegriffs. (PL)

The unconventional façade of the anthroposophical centre attempts to reflect the interior, and the window line therefore jumps. It contains a hall, a polytechnic and several shops. The shape of the envelope uses the idea of columnar basalt, which never has a right angle, and this recurs inside, where the shape and size of the rooms vary greatly and they are interlocking. All the elements reflect the spirit of anthroposophical building as an organic view of architecture.

Für das 5-geschossige Bürohaus wurde eine der wenigen verbliebenen kriegsbedingten Baulücken in dieser Gegend gewählt. Bei der städteräumlichen Schließung kam es vor allem auf einen stimmigen Zusammenhang mit der architektonisch stark divergierenden Umgebung an. Entstanden ist ein präzise geschnittener, freistehender Baukörper, der aus 2 Hauptelementen, einem liegenden Quader aus schwarzem Stein und Putz sowie einem angegliederten Winkelelement aus grünem Glas und schwarzem Metall, besteht. Die geschlossen wirkende Gebäudefigur, deren unterschiedliche Oberflächen und Texturen monochrom erscheinen, wird daher „blackbox" genannt. Die Flächen der Körper, die Formate der Fenster und ihr Teilungsmodus entsprechen den Regeln des Goldenen Schnitts. Die Gliederung des Äußeren wird im Inneren konsequent weitergeführt. Die Erschließungs- und Versorgungssysteme sind gebündelt, die Büronutzflächen befinden sich in offenen Etagen. (NS)

The office building filled a bomb site and needed to harmonize with the starkly diverging neighbouring buildings. It is a detached structure comprising a long block of black stone and plaster and an adjoining angle section of green glass and black metal. It appears self-contained, with monochrome surfaces, and is therefore called 'black box'. The surfaces, window format and divisions correspond to the rules of the Golden Section. The interior continues the design of the exterior.

120
Atelierhaus
Rammelsberg 40
1904/05: Hermann Gerhardt (Kassel);
Renovierung 1991

121
Riedwiesensiedlung
Riedwiesen 23–29, 33–41, 30–42 u.a.
1925–30: Hans Soeder (Kassel);
Erweiterung 1939/40

Das Atelierhaus auf dem Rammelsberg wurde für den in Rom lebenden Kasseler Bildhauer Heinrich Gerhardt (1823–1915), Mitbegründer des deutschen Künstlervereins in Rom, von seinem Neffen als Ausstellungsraum errichtet. Neben Abgüssen seiner Arbeiten waren auch Originale ausgestellt. Das Haus, das auch als „Mausoleum" oder als „Gerhardt Museum" bezeichnet wird, besaß freien Blick auf Wilhelmshöhe und Wahlershausen. Seit 1984 unter Denkmalschutz. Der neoklassizistische Putzbau (54 qm) besitzt einen Portikus mit ionischen Säulen, Architrav, Fries, darüber ein Dreiecksgiebel mit Palmetten, Akroterien und Stirnziegel. An der West- und Ostseite je 3 Fenster, von Pilastern auf Konsolen gerahmt. Die einzelnen Fassadenseiten sind durch ionische Eckpilaster eingefaßt. (CM)

The studio house was built for the sculptor Heinrich Gerhardt for exhibitions. It had an uninterrupted view of Wilhelmshöhe and Wahlershausen. It has been listed since 1984. It is a neo-classical plaster building 54 m² with a portico with Ionic columns, architrave, frieze and pediment. 3 windows on east and west sides are framed by pilasters. The façades are framed by Ionic corner pilasters.

Um der Wohnungsnot nach dem 1. Weltkrieg entgegenzuwirken, wird 1919 die Erbbaugenossenschaft gegründet. Die von Soeder, geschäftsführender Direktor der Kasseler Kunstakademie, in diesem Kontext entworfene Riedwiesensiedlung entsteht in 6 Bauabschnitten 1925–30 und einem 7. 1939/40. Es handelt sich um rund 100 Wohnhäuser in unterschiedlicher Dimension und Wohnungsgröße sowie verschiedener Typen: Ein-, Doppel- und Mehrfamilienhäuser. Zur Gewinnung größerer Wohnfläche (und Reduzierung der Dachschrägen) in den 2 Dachgeschossen (es war einstöckige Bauweise vorgeschrieben) ließ man die Spitzdächer weit über die Grundmauern auskragen. Alle gebauten Varianten besitzen dieses charakteristische Dach. Der erzielte Spareffekt korrespondiert zudem mit zeitgenössischem Gedankengut im Sinne von „Heimat und Scholle". Die Wohnräume sind zumeist nach Süden, der Eingangsbereich nach Norden gelegt. Zu jedem Haus gehört ein eigener Zier- und Selbstversorgergarten. Die Siedlung, die städtischen Komfort mit naturnahem Wohnen zu verbinden sucht, ist an den historischen Dorfkern Kirchditmold angebunden. (KK)

The Riedwiesen estate was designed by Soeder and built in 6 stages between 1925 and 1940 by a housing cooperative. It comprises c. 100 detached, semi-detached and multifamily buildings. Only one storey was permitted, hence the projecting roofs, giving more living space in the attic. The style also corresponded to the Heimat style of the time. Living rooms face south and entrances north. Each house has its own garden, for self-support. The estate attempts to combine city comforts with living near the land.

122
Doppelvilla
Friedrich-Naumann-Straße 23/25
1901: Wilhelm Rennert (Kassel)

123
Wilhelmsgymnasium
Kunoldstraße 51
1959: Werner Noell, Heinz Grebe (beide Kassel)

Hist. Aufriß, 1901
Historical elevation, 1901

Die 2-geschossige Doppelvilla des Maurermeisters Rennert reiht sich harmonisch in das schon bestehende zeitgenössische Ambiente ein. Die Eingänge zu den Treppenhäusern befinden sich jeweils an den Seiten, jede der ca. 110 qm großen Wohnungen ist mit einer Loggia nach Norden und einem Balkon nach Süden ausgestattet. Die achsensymmetrische Grundkonzeption wird durch eine differenzierte Fassadengestaltung mit Ziermotiven des Jugendstils geschmückt. Optisch entsteht dadurch der Eindruck zweier Haushälften. Verbindendes Element ist das in beiden Hälften wiederkehrende Blattmotiv im Gitter der Loggien, des Eingangbereichs (Nr. 23) und des Gartenzauns. Entsprechend der heutigen Nutzung ist die Raumdisposition verändert worden, die Treppenhausbemalung wurde restauriert. (CM)

The 2-storey double villa of the master mason Rennert has side entrances to the staircases. Each of the flats, c. 110 m^2 in area, has a north loggia and a south balcony. The façade treatment, with Jugendstil elements, creates the impression of 2 halves. The leaf motif links the two, in the loggia lattice, entrance and garden fence. The arrangement of rooms is altered; staircase painting restored.

Ein mehrgeschossiger Scheibenbau grenzt die Anlage zur Bayernstraße ab, während ein schräg gestellter, Schwimmbecken und Turnhalle bergender Flachbau an der Kunoldstraße einen schmalen Vorplatz frei läßt. Beiden Flügeln sind gemusterte Giebelfassaden aus Ziegelmauerwerk eigen, deren Wandzungen über die Fassade ausgreifen und neben den scharfgeschnittenen Fensterlaibungen zu der charakteristischen Außenerscheinung beitragen. Das architektonische Prunkstück der Schule, ein Atriumsaal mit Orgel und Bühne, liegt quer zum Hauptflügel, erschlossen durch den Eingang an der Kunoldstraße. Die Halle über querrechteckigem Grundriß erhält durch eine Lichtdecke gedämpftes Tageslicht und ist gerahmt von 3-geschossigen, aus einfachen Rundpfeilern gebildeten Kolonnaden, die zugleich die Korridore enthalten, von denen die Klassenzimmer betreten werden. (SS)

A multi-storey plate construction borders the complex on Bayernstraße; a low building with swimming pool and gymnasium leaves a narrow forecourt on Kunoldstraße. Both wings have patterned brick gable fronts which, together with the window reveals, characterize the exterior. The assembly hall is the showpiece of the building. It receives subdued daylight from a light-diffusing ceiling and has 3-storey round-pillar colonnade corridors.

124
Architekturbüro Bieling & Bieling
Druseltalstraße 25
1995: Bieling & Bieling (Kassel)

Das Bürohaus, an einer stark befahrenen Ausfallstraße gelegen, ist ein einfacher, kubischer Baukörper, der durch funktional begründete vor- und zurücktretende Elemente in seiner klaren Gebäude-
form aufbricht. Einige dieser Bauelemente werden
durch Material und Formgebung (Buchenholz-
verkleidung soll maritimen Charakter verleihen) besonders stark hervorgehoben, so der Treppenhausturm zur Erschließung der Bürozonen im Eingangsbereich und der rückwärtig zum Garten hin orientier
te Besprechungsraum mit Bibliothek. Die übrigen
Materialien beschränken sich auf Stein, Stahl sowie
Glas. Vom Garten aus ist das 1. OG über eine Außentreppe und Dachterrasse direkt zu erreichen. Im
Inneren befinden sich auf 3 Ebenen verteilt die verschiedenen Arbeitsplätze, die durch einen im Zentrum liegenden Luftraum (Atrium) zu einer Halle
verbunden sind; lediglich das Staffelgeschoß ist
separat. (NS)

The architects' office is a rectangular building with
projecting and recessed functional elements, some
of them emphasized by materials and form
(beechwood cladding intended to give a maritime
effect), such as the staircase tower and the
conference room at the back. The other materials
are stone, steel and glass. An outer staircase in the
garden leads to the first storey. The various
workspaces are on 3 levels, linked by an atrium.

125
Stadtviertel Marbachshöhe
Mecklenburger Straße, Brandenburger Straße u. a.
1993–2000: Bundesrepublik Deutschland, Stadt
Kassel, Arbeitsgemeinschaft Marbachshöhe

Im Zuge der militärischen Umstrukturierung wurden
1994 die Wittich- und Hindenburgkaserne von der
Bundeswehr aufgegeben und ab 1996 zu einem
eigenen Stadtviertel Marbachshöhe (37 ha) umgestaltet. Neben dem Umbau der Kasernengebäude
zu Miet- sowie Eigentumswohnungen und Gemein-
schaftsräumen werden zahlreiche Neubauten als
Reihen- und Doppelhäuser, Eigentums- und Miet-
wohnungen geplant und realisiert. So entstehen
ca. 680 Wohneinheiten, u. a. die bundesweit ersten
öffentlich geförderten Geschoßwohnungsbauten im
Passivhaus-Standard (eine Weiterentwicklung des
sog. Niedrig-Energie-Hauses), Stadtvillen mit
Maisonettewohnungen, außerdem Projekte wie
„Frauen- und familienfreundliches Wohnen" oder
„Generationsübergreifendes Wohnen". Auch Büro-
und Gewerbenutzungen sowie soziale Einrichtungen
(Berufsakademie, Bildungsinstitut, Gesundheits-
zentrum, Künstlerateliers, Tischlerei, Technologie-
und Gründerzentrum) sind integriert, ein geplantes
Versorgungszentrum soll folgen. Private Schulen,
ein Kindergarten, eine städtische Turnhalle sowie
Sportplatz und Verkehrsschulgarten sind weitere
Bestandteile des sich entwickelnden Viertels.
Der ehem. Appellplatz (ca. 15.000 qm) wurde
1999 zu einer öffentlichen Grünfläche mit hoher
Nutzungsqualität umgebaut, dem Wilhelm-Rohrbach-Platz. Eine weitere Umnutzung 1999: Der
frühere Schießstand wird zu einem Spielgelände
(4.200 qm). Die Konversion der Kaserne begann
1993 mit einem Beschluß zur Einleitung einer städtebaulichen Entwicklungsmaßnahme und endete im
Sommer 2000 mit dem Abschluß der öffentlichen
Baumaßnahmen. (NS)

Fortsetzung nächste Seite

125

Fortsetzung

126

Fatima-Kirche (kath.)
Memelweg 19
1959: Gottfried Böhm (Köln)

When the German army moved out of the Wittich
and Marbachshöhe barracks a new district (37 ha)
was created. The barracks were converted into flats
and communal premises, and many new terraced
and semi-detached houses and flats were built. C.
680 dwelling units were created, including the first
publicly subsidized flats meeting the German 'passive building' low energy standard, city villas with
maisonettes, and projects for women and families or
multi-generation housing. There are also offices and
commercial and social institutions. A services centre
is to follow, and schools, a kindergarten,
gymnasium and sports ground. The former parade
ground (c. 15,000 m²) was converted into a public
park, Wilhelm-Rohrbach-Platz, in 1999, and the
shooting range (4,200 m²) into a playground. The
work was completed in 2000.

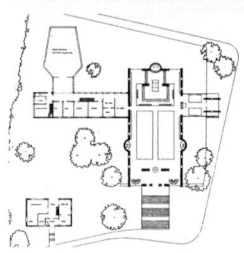

In einer Stadtrandsiedlung erhebt sich, in exponierter Situation, die in Sichtbeton und Glas erbaute
Kirche mit weithin sichtbarem Campanile. Eine imposante Freitreppe führt durch das 3-teilige Portal in
einen Vorraum, unter dem sich die Taufkapelle befindet. Im Inneren setzt sich das den Bau bestim-
mende und in architektonische Schritte umgesetzte
Motiv des Weges bis zum Altar fort, dessen retabel-
artige Rückwand die Eingangs- und Fassaden-
situation spiegelt. Klare Wandfluchten mit Erkern
und einer Reihe kleiner Fensternischen (Marien-
szenen) sowie die zeltförmige Konstruktion, welche,
vom Eingang bis zum Altar verlaufend, das Dach
trägt, prägen den Innenraum. Die Betonkulisse der
Schmalseiten ist von Glasfenstern umrahmt. Die
Kirche besticht durch klare und einfache Linienfüh-
rung sowie die Synthese von Rationalität und emo-
tionalen Werten; sie gilt als eine der bedeutendsten
Nachkriegskirchen Deutschlands. (JA)

In a suburban housing estate, in an exposed
position, stands the church, in exposed concrete
and glass, with its campanile visible from a distance.
Imposing steps lead through the 3-section portal
into a porch below which is the baptistry. Inside, the
motif of the path is continued to the altar, whose
back wall mirrors the entrance and façade. The
interior has plain walls with oriels and window
niches, and a tent-like construction bearing the roof.
Glass windows surround the concrete section in the
end wall. The simple lines of the church and the
synthesis of rationality and emotion make this one of
the most important postwar churches in Germany.

127
Christuskirche (ev.)
Baunsbergstraße 11
1903: Johannes Roth (Kassel); Renovierung 1952
u. 1981; Gemeindezentrum 2001: Penkhues
Architekten (Kassel)

Die Kirche wurde als Pfarrkirche von Wahlershausen
und des dort neuangelegten Wohn- und Villenviertels erbaut, zugleich gedacht als eine Hofkirche bei
Kaiser-Aufenthalten in Wilhelmshöhe. Die 3-schiffige
Basilika zitiert Architekturmotive der Renaissance
und Gotik. Turm mit Turmstube, Schweifgiebel und
spitzem Dachreiter. An der Südseite die Kaiserloge,
außen durch das Adler-Wappen gekennzeichnet.
Die farbige Fassung des Innenraums ist an die Ausmalung der Erbauungszeit angeglichen. Im Vorraum
eine Kopie der bekannten Christusfigur von
Thorvaldsen (1903). Seltenes Beispiel einer weitgehend unveränderten Kirche aus wilhelminischer Zeit
in Kassel. Das neue Gemeindezentrum bildet in
seiner kubisch-sphärischen Grundform einen wir-
kungsvollen Kontrast zur Kirche und reflektiert in
delikater Materialwahl und -ausführung die Situation:
zum grünen Kirchplatz in voller Breite transparent
(verglast), zur Straße mit einer Schale aus geschlif-
fenem Muschelkalk abgeschirmt. (JA)

The Christ church is the parish church of the new
residential district and was a royal church when the
Emperor stayed in Wilhelmshöhe. The historicist
basilica quotes Renaissance and Gothic motifs, and
the tower has scrollwork gable. On the south side
the Emperor's pew, with eagle outside. The interior
painting resembles the original. In the porch is a
copy of Thorvaldsen's Christ. This is a church of the
Wilhelminian period largely unchanged, a rarity in
Kassel. The new cubical and spherical community
centre is an effective contrast, with a glass wall to
Kirchplatz and a shell of ground shell limestone.

128
Mulang (Villenkolonie Wilhelmshöhe)

Villa "Ridinger Schloß", hist. Ansicht
'Ridinger Schloß' villa, hist. view

Günstige Grundstückspreise und die landschaftlich
reizvolle Lage bewogen Kasseler Bürger ab ca.
1880 südlich des Bergparks einzelne Villen zu errichten. Die Bezeichnung Mulang leitet sich vermutlich aus dem franz. moulin (Mühle) oder dem
chines. mu-lân (langes Haus) ab. Eine Mühle wie
auch die chinesische Siedlung des Bergparks befanden sich in unmittelbarer Nähe der Kolonie. Zu
einer stärkeren Bebauung kam es, als der Bauun-
ternehmer Heinrich Schmidtmann mit dem Kaufmann C. Schwarz 2 ha Land von der königl.
Domänenverwaltung erwarb und parzellierte. „Ich
beabsichtigte nach dem System der englischen
Cottages eine Anzahl Landhäuser zu einer Kolonie
vereinigt, zu bauen." (Schmidtmann, 1910). 1881
entstanden seine ersten 3 Häuser im Schweizer Stil;
charakteristisch dafür das Haus in der Burgfeldstraße 4 (um 1881, Schmidtmann zugeschrieben):
Klinkerfachwerk mit profilierten Balkonen und Veran-
den. Die Raumdisposition ist erhalten und Details
sind wiederhergestellt. Die Attraktivität des Viertels
wuchs: Der Luftkurort Wilhelmshöhe, der Bau der
Herkulesbahn (1903), aber auch die Nähe zur
Sommerresidenz des Kaisers ließen neben Privat-

Fortsetzung nächste Seite

128

Fortsetzung

129

Villa Henkel
Kurhausstraße 7
Um 1890

häusern auch Cafes, Pensionen, Hotels, Natur-
heilanstalt und ein Hallenbad entstehen. Die Villa
„Riedinger Schloß" in der Löwenburgstraße 3, als
Privathaus von Heinrich Schüßler gebaut, wurde von
1900 bis in die 20er Jahre als Hotel genutzt (Portal
von 1647 aus der Unterneustadt, Mühlengasse
26). Bis zum 1. Weltkrieg verdichtete sich die Bebauung. Villen im Bauhausstil und der 30er Jahre
(heute größtenteils nur noch am Grundriß ablesbar)
füllten die Lücken. Durch Kriegsschäden entstand
neues Bauland, ältere Villen mußten Eigentumswohnungen weichen, Grundstücke wurden geteilt. Von
den prachtvollen Hotels und Kuranstalten der Jahrhundertwende sind keine mehr erhalten. Fast alle
ursprünglich als Einfamilienhäuser konzipierten Villen
sind heute als Mehrfamilienhäuser aufgeteilt. (CM)

From c. 1880, individual villas were built in the
Mulang area. Then Schmidtmann and Schwarz
bought 2 ha of land and divided it into lots for a
colony of country houses. In 1881 3 houses in the
Swiss style were built; see Burgfeldstraße 4: clinker
timber-framing with profiled balconies and verandas.
The district became more attractive: the Wilhelmshöhe health resort, the Herkules railway (1903) and
the proximity to the emperor's summer residence
meant that not only private homes but cafés, guest
houses, hotels, a naturopathy centre and a
swimming pool were built. The villa at Löwenburgstraße 3 was used as a hotel from 1900 until the
1920s (1647 portal from Unterneustadt). By WWI
the area was more densely built. Bauhaus and
1930s-style villas, now gone, filled the gaps. War
damage created new building land, older villas gave
way to owner-occupied flats, plots were divided.
None of the former hotels and sanatoria remain.
Nearly all the villas are now used as multifamily
buildings.

Um 1890 ließ sich der Unternehmer Gustav Henkel
(Beck & Henkel Kraftanlagen 1878, Elektrizitätswerk
Wilhelmshöhe 1893, Herkulesbahn 1903) die neoklassizistische Villa in Mulang errichten. Der stattliche
Backsteinbau in Hanglage mit 2 bzw. 3 Stockwer-
ken (Gartenseite) erhebt sich über rechteckigem
Grundriß und hat seinen Abschluß in einem Attika-
geschoß mit Balustrade. Dem 3-achsigen Risalit zur
Straßenseite (Eingang), gerahmt durch Säulen und
Balkon, entspricht rückwärtig ein solcher mit vorge-
lagertem Standerker, flankiert von Altanen. Dieser
schließt im DG mit Palmetten-Akroterien, Stirnzie-
geln und Puttengruppe ab. Im EG an allen
Fassadenseiten dorische, im 1. OG ionische Säulen
und Pilaster sowie Fenster mit Dreiecksgiebelchen.
Architekturelemente und Zierat sind in Sandstein
gehalten und beleben die sonst schlichte Fassade.
Die Villa ist der heutigen Nutzung als Mehrfamilien-
haus entsprechend umgebaut, das repräsentative
Treppenhaus ist erhalten. (CM)

The neo-classical villa was built for the industrialist
Gustav Henkel c. 1890. It rises to an attic storey
with balustrade. The 3-axis projection in front,
framed by columns and balcony, is echoed by the
projection at the back, flanked by balconies and
with palmette acroteria, antefixes and putti above.
Doric columns on ground floor, Ionic on the first
floor and windows with triangular pediments. The
sandstone decoration enlivens the otherwise plain
façade. The imposing staircase is original.

130
Privatvilla „Kleine Löwenburg"
Löwenburgstraße 6
1891: Heinrich Schüßler (Kassel)

131
Straßenbahnendhaltestelle Wilhelmshöhe (Museumspädagogisches Domizil seit 1992)
Wilhelmshöher Allee 380
1898: Georg Karl Wilhelm Kegel (Kassel)

10 Jahre nach dem Bau des Hauses Löwenburg-straße 3 errichtet sich Heinrich Schüßler, mit Blick auf die nahe Löwenburg im Schloßpark, die sog. „Kleine Löwenburg". Der 2-geschossige, etwas verschachtelte Bau in pseudomittelalterlichem Zuckerbäckerstil ist einer Burg nachempfunden und mit Treppenturm, Balkonen und einem (später überdachten) Altan ausgestattet. Die Fassade ist gekennzeichnet von kleinen, gedrungenen, farbig gefaßten Halbsäulen und Zinnenfries. Das Motiv der Burg wird im Inneren fortgesetzt, es gibt eine Wendeltreppe und spitzbogige Türöffnungen. Türen, Balkongitter, Gartenzaun und -tor sind authentisch, die heute eine andere Funktion. Küche im EG und Bedienstetenwohnungen im DG haben heute eine andere Funktion. Der Eingangsbereich, das Satteldach nach Westen und der rechte der beiden Ritter der Wandbemalung entsprechen nicht dem ursprünglichen Zustand. (CM)

10 years after the house Löwenburgstraße 3 was built, the ‚little Löwenburg' followed. The somewhat convoluted pseudo-medieval architecture imitates a castle, with staircase turret, balconies and a terrace, later roofed. The façade has compact coloured demi-columns and crenellation. The castle theme is continued inside in a spiral staircase and pointed-arch doorways. Doors, balcony balustrades, garden fence and gate are authentic; other elements have changed their function or been altered.

1898 genehmigte die „Große Casseler Straßenbahn AG", auf den bisherigen Dampf- und Pferdebahn-strecken den elektrischen Betrieb aufzunehmen. Zeitgleich erhielt Kegel den Auftrag, das bestehende Gebäude an der Endstation Park Wilhelmshöhe durch ein repräsentativeres zu ersetzen. Entstanden ist ein 3-geschossiger Bau über rechteckigem Grundriß, der geschickt der topographischen Situation eingepaßt wurde. Das UG mit ehem. Dienst- und Personalräumen, Abort, Keller und Waschküche ist in Sandstein, das 1. OG in verputztem Backstein ausgeführt. Dieses ist vom Bahnsteig über eine steil ansteigende überdachte Treppe erreichbar und beherbergte einen Wartesaal, der um eine Achse hinter die Hausflucht gesetzt ist. Davor ein von Arkaden getragener Balkon. Große profilierte Fenster mit verzierten Segmentbögen gliedern das Gebäude. Der anschließende Trakt, ehem. Wohnung des Stationsbeamten, wird durch ein vorkragendes Fachwerkdachgeschoß mit Krüppelwalmdach, Zwerchhaus und Dachreiter bestimmt. (MD)

In 1898 permission was given for the steam and horse train tracks to convert to electricity. At the same time a more imposing 3-storey terminus building was commissioned. It had offices, lavatory, cellar and washhouse on the sandstone ground floor, and waiting room on the brick-with-plaster 1st floor, reached from the platform by a roofed staircase. The building has large profiled windows with decorated segmental arches. The former station guard's housing, with timber-framed attic, adjoins.

132
Verkaufspavillon Wilhelmshöhe
Wilhelmshöher Allee/Busparkplatz Schloßpark
1959: Werner Noell, Reinhard Riemann (beide
Kassel)

133
Wachhaus (Schloßcafé)
Wilhelmshöhe
1824–26: Johann Conrad Bromeis; Veränderung
des Innenraumes 1885: Knyrim

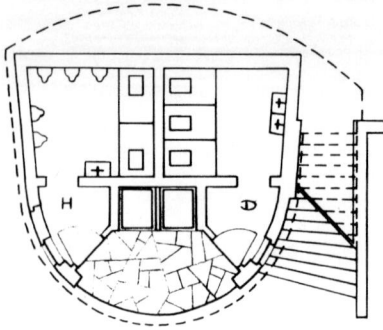

Untergeschoß
Basement

Der runde Pavillonbau erhebt sich über einem
sandsteinverblendeten Sockelgeschoß, in dem sich
öffentliche Toiletten befinden. Darüber liegt der
eigentliche Kiosk, dessen tragende Konstruktion von
nach oben schräg ausgestellten Betonstreben gebildet wird. Ihnen sind Fensterelemente aus Metall
zwischengeschaltet, die nachträglich vergittert wurden. Markant das weit überkragende Pilzdach mit
Kupferhaube, das über 2 Regenfallrohre nach innen
entwässert wird. Ein Laubengang mit Sandstein-
belag und geneigtem schmiedeeisernen Geländer
umgibt den Pavillon. Dieser, größtenteils noch original erhalten (aber sanierungsbedürftig), weist die
typische ,organische' Formensprache der 50er Jahre auf und ist der einzige Kioskbau seiner Zeit, der
in Kassel momentan noch betrieben wird. (KKr)

The round sales pavilion has a sandstone-clad base
with public lavatories. The kiosk is above, on
concrete struts which narrow towards the base,
between which are metal window elements. The
projecting flat copper-topped roof is drained by two
inside stack pipes. A pergola with sandstone paving
and wrought-iron railings surrounds the pavilion, the
only one of its time still being operated in Kassel.

Um die Zufahrt zur Wilhelmshöhe besser zu sichern,
ließ Wilhelm II. unterhalb der Schloßanlage ein
Wachhaus erbauen. Bromeis errichtete ein 2-ge-
schossiges Gebäude aus rotem Backstein mit
Sandsteingliederung auf rechteckigem Grundriß mit
7:5 Achsen. Dominantes Motiv der Hauptfassade:
Ein eingezogener Portikus mit 4 ´männlichen´
dorischen Säulen, der die pilastergerahmten Seiten
zu Flügeln herunterstuft. Das weit ausladende,
konsolgetragene Hauptgesims schließt das OG mit
seinen flachbogigen Fenstern ab. Eine niedrige Attika kaschiert das flache Walmdach.
Der über eine Treppe zugängliche Waffenplatz,
heute Caféterrasse, ragt um eine Achse in das Gebäude hinein und ist so mit der Sommerwachstube
verbunden. Diese erstreckte sich durch das gesamte Gebäude, seitlich flankiert von kleineren Winterwachstuben. 1885 wurden im Innenraum 2 der 6
mächtigen Holzsäulen durch eine Wand ersetzt, und
in der 2. Hälfte des 20. Jh. verband man die Som-
mer- und Winterwachstuben durch Türöffnungen.
(MD)

The guardhouse was built to protect the approach to
Wilhelmshöhe. It is of brick, with sandstone
ornamentation. A recessed portico with 4 Doric
columns is the main feature of the façade. The
projecting cornice is borne on consoles, and a low
attic storey conceals the shallow hipped roof. The
summer guardroom extended throughout the
building, flanked by smaller winter guardrooms: all
three are now linked by doorways. 2 of the 6 massive oak columns inside were replaced by a wall in
1885.

134
Schloß Wilhelmshöhe (Gemäldegalerie Alte Meister und Antikensammlung)
1786–1801: Simon Louis du Ry, Heinrich Christoph Jussow; Verbindungsbauten 1810, 1817, 1829;
Umbau zum Museum 1968–1974: Paulfriedrich Posenenske (Kassel); Umbau des Museums 1994–2000:
Stephan Braunfels (München)

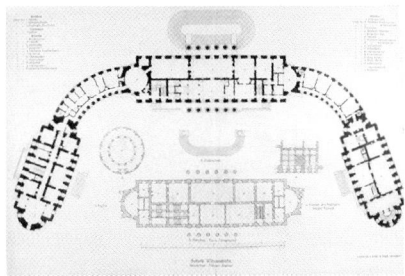

Erdgeschoß
Ground floor

Landgraf Wilhelm IX. ließ das Schloß, seit 1798
„Wilhelmshöhe" genannt, an der Stelle bauen, an
der bereits Landgraf Moritz 1606 ein 3-flügeliges
Jagdschloß errichtet hatte. Nachdem die Flügel
dieses Schlosses abgetragen waren, erbaute du Ry
1786–90 den heute als Weißenstein bezeichneten
Südflügel als 2-geschossigen, 9-achsigen Solitärbau, der in 2 Apsiden mit ionischen Säulen ausläuft.
Über leicht geböschtem Sockel erhebt sich das
rustizierte EG mit unprofilierten Rundbogenfenstern
und Türen. Der Mittelrisalit, mit einer den Portalen
vorgelagerten Freitreppe, wird in Höhe der Beletage
von 8 freistehenden ionischen Kolossalsäulen gegliedert; eine vasenbekrönte Attika verbirgt das
leicht geneigte Dach. Du Ry orientierte sich an eng-
lisch-palladianischen Landschlössern. Bereits während der Bauarbeiten erschien Wilhelm IX. das Gebäude zu klein, er erweiterte das Projekt um einen
als Pendant konzipierten Trakt. Dieser Nordflügel,
1788 von du Ry begonnen, von Jussow im Raum-
programm durch die 1791 geplante Schloßkapelle
verändert, beherbergte in der Beletage fürstliche
Appartements und im Keller die Küche. Die Kapelle,
einziger erhaltener Bestandteil des nach 1945 entkernten Flügels, besteht aus einem quergelagerten
tonnengewölbten Andachtsraum (1792 geweiht) mit
klassizistischem Kassettendekor und Flachdecken in
den seitenschiffartigen Logen. Toskanische Säulen
tragen einen Triglyphen-Architrav, der sich als Fries

bis in die Apsiskalotte mit Stichkappenfenstern fortsetzt. Die in den Maßen bescheidene Kapelle ist mit
viel Einfühlungsvermögen in den Profanbau integriert
und von außen nicht wahrnehmbar. Die aus der
Achse verschwenkten, sich dem Berg öffnenden
Flügel sollten nach Abriß des Moritzschlosses
(1790) zu einer zentrierten Anlage ausgebaut werden. Extravagante Entwürfe standen zur Diskussion,
die vom Triumphbogen über eine antike Ruine bis
hin zum Obelisken reichten. Jussow setzte einen
von de Wailly und Ledoux beeinflußten Corps de
logis im strengen Klassizismus der sog. Revolutionsarchitektur durch und damit eine konventionelle
Dreiflügelanlage. Dem 15-achsigen Bau (ehem. mit
flacher Tambourkuppel), der in der Grundstruktur
den Flügeln folgt, sind monumentale giebelbekrönte
Portiken vorgelagert, die aus je 6, einer Freitreppe
aufgesetzten ionischen Kolossalsäulen bestehen.
Bergseitig ist zu lesen: WILHELMUS I. EL. CONDIDIT
(Kurfürst Wilhelm I. hat es gegründet). Die 3 Flügel
waren zunächst nur durch flache vasengeschmückte
Terrassen verbunden, die 1829 bis zur Höhe des
Mezzaningeschosses aufgestockt wurden. Eine
Vorstellung der Innenraumgestaltung (u.a. Marmor-
bad von Bromeis) erhält man im 1955 rekonstruier-
ten Weißensteinflügel.
Der 1945 stark beschädigte Mitteltrakt blieb lange
Zeit Ruine; 1961 stimmte die Landesregierung der
Museumsnutzung zu und erteilte den Auftrag an
Posenenske. Der Entkernung folgte der Einbau einer
sichtbaren Stahlkonstruktion mit flexiblen Raumtei-
lern, Beleuchtungs- und Deckenelementen sowie
einer offenen, zentral gelegenen Treppenanlage.
Auf die Rekonstruktion der Kuppel wurde zugunsten
eines Sheddaches verzichtet. Bauphysikalische
Mängel machten eine neue Dachkonstruktion erforderlich. Das viel diskutierte Konzept von Braunfels
mündete in eine Kompromißlösung: Es wurde ein
bis auf die Höhe des Tympanons reichender
Lichtgaden mit mattierten Scheiben installiert, der im
Inneren in 5 einzelne Laternen unterteilt und außen
von einem durchgehenden Satteldach verdeckt ist.
Im Zuge der Sanierung erhielt der Mitteltrakt eine
neue Raumdisposition: Jede Ausstellungsetage

Fortsetzung nächste Seite

134
Fortsetzung

Entwurf von H. C. Jussow, 1786
Design by H. C. Jussow, 1786

Vorkriegsansicht
Prewar elevation

(Informations- und Versorgungseinrichtungen im Sockelgeschoß) wurde mit einer eigenen, an den Exponaten orientierten Grundrißstruktur ausgestattet. Die vertikale Erschließung erfolgt über einläufige Treppen in den Exedren sowie Aufzüge. Schloß Wilhelmshöhe ist ungeachtet der Umbauten ein seltenes und wichtiges Zeugnis großer Schloß-architektur nach Ende des Absolutismus. (MD)

The castle was built by Landgrave Wilhelm IX on the site of the earlier hunting lodge. In 1786–90 the south wing (now called Weißenstein) was built. The rusticated ground floor above a sloping base has round-arch windows and doors and a central projection with outer staircase and colossal columns on the first floor. Du Ry followed English stately homes in the Palladian style. Before the building was completed it was decided to add a counterpart second wing, of which only the chapel remains, a transverse barrel-vaulted room with classicist coffering and flat ceilings in the aisle-like pews. A triglyph architrave continues as a frieze. The chapel is modest in dimension and sensitively integrated into the secular building; its presence cannot be detected from outside. When the hunting lodge was demolished in 1790, various extravagant plans for the linking of the two wings were discussed. Jussow succeeded in gaining approval for a corps de logis in strict classicist style (known as 'architecture of the revolution'), creating a conventional 3-wing building. The 15-axis building (formerly with a shallow dome) has monumental porticos, each consisting of 6 colossal columns. On the uphill side is the motto WILHELMUS I. EL. CONDIDIT (Elector Wilhelm I founded it). At first, the 3 wings were joined by low terraces with vases; in 1829 these were raised to the mezzanine level. The Weißenstein wing, restored in 1955, gives an impression of what the interior was like (including Bromeis' marble bathroom). After severe damage in 1945, the centre section was long a ruin; in 1961 Posenenske was commissioned to restore it as a museum. Inside, a visible steel construction with flexible room dividers and an open staircase were installed. As a result of structural defects, a new roof had to be built. A clerestory with matt panes was installed, divided into 5 lanterns inside. Each floor was given a different ground plan. Despite the alterations, Schloß Wilhelmshöhe is a rare and important example of great castle or palace architecture after the end of absolutism.

135
Ballhaus, ehem. Theater Napoleonshöhe
Schloßpark Wilhelmshöhe
1809/10: Leo von Klenze; Umbau 1828–30:
Johann Conrad Bromeis; Restaurierung 1975–79
u. 1982–84: Staatsbauamt Kassel

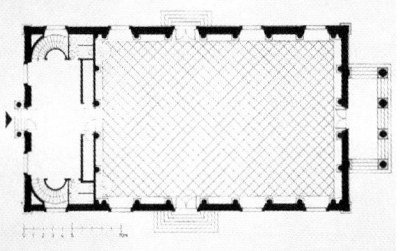

136
Großes Pflanzenhaus
Schloßpark Wilhelmshöhe
1822: Johann Conrad Bromeis; Umbau 1883–87;
Restaurierungsarbeiten ab 1993

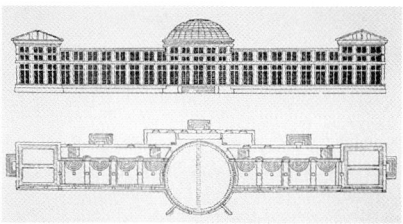

Grund- und Aufriß, ursp. Zustand
Ground plan and elevation, original state

Klenzes Erstlingswerk ist das für König Jérôme neben dem Schloß errichtete queroblonge Logen- und Rangtheater. Unter Kurfürst Wilhelm II. völlige Entkernung des Innenraums, Versetzung des 4-säuligen toskanischen Portikus' von der West- an die Nordseite, Vergrößerung der Fenster; allein das toskanisch dekorierte Königsportal an der Südseite wird beibehalten. Der eingeschossige Saalbau mit Attika und flachem Walmdach erhebt sich über rechteckigem Grundriß mit 5:3 Achsen. Durch das südl. Portal gelangt man ins Foyer, von dem aus seitliche Treppenläufe zur Königs- und zur aufgestockten Orchesterloge führen. Ein flaches Rabitztonnengewölbe überfängt den Ballsaal. 28 marmorierte Dreiviertelsäulen umkleiden die das Dach tragenden Holzstützen. Die bemerkenswerten Wand- und Deckenmalereien im Stil des späten Empire geben dem Saal mit ihren Arabesken, dem sog. Papageienfries und den heiter-festlichen Motiven eine arkadische Atmosphäre. Seit 1986 wird der Saal für wechselnde Ausstellungen genutzt. (SW)

Klenze's first building is the theatre built for King Jérôme. Under Wilhelm II, the interior was gutted, the 4-column Tuscan portico was moved to the north, the windows enlarged; only the portal on the south is retained. The one-storey hall building has an attic and shallow hipped roof. Above the ballroom is Rabitz construction barrel vaulting. The wooden roof supports are covered by 28 marbled three-quarter columns. The late Empire wall and ceiling paintings with arabesques give the room its Arcadian atmosphere.

Bromeis orientierte sich beim Bau des Pflanzenhauses an den tradierten Formen einer barocken Orangerie. Er löste jedoch die Südfassade in eine durch hölzerne Pilaster gegliederte Glaswand auf. Die Mittelrotunde mit flacher Kuppel bestand aus einer Glas-Eisenkonstruktion, für Deutschland die erste dieser Art. Inspiriert wurde Bromeis durch den engl. Gartenarchitekten J. C. Loudon, der wiederum das Wilhelmshöher Pflanzenhaus als technische Glanzleistung in seiner „Encyclopedia of Gardening" (1822) hervorhob. Dennoch entstanden durch das tropisch-feuchte Klima Bauschäden, die Anlaß zu gravierenden Umbauten gaben: 1873–87 wurden die hölzernen Bauteile durch Eisen ersetzt, Gläser erneuert und, aufgrund neuer Bepflanzungspläne, die Mittelrotunde abgetragen. Der zum Palmensaal umgebaute 2-geschossige Mitteltrakt über quadratischem Grundriß, dessen Transparenz durch steinerne Pilaster und Architrave stark gemindert ist, trägt ein abgewalmtes Glasdach mit Laterne; die sattelgedeckten Flügelbauten enden in Pavillons mit flachen Zeltdächern. (MD)

When he built the hothouse, Bromeis followed the traditional baroque orangery, but he dissolved the south façade into a glass wall with wooden pilasters. The central rotunda was the first such glass-and-iron construction in Germany. Bromeis was inspired by the English landscape gardener J. C. Loudon. However, the damp tropical atmosphere caused damage to the building and large-scale rebuilding was necessary: the wooden elements were replaced by iron, glass renewed and the central rotunda demolished.

137
Marstall
Wilhelmshöhe
1791: Heinrich Christoph Jussow; 1822: Johann
Conrad Bromeis

138
**Kavaliershaus (Gartenverwaltung
Staatliche Schlösser und Gärten Hessen)**
Wilhelmshöhe
Nach 1760; 1788: Simon Louis du Ry;
1825: Johann Conrad Bromeis

Landgraf Friedrich II. ließ nördlich des Bowling-
green und parallel zur Straße einen Komplex mit
Nutzbauten errichten, die alle in einer Flucht lagen.
Der Marstall, ein langgestreckter schlichter Bau mit
großen Toren, wurde von Jussow durch zwei
L-förmige Flügel, die einen Hof umschließen,
erweitert. Die einzelnen Gebäude beherbergten
Pferdeställe, Schmiede und Kohlenmagazin. Eine
Reithalle aus verputztem Fachwerk mit offenem
Dachstuhl schließt die nördliche Seite der Anlage
ab. Dahinter befanden sich eine Rennbahn und
weitere Pferdeställe. Der vorgelagerte, 1791 um
ein Geschoß aufgestockte Mitteltrakt wurde 1822
abgetragen und hinter das „Neue Gasthaus" (heute
Schloßhotel) versetzt. Gleichzeitig wurden die beiden Trakte von Bromeis durch einen giebelbekrönten Fachwerk-Torbau mit hölzernen Pilastern
zu einer Dreiflügelanlage verbunden; Dachreiter und
Uhr stammen vom 1790 abgetragenen Moritz-
schloß. (MD)

The royal stables building was part of a complex of
service buildings aligned with each other. It was
extended by Jussow by two L-shaped wings. The
buildings contained stables, smithy and coal store.
An indoor riding arena with open roof marks the
north side of the complex. Behind were a race track
and more stables. The centre section was
dismantled and moved behind the 'Neues Gasthaus'
(Schloßhotel) in 1822, and Bromeis' wings were
joined by a timber-framed gate building to create a
three-wing building.

Der zum Schloß und Park Wilhelmshöhe gehörende
Nutzbaukomplex wird westlich von einem Gebäude
beschlossen, das in der Regierungszeit Friedrichs II.
als Gärtnerhaus errichtet wurde. Du Ry baute 1788
das 2-geschossige Gebäude mit Mansardendach
über rechteckigem Grundriß aufwendig um, weil im
Zuge des Schloßneubaus Kavalierswohnungen fehl-
ten. Bromeis verrückte 1824/25 das später von der
landesfürstlichen Maitresse Gräfin Reichenbach
bewohnte Haus in die neue Flucht des Marstalls,
eine weit beachtete technische Leistung. Er verzierte
die Fassaden mit einem zwischen den Geschossen
angebrachten Palmettenfries aus Stuck, vorgelegten
hölzernen Pilastern, Fensterlaibungen und einem
Kranzgesims. Der doppelflügeligen Tür ist eine Freitreppe vorgelagert. Die Raumdisposition blieb erhalten, während der untere Teil des Mansardendaches
steiler ausgerichtet und mit Dachgauben versehen
wurde. (MD)

The gardener's house was built under Friedrich II
and in 1788 elaborately altered because there was
a lack of gentlemen's houses when the new castle
was built. In 1824/25, Bromeis moved it into the
new Marstall alignment, a much-admired technical
achievement. He added a stucco palmette frieze
and other features to the façades. The arrangement
of rooms is original; the lower part of the mansard
roof is steeper and dormer windows have been
added.

139
Löwenburg
Schloßpark Wilhelmshöhe
1793–1801: Heinrich Christoph Jussow; Behebung der Kriegsschäden 1953

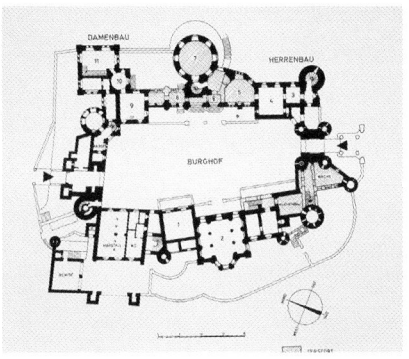

Erdgeschoß
Ground floor

Mit dem Bau der Löwenburg erfüllte Jussow den am Schloß Wilhelmshöhe nicht umgesetzten Wunsch des Landgrafen Wilhelms IX. nach einem Ruinenschloß. Abseits der Herkulesachse entstand 1793 der Bergfried als Solitärbau. Im Zuge der 1795 einsetzenden Planänderungen zur Vierflügelanlage mit Kirche, Damen- und Herrentrakten, Marstall, Remise und Rüstkammer erweitert. Unregelmäßig angelegte Gebäudeteile aus Basalttuff mit unterschiedlicher Außenbehandlung sollen eine über Jahrhunderte gewachsene Burg simulieren.
Der an der Wolfsschlucht liegende Nordostflügel beherbergt die repräsentativen Räume. Der Damenbau (nördl. des Bergfrieds) setzt sich aus 3 hintereinander gestaffelten Baukörpern zusammen. Über dem talseitigen geböschten UG befindet sich das durch zahlreiche Rundbogenfenster und Eckürmchen gegliederte OG, dessen Mitte durch ein überkuppeltes Turmgeschoß gekennzeichnet ist. Die Innenhoffassade mit mittelalterlich-gotisierender Ornamentik stellt eine Verbindung zum Herrenbau her. Daß die Burg nicht als wehrhaftes Gebäude, sondern als Lustschloß gedacht war, zeigt die talseitige, über eine Treppe erreichbare Terrasse. Der Nordwestflügel wird durch einen mehrfach aufgestockten Torbau mit Fallgatter und Zugbrücke, die auf zwei massiven, sich nach oben verjüngenden Steinpfeilern ruht, und anschließender Remise bestimmt. Der Kernbau des gegenüberliegenden Haupttores besteht aus einem quadratischen Torturm mit Ecktürmen. Ein Verlies befand sich unmittelbar über dem Tor; der Aufsatz mit Pyramidendach und Ecktürmen beherbergte die Wachstube. Wirtschaftsgebäude flankieren die Zufahrt. Der Südwestflügel wird von der Kirche eingenommen. Sie ist axial auf den Bergfried ausgerichtet und wie dieser hinter die Flucht der anschließenden Gebäudeteile gesetzt. Für die Fassadengestaltung mit spitzbogigen Maßwerkfenstern, krabbenbesetztem Wimperg mit Kreuzblume, spitz auslaufenden Strebepfeilern, Blendarkaden, dem Rundfenster und einer Miniatur-Königsgalerie wurden z.T. Materialien der abgebrochenen Unterneustädter Kirche ver-

wandt. Die gotische Höhenstreckung wird durch horizontale Bauelemente unterbrochen. Das Figurenprogramm umfaßt 2 Heiligen- und 10 Apostelstatuen aus Sandstein. Im Inneren ist die 3-schiffige gotische Hallenkirche mit leicht überhöhtem Mittelschiff, Rabitzgewölbe, 4 freistehenden Säulen und Apsis reich dekoriert. Neben Gemälden und Fenstern, z.T. ebenfalls Fragmente mittelalterlicher Kunst, bestimmt vor allem das von Jussow entworfene und von Johann Christian Ruhl ausgeführte Grabmal den Raum. Wilhelm I. wurde 1821 in der Gruft beigesetzt. Rüstkammer und Marstall haben eine einheitliche Fassade mit vorkragendem Rundbogenfries, Zinnenkranz und schmalen Rundbogenfenstern. Ein Treppengiebel markiert den Schnittpunkt der Gebäude. Pilaster mit Diamantquaderung fassen das Portal ein; darüber Sprenggiebel mit zwei Pferdeköpfen. Die Löwenburg, ohne direktes Vorbild im späten 18. Jh. entstanden, ist ein wichtiges Zeugnis für die Rezeption der engl. Neogotik in Deutschland. (MD)

The Löwenburg was built for Landgrave Wilhelm IX as a ruined castle, first the keep alone, and later a larger complex. Buildings irregular in design and exterior are intended to suggest a castle that developed over the centuries. The formal rooms are in the north-east wing. The Damenbau (ladies' building) consists of 3 staggered buildings. Above the basement is the upper storey, its centre marked by a tower storey with dome. The courtyard façade, with Gothic-style decoration, creates a link to the Herrenbau (gentlemen's building). The terrace on the valley side shows that the castle was intended as a residence rather than as a fortified building. The north-west wing has a gate building with portcullis and drawbridge. The centre part of the main gate, opposite, is a square gate tower. The approach is flanked by service buildings. The south-west wing

Fortsetzung nächste Seite

139
Fortsetzung

140
Schloßpark Wilhelmshöhe
1701–18: Giovanni Francesco Guerniero;
1766–1831: August Daniel Schwarzkopf, Heinrich
Christoph Jussow, Simon Louis du Ry, Johann
Conrad Bromeis, Karl Friedrich Steinhöfer, Wilhelm
Hentze u. Franz Vetter

Aufriß der Kirchenfassade
Elevation of church façade

Apollo-Tempel
Temple of Apollo

consists mainly of the church. The façade, in part using materials from the demolished Unterneustadt church, has tracery windows, a gable with crockets and finial, buttresses, blind arcades and a miniature gallery of kings. The Gothic upward thrust is broken by horizontal elements. There are sandstone statues of saints and apostles. Inside, the Gothic hall church is richly decorated, including remnants of medieval art; a dominant element is the tomb of Wilhelm I. The armoury and stables have a uniform façade with projecting round-arch frieze, crenellation and narrow windows. The Löwenburg was created in the late 18th c. without a model and testifies to the reception of the English neo-Gothic in Germany.

Nachdem Landgraf Karl 1701–18 den Osthang des Karlsberges durch das Herkules-Oktogon, die Kaskaden und Wasser-Installationen gestaltet hatte, blieb der nach italienischem Vorbild entstandene Barock-Park mehrere Jahrzehnte unverändert. Erst Friedrich II. ergänzte ab 1766 den Karlsberg mit Anlagen im englischen Gartenstil. Der naturnachahmende Landschaftsgarten sollte mit begehbaren Stimmungsbildern die Empfindung des Besuchers ansprechen und sein Erstaunen wecken. Dafür wurden entlang der Herkules-Achse allerlei Staffagen in einem unübersichtlichen Gefüge errichtet: Neben „Vergils Grabmal" (ein würfelförmiger Steinbau mit Kegelstumpf) und der „Cestius-Pyramide" (1775), beides Nachahmungen antiker Grabmale, entstand die „Eremitage des Sokrates" (1780), ein borkenverkleideter Holzbau mit säulengetragener Vorhalle. Künstlich angelegte Hügel und Senken, die die Symmetrie der Kaskade aufbrechen, schaffen ständig wechselnde Blickachsen, die öfters durch Staffagen bedient werden, wie etwa den Monopteros des Merkur (1783). Als Kontrast zum Weitblick entstanden intime Grotten: etwa die Nachbildung der bei Neapel gelegenen Grotte der Cumäischen Sibylle als tonnengewölbte Tuffsteinhöhle (1782). Von der derzeitigen China-Mode inspiriert, schuf du Ry nördl. des Schlosses das chinesische Dorf Mulang. Die erhaltene Pagode (1781) ist symptomatisch für den Geist des ausklingenden Ancien Régime. Um die Staffagen in eine ebenso natürlich wie vielfältig erscheinende Landschaft zu betten, bepflanzte der Hofgärtner

140
Fortsetzung

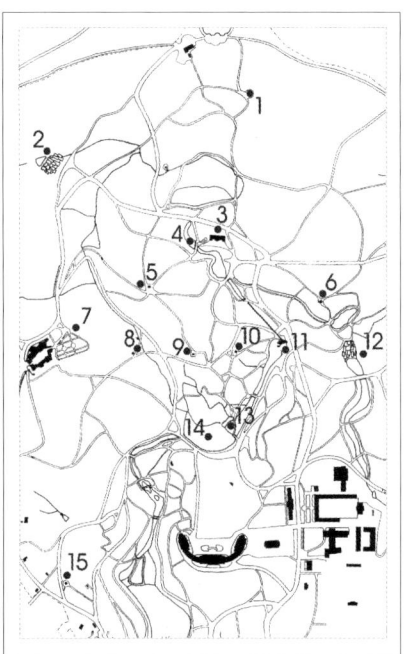

Aquädukt
Aqueduct

Schwarzkopf den Park mit über 400 Gehölzarten und legte eine Roseninsel an. Die zweite, tiefgreifendere Umgestaltung erfolgte unter Landgraf Wilhelm IX., der durch Jussow, den Wasserbauingenieur Steinhöfer und Schwarzkopf beidseits der barocken Achse eine weitläufige, idealisierte Naturlandschaft entstehen ließ. Dabei wurden die gegensätzlichen Stilmodelle der Gartenkunst unter Wahrung ihrer Eigenheiten verbunden. Unter den neuen Parkbauten ist das wichtigste Projekt der 1792 fertiggestellte 200 m lange Aquädukt aus Basalttuff (Jussow). 15 Arkaden leiten das Wasser bis zur Bruchkante, über die es 34 m in die Tiefe stürzt. Aufgrund der Hanglage und des Wasserreichtums war die Kombination mit einem künstlichen Wasserfall möglich; ein seltenes Beispiel dieses Typus'. Die Teufelsbrücke, 1793 von Jussow in Holz ausgeführt, 1826 von Bromeis durch eine gußeiserne Konstruktion ersetzt (ein früher Henschelguß und ‚romantisches' Industriedenkmal), bildet zusammen mit dem Wasserfall und der „Plutogrotte" ein Ensemble, das „schauerlich-unheimliche Empfindungen" auslösen soll. Unterhalb der Kaskade, etwas aus der Blickachse verschoben, errichtete Jussow 1795 einen als Felseneck bezeichneten oktogonalen Pavillon aus Tuffstein, verziert mit Blendarkaden und tuskischen Dreiviertelsäulen. 1817 schuf er den Apollotempel, eine Tholos mit korinthischer Ordnung und überhöhter Tambourkuppel, als neuen Point de vue, da der Blick zum Aquädukt mittlerweile zugewachsen war. Man simulierte Natürlichkeit auch bei künstlichen Anlagen; so wurde die Höhendifferenz zwischen Schloß und dem tiefergelegenen Lac (1791) ohne sichtbare Terrassen als eine natürliche Böschung ausgelegt. Am Rande des Bowlinggreen entstand 1816 die „Halle des Sokrates", eine halbrunde ionische Säulenhalle, deren Rückwand ursprünglich durchbrochen war. Als letzten Bau der romantischen Epoche kreierte Steinhöfer 1828 den gleichnamigen Wasserfall des Parks. Immer wieder trägt das Wasser als verbindendes Motiv entscheidend zur Homogenität der gesamten Anlage bei. Der Bergpark (240 Hektar) ist über Jahrhunderte gewachsen und vereint verschiedene Modelle europäischer Gartenkunst zu einer harmonischen Einheit; er gilt als eine der prächtigsten Anlagen in Europa. (MD)

Fortsetzung nächste Seite

140

Fortsetzung

Teufelsbrücke
Devil's Bridge

After Landgrave Karl landscaped the east slope of
the Karlsberg hill with the Hercules octagon,
cascades and water installations in 1701–1718,
the Italian baroque park remained unchanged for
several decades. From 1766 Friedrich II added
sections in the English style, including Virgil's Tomb
and the Cestius Pyramid (both copies of ancient
tombs) and Socrates' Hermitage (a bark-clad
wooden building with porch). Artificial hills and
valleys create constantly changing viewpoints, often
with eyecatchers, such as the Mercury Monopteros
(1783). Intimate grottoes were created as a
contrast to the distant views, for instance the copy
of the grotto of the Cumaean sibyl. Inspired by the
fashion for the Chinese, du Ry created the Chinese
village of Mulang. The pagoda preserved (1781) is
typical of the end of the ancien régime. The court
gardener Schwarzkopf planted over 400 shrubs and
created a rose island. The second, more extensive
remodelling took place under Landgrave Wilhelm IX,
who had an idealized natural landscape created.
The contrasting garden styles coexisted. The 200 m
long basalt tufa aqueduct was completed in 1792,
with an artificial waterfall. The Teufelsbrücke (Devil's
Bridge), was built in wood in 1793 and replaced by
a cast-iron construction in 1826. Below the
cascade, Jussow built an octagonal pavilion with
blind arcades and three-quarter columns, and in
1817 he built the Temple of Apollo, a tholus with
Corinthian order and high drum on dome, as a new
eyecatcher, since the view of the aqueduct had now
become overgrown. Even artificial features imitated
nature; thus the slope between the castle and the
Lac was made to resemble a natural slope, without
visible terraces. On the edge of the sunken lawn,
'the Hall of Socrates' was built in 1816. The
waterfall was the last building of the Romantic
epoch. Water acts as a unifying element in the
garden.

141

Herkules, Kaskaden
Schloßpark Wilhelmshöhe
1701–18: Giovanni Francesco Guerniero;
Verstärkungen am Oktogon Anfang 19. Jh.: Johann
Conrad Bromeis, Johann Christian Ruhl; Restaurierung um 1863: Heinrich von Dehn-Rotfelser (Kassel); Beseitigung der Kriegsschäden 1951–71

Angeregt durch die prächtigen Renaissancegärten,
die Landgraf Karl während seiner Italienreise
(1699–1701) gesehen hatte, beauftragte er
Guerniero, den Osthang des Karlsberges („Winter-
kasten") – 240 m Höhendifferenz – architektonisch
zu gestalten. Der oktogonale Tuffsteinbau, der im
Innenhof ein Wasserreservoir birgt, ist in 3 stufenför-
mig sich verjüngende Stockwerke gegliedert.
Durch die Art und Behandlung des Steinmaterials
entsteht der Eindruck eines aus dem Felsen aufstei-
genden Bauwerks. Das 1. Geschoß aus grobem
Zyklopen-mauerwerk mit 4 Rundbogendurch-

141
Fortsetzung

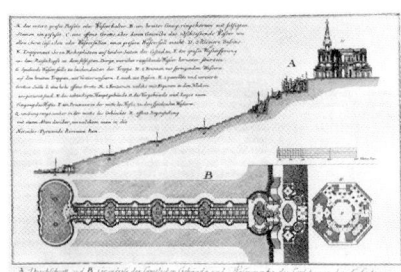

Anlage und Schnitt der Anlage am Karlsberg, 1765
Complex and cross section of complex on the Karlsberg, 1765

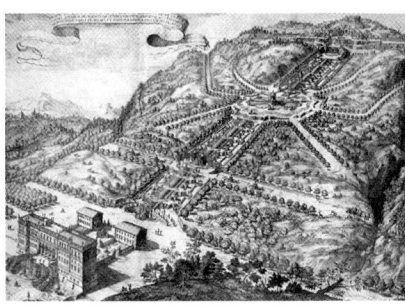

Entwurf der Gesamtanlage nach G. F. Guerniero, 1706
Design for whole complex, after G. F. Guerniero, 1706

gängen und -nischen ist durch außenseitige Freitreppen mit dem 2. verbunden. Hier leiten bereits
geglättete Bogenfelder zur Werksteinfassade im OG
mit ihrer toskanischen Ordnung über. Die durchgehende, aufgrund früh auftretender Baumängel zugemauerte Bogenstellung ist durch 4 Eckrisalite in
Terzette gegliedert. Darüber die Plattform mit einer
30 m hohen Pyramide. Die in Kupferblech getriebe-
ne Nachbildung des Herkules Farnese (9,20 m),
1713–17 von Johann Jakob Anthoni angefertigt,
wurde als Sinnbild der Herrschertugenden 1718
aufgestellt. Italienischen Vorbildern folgend (Frascati,
Tivoli), entstanden unterhalb des Oktogons die
Wasserkünste, die durch eine Abfolge von Wasser-
theatern, Brunnen, Fontänen und die große Kaskade bestimmt werden. Auf der obersten Ebene wurde der Grottenhof angelegt. Hinter einer 3-teiligen
Pfeilerarkade befindet sich das Vexierwasserbecken;
davor das Artischockenbassin. Das untere Wasser-
theater ist über eine doppelläufige, von Kaskaden
begleitete Treppe erreichbar. Im Zentrum der als
Felsberg gestalteten Anlage befindet sich das
paßförmige Riesenkopfbecken; in seitlichen Grotten-
nischen die hornblasenden Figuren Triton und
Kentaur. Die skulpturale Ausstattung wird heute auf
die Herkules-Figur bezogen, obwohl deren Aufstellung erst nach Fertigstellung des Oktogons und der
Kaskade geplant wurde. Für den fontäne-
spuckenden Riesenkopf des Giganten Enkelados
haben die Wasserspiele der Villa Aldobrandini in
Frascati als Vorbild gedient. Da Enkelados jedoch
beim Versuch, den Olymp zu erobern, von Herkules
bezwungen und unter einem wasserumspülten Felsberg begraben wurde, entstanden keine ikonographischen Brüche; vielmehr die Darstellung einer
Gigantomachie. Die 9 m breite, von 3 Querbecken
unterbrochene Kaskade erstreckt sich über 210 m
Länge; ursprünglich sollte sie bis zum Schloß hin-
unterführen. Der mittlere Wasserlauf mit konkav
ausgebildeten Stufenkanten wird von zwei schmale-

ren, leicht erhöhten Seitenkaskaden flankiert. Unterhalb der letzten Stufe findet sich die Neptungrotte
mit rundbogigen Pfeilerarkaden, die muschelhinter-
fangene Figur des Meergottes und das die Wasser-
achse beschließende gleichnamige Bassin. Neben
dem künstlerischen Wert der Anlage, die als „achtes
Wunderwerk" bestaunt wird, gelten die ohne Pum-
pen und Hydraulik funktionierenden Wasserkünste
als eine technische Großleistung des damaligen
Ingenieurwesens. (MD)

After seeing Renaissance gardens in Italy, Landgrave Karl commissioned Guerniero to landscape
the east slope of the Karlsberg, 240 m in height.
The octagonal tufa building with water reservoir has
3 steplike storeys and appears to grow from the
rock. The first storey is of cyclopean masonry with 4
round-arch openings or niches, and is linked by
outer steps to the 2nd. Here, tympani lead to the
upper storey with its Tuscan order. Above is the
platform with a 30 m pyramid. The copy of the
Farnese Hercules (9.2 m), of beaten sheet copper,
was installed in 1718 as a symbol of the virtues of a
ruler. Below the octagon are the waterworks, based
on Italian models. They consist of a series of water
theatres, springs, fountains and the great cascade.
The Grottenhof stands on the highest level, with two
basins. The lower water theatre can be reached by
a staircase with cascades. In the centre of the rocky
hill is the giant's head basin, and at the sides Triton
and centaur blowing horns, in niches. The head of
Enkelados, spewing water, was based on the giochi
d'acqua at the Villa Aldobrandini in Frascati. The
cascade is 9 m wide, interrupted by 3 basins and
over 210 m long; the centre course is flanked by
two narrower ones. The Neptune Grotto with the
figure of Neptune and a basin is at the foot. The
waterworks are of great artistic value and regarded
as a superb engineering achievement of their day:
they have no pumps or hydraulics.

142
Wohnanlage Gartenstraße
Franzgraben 45–47; Gartenstraße 26–52
1926: Hochbauamt der Stadt Kassel

143
St. Bonifatius (kath.)
Ihringshäuser Straße 3
1957: Josef Bieling (Kassel)

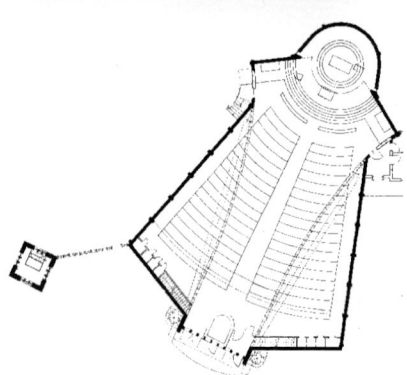

Entstanden im Kontext der gemeinnützigen Bautätigkeit der Weimarer Republik, umfaßte die Siedlung ursprünglich 48 Wohneinheiten in sehr einfachem Standard, aufgeteilt in 38 Zwei-, eine Ein-, 3
Drei- sowie 8 Vierzimmerwohnungen. Die gesamte
Anlage besitzt exakte Symmetrie: Die 3-geschossi-
gen Torhäuser (von deren Art nur noch wenige
Beispiele in Kassel zu finden sind) mit je 5 Fensterachsen, Walmdach und Dachgauben sowie niedrigeren Tordurchfahrten (Franzgraben 45, 47 und
Gartenstraße 26, 52) grenzen den eigentlichen
Wohnhof Gartenstraße 28–50 zur Umgebung ab
und schaffen eine überschaubare Wohnsituation für
die Anwohner. Die 2 weiß verputzten, 2-geschossi-
gen Riegel mit Eckrisaliten erheben sich über niedrigem Sockel aus roten Steinquadern und formen
zusammen die Binnengestalt des Wohnhofes. Zahlreiche gut erhaltene Details (Türen, Schlußsteine)
geben Zeugnis von einer Baukultur, die im krassen
Gegensatz zu der nur wenige Jahre später erbauten
Rothenbergsiedlung steht. (TM)

The housing development, built as part of the Weimar Republic non-profitmaking building program,
had 48 very simple units: 38 2-room flats and a
few 1-room, 2-room and 4-room flats. The
complex is symmetrical, with 3-storey gate houses
which separate the inner courtyard area from the
surroundings. The 2 white-plaster 2-storey blocks
with corner projections above a low red-stone base
form the contour of the courtyard area. Many details
showing architectural quality have been preserved,
in crass contrast to the Rothenberg estate, built only
a fewyears later.

Der Stahlbeton-Skelett-Bau mit Mauerwerksaus-
fachung und aufstrebend gegliedertem Glockenturm
bildet einen markanten Blickpunkt im Stadtbild Kassels. Der Grundriß des Innenraumes ist gebildet aus
2 sich durchdringenden Rauten und endet im Altarbereich mit rundem Abschluß. Der hohe, zum Altar
dynamisch hinstrebende Innenraum steht im Kontrast zum niedrigen Eingangsbereich und wird akzentuiert durch das große Fenster über der Orgelempore. Zwei 23 m lange, geschwungene Spann-
betonbalken, die das Dach tragen, und aufliegende
Lichtbänder sowie die fächerförmige Decke verstär-
ken die auf den Altar zulaufende Dynamik. Die expressive Wirkung der Kirche wird geschmälert durch
spätere bauliche Maßnahmen: Verschluß des ehem.
transparenten Glockenturms, Ersetzung des Altar-
rundes durch eine eckige Form und Austausch der
ursprünglich farblosen Verglasung in Altar- und
Rückwandbereich gegen Buntverglasung. (JA)

The reinforced concrete skeleton with infill walls and
a bell tower with a sense of upward thrust is a Kassel landmark. The interior ground plan consists of
two overlapping lozenges, with a round altar
termination. The high interior, two 23 m prestressed
concrete beams carrying the roof, lighting rows and
the fan-shaped ceiling give a sense of movement
towards the altar. The expressive quality of the
church was impaired by later building measures.

144
Haus der Evangelisch-Freikirchlichen Gemeinde Kassel-Möncheberg
Mönchebergstraße 10
1911: J. Walpert (Kassel)

145
Universität Kassel
Holländischer Platz
Gießhaus 1837; Neubauten 1975: Staatsbauamt
Kassel, Horst Höfler u. Lutz Kandel (Stuttgart);
Erweiterung 1986–95: Kurt Ackermann (München),
Schultze + Schulze (Kassel)

Gießhaus
Foundry

Durch ihre Zurücksetzung von der Mönchebergstraße ist die Fassade des bemerkenswerten Hauses besonders betont. Über einem umlaufenden Rustica-Sockel tritt, das Apsisfenster flankierend, ein tempelartiger Risalit mit Dreiecksgiebel auf kolossalen Stützen hervor. Dahinter schließt sich der 5-geschossige Kernbau mit flachem Satteldach und einem Neorenaissance-Portal an. Das Gebäude beherbergt neben Wohnungen und Gemeinderäumen den großen kassettengedeckten Gottesdienstraum, dem an seinen deckenhohen Pfeilern 2 Emporen integriert sind. An der Rückseite des Raumes die Orgelempore. Der Apsisbereich mit Kanzel und Predigerstuhl liegt leicht erhöht und wird beleuchtet durch das große Apsisfenster. Die Farbgebung läßt den Raum trotz weniger Fenster hell und klar erscheinen, ein überraschender, geradezu neoklassizistischer Eindruck, der sich an der Fassade nicht ablesen läßt. (JA)

The Baptist church has a rusticated base, above which is a temple-like projection with the apse window. The 5-storey central building contains flats and church rooms and the large worship hall with coffered ceiling, two galleries and an organ gallery. The apse area with pulpit and preacher's chair is slightly raised and lit from the large apse window. The colouring makes the interior seem bright, a surprising neo-Classical impression not suggested by the façade.

1971 wird die Gesamthochschule Kassel (GhK) als erste integrierte Reformuniversität der Bundesrepublik gegründet: Verschiedene Vorgängereinrichtungen (Ingenieurschule, Wilhelmshöher Allee; Hochschule für bildende Künste, Menzelstraße; Landwirtschaftsschule, Witzenhausen) werden zusammengefaßt, das Allgemeine Verfügungszentrum (AVZ) in der Dönche für die neuen Fachbereiche erbaut. Als Hauptstandort wird das ehem. Werksgelände der Firma Henschel am Holländischen Platz gewählt, 1974 vom Land Hessen erworben. Trotz heftiger Diskussionen werden die meisten Henschelbauten abgerissen. Umgenutzt werden die Bürobauten: So die ehem. Henschel-Verwaltung (Henschelstraße 2) für den Fachbereich Architektur, Stadt- und Landschaftsplanung; ein travertinverkleideter Block (von 1904 u. 1914), dessen ehem. Großzügigkeit (siehe Treppenhaus) völliger Verschachtelung zum Opfer fiel. Die ehem. Betriebskasse wird zur Hochschulverwaltung (Mönchebergstraße 19), die ehem. Halle K 9 (Mönchebergstraße 11) zum Rechenzentrum. Ein Denkmal früher Industriearchitektur ist das 1837 errichtete Gießhaus, ein kreisrunder, mit Lisenen und Rundbogenfenstern gegliederter Kuppelbau (Durchmesser 16 m, Scheitelhöhe 13 m), dessen Gewölbe aus konischen Topfröhren gemauert ist; nach der Sanierung für Festveranstaltungen genutzt. Gegenüber das Institut für Werkstofftechnik (1994). Dessen Gestaltungskonzept (Eberhard Fiebig) be-

Fortsetzung nächste Seite

145
Fortsetzung

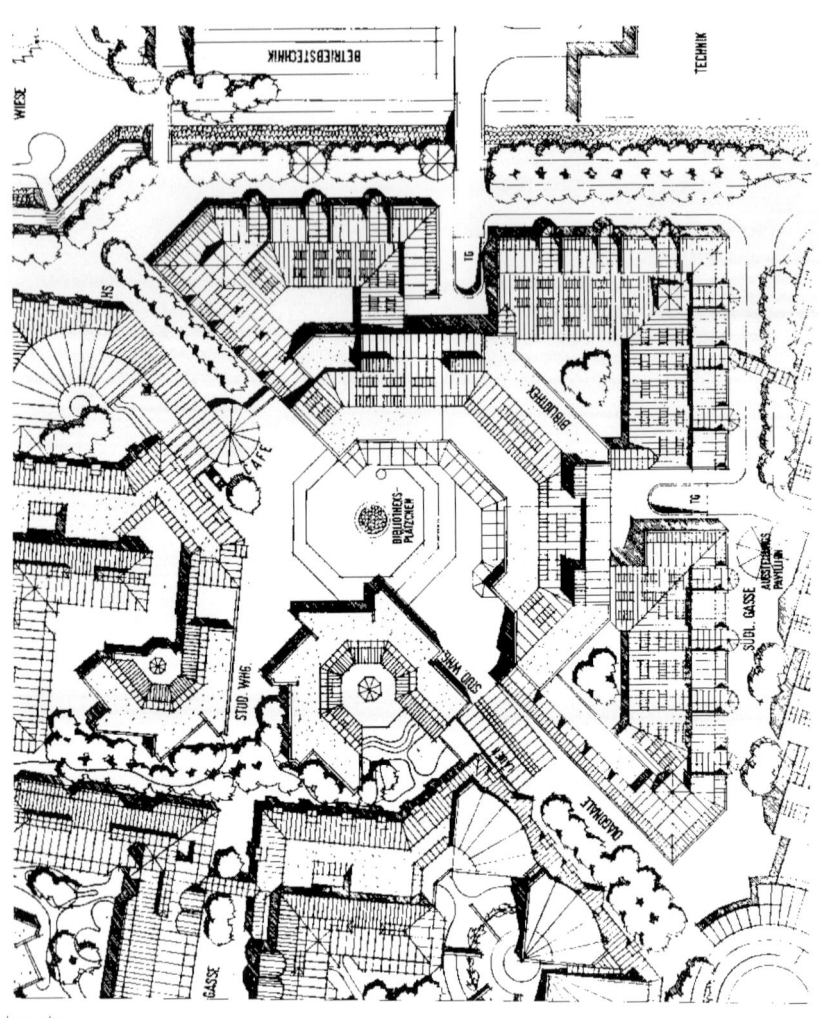

Lageplan
Site plan

zieht die noch stehenden Außenmauern der ehem. Halle K 13 von 1906 als Kulisse mit ein, in welche der Neubau (eine Stahlskelettkonstruktion) mit räumlichem Abstand eingesetzt wird. Ein weiteres Industrie-Relikt ist der Schornstein über dem wieder freigelegten Flüßchen Ahna, mit blauer Manschette (Fiebig). Für die städtebauliche Neuordnung des Hochschulstandortes wird 1977/78 von der Stadt Kassel ein offener Wettbewerb ausgeschrieben, aus dem die Stuttgarter Architekten Höfler und Kandel als Sieger hervorgehen. Das quadratische Gelände wird von einer Erschließungsdiagonalen (zwischen Holländischem Platz mit Verkehrsanbindung und Zentralmensa) in 2 Dreiecke geteilt, deren südliches in voller Ausdehnung von der Bibliothek besetzt ist, davor ein zentraler Platz. Nördl. das Areal der Seminar- und Hörsaalgebäude sowie Studentenwohnungen, ein Labyrinth von Gäßchen, Plätzen,

Höfchen, „Seufzerbrücken", bebaut mit entsprechend vielgliedrig kleinteiliger Architektur. Die Backsteinfassaden mit Bögen, Arkaden, Strebepfeilern, Treppchen, Rundfenstern, Dachaufsätzen, Terrassen und Pergolen vermitteln kleinstädtische, ja Legoland-Atmosphäre. Das Innenleben steht dem an Enge und Gemütlichkeit nicht nach. In krassem Gegensatz dazu das 1995 von Ackermann fertiggestellte Technikgebäude III/2 an der Kurt-Wolters-Straße. Ein kühler, klar konturierter Riesenbau, dessen Fassade von Glas und Aluminium (Sonnenschutz- und Lichtumlenkungselemente) bestimmt ist. Im Herbst 2000 wird das Gästehaus (Schultze + Schulze) der Universität (Mönchebergstraße 11a) mit 18 Appartements unterschiedlicher Größe der Nutzung übergeben. Das 4-geschossige Haus ist über L-förmigem Grundriß errichtet, auf der kurzen Seite mit einem 5. Geschoß versehen. Über den

145

Fortsetzung

146

Kolben-Seeger/Zentrum für Umweltgerechtes Bauen e.V. (ZUB)

Gottschalkstraße 28
1903–05; Umbau u. Sanierung 1985/86: Planungsgruppe Freischaffender Architekten (Kassel); ZUB 1999–2001: Jourdan + Müller PAS (Frankfurt/Main, Kassel), Seddig Architekten (Kassel)

Fenstern auskragende Betonplatten als Verschattungselemente. Die auffallend orangefarbene Putzfassade und die Lage neben dem blauen Tor signalisieren den Rand des Hochschulgeländes. Das Tor („Tor des irdischen Friedens") ist ein Ergebnis des Wettbewerbs „Kunst am Bau" 1983 (Fiebig); das andere Resultat, die „Demontierte Banderole" (Johann Peter Hölzinger) auf dem Platz vor der Bibliothek, ist wegen Unfallträchtigkeit inzwischen wieder entfernt. Die laut Umfrage von Studienanfängern zunächst als anheimelnd empfundene Atmosphäre des Seminarviertels weicht rasch dem Mißvergnügen an dessen funktionalen Unzulänglichkeiten, was zum spöttischen Beinamen „Alt-Heidelberg" führte. (KK)

In 1971, the University Gesamthochschule Kassel was founded as the first integrated reformed university in the country, combining several earlier institutes. The main site was the former Henschel factory premises at Holländischer Platz. Most of the buildings were demolished; the office buildings were converted - the management building for the architecture faculty, a travertine-cladded block whose former spaciousness was lost. The former cashier's office became the university administration building, the former hall K 9 the computer centre. The foundry, built in 1837, is a monument of early industrial architecture, now used on festive occasions. Opposite is the Institute of Materials Engineering: the outer walls of former hall K 13 are used as a setting for the new steel-frame construction. Another industrial relic is the chimney above the River Ahna. Höfler and Kandel won the 1977/78 competition for the new arrangement of the university. The site was divided into two triangles; the library runs the full length of the south triangle, with a central square in front; the north contains seminar rooms and lecture halls, students' flats, a labyrinth of alleys, squares, courts, bridges, with small-scale architecture. The brick façades create a small-town, even Legoland atmosphere. The interiors are equally small and cosy. A crass contrast is the technology building III/2: a huge structure, with clear contours, its façade of glass and aluminium. In autumn 2000 the university guest-house with 18 apartments was opened. Above the windows are projecting concrete slabs for shade. The striking orange plaster façade and the location beside the blue gate mark the edge of the university precincts. The 'Gate of Earthly Peace' won the competition for Kunst am Bau in 1983; the other winner, the 'Dismantled Banderole' has been removed for fear of accidents. A survey indicated that new students at first find the university district homely, but soon become frustrated at its functional failings; hence its mocking nickname 'Old Heidelberg'.

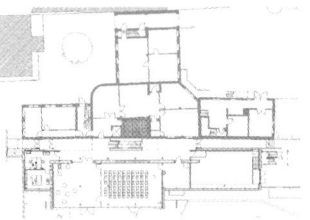

Erdgeschoß
Ground floor

Gotisierende Backsteinformen und Felder mit „Kammputz" prägen den konservativen Industriebau. Einem 4-stöckigen Baukörper mit Durchfahrt ist ein gleichhoher Seitentrakt angefügt. Dieser ist zur Straße um 2 Geschosse reduziert und weist so 2 hintereinander gestaffelte Stufengiebel mit Rundbogendekor auf. In das Gelenk zwischen den Trakten ist vorn ein turmartiger Erker mit Dachterrasse eingestellt.
Mit einem schmalen verglasten Treppenhaus entlang der gemeinsamen Brandwand wird die Eigenständigkeit des als Niedrigenergiehaus konzipierten ZUB gegenüber dem Altbau betont. Eine 2-schalige Wand aus ungebrannten Lehmziegeln ist prägendes Motiv in allen 3 Etagen. Im EG der Veranstaltungsbereich; Büros in beiden OG. Das gesamte Gebäude dient der Forschung und ist selbst Forschungsobjekt. Besondere Experimentalräume wurden integriert. (SD)

The conservative industrial building is brick Gothic in style, with combed plaster. A 4-storey building with passage has a side section with 2 crow-step gables. Between the wings is a tower-like oriel with roof terrace. The building of the Centre for Environmentally Friendly Building (ZUB) is set off from the older buildings by a slender glazed staircase. A double-skin wall of unburnt brick is the dominant feature on all 3 floors. The whole low-energy building serves research and is itself an object of research.

147
**Philipp-Scheidemann-Haus
(Nordstadtzentrum)**
Holländische Straße 74
1960–62: Diez u. Jochen Brandi (Göttingen); Erweiterung 1991–94: Schultze + Schulze (Kassel)

Hist. Ansicht, 1962
Historical elevation, 1962

Der 2-geschossige, annähernd quadratische Stahlskelettbau, das „modernste Bürgerhaus Hessens" (zeitgenöss. Zeitungsbericht), sticht aus der Durchschnittsarchitektur der 60er Jahre durch wohltuende Maßverhältnisse und angemessene Materialien hervor. Die durch schmale Pfeiler in Raster gegliederte grüne Dolomitfassade umschließt, unterbrochen durch ausgedehnte, großzügige Fensterfronten, den Mehrzweckbau, dessen Räume im OG um ein Atrium gruppiert sind. Die Platzfassade öffnet sich in einer 2-stöckigen Kolonnade, die ehemals als Cafè-Terrasse genutzt wurde. Allerdings beeinträchtigen die im Zuge der Umbauten angebrachten Jalousien die Struktur der einzelnen Fensterfelder und nehmen dem wohldurchdachten Bau seine einstige klare Formensprache. Auch der Erweiterungsbau wird der ursprünglichen Qualität des Altbaus nicht gerecht. (TM)

The 2-storey steel-frame multi-purpose building is marked by good proportions and appropriate materials. Slender pillars divide the green dolomite façade, with large window sections. The first-floor rooms surround an atrium; there is a 2-storey colonnade towards the square, formerly used as a café terrace. The formal syntax of the building is impaired by the blinds added later, and the extension is also inferior in quality.

148
Krematorium auf dem Hauptfriedhof
Tannenheckerweg 6
2000: Bieling & Bieling (Kassel)

Das Krematorium, ein kubischer Solitär, befindet sich im Bereich des Wirtschaftshofes des Hauptfriedhofs. Mit dem bestehenden Gebäudeensemble der Hofanlage ist der Neubau nur unterirdisch verbunden. Die Fassade besteht aus einer inneren, partiell geöffneten Schale, überzogen mit einer mattierten gläsernen Schicht, durch die eine scheinbare Transparenz entsteht. Bei nächtlicher Inbetriebnahme wandelt sich das sonst grüne Gebäude, die ungleich angeordneten Öffnungen werden dann zu leuchtenden Flächen. Der sockellose Glaskubus scheint aus der gepflasterten Hoffläche herauszuwachsen. Die aus dem Innern durch die Glashaut heraustretenden U-förmigen Schotten aus rostendem Cortestahl markieren den einzigen Krematoriumszugang für Angehörige. (NS)

The crematorium is connected with the earlier service buildings only underground. Its façade comprises a partly open inner skin covered with a matt glass layer, creating a transparent appearance. At night, the otherwise green building changes and the various openings are illuminated. The only crematorium entrance for mourners is marked by the U-shaped sections of Cor-Ten self-rusting steel.

149
Siedlungsbau Ihringshäuser Straße
1926–30: Ernst Rothe (Kassel) (Nr. 23–51,
Nr.58–92, Nr. 98–104), Karl-Hermann Sichel
(Kassel) (Nr.50–56), Karl Wittrock (Kassel) (Nr. 91)

150
Fasanenhofschule
Mörikestraße 66
1930: Catta & Groth (Kassel)

Das ca. 100 ha große Gelände der preußischen
Domäne Fasanenhof wurde 1920 von der Stadt
angekauft, um es für eine weiträumige Wohnbebauung zu erschließen. Private Investoren und diverse
Genossenschaften waren an der Realisierung des
einheitlich geplanten Projektes beteiligt. Die
Ihringshäuser Straße wurde durch eine charakteristische Randbebauung zur Hauptachse des Geländes
aufgewertet: 2- bis 3-geschossige langgestreckte
Wohnhäuser mit Sandsteinsockeln und gauben-
besetzten Walmdächern. Die Horizontale wird von
durchlaufenden Sohlgesimsen betont, während die
Monotonie der Fensterbänder erst nach Entfernung
der ursprünglichen Fensterläden in Erscheinung trat.
An den Kreuzungen umknickende Kopfbauten bis
an den Straßenrand, die durch spitzbogige Laubengänge passierbar sind, Geschäfte in den EG. Die
Freiflächen hinter den Gebäuden wurden den Mie-
tern zur Nutzung gegeben. (CM)

The city bought the Fasanenhof land, c. 100 ha in
area, from the Prussian government in 1920 to
build housing, a single large project financed by
private investors and cooperatives. Ihringshäuser
Straße became the main axis, with long 2- to 3-
storey buildings with sandstone bases and hipped
roofs. The horizontal is emphasized by cornices; the
window shutters were removed. At the crossroads
are end buildings with pointed-arch access galleries,
and shops on the ground floors.

Die ehem. Mädchenschule besteht aus einem langgestreckten 3-geschossigen Riegelbau auf L-förmigem Grundriß, der im Nordwesten von einem
4-geschossigen Querriegel abgeschlossen wird. Der
gesamte Bau erhebt sich auf einer die Hanglage
ausgleichenden, rustizierten Sandstein-Sockelzone,
an der Süd-West-Front durch eine Freitreppe
durchbrochen, die zu Eingang und begrüntem Plateau führt. Die Fassaden sind durch eine für den
Internationalen Stil typische, die Horizontale beto-
nende Rasterung gegliedert; die Gruppierung der
Fenster spiegelt dabei die innere Disposition der
Klassenräume wider. An der Nord-Ost-Front bildet
das überhöhte Treppenhaus einen vertikalen Akzent,
der durch den inzwischen vorgesetzten Aufzugschacht beeinträchtigt wird. Die Funktionen der
einzelnen Gebäudeteile sind von außen ablesbar
unterschieden: Im 3-geschossigen Baukörper befinden sich die Klassenräume, im 4-geschossigen
Turnhalle und Aula sowie Verwaltungsräume. Die
Sanierungsarbeiten seit Mitte der 90er Jahre streben die Wiederherstellung der ursprünglichen
Fassadengestaltung an; im Inneren lediglich Rekonstruktion der Aula und der Treppengeländer. (KKr)

The sandstone base of the former girls' school
compensates for the sloping site; at the south-west
is an outer staircase leading to the entrance. The
façade is typical of the International style; the
grouping of the windows shows the interior
arrangement of the classrooms. The tall staircase
gives a vertical accent to the north-east façade,
impaired by the lift shaft now in front. The functions
of the buildings can be seen on their exterior: the
classrooms in the 3-storey block, the gymnasium,
hall and offices in the 4-storey block. Restoration
work since the mid-1990s will restore the original
façade design.

151
Zionskirche (ev.)
Philippinenhöfer Weg 2
1949: Otto Bartning (Neckarsteinach); Anbau Gemeindehaus 1954; Glockenturm 1958

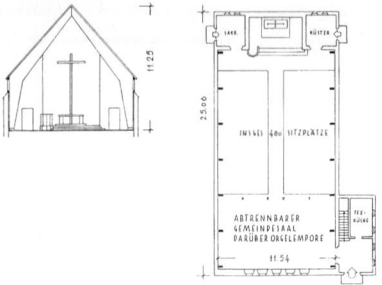

152
Ökologische Siedlung
Am Wasserturm
1984–93: Gernot Minke, Hegger Hegger Schleiff HHS, Ladleif und Mosebach Architekten (alle Kassel)

Der 1982 gegründete „Arbeitskreis Ökologische Siedlung Kassel" entwarf in Zusammenarbeit mit dem Stadtplanungsamt den Bebauungs- und Freiflächenplan. Dieser basiert auf einem zuvor entwickelten Maßnahmenkatalog zum energiesparenden, umweltfreundlichen sowie kostengünstigen und nutzergerechten Bauen, der für alle Haustypen gleichermaßen gilt. Die tragenden Bauteile aller Gebäude sind in der Regel aus Holz, meistens gehobelt und mit Boraxsalz behandelt, bei wenigen unbehandelt belassen. Für die Wände wurden z. B. Lehmziegel oder wärmedämmender Leichtlehm verwendet. Umweltverschmutzende Baustoffe wie Beton wurden lediglich bei den Fundamenten verwendet; die Dächer sind mit Wildgras bewachsen. Zwecks Energieeinsparung wurde weitgehend auf die Verwendung von Aluminium bei Fenstern, Türen sowie wärmespeichernden Glashäusern oder Wintergärten, die fast jedes Haus besitzt, verzichtet. Alle Fassaden sind mit heimischem Lärchenholz verschalt, das aufgrund seines hohen Harzgehalts eine lange Haltbarkeit besitzt; als zusätzliche äußere Wärmedämmung wurde gepreßte Steinwolle gewählt. Durch die südl. Ausrichtung der Gebäude sowie Minimierung der nördl. Fenster wird der Wärmeverlust eingeschränkt und eine passive Sonnenenergienutzung erreicht; auch Kletterpflanzen sollen Wärmeschutz leisten. Durch unversiegelte Flächen wie wassergebundene Decken aus Kalkschotter, Platten und Kies auf Straßen und Wegen wird das anfallende Regenwasser auf dem Gelände zurückgehalten und dem Grundwasser wieder zugeführt. Jedes Haus besitzt ein individuell gestaltetes Grundstück mit Nutzgarten, auch die Gemeinschaftsflächchen wurden von den Bewohnern angelegt und bepflanzt. (NS)

Die Zionskirche ist eine von 48 Kirchen, die im Auftrag der ev. Kirche (Weltrat der Kirche, Lutherischer Weltbund usw.) von Otto Bartning im Rahmen eines Notkirchenkonzeptes für das kriegszerstörte Deutschland entworfen wurden. Für 4 gering variierende Kirchentypen gab es standardisierte Bauteile wie Binder, Pfetten, Dachtafeln, Fenster, Türen. Diese vorfabrizierten Elemente wurden vor Ort montiert und mit vorhandenem Material ausgefacht. Im Fall der Zionskirche sind es Trümmersteine. Gemeindehaus und Glockenturm wurden 1954 bzw. 1958 angebaut. Die Einraumkirche (etwa 480 Plätze) mit rechteckigem Altarbereich (an den sich 2 kleine Räume anschließen) besitzt eine Orgelempore mit darunterliegendem Gemeindesaal. Die Beleuchtung erfolgt durch ebenfalls typisierte, einfache Fensterbänder. Die verputzten, hellen Mauern im Kirchenschiff bilden einen Kontrast zu den geschwärzten, bildhaft an den Krieg erinnernden Holzbindern und Trümmersteinen im Altarbereich. (JA)

The Zion Church is one of 48 commissioned by the Protestant church as an emergency church programme for the whole of Germany after the war. There were prefabricated sections (binders, purlins, windows, doors) for 4 slightly different church types, with infilling of local materials, in this case rubble. The parish house and tower were added in 1954 and 1958. There is an organ gallery over a parish hall. The plastered walls in the nave contrast with the blackened wooden binders and stones in the altar area, a physical memory of the war.

152
Fortsetzung

153
Paul-Gerhardt-Kirche (ev.)
Wolfhager Straße 268
1963–65: Max u. Christian Guther (Darmstadt)

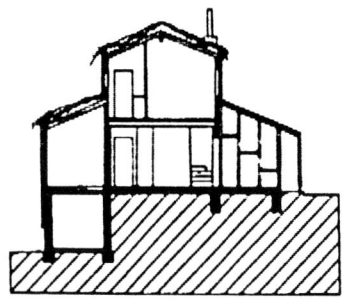

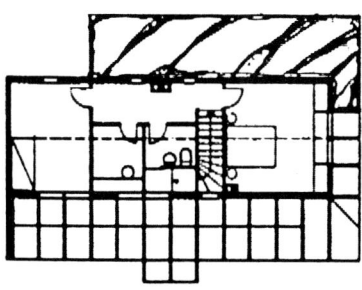

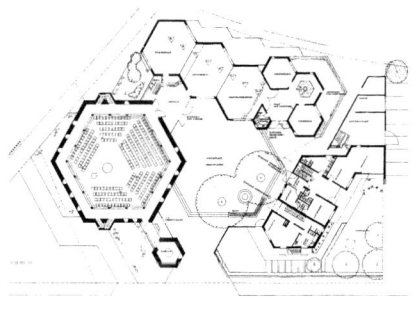

Auf- und Grundriß
Elevation and ground plan

The ecological housing estate is based on a catalogue of measures for low-energy, low-cost and user-friendly building. The load-bearing components are normally of wood, planed and sometimes treated. The walls are of unburnt brick or insulating light clay; pollutant materials such as concrete were used only for the foundations. The roofs are grassed. To save energy, aluminium was largely avoided. Nearly every house has a greenhouse or conservatory for heat storage. All façades are clad in native larch, whose high resin content gives it long life, and pressed rock wool was used for additional insulation. Passive solar energy is used. Unsealed areas such as water-bound floors of crushed limestone and slabs and gravel on roads and paths ensure that the rainwater is retained and returned to the ground water. Each house has an individual plot with kitchen garden.

Kirche und Turm, leicht gebőscht und an den Kanten verzahnt, umschließen mit Pfarr- und Gemeindehaus einen kleinen Patio. Die Gebäude sind in tragendem Backstein gemauert. Allen Grundrissen ist als Schema das Sechseck gemeinsam. Der Kircheninnenraum mit 7 m hohen, weißgetünchten Wänden wird von einem niedrigen Fensterband und dem pyramidalen, offenen Holzdachstuhl mit sternförmigen Sparren abgeschlossen. Eine hölzerne Galerie (mit Orgel) und der darunterliegende Umgang (wie der Außenbereich mit Granit gepflastert) umfassen den Versammlungsraum. In diesem Umgang 13 kleine Betonglasfenster (Sigrid Kopfermann). Das im gesamten Gebäudekomplex immer wiederkehrende Hexagon, z. T. in Dreiecke geteilt, wird konsequent bis in Details (Einrichtungsgegenstände) verfolgt. Die weitgehend originale Anlage (Ausnahme: Fenster des Gemeindehauses) besticht besonders durch ihr rigoristisches formales Konzept. (JA)

Church, tower and parish house, all in brick, surround a patio. All ground plans are based on the hexagon. The interior has 7 m high whitewashed walls, a narrow window strip and a pyramidal, open wooden roof structure. A wooden gallery, with organ, and the ambulatory below (with granite flooring like the exterior), with 13 small pressed-blass windows, encircle the assembly room. The hexagon, sometimes split into triangles, recurs throughout, even to the furnishings.

154
Herz-Mariä-Kirche (kath.)
Ahnatalstraße 29
1957: Josef Bieling (Kassel)

155 (s. Karte IV)
Kirche Kirchditmold (ev.)
Schanzenstraße 1
1787–92: Simon Louis du Ry; Turmbau 1910;
Umbauten 1926; Renovierung 1962 u. 1988:
Walter Seidel (Kassel)

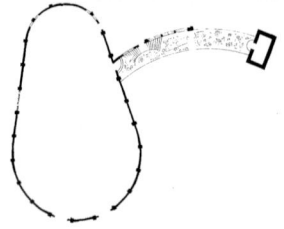

Der auf einer Anhöhe liegende natursteinsichtige Saalbau ist einer der wenigen unzerstörten Bauten des Frühklassizismus in Kassel. Landgraf Wilhelm IX. beteiligte sich wesentlich an der Finanzierung des auch als Weißensteiner Pfarrkirche dienenden Baus. 5-achsige Längs- und 3-achsige Schmalseiten, mit jeweils mittig gesetzten Portalen, sorgen für strenge Symmetrie. Zwei übereinander liegende Sprossenfensterreihen (unten rechteckig, oben rundbogig) werden vertikal durch zarte Profile im Mauerwerk zusammengefaßt. Von den Ecken ausgehende, mehrfach schwach gestufte Lisenen und verkröpfte Gesimse modellieren eine dezente Plastizität, die im vermutlich verputzt vorgesehenen Zustand ausgeprägter gewesen wäre.

Das monoton-großflächige Kirchenäußere wird belebt durch ein Vordach, ein umlaufendes Fensterband und die lisenenartigen Streben des Stahlbetonskelettes, dessen Konstruktion innen wie außen ablesbar ist. Der viereckige Turm betont die Vertikale, womit er sich in formalen Kontrast zum avocadoförmigen Grundriß stellt. Beide Bauelemente bilden zusammen mit dem anschließenden Pfarrhaus einen markanten Eckpunkt an der belebten Straßenkreuzung. Der helle Innenraum der Kirche wird durch ein umlaufendes, pastellfarbenes Fensterband und 4 raumhohe buntverglaste Fenster im Altarbereich beleuchtet. Die muschelartige, lamellierte Decke wird zum Altar hin kleinteiliger. 4 Bankblöcke nehmen die zum Altar strebende Grundform des Kirchenraumes auf. Die Orgelempore über dem Haupteingang wird von konischen, mit Mosaiken verzierten Säulen getragen und ist mit einer gewellten Verkleidung versehen. (JA)

An den oblongen Grundriß fügt sich im Westen ein viereckiger Turm, der erst 1910, nachdem sein bescheidenerer Vorgänger durch Blitzschlag zerstört worden war, in Anlehnung an Originalpläne du Rys ausgeführt wurde. Dem Usus der reformierten Predigtkirche entsprechend umgibt eine durch 2 Treppen (1962 von der Ost- auf die Westseite versetzt) erschlossene, auf Kragsteinen aufliegende Holzempore den Innenraum, der durch eine spiegelgewölbte Decke geschlossen ist. Die bis zur Decke

The exterior with its large surfaces is enlivened by a canopy, strip windows and the struts of the reinforced-concrete skeleton. The square tower emphasizes the vertical, in contrast to the oval plan. The interior is lit from a surrounding pastel window strip and 4 high windows with coloured glass. The shell-like laminated ceiling has smaller sections towards the altar. 4 blocks of benches follow the basic shape of the interior. The organ gallery is borne on conic mosaic columns.

155
Fortsetzung

156
Fachwerkhaus
Ahnatalstraße 59
2. Hälfte 16. Jh.

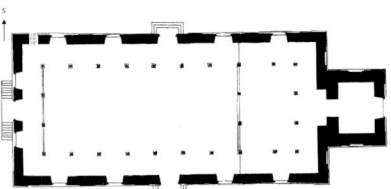

weitergeführten hölzernen Emporenstützen sowie die Profilierungen der Emporenbrüstung gliedern – abgestimmt auf die Fenstermaße – den hellen Raum. Die mehrfach veränderte Orgel stammt vom Hoforgelbauer Georg Peter Wilhelm (1791/92). In der Mitte der östlichen Altarwand Kanzel mit Schalldeckel; links davon der mit einer Wappenbrüstung versehene Adelsstand der Familie Wittorf. Unter der 1926 erweiterten Orgelempore wurde ein durch Glastüren abtrennbarer Kirchsaal eingefügt. Du Ry gelang es mit bescheidenen Mitteln, eine stilistisch unaufdringlich, in ihren Proportionen ausgewogene Kirche zu schaffen und diese weithin sichtbar als Blickfang zu inszenieren. (SN)

The hall church is one of the few early classicist buildings in Kassel not destroyed. It was financed to a large extent by Landgrave Wilhelm IX. It is strictly symmetrical, with two rows of astragal windows. Slightly staggered lesenes and angulated cornices create a restrained sculptural quality; they were probably intended to be plastered. The tower dates from 1910, after the destruction of the predecessor by lightning, following plans by du Ry. A wooden gallery reached by stairs, typical of the reformed churches, surrounds the interior, which has a cloister-vaulted ceiling. The well-lit room is structured by the wooden gallery supports, which reach the ceiling, and by the profiled gallery parapet. The organ is by Wilhelm. Pulpit with sounding-board on the east wall; to the left the pew of the Wittorf family. Du Ry used modest means to create an unobtrusive church with balanced proportions and make it stand out from a distance.

Bis 1901 stand das Fachwerkhaus in der Altstadt am Marställer Platz 7, Ecke Tränkepforte. Infolge einer geplanten Verbreiterung der Gasse zum Abbruch bestimmt, erwarb es der Bautechniker H. Schwalm von der Stadt, ließ es abtragen und in Harleshausen wieder aufbauen. Damit ist es das einzige erhaltene, wenn auch stark modifizierte Renaissancestadthaus der 1943 zerstörten Altstadt. Über einem Sandsteingeschoß erheben sich 2 (ehem. 3) Fachwerketagen, darüber Satteldach, Zwerchhaus und Dachgauben. Das Gebäude hat einen stockweisen Überbau mit Knaggenverriegelung, verziertes Horizontalgebälk, mit Beschlagmuster versehene Ständer und unregelmäßige Fußstreben. Durch die Portalversetzung und eine veränderte Fensteranordnung ist die ehem. symmetrische Fassadengliederung beeinträchtigt; die Raumdisposition ist beibehalten. Neben dem rundbogigen Portal, mit Horizontalgesims und Säulen, befinden sich 6 gekuppelte Fenster mit profiliertem Gewände, ohne Fensterkreuz. Rückwärtig schließt sich ein Neubau mit Balkonen an. (MD)

In 1901, a surveyor saved the timber-framed house from demolition and had it moved. It is thus the only preserved Renaissance city house of the Altstadt, which was destroyed in 1943. 2 (formerly 3) timber-framed storeys stand on a sandstone base, with saddleback roof and dormer windows. The building has overhanging storeys, decorated horizontal beams, patterned studs and irregular foot braces. The symmetrical façade has been altered; the arrangement of rooms is original. There is a round-arch portal and 6 coupled windows with profiled reveal.

157
Paracelsus-Elena-Klinik Kassel
Klinikstraße 16
1911: Hermann Muthesius (Berlin); Erweiterung
1966; Erweiterung 1985: Klaus-Dieter Behrens
(Osnabrück)

158
Sechseck-Holzhaus
Teiltriescherstraße 1
1922–26: Hans Soeder (Kassel)

Hist. Ansicht, um 1920
Historical elevation, c. 1920

Am Rande des Habichtswaldes ließ sich Freiherr
Ernst von Strombeck, Kapitän-Leutnant a. D., seinen Alterssitz bauen. Das noble Haus im englischen
Landhausstil steht in der Tradition der Berliner
Villenbauten um die Havelseen. Dem 2-geschossi-
gen Wohnhaus auf L-förmigem Grundriß, es hat ein
schiefergedecktes Satteldach und breite Gauben,
schließt sich ein U-förmiges eingeschossiges
Wirtschaftshaus mit Remise an. Sein Mansarddach
ist gleichfalls schiefergedeckt und hat gleichartige
Gauben. Polygonale Standerker aus Sandstein reichen bis ins Dachgeschoß und beleben den schlichten Putzbau, sie sind im 1. OG der Südfassade
durch einen Balkon, im EG durch eine Terrasse
verbunden. An den Ecken des großen Parks
(11.000 qm) befinden sich kleine Pavillons. Mit der
Einrichtung der Klinik 1937, benannt nach Königin
Elena von Italien, sind Innenräume, Innenausstattung
sowie Parkanlage ihrer neuen Nutzung entsprechend verändert worden und nur noch teilweise im
Originalzustand. (CM)

The house in the English country style is in the
tradition of Berlin Havelsee villas at the turn of the
20th c. The building has an L-shaped plan, a slate
roof and dormers, and a U-shaped 1-storey utility
building adjoins. Polygonal sandstone projections
enliven the simple plaster building; a first-floor
balcony links them on the south side. There are
small pavilions at the corners of the large park
(11,000 m²). When the clinic was opened in 1937,
the rooms, furnishings and park were altered for
their new purpose.

Anfänglich für den Maler und Bühnenbildner Ewald
Dülberg, Kollege an der Kasseler Kunstakademie,
konzipiert, wurde das Haus nach dessen Wechsel
(1926) nach Weimar durch andere Bauherren auf
großem Grundstück realisiert. Der 1. Plan bereits
1923 publiziert; trotz Veränderungen im Detail wurde die Entwurfsidee, ein Holzhaus über gestauchtem
Sechseckgrundriß für bürgerliche Wohnbedürfnisse,
beibehalten. Strenge Zuordnung von Raumnutzung
und Himmelsrichtung sowie extrem reduzierte
Verkehrsflächen schaffen auf kleinster Grundfläche
großzügig wirkende Räume für eine Familie mit 4
Kindern. Im EG Diele mit WC, Wohn-, Arbeitszim-
mer und Küche, im OG die Schlafräume mit Bad,
das Dachgeschoß mit Mädchenkammer. Die Konstruktion des unterkellerten Bauwerks besteht aus
einem einfachen, nicht gedämmten(!) Fachwerk-
skelett, das außen mit Eichenholz, innen mit
Lärchenholz verschalt ist. Der heutige Außenanstrich
orientiert sich an dem farbig gefaßten zeitgenössischen Holzmodell im Stadtmuseum Kassel, die
ursprüngliche Fassung ging noch auf Dülberg selbst
zurück. Soeder, innovativer Holzarchitekturspezialist,
arbeitete mit der Kasseler Firma Credé-Waggonbau
zusammen; alle Architekturdetails und der gesamte
Innenausbau zeugen von hohem handwerklichen
Können und umfangreicher Planung. Der große
Aufwand beim Prototyp verhinderte jedoch die ursprünglich geplante Serienfertigung. Trotz mancher
Veränderung (v.a. Dacheindeckung und Anbau
eines Wintergartens) ein vorzüglich erhaltener Bau
der klassischen Moderne. Der seinerzeit vielbeach-
tete Soeder realisiert hier auf komprimierter Grundfläche ein konstruktiv wie architektonisch bemerkenswertes Haus, das manche Lösung heute be-
rühmterer Architektenkollegen vorwegnimmt. (AT)

158
Fortsetzung

159
Bürogebäude Plansecur
Druseltalstraße 150
1999/2000: BauAtelier Ingo Golze (Steinenbronn),
Hegger Hegger Schleiff HHS (Kassel)

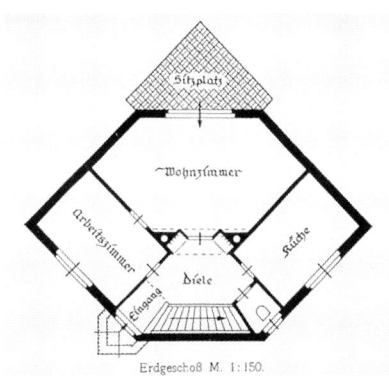

Entwurfszeichnung, 1922/23
Design, 1922/23

The hexagonal wooden house was first designed for Ewald Dülberg, but when he moved to Weimar it was built elsewhere. The use of the rooms is strictly organized, creating a deceptive impression of space, for a middle-class family with 4 children. On the ground floor is hall, WC, living room, study and kitchen, on the first floor bedrooms and bathroom, and maid's room in the attic. There is a cellar. The structure is a non-insulated timber frame, outside clad with oak, inside with larch. The present outside paintwork is based on the original wooden model in the Kassel Stadtmuseum. Soeder was an innovative architect in wood; all the details and the interior finishing show great skill and detailed planning. So much work was expended on the prototype that the planned serial production did not take place. Despite changes (roof covering, attached conservatory), the building is superbly preserved and ahead of its time.

Der elegante Komplex aus Kombi-Bürohaus und Akademiegebäude besteht aus einer 3-geschossigen Eingangshalle, einem südlich gelegenen 2-geschossigen Akademiebereich, Tiefgarage, Technik- und Abstellräumen (unterirdisch) sowie 3 3-geschossigen Bürohäusern und einer Hausmeisterwohnung. 2 gläserne Hallen sowie Pausenhöfe zwischen den Gebäudeteilen dienen zur vertikalen Erschließung des Gesamtbaukörpers. In der Horizontalen wie Vertikalen dominiert die Gerade als gestalterisches Element. Die klare Fassade aus Betonflächen, Aluminium und verzinkten Stahlbauteilen besitzt außerdem regelmäßige Rollschichten aus Octavant-Betonsichtsteinen, die als optische Klammern zwischen den Häusern dienen. Große Rahmen vor der Fassade kennzeichnen die Eingänge. Im Innern befindet sich ein Gästecasino mit dazugehöriger Infrastruktur. Die sich um einen Multiraum gruppierenden Kombi-Büros ermöglichen durch versetzbare Trennwände variable Raumdispositionen. (NS)

The complex combines an office building and an academic building. There is a 3-storey entrance hall, a 2-storey academic section, 3 3-storey office buildings and a caretaker's flat. The levels are reached via 2 glazed halls and break areas between the sections. Straight lines, vertical and horizontal, are the dominant element. The simple façade of concrete, aluminium and galvanized steel components also has brick-on-edge courses of concrete facestone, which link the buildings visually.

160
Verwaltung der Energie Aktiengesellschaft Mitteldeutschland (EAM)
Monteverdistraße 2
1993: Gerkan, Marg + Partner (Hamburg), Bieling & Bieling (Kassel)

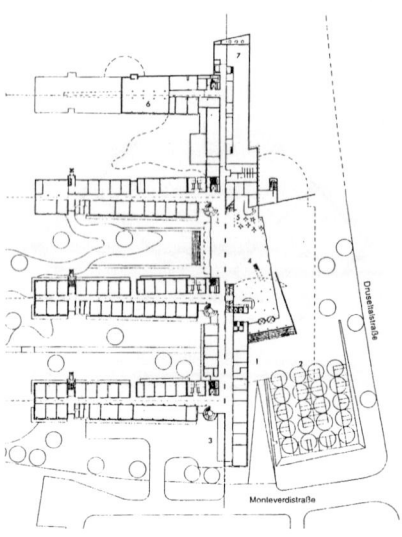

Lageplan
Site plan

Der Verwaltungsbau besteht aus einem geschlossen wirkenden Erschließungs- und Versorgungstrakt entlang der Druseltalstraße sowie 4 kammartig im rechten Winkel angegliederten Büroriegeln. Für die massive Fassade des Hauptgebäudes wurde grünlich schimmernder Muschelkalk verwendet; die dahinter liegenden Flügel hingegen sind in leichter und transparenter Bauweise offen in die parkartige Landschaft gebettet, ein Eindruck zu dem die landschaftsgärtnerische Gestaltung der Freiräume zwischen den Riegeln nicht unwesentlich beiträgt. Der komplexe Bau fügt sich in die Hanglage des Grundstücks ein, die Büroflügel verlaufen parallel zu den Höhenlinien und folgen durch geschoßweises Abtreppen der gegebenen Topographie. Erschlossen wird der Komplex durch eine Auffahrt von der Monteverdistraße. Eine mit Kiefern bewachsene ‚Bastion' betont die Ecke zur Hauptstraße und weist auf den Säulen-Portikus hin, der sich im inneren Empfangsbereich in Form einer Säulenhalle fortsetzt. Dahinter, im Kern der Anlage, liegt das großzügige Foyer, das auch als Ausstellungshalle für zeitgenössische Kunst genutzt wird; ihm ist eine Cafeteria angegliedert. Für die Nordseite des Foyers hat der englische Künstler Brian Clarke eine farbige Glaswand entworfen. Eine Treppe aus Stahl und Glas verbindet die Halle mit der Galerie vor der Konferenzzone über dem Empfang. Die Büros sind von der Hauptachse über Treppentürme zugänglich, die jeweils im Kopfteil der 4 Riegel liegen. In den langen schmalen Fluren entfalten freistehende Pfeiler perspektivische, gliedernde Wirkung, 2 Einschnitte geben Tageslicht. (NS)

The administration building consists of an entrance and services section and four chamberlike office blocks adjoining at right angles. The massive façade of the main building is of greenish shimmering shelly limestone, but the other sections are more light and transparent and opened to the park-like landscape. This impression is heightened by landscaping of the open spaces. The office blocks have staggered sections adapted to the sloping site. A bastion with pine trees marks the corner towards the road and indicates the pillared portico, which is echoed inside by a hall with columns. The large foyer, used to exhibit art, has a coloured glass wall (Clarke). A steel-and-glass staircase leads to the gallery. Stair towers lead to the offices. Freestanding pillars in the corridors.

161
Süsterfeldsiedlung
Süsterfeldweg, Helleböhnweg u. a.
1932: Hans Borkowsky (Kassel), Hochbauamt der Stadt Kassel

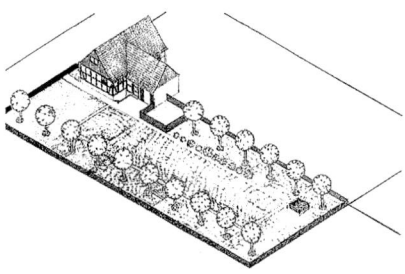

Lageplan, Detail
Site plan, detail

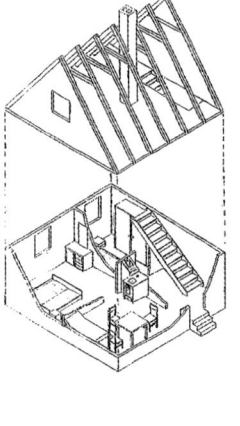
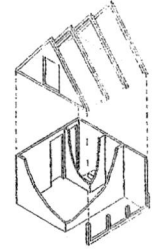

Die Süsterfeldsiedlung wird aufgrund der 3.
Brüning'schen Notverordnung im Rahmen des
Reichsprogramms zum Bau von Erwerbslosen-
siedlungen auf einem bis dahin landwirtschaftlich
genutzten Gelände errichtet. Es werden 100 Sied-
lerstellen mit großdimensionierten Grundstücken
geschaffen; für die Durchführung sind je zur Hälfte
die Stadt Kassel und die Gemeinde Niederzwehren
verantwortlich. 1931 werden vom Hochbauamt der
Stadt Kassel, aufgrund eines Architektenwett-
bewerbs, 2 einfache, giebelseitig erweiterungsfähige
Haustypen entworfen, „Kasseler" und „Nieder-
zwehrener" Typ genannt. Sie unterscheiden sich in
der Anordnung des Stalls (beim Kasseler Haus seitlich angebaut, beim 2. Typ getrennt vom Wohnge-
bäude) und in der Wohnfläche: Typ 1 hat 33 qm ,
Typ 2 (einen halben m länger) 36 qm; beide besitzen eine Wohnküche und 2 Schlafstuben im EG.
Von der Küche gelangt man über eine Treppe in
das zunächst noch nicht ausgebaute OG. Funda-
ment und Kellermauerwerk sind aus Splittbeton, die
Außenwände aus Fachwerk, ausgemauert mit Zie-
gel- oder Schwemmsteinen, beim Kasseler Haustyp
sichtbar, beim 2. Typ mit Brettern verschalt. Die
Häuser besitzen ein Sparrendach mit gebrannten
Ziegeln. Jede Siedlerstelle verfügt über einen 1.000
qm großen Selbstversorgergarten. Die Siedlung
wurde 1933–35 erweitert, 1949–57 wiederaufgebaut und seit 1966 erneut erweitert. Die ehemals
völlig uniforme Gestaltung ist heute weitgehend
hinter individuellen Um- und Anbauten sowie dem
Neubau von Wohnhäusern in den Randbereichen
verschwunden. (NS)

Isometrische Darstellung
Isometric projection

The estate was part of a national emergency
building programme for the unemployed. There
were 100 units, funded by the city and the
commune. In 1931 the Kassel building construction
office designed 2 simple, extendable house types.
They differ in the location of the livestock housing
and in the living area (Type 1 33 m², Type 2
36 m²). Both have a dining kitchen and 2 bedrooms on the ground floor. The first floor was
unfinished.
The foundations and cellar are of chip concrete, the
outer walls timber-frame, with bricks or concrete
blocks, clad with boards in Type 2. Each unit has a
1,000 m² kitchen garden to enable self-sufficiency.
1933–35 extended, rebuilt in 1949–57 and extended again since 1966. The uniformity has been
replaced by many individual alterations and
additions.

162
Dreifaltigkeitskirche (ev.)
Sollingweg 55
1962/63: Peter Hübotter, Bert Ledeboer, Egon
Busch (alle Hannover/Krefeld)

163
St. Theresia (kath.)
Heinrich-Schütz-Allee 285
1970: Josef Bieling (Kassel)

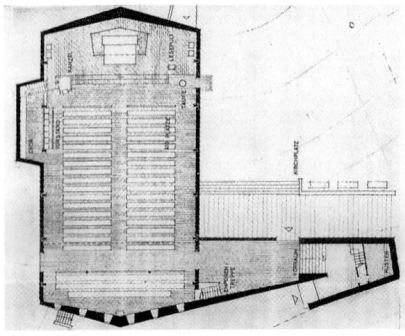

Der Kirchturm markiert mit seinen 40 m Höhe das
zur Eugen-Richter-Straße abgeschirmte Kirchen-
zentrum. Turm und Kirche sind durch einen flachen
Eingangstrakt miteinander verbunden. Die mit Kupfer gedeckte hölzerne Turmkonstruktion ruht auf
einem 4 m hohen Sockel (mit integrierter Kapelle),
während der Kirchenbau aus einem mit Backstein
ausgefachten Betonskelett besteht. 6 Betonbinder
sind im Inneren sichtbar gelassen. Das 14 m hohe
Kirchenschiff mit niedrigen Wänden und hoher Holzdecke (Zeltcharakter) ist an den beiden Schmalseiten leicht ausgestellt; an der Nordseite eine schmale
Chornische. Unter der Orgelempore befindet sich
ein Café-Bereich. Belichtet wird die Kirche durch je
5 seitliche Gauben zwischen den Betonbindern,
Fenster an der Rückseite und ein buntverglastes
Fenster im Altarbereich, vor dem der Taufstein an-
geordnet ist. (JA)

The Holy Trinity church and its 40 m tower are
joined by a flat-roofed entrance section. The tower
is of wood, roofed in copper, the church a concrete
skeleton infilled with brick. 6 concrete headers are
left exposed inside. The 14 m high nave with low
walls and high wooden ceiling (suggesting a tent)
has slightly convex ends; on the north side is a
narrow apse. Café area under the organ gallery.
Side dormers and windows give light.

In ihrer zylindrischen Form schirmt sich die Kirche
gegenüber der baulichen Umgebung ab. Geprägt
wird das Äußere durch eine Verblendung aus Sand-
steinmauerwerk, in dem 7 Sichtbetonstreifen (Dach-
entwässerung) des Betonkerns frei bleiben und
markante Zäsuren bilden. Im übrigen wird das monotone Rund einzig unterbrochen durch ein von
Glasbeton durchlichtetes Segment im Eingangsbereich. Im Inneren setzen sich die schlichten Formen
fort; das Mauerwerk aus Wrexener Sandstein ist
durchgängig schmucklos; selbst die Sakristeitür
macht sich durch Mauerwerksbesatz unsichtbar.
Der obere Abschluß des Raumes wird von einer
kreisförmigen Kiefernholzdecke gebildet mit einem
Glasoculus, der dem Altarbereich Licht spendet. Die
Holzdecke endet 80 cm vor der Wand und läßt
Platz für ein umlaufendes, Tageslicht einlassendes
Lichtband. Die vollkommene Zentrierung des Raumes hat ihre Grenzen allein in der Bestuhlung und
dem notwendigerweise dezentralen Altarbereich.
(JA)

The cylindrical church seems to protect itself against
the surroundings. The facing is of sandstone with 7
strips of the concrete core left exposed for roof
drainage, and a glass concrete lighting segment at
the entrance. The interior is simple, the Wrexen
sandstone masonry unadorned, even the sacristy
door disguised by masonry. A round pinewood
ceiling with a glass oculus is surrounded by a
circular lighting row. The interior is circular, with the
exception of the seating and the altar area.

164
Herz-Jesu-Kirche (kath.)
Brüder-Grimm-Straße 121/123
1970: Erich Weber (Fulda)

Es handelt sich um einen Zentralbau in Gestalt einer Pyramide, deren Ecken so angeschnitten sind, daß dreieckige, verglaste Giebelwände entstehen. Die verbleibenden Dachflächen, eine mit Kupfer verkleidete Holzkonstruktion, werden zu Rhomben, deren untere Spitzen auf dem Boden ruhen. Die Erschließung erfolgt über 2 in die Fensterfronten eingelassene kastenförmige Türen. Ausrichtung des Innenraumes auf den erhöhten, zentralen Altarbereich und die anschließende Altarwand. Diese eingestellte Querwand mit Empore und darunterliegender Sakristei ist wie der gesamte Altarbereich mit Schiefer verblendet. Die bleiverglasten Giebelwände (Alois Johannes Plum, Fulda) zeigen bildliche Themen: Motive aus dem Alten und Neuen Testament, Heilige und andere Glaubensvorbilder (z. B. Edith Stein). Die Kirche überrascht durch den unerwarteten Kontrast zwischen ihrer stereometrisch-nüchternen äußeren Erscheinung und den farblichen Effekten der Giebelwände im Innenraum. (JA)

The Sacred Heart church is a centrally planned building in pyramid form, with triangular glazed gable walls. 2 box-shaped doors in the window fronts. The transverse altar wall with gallery over a sacristy, like the whole altar area, is clad in slate. The leadglass gable walls show motifs from the Old and New Testaments, saints and other revered figures (e.g. Edith Stein). There is a surprising contrast between the sober stereometric exterior and the coloured effects of the gable walls inside.

165
documenta urbana
Heinrich-Schütz-Allee, Hermann-Mattern-Straße, Hans-Leistikow-Straße u.a.
1982: ASB-Arbeitsgruppe Stadt/Bau (heute: Baufrösche Architekten, Kassel), Gesamthochschule Kassel, Hinrich Baller, Inken Baller (Berlin/Hamburg), Heinz Hilmer, Christoph Sattler (München), Herman Hertzberger (Amsterdam), Johannes Olivegren (Stockholm), Dieter Patschan, Asmus Werner, Bernhard Winking (Hamburg), Planungskollektiv Nr. 1 (Berlin), Roland Rainer (Wien), Otto Steidle, Leo Fritsch (München/Kassel)

Die Anregung zur Einbeziehung von Architektur in die documenta stammt von deren Erfinder Arnold Bode. 1978 fanden sich Initiatoren, die es wagten, mit Hilfe von insgesamt 9 Architekten und Architektengruppen ein neues Wohnviertel am Rande des Naturschutzgebiets Dönche, einem ehem. Truppenübungsplatz, ins Leben zu rufen. Das Lageplankonzept wurde von den Teilnehmern gemeinsam erarbeitet. Entstanden ist ein etwa 9 ha großes verkehrsberuhigtes Wohngebiet, bei dem auch Landschaftsarchitekten mitwirkten. Den Kopf der Anlage bildet die sog. „Schlange" an der Heinrich-Schütz-Allee, eine lange, geschwungene Häuserreihe, die durch ihr Zurücktreten mit dem gegenüberliegenden Helleböhn einen gemeinsamen breiten Anger bildet und auf Wunsch der Stadt mittig eine Öffnung besitzt, auch „Tor zur Dönche" genannt. Links bzw. rechts der Lücke steht ein doppeltes Kleinwohnungshaus (1), durch ein gemeinsames Treppenhaus mit den jeweiligen Nachbargebäuden (Familienwohnungen) verbunden. Das Tragwerk bilden dünne Pilzstützen aus Stahlbeton, die Dachterrasse ist mit einer kuppelartigen bewachsenen Laube überspannt. Die angrenzenden Geschoßwohnungen (2) nehmen das Motiv des gewölbten Daches auf; jedes Haus ist mit einem großzügigen Wohnbalkon ausgestattet, der saisonbedingt geöffnet oder durch Glaspaneele geschlossen werden kann. Auf der rechten Seite gliedert sich ein 3-geschossiges Gebäude mit halbtonnenförmigem Dach (3) an. Daran angrenzend ein Gebäudekomplex (4): 5 Häuser (2 Vor-, 2 Eckhäuser, 1 Mittelhaus) gruppieren sich U-förmig um einen Innenhof, der den EG-Wohnungen als Hausgarten dient, die OG besitzen Dachgärten und Gewächshäuser. Ein weiteres Haus (5) bildet das nördl. Ende der Schlange; der Baukörper mit Laubentreppenhaus (6) und das Haus Nr.(7), beide am südl. Teil angegliedert, sind Beiträge derselben Architektengruppe. Dazwischen ein 3-geschossiges Gebäude mit geschwungener Fassade (8). Kopf im Süden ist ein Bau (9) mit voll verglaster Giebelfront und einem zylinderförmigen Treppenhaus. Rückseits der langen Gebäudereihe, entlang der Hangkante zur Dönche, sind mehrere zu Gruppen verdichtete Ein- und Mehrfamilienhäuser um Gartenhofräume gelegt, sog. „Cluster". Hier werden verschiedene Haustypen miteinander verbunden. Die nördliche Kante des

Fortsetzung nächste Seite

165
Fortsetzung

1, 11:	Hinrich Baller u. Inken Baller (Berlin/Hamburg)
2, 12:	Hermann Hertzberger (Amsterdam)
3, 10:	Heinz Hilmer u. Christoph Sattler (München)
4:	Planungskollektiv Nr. 1 (Berlin)
5, 6, 7, 14:	Otto Steidle u. Partner (München/Kassel)
8, 9, 13:	Dieter Patschan, Asmus Werner, Bernhard Winking (Hamburg)
15:	ASB Arbeitsgruppe Stadt/Bau, Gesamthochschule Kassel
16:	Roland Rainer (Wien)
17:	Johannes Olivegren (Stockholm)

Wohngebietes wird von einfachen, kleinen, 2-geschossigen Pultdachhäusern begrenzt, auch Starterhäuser genannt; Atriumhäuser mit 2-geschossigen Freiluftzimmern, Häuser mit einfachem Standard sowie Mietreihenhäuser folgen (10). Das angrenzende Projekt (11) besteht aus 2 Mehrfamilien-, 2 Doppelhäusern und 5 sog. Substandardhäusern, die ebenfalls um einen Hof gruppiert sind, überdeckt von einer kuppelartigen Pergola. Auch der Beitrag Nr. (12) besteht aus Einfamilienhäusern in Form von

165
Fortsetzung

Atriumwohnungen als Clustertyp. Nebenan eine 3-geschossige Hofbebauung (13); die Cluster (14) an der Hermann-Mattern-Straße sowie der Hans-Leistikow-Straße folgen. Nach hinten daran angrenzend stehen 9 Einfamilienhäuser, U-förmig angelegt (15). Daran anschließend steht eine Häusergruppe (16), bestehend aus 15 südorientierten 1- und 2-geschossigen Einfamilienreihen- und Atriumhäusern, z. T. mit versetzten Etagen und Dachterrassen. Den Abschluß bilden 16 Reihenhäuser (17) in Anlehnung an ein schwedisches Modell. Die Gebäude sind 2-geschossig mit der Option eines Dachaufbaus, auch die Wohnfläche kann begrenzt vergrößert werden. Ziel des gesamten Bauvorhabens war es, eine qualitativ hochwertige Wohnbebauung für unterschiedliche Bevölkerungsgruppen unter Berücksichtigung sozialpolitischer und stadtwirtschaftlicher Aspekte zu realisieren. (NS)
The idea of incorporating architecture in the documenta comes from its founder, Arnold Bode. In 1978, with the help of 9 architects and groups of architects, a new residential district was built. The site plan was produced jointly. It is a 9 ha traffic-calmed area, and landscape gardeners helped design it. There is a village green between the 'snake' in Heinrich-Schütz-Allee, a long, curved terrace of houses, and the opposite Helleböhn, and an opening to the town. Buildings with small flats (1) flank the opening. Larger flats adjoin (2); each has a large balcony that can be closed in with glass panels. On the right is a 3-storey building with half-barrel-vaulted roof (3). There follows a group of houses around a courtyard, upper storeys with roof gardens and greenhouses (4). The house (5), the north end of the 'snake', (6) and (7) are by the same group of architects. A 3-storey building with curved façade stands between them (8). The south end is a building (9) with a fully glazed front and cylindrical staircase. Clusters of houses and multifamily housing are at the back of the building. The northern edge of the area has simple 2-storey pent-roof houses, called 'first houses'; there follow houses with atrium and 2-storey rooms, standard houses and rented terraced houses (10). The following project (11) has 2 multifamily houses, 2 double houses and 5 'substandard' houses, around a courtyard, with a pergola. (12) also consists of houses with atrium flats. (13) a 3-storey courtyard building; (14) and (15) clusters. Behind and adjoining are 9 houses in a U shape (15). A group of houses facing south, some with staggered storeys and roof terraces. At the end are 16 terraced houses (17) based on a Swedish model, with option of adding a top storey. The plan of the whole project was to create high-quality housing for a variety of groups.

166
Wohn- und Atelierhaus Blase
Kuhbergstraße 47
1962/63: Karl Oskar Blase, Heinrich Helbing (beide Kassel)

Das 2-geschossige Haus des Malers und Grafikers Blase, nach eigenen Vorstellungen in Kooperation mit Helbing erbaut, spiegelt „in schlichter Noblesse die künstlerische Haltung des Bauherrn wider" (H. Georgsdorf). Das Haus wird von 2 ineinandergeschobenen Kuben aus weißgeschlämmtem Backsteinmauerwerk gebildet, deren Form von der angegliederten Garage wiederaufgegriffen wird. Die 3 gegenläufigen Pultdächer sind mit Wellplatten gedeckt; die zur Straßenseite sparsam eingesetzten, differenziert gestalteten Fenster zeigen deutlich die Handschrift des Eigentümers. Das in der Tradition des Bauhauses stehende Design setzt sich im Innern des Hauses fort: Wohnung und Atelier liegen auf einem Niveau und bilden eine klar strukturierte Raumeinheit, das Pultdach ist nur im Arbeitsbereich wahrnehmbar. Wohn- und Atelierbereich öffnen sich durch große Fenster zum konsequent schlicht gestalteten Garten; darin die vom Bauherrn entworfenen Signets der documenta 6 und 8. (TM)

The 2-storey house of the painter Blase consists of 2 telescoped blocks of whitewashed brick, their form echoed by the attached garage. The 3 pent roofs, sloping in different directions, are covered in corrugated sheeting. The few windows, carefully planned, clearly show the owner's style. The design, in the Bauhaus tradition, continues inside: flat and studio are on the same level, and the pent roof is visible only in the working area. In the garden are the logos for documenta 6 and 8, designed by Blase.

167
Wohnhaus Mattern
Im Rosental 27
1951: Hermann Mattern (Kassel)

Das eher unauffällige Wohnhaus liegt in exklusiver Villenumgebung mit Blick über die heute als Naturschutzgebiet ausgewiesene Dönche, die Mattern optisch und räumlich in die Planung seines Anwesens einbezog. Das kleine pultdachgedeckte Haus, mit halbem UG in das leicht hängige Gelände ebenerdig eingeschoben, öffnet sich mit großzügigen Fensterfronten (Wohnraum und Schlafzimmer) zur Landschaft, in die der Garten ohne sichtbare Grenzen überzugehen scheint. Von diesem Gestaltungsprinzip, Haus und Garten stets zusammen zu denken, war das gesamte architektonische Wirken Matterns bestimmt. (KKr)

The rather unobtrusive house is in an exclusive villa district with view of the Dönche nature reserve. Its semi-basement is set at ground level in the slightly sloping site. Large windows (living room and bedroom) open towards the landscape, into which the garden imperceptibly merges. All Mattern's buildings see house and garden as a unity.

168
Kirche Nordshausen (ev.)
Am Klosterhof 13
13. Jh.; Erweiterung 2. Hälfte 14. Jh. u. 15. Jh.;
Umbau 1905; Restaurierung 1958

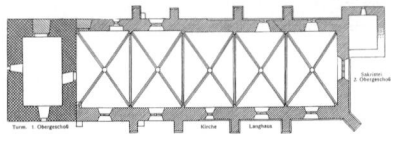

Die heute als Pfarrkirche genutzte mehrfach umgebaute Saalkirche geht auf das ehem. vor 1257 gegründete Zisterzienserinnenkloster St. Maria zurück. Ältester Teil ist der frühgotische rechteckige Westturm mit 2-geteilter Schallarkade im OG; durch das 1497 (Inschrift) eingefügte spätgotische Portal wird die Kirche erschlossen (Staffelgiebel und Satteldach von 1905). Dem höheren Niveau des im 14. Jh. angefügten hochgotischen Chores mit geradem Abschluß wurde im 15. Jh. der westliche Bauteil angeglichen, so daß im Innern ein 5-jochiger, gotisch gewölbter Raum mit schlanken Wanddiensten und geschmückten Rippenkonsolen entstand. Die einzelnen Bauphasen lassen sich außen und innen an unterschiedlicher Steinwahl (Hau-, Bruch- und Feldstein), Baufugen und unregelmäßiger Befensterung ablesen. Außen sind im Norden die Konsolen des ursprünglichen Kreuzganges, innen die Konsolen der ehem. Nonnenempore sichtbar. Im Nordosten lehnt sich die 2-stöckige spätgotische Sakristei an die Chorwand an. (SN)

The hall church has been altered several times and dates back to a Cistercian monastery founded before 1257. The early Gothic west tower with divided louvre arcade is the oldest part; entry is by the 1497 Late Gothic portal (crowstep gable and roof of 1905). The 14th-c. High Gothic chancel was adapted to the west section in the 15th c., giving a 5-bay Gothic vaulted interior. The individual phases of building can be seen from the variety of stone used (ashlar, roughstone, boulder) and the irregular window placing.

169 (s. Karte V)
Hallenbad Ost
Leipziger Straße 99
1929/30: Fritz Graubmann (Kassel)

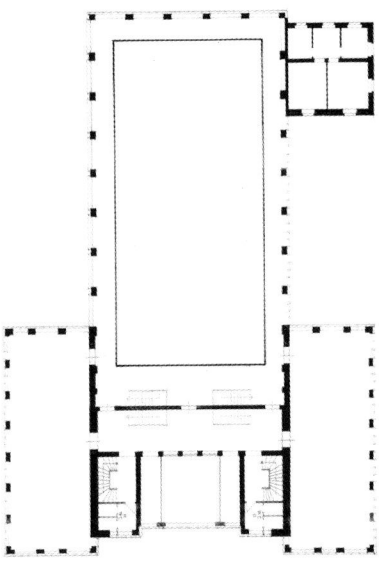

Obergeschoß
Upper floor

Das älteste städtische Hallenbad Kassels, ein additiver, durch Kuben geprägter Backsteinbau, dessen Schmalseite die Hauptfassade bildet, besticht durch seine strenge Symmetrie: Seitentürme, durch mittig gesetzte Fenster akzentuiert, flankieren den leicht zurückweichenden 4-geschossigen Mittelbau. Die Freitreppe befindet sich in einer Achse mit der eigentlichen Schwimmhalle (25 x 12 Meter-Becken) im Inneren. Die leicht vorspringenden 2-geschossigen Flügel der Umkleide- und Reinigungsräume schließen das Gebäude zu beiden Seiten ab. 3 horizontale, weiß eingefaßte Fensterbänder binden die flachgedeckten Teilkörper zu baulicher Einheit zusammen, gliedern die Fassaden und verleihen dem gesamten Gebäude einen lagernden Charakter. Zunächst in der Voraue geplant, errichtete man das für seine Entstehungszeit bemerkenswert moderne Bad am heutigen Standort, um die Abwärme des nahen Gaswerkes (Eisenacher Straße) zu nutzen; dieser Standortvorteil ging durch Umstellung auf Erdgas verloren, was den Bau eines eigenen Heizwerkes erforderlich machte (1964). Das Hallenbad, dessen Inneres (infolge veränderter Sanitärtechnik und Aufgabe der ehem. Servicebereiche) gravierend verändert wurde, gilt dennoch als schönes Beispiel für die vom Bauhaus geprägte Formensprache der Badearchitektur der 20er Jahre. (TM)

Kassel's oldest municipal swimming pool has side towers flanking the slightly receding 4-storey centre section. The outer staircase is aligned with the pool itself (25 x 12 m). The slightly projecting 2-storey sections with changing and cleaning rooms close the building on both sides. 3 bands of white-framed windows unify the flat-roofed sections and give a horizontal effect. The pool was strikingly modern for its time and used the waste heat of the nearby gasworks until conversion to natural gas, when it had to build its own heating station (1964). This is a fine example of 1920s swimming pool architecture, although its interior has been greatly changed.

170
Salzmann & Comp.
Sandershäuser Straße 34
1900; 1905; 1910; 1926

171
St. Kunigundis (kath.), Kunigundishof
Leipziger Straße, Großalmeroder Straße,
Melsunger Straße
Kirche 1925–27: Langenberg; Siedlung 1928–32:
Ernst Zimmerle (Kassel)

1900 ließ die Textilfirma Salzmann & Comp., gegründet 1876, im Osten Kassels eine Weberei mit Imprägnierwerk und Färberei erbauen. Die Rüstungswirtschaft ließ das Unternehmen expandieren, Vergrößerung der Anlage 1905 und 1910 um jeweils 8000 qm. Die ausgedehnte Backsteinfront teilt sich in verschiedene Funktionsbauten. Hervorzuheben ist der 6- bzw. 4-geschossige Verwaltungsbau mit Werkseinfahrt, dekoriert mit Motiven der Weberei (Knabe mit Webschiffchen, Mädchen mit Garn). Darüber 3 markante Erker. Sandstein-Inkrustationen beleben das gotisierende Fassadenbild mit seinen Staffelgiebeln, Spitzbogenfenstern, Blendarkaturen. Hinter dem Hauptgebäude parallel zur Sandershäuser Straße die ehemaligen Produktionshallen mit Sheddach und Rundfenstern in den Giebeln. Bemerkenswert und bis in die meisten Details authentisch Hauptentree und Treppenhaus. Heute werden die Gebäude von verschiedenen Unternehmen genutzt, ein Teil anläßlich der documenta 8 zur „Kulturfabrik" umgewidmet. (CM)

The weaving mill was built in 1900, and enlarged by 8000 m² in 1905 and again in 1910 as the business grew. The brick façade is divided into sections for various functions, including a 6-storey and 4-storey administrative building with works entrance, decorated with weaving motifs. The Gothic-style façade is enlivened by sandstone incrustations. The former production halls are behind the main building, with pent roof and round windows in the gables. Main entrance and staircase noteworthy and largely original.

Der Kunigundishof wird im Rahmen eines Notprogrammes nach Plänen von Zimmerle von der Hessischen Heimstätte (heute Wohnstadt) um die 1927 geweihte Kirche St. Kunigundis gebaut. Die eigenartige Anordnung der Wohnblocks um eine Kirche erinnert an barocke Konventsarchitektur, jetzt aber gleichsam sozialisiert. Die umschlossene Grünfläche wird zum Gemeinschaftshof. Die 2 3-geschossigen Häuserblocks, unter durchgehendem Satteldach mit Gauben, bilden mit je einem Stutzflügel zusammen eine geöffnete U-Form. In 2 Bauabschnitten werden die insgesamt 195 2- bis 4-Zimmerwohnungen (je 50–75 qm) gebaut. Die Fassade ist durch strengen Wechsel von (Sprossen-)Fensterachsen und Balkonachsen charakterisiert. Im 2. Weltkrieg teilweise zerstört, wurde der Kunigundishof bis 1951 wiederaufgebaut. (KK)

Part of an emergency building programme, the housing arranged around a church (St. Kunigundis, dedicated in 1927) recalls baroque monastery architecture. There is a communal courtyard. The 2 3-storey blocks form an open U shape. The 195 2- to 4-room flats (each from 50 m² to 75 m²) were built in two stages. The façade is characterized by the strict alternation of astragal window axes and balcony axes.

172
Messinghof
Leipziger Straße 291
1679

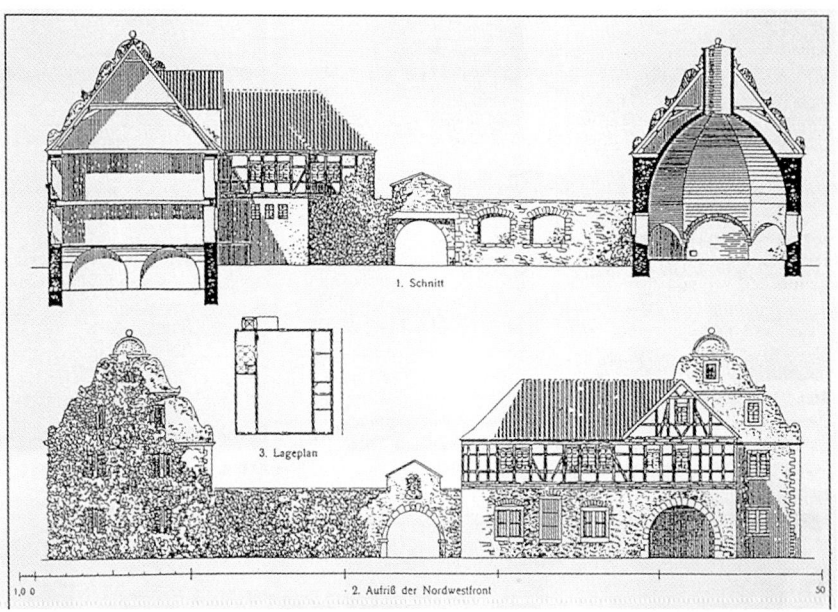

Schnitt, Lageplan, Aufriß, urspr. Zustand
Cross section, site plan, elevation, original state

Den Messinghof ließ Landgraf Karl 1679 erbauen, um an Ort und Stelle montane Rohstoffe verarbeiten zu können (dort wurden auch die Kupferbleche für die Herkulesstatue gefertigt). Erbaut wurden 2 langgestreckte, 2-geschossige Bruchsteingebäude, die parallel zueinander und zur Leipziger Straße stehen. Sie besitzen zeittypische Satteldächer. Die Anordnung der Zwillingsfenster kennzeichnet die Wohn- und Arbeitsräume; Zwerchhäuser nach 1869 aufgesetzt; ehem. Hammerflügel (südwestl.) 1960 abgebrochen. Die Schmalseiten sind durch hohe

Bruchsteinmauern zum Innenhof geschlossen, das rundbogige Einfahrtstor mit giebelförmiger Erhöhung ziert eine Wappenkartusche mit Krone und dem Signum CLZH (Carl Landgraf zu Hessen). Einen Eingriff in die stadtseitige Schaufassade stellt das vor 1780 angebaute Torhaus dar, bestehend aus Bruchsteinsockel, Fachwerkgeschoß mit Mansardendach und senkrecht einschneidendem Satteldach. Der metallverarbeitende Betrieb im Stil der Weserrenaissance ist deutlich der landgräflichen Architektur verpflichtet. Trotz schlechten Erhaltungszustandes ein wichtiges Zeugnis früher Industriearchitektur. (MD)

Landgrave Karl had the Messinghof built in 1679 to be able to process mining products on the spot (the copper sheets for the statue of Hercules were made here). The 2 long roughstone buildings are parallel. The ends are closed by high walls; the entrance gate has a cartouche with coat of arms with a crown and CLZH (Carl Landgrave in Hesse). The 1780 gatehouse is an encroachment on the main façade, with roughstone base, timber-framed storey with mansard roof and saddleback roof. The Weser Renaissance style complex is clearly a product of landgraviate architecture, despite its poor condition.

173
Forstfeld-Siedlung
Steinigkstraße u.a.
1916: Paul Schmitthenner (München); 1938/39:
Catta & Groth (Kassel)

174
Immanuelkirche (ev.)
Wißmannstraße 66
1963: Olaf Andreas Gulbransson (München)

Die „Gartenstadt" Forstfeld entstand im Kriegsjahr
1916 im Zusammenhang mit der Errichtung der
Munitionsfabrik Forstfeld. Die nach dem Vorbild der
Gartenstadt Staaken bei Berlin nach Plänen
Schmitthenners gebaute Siedlung umfaßt 19 Häuser mit 53 Wohnungen, 11 2-geschossige Vier-
familien- und 8 Einfamilienhäuser (Wohnungsgröße
von 54–66 qm), jedes mit eigenem Garten und
kleinem Stall. Das Kriegsende verhindert die geplante Erweiterung der Siedlung. Im Rahmen des Notprogrammes auf Grundlage des 1935 erlassenen
„Gesetzes zur Förderung des Wohnungsbaus" wurden bis 1939 von der Gemeinnützigen Wohnungs-
baugesellschaft Kassel (GWG) weitere 462 „Volks-
wohnungen" im Forstfeld gebaut. Die aufgrund der
Straßennamen nach ehem. deutschen Kolonien
sog. „Afrikasiedlung" entstand, nach den Prinzipien
des NS-Siedlungsbaus, als Werkssiedlung der benachbarten „Fieseler Flugzeugwerke". Nach Entwürfen der Kasseler Architekten Catta & Groth wurden
3 verschiedene Haustypen gebaut, deren Größe
zwischen 38 und 52 qm liegt und deren Aufteilung
variiert, alle mit Ofenheizung, ohne Bad. Bei der
Planung wurde berücksichtigt, daß die Einheiten bei
Bedarf und Ende des Wohnungsmangels zusam-
menlegbar sind – eine Maßnahme, die im Rahmen
der Modernisierung von der GWG in den 70er Jahren durchgeführt worden ist. (KK)

The Forstfeld 'garden city' was built with the
ammunition factory. It is an estate with 19 buildings
containing 53 flats, 11 2-storey four-family
buildings and 8 single-family houses, each with
garden and stall. Extension was halted when the war
ended, but in 1939, another 262 'people's flats'
were built in Forstfeld. The 'Africa estate', with
streets named after old German colonies, was the
works estate of the Fieseler aircraft works, on National Socialist housing building principles. 3 house
types were produced, all with stove heating and
without bathroom. The units were planned to be
connected together when the housing shortage
ended, and this was done in the 1970s.

Der Bau des bekannten Kirchenbaumeisters weist
ein Spiel der Formen auf. Im Grundriß quadratisch,
die Wände dreieckig; der Glockenturm (49 m) steht
auf 5-eckigem Grundriß; 6-eckiger Altarbereich mit
Taufbecken und anschließender kreisförmiger Sakristei. Von der Idee einer einfachen Zeltform ausge-
hend, werden die Raumecken, die den Altar flankieren, gleichsam nach oben geklappt und mit einfachen Betonverglasungen für das einfallende Licht
geöffnet. Die Holzdecke besteht aus einem Satteldach mit Stichkappen. Gegenüber der Orgelempore
gibt eine bunte Bleiverglasung (Hubert Diestler) dem
Altarbereich eine feierliche und polarisierende Wirkung. Mit Backstein ausgefacht läßt die Stahlbeton-
rahmen-Konstruktion die Bauformen im Inneren wie
im Äußeren sichtbar. Die Stimmigkeit des Baus wird
irritiert durch die rundbogigen 'romanischen' Formen
der Eingangstüren. (JA)

The well-known church architect plays with forms in
the building with a square ground plan, triangular
walls and a bell tower on a pentagonal plan. The
altar area is hexagonal and the sacristy circular. The
form is that of a tent, with light from above and from
coloured lead glass in the window opposite the
organ gallery. The concrete frame construction with
brick infill is visible inside and outside. The round-
arch entrance doors seem out of place.

175
Object Stone GmbH
Heinrich-Hertz-Straße 20
1998: Loskant & Partner (Brüggen)

176
Friedhofsanlage und -kapelle Waldau
Nürnberger Straße
Kapelle 1991: Bieling & Bieling (Kassel); Friedhofs-
anlage 1991: Klaus Heigel (Kassel)

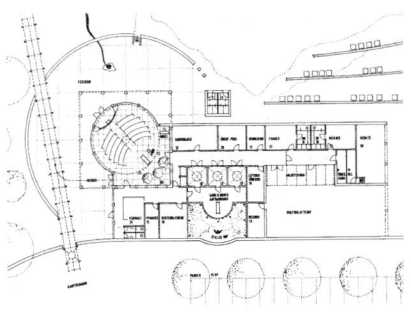

Der mit seiner Schmalseite zur Straße orientierte, symmetrische, flachgedeckte Stahlbetonbau auf rechteckigem Grundriß vereint Verwaltungs-, Produktions- und Lagerräume des Kunststein-produzenten. Die 3 Funktionen des durch vor- und rückspringende Kuben gegliederten Baus, dessen weiße strukturfreie Gebäudeflächen einer klaren Geometrie folgen, sind anhand ihrer Durch-fensterung deutlich von außen ablesbar: Die groß-zügige Fensterwand zur Stirnseite, durch 2 vor-kragende Kuben sowie einen Glaserker strukturiert, markiert den 2-geschossigen Verwaltungstrakt, der sich um einen kleinen, begrünten Lichthof gruppiert. 2 hochrechteckige sowie ein horizontal gelagertes großes Fenster gewähren Einblick in den anschlie-ßenden Produktionsbereich, das den Riegel ab-schließende Hochregallager ist nicht befenstert. Zahlreiche Details, ein kleiner Erker, eine das Firmenlogo tragende Wand sowie der über die Westseite des Gebäudes herausragende Metallsteg bilden mit dem wohlkonzipierten Gebäude ein stim-miges Ganzes. (TM)

Administration, production and storage are combined in the artificial stone company building, with projecting and recessed cubic forms. The 3 functions can be read from the window arrangement on the plain exterior walls, which emphasize the geometry. The 2-storey administration unit has an end window wall to the street and a small atrium with plants. The production area follows, with 2 vertical windows and one horizontal one. The high bay warehouse at the end has no windows. Numerous details make a harmonious whole.

Der Friedhof wird von Scheiben aus Sichtbeton gegen das nahe Autobahndreieck abgeschirmt. Hinter der durch einen Glockenträger gekennzeich-neten Pforte führt ein Laubengang in den Land-schaftsfriedhof. Weitere Dachreiter auf der Kapelle und den übrigen Räumlichkeiten weisen den Kom-plex als sakrale Zone aus. Die kreisrunde Kapelle, eingesetzt in einen quadratisch gedeckten Wandel-gang, öffnet sich mittels einer Glaswand zum runden Vorplatz und zum Friedhof; ihr angeschlossen ist der Aufbahrungstrakt. Das polygonale Dach ruht auf einem von 8 Betonstützen getragenen Betonring, der – wie auch die Rückseite des Raums – von kleinen Glasfenstern durchbrochen ist. Das Innere (mit einer der Raumform angepaßten Bestuhlung) ist auf den das Rund aufbrechenden Aufbahrungsplatz ausgerichtet. Ein von einer filigranen Stahlseil-konstruktion gehaltener groß dimensionierter Lich-terkranz bildet die Deckenbeleuchtung. (JA)

Exposed-concrete walls separate the cemetery from the nearby motorway junction. From the gate with bell, a roofed walk leads into the landscaped cemetery. The round chapel, in a square roofed concourse, opens onto a forecourt and onto the cemetery; the mortuary adjoins. The polygonal roof rests on a concrete ring on 8 concrete supports. The interior faces the laying-out area, which interrupts the circle; lighting is from a large ring lamp on a filigree steel cable construction.

177
Volkswagenwerk Kassel
Baunatal, Porschestraße
1959–60 (Halle 1), 1961 (Halle 4), 1963/64
(Halle 2), 1965 (Halle 5), 1968–71 (Halle 3),
1985 (Halle 1b), 1987 (Halle 6): VW-Bauabteilung

178
Herrenhaus und Park Windhausen (Nähe Heiligenrode)
Ab 1764: Simon Louis du Ry; Renovierung 1966:
Schulze, Karl Dippel (beide Kassel);
Restaurierung 1987–98

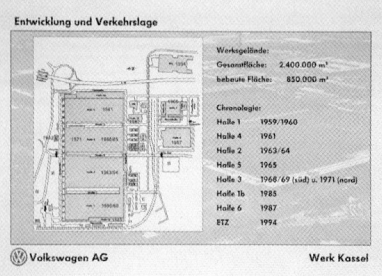

Lageplan mit Bauabschnitten
Site plan with construction stages

Das zweitgrößte Werk der VW AG in Deutschland
entstand in Altenbauna auf dem Terrain der ehem.
Henschel Flugmotorenbau GmbH sowie angrenzenden Flächen, z.T. unter Verwendung unzerstörter
Henschelbauten (insgesamt 850.000 qm). Durch
das 2-geschossige pavillonartige Haupttor, gebildet
durch 2 nahezu symmetrische Baukörper mit zylindrischem Abschluß, gelangt man auf das Werksgelände: Die 4-geschossige, sukzessive mit der
Hallenentwicklung auf 1.100 m Länge erweiterte
imposante Nordfassade prägt den äußeren Eindruck
dieser Industriearchitektur: Leicht abgetreppt, durch
21 steile, markant gerahmte Fenster-Tableaus gegliedert (Stiegenhäuser mit Eingängen), paßt sie sich
dem Geländeverlauf an. Die braune Klinkerfassade,
den flächenhaften Eindruck des ausgedehnten Baukörpers ,untermauernd', verdeckt nicht nur alle kon-
struktiven Glieder, sondern auch die Struktur und
Organisation des Werks. Hinter der Sektorenfront
mit Saal- und Büroetagen schließen sich 4 der insgesamt 6 mit Sheddächern gedeckten Hallen-
komplexe an. (TM)

Volkswagen's second-largest works in Germany is
partly on the former Henschel aircraft engine site,
using some Henschel buildings. The 4-storey north
façade has gradually been enlarged to 1,100 m as
the hall grew in length: it is slightly staggered to fit
the site, with 21 special window configurations
marking staircases with entrances. The brown
clinker façade emphasizes the surface of the
building, concealing the structure of the works.

Martin Ernst von Schlieffen – Staatsminister von
Landgraf Friedrich II. – läßt sich eine ehem. Meierei
zum Herrenhaus mit Landschaftspark umgestalten.
Die Fachwerkkonstruktion des alten Haupthauses
verblendet er dabei mit einer 40 cm starken steinernen Hülle. Das 2-geschossige Herrenhaus mit
Walmdach erhebt sich über rechteckigem Grundriß
mit 7:4, gartenseitig mit 5 Achsen. Die Fassaden
mit niedrigem Werksteinsockel sind jeweils durch
einen Mittelrisalit mit Dreiecksgiebel betont, die
längsseitig um ein Geschoß aufgestockt und
schmalseitig leicht vorgezogen sind. Die Fenster mit
Werksteineinfassung, Sohlbank und darunterliegendem Blendfeld lockern die Fronten ebenso auf
wie die Lagerfugen des EG. Die ausgewogene Fassade ist durch strukturierte Lisenen an Gebäude-
und Risalitkanten sowie durch Stockwerkgesimse
gegliedert. Das Gebäude steht mit seinem Grund-
und Aufriß noch in der Tradition barocker Landhaus-
architektur und ist nach der Zerstörung fast sämtlicher Kasseler Barockbauten ein wichtiges Zeugnis
des Wohnbaustils von du Ry.
Die seit 1781 angelegte Parkanlage nutzt die natürliche Geländestruktur aus und ist mit vielfältigen
Einzelmotiven arrangiert. Differierende Kulissen, wie
baumbestandene Ruheplätze, gewundene Wege
und Wasserläufe sowie kleinere Bauten sollten beim
Betrachter unterschiedliche Stimmungen wecken.
So traf der Spaziergänger ehem. noch auf Schrift-
tafeln mit philosophisch-belehrenden Texten. Von
den Parkbauten sind nur wenige, zudem schwer
auffindbare Relikte erhalten: Reste der „Teufelsbrük-
ke", ein „Arminiusgrabmal", ein „Freundschaftsstein", zwei Altäre des Thuisco und der Hertha, das
„Affendenkmal" (zum Andenken an die ungewöhnli-
chen ,Parkbewohner' des Besitzers) und das als
gotische Ruine erbaute Mausoleum für die Gebeine
des Hausherrn.
Die Parkanlage orientierte sich bereits an englischen
Landschaftsgärten und war mit ihrer Gestaltung als
sentimentaler Naturpark der franz.-engl. Aufklärung
verpflichtet.

178
Fortsetzung

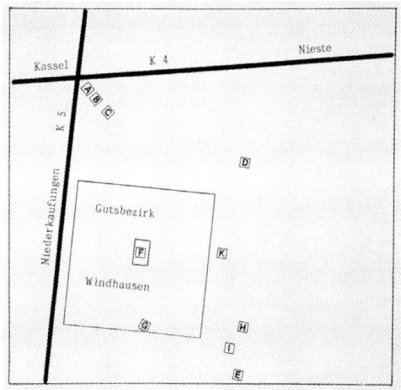

Lageplan
Site plan

A: Hertha-Altar / Hertha Altar
B: Arminiusgrabmal / Tomb of Arminius
C: Thuisco-Stein / Stone of Thuisco
D: Freundschaftsstein / Friendship Stone
E: Mausoleum / Mausoleum
F: Herrenhaus / Manor house
G: Affendenkmal / Monkeys' Monument
H: Reste Teufelsbrücke / Remains of Devil's Bridge
I: ehem. Steinernes Meer (zerstört) /
    Former Stone Sea (destroyed)
K: Affenhaus (zerstört) / Monkey house (destroyed)

Weitere Herrenhäuser in Auswahl:

Gut Waitzrodt (östl. Immenhausen): beachtenswertes Herrenhaus (1802 modernisiert) mit Wirtschaftsgebäuden

Gutsanlage Winterbühren (nördl. Rothwesten): barockes Herrenhaus (um 1733) mit franz.-engl. Parkanlage und Wirtschaftsgebäuden

Gut Bodenhausen (nördl. Ehlen/westl. Dörnberg): imposante Anlage mit repräsentativem Torhaus (1649/1834), Herrenhaus (1660/1817 umgestaltet) und Wirtschaftsgebäuden

Gutsanlage Laar (nördl. Zierenberg): bemerkenswertes barockes Herrenhaus (1760) mit weitläufigem Park, Friedhof mit beeindruckender Grabmalkunst (16.–19. Jh.), Wirtschaftshof und sanierter Getreidemühle (14. Jh.) (SW)

Martin Ernst von Schlieffen, a minister under Friedrich II, had a dairy farm converted into a manor house with park, facing the timber-frame construction with a 40 cm thick stone envelope. The façades have a centre projection with triangular gable and are varied by lesenes and cornices. The building is a rare example of the residential building of S. L. du Ry. The park has many individual motifs, such as resting places with trees, curving paths and watercourses and small buildings, presenting the visitor with a variety of moods. Only a few remains of the park buildings can be seen: remains of the Teufelsbrücke bridge, 'Hermann's tomb', a 'friendship stone', two altars, the Monkeys' Monument (commemorating the unusual park inhabitants favoured by the owner) and the mausoleum for the owner. The park is in the spirit of a natural park of the French / English Enlightenment. List of other manor houses above.

179

Kaufungen
Stützpunktfeuerwache
Theodor-Heuss-Straße
1995: Penkhues Architekten (Kassel)

180

Oberkaufungen
Stiftskirche (ev.)
1017–25; Umbauten 12. bis 16. Jh.; Renovierung
1935–38 u. 1969–73

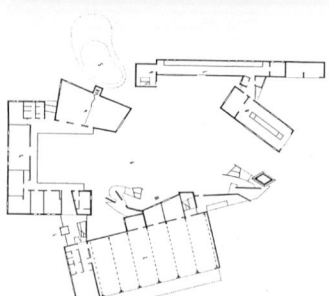

Erdgeschoß
Ground floor

Der neue Stützpunkt der Freiwilligen Feuerwehr Kaufungen entstand zwischen den beiden zusammengewachsenen Ortsteilen Ober- und Niederkaufungen. Die Fahrzeughalle mit Erweiterungsoption orientiert sich zur Hauptstraße, Werkstätten und Turm bilden den südl. Abschluß des Geländes. Zwischen Schulungs-, Ausbildungs- und Verwaltungsbereich sowie großem Gemeinschaftsraum mit richtungsändernder Achse entsteht ein kleiner Platz, der in den großen Übungshof übergeht. Diverse architektonische Details wie Balkone, Treppen, Brüstungen, Glasfassaden sowie verschiedene Dachformen werden zu Trainingszwecken vorgehalten. Die Architekten schufen eine innovative, spannungsreiche Gesamtanlage, für deren künstlerischen Anspruch allerdings kleine Mängel in der Zweckmäßigkeit für den Feuerwehralltag in Kauf genommen wurden. (PL)

The fire station was placed at what has now become a traffic junction. The engine hall faces the street, workshops and tower are on the south edge of the site. Between the training and administration areas is a small court which leads into the large practice yard. Various architectural details such as balconies, stairs, parapets, glass façades and a variety of roof types are kept here for training purposes. The elegant complex has some minor defects in fitness for daily fire brigade use.

Die heutige Pfarrkirche geht auf das ehem., 1017 von Kaiserin Kunigunde gegründete Benediktinerrinnenstift zurück. Der 3-schiffige Bau auf kreuzförmigem Grundriß wird vom querrechteckigen Westturm dominiert; an diesen schmiegt sich im Norden – statt des ursprünglich auch dort runden Flankenturms – der spätmittelalterliche 6-eckige sog. Archivturm an. Ein 1714 vorgelagertes Herrenhaus verdeckt die westliche Turmfassade. Die vermutlich je 6 Pfeiler der ehem. flachgedeckten Basilika wurden im 2. Viertel des 13. Jh. durch je 2 4-eckige Stützen ersetzt: breite, frühgotische Arkaden trennen seitdem Mittel- und Seitenschiffe voneinander. Die wohl zeitgleich erfolgte Erhöhung der äußeren Seitenschiffwände, das Ersetzen einiger romanischer Fenster durch gotische Maßwerkfenster und die sichtbaren Rippenansätze in der Südostecke lassen vermuten, daß ein Umbau zu einer kreuzgewölbten Hallenkirche vorgesehen war. Doch zuvor schloß man die mangels ausreichender Höhe zum Hauptschiff offenen Dachstühle der Seitenschiffe durch provisorische, bemalte Holzwände; ein Zustand, der heute für ein ungewöhnliches Raumbild sorgt. Einen Stilbruch zum Kirchenraum bildet der spätgotische Chor mit 5/8-Schluß und Netzgewölbe (dat.: 1469). Im Westen trennt eine zugemauerte 3-bogige Arkade das Turmjoch vom Mittelschiff. Dahinter verbirgt sich der nachträglich verstärkte Turmunterbau, dessen Kreuzgewölbe auf einem starken Mittelpfeiler zusammentreffen. Die offenen Arkaden der darüber liegenden Orgelempore (ehem. Nonnen- oder sog. Kaiserempore) ruhen auf schlanken romanischen Säulen (ähnlich Fritzlar). Bemerkenswert sind die umfangreichen spätmittelalterlichen Wandmalereien, wie etwa die bildteppichartige Passionsgeschichte (19 Szenen) an der Nordwand. Trotz mehrfacher Umbauten und vieler Verluste (Kreuzgang) hat die historisch bedeutsame Anlage mit Klostergarten und Stiftshof sowie den angrenzenden Stiftsgebäuden (romanische St. Georgs-Kapelle, 11. Jh., sog. Rebentalsgebäude, Renterei, Herrenhaus, Scheune und Vogtshaus) einen eigenen Reiz. (SN)

180
Fortsetzung

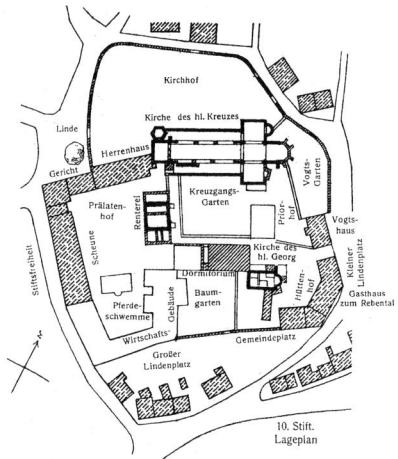

The collegiate church dates back to the Benedictine monastery founded by Empress Kunigunde in 1017. The church with nave and aisles on a cruciform ground plan is dominated by the rectangular west tower, with the late medieval hexagonal Archive Tower. A 1714 manor house hides the west tower front. Alterations in the 13th c. introduced rectangular supports to replace the earlier interior pillars, and broad, early Gothic arcades separate the nave and aisles. Conversion to a cross-vaulted hall church was probably intended (introduction of Gothic tracery windows, visible rib bases in the south-east corner), but first the aisles, which were too low, were closed off by provisional painted wooden walls, a curious feature today. The Late Gothic chancel with 5/8 termination and net vaulting (1469) is incongruous. The open organ gallery arcades above are on slender Romanesque columns. There are extensive late medieval wall paintings, for instance the story of the passion (19 scenes) on the north wall. Despite rebuilding and loss (cloister), the complex has a charm of its own.

181
Schloß und Park Wilhelmsthal
Calden
1743–1773: François de Cuvilliés, Simon Louis du Ry
Landschaftsgarten 1796–1813: August Daniel Schwarzkopf, Karl u. Wilhelm Hentze

Nordwestlich von Kassel errichtete Wilhelm VIII. 1744 seinen durch die 9 km lange Rasenallee mit Wilhelmshöhe verbundenen Sommersitz im Rokoko-Stil nach französischem Vorbild; seit 1754 Wilhelmsthal genannt. Der Gesamtplan für Schloß und Park stammt vom Münchner Hofarchitekten Cuvilliés, der stark von Blondel und dessen Werk „Maison Plaisance" (1737) beeinflußt war. Erbaut wurde eine Dreiflügelanlage, deren Seitenflügel durch eingeschossige, schmale Altan-Bauten mit dem Corps de logis verbunden sind. Die 2-geschossigen Pavillons (Kirche und Küche) mit Mansard-Walmdach sind durch rustizierte Lisenen, die jeweils 3 Fensterachsen zusammenfassen, und ein kräftiges Gurtgesims über rustiziertem EG gegliedert. An den Fenstern und Portalen reiche, später hinzugefügte Stuckverzierungen; die Dachgauben sind mit Segmentbögen geschlossen. Der Corps de logis, der durch seine Höhensteigerung die Anlage dominiert, ist zur Hofseite durch einen Mittelrisalit, der sich mit schrägen Gewänden bis in die Dachzone fortsetzt, mit klassischer Säulen- und Pilasterordnung und einem Balkon gegliedert. Die Fenster der Beletage sind mit blütendekorierten Segmentbögen und Festons verziert. An der Gartenseite springt der Mittelrisalit weitaus stärker vor und ragt um ein halbes Geschoß über das Hauptgesims ins Dach hinein. Im Giebelfeld das landgräfliche Wappen. Die plastisch stärker ausgearbeitete Gartenseite diente als zentrale Schaufassade für die Mittelachse des Rokokogartens.
Du Ry, von Friedrich II. damit beauftragt, eine neue Eingangssituation zu schaffen, erbaute 2 dem Cour d'honneur vorgelagerte Wachhäuser mit strengen Tempelportiken und Nischen für die Wachen; die Giebelfeldstuckierung von Johann Michael Brühl. Noch vor dem Schloß ließ Wilhelm VIII. eine 5-eckige Gartenanlage mit fächerförmig nach Osten verlaufenden Achsen anlegen; nur die Südachse mit Grotte, Kanal, Wasserbecken sowie Chinesenhäuschen und reichem Figurenschmuck konnte vollendet werden; 1962 in Teilen rekonstruiert. Die Grotte, vermutlich nach Plänen von Cuvilliés, ist das

Fortsetzung nächste Seite

181
Fortsetzung

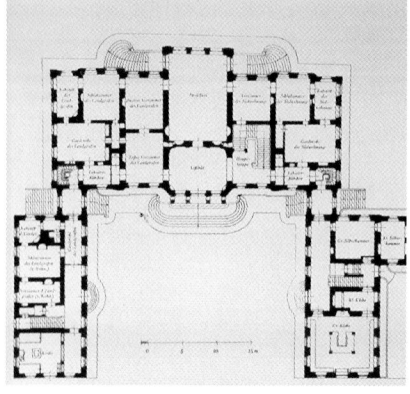

Erdgeschoß
Ground floor

einzige aus dem Rokokogarten erhaltene Bauwerk. Die zahlreichen Figuren aus vergoldetem Blei, u.a. Blinde-Kuh spielende Putten, illustrieren den Garten als Spielort der Hofgesellschaft. Die ursprüngliche architektonische Gestaltung der Hauptachse mit Kaskaden und reichem Figurenschmuck ist durch Geländeverschleifung und Abbruch der Anlage (u.a. weil das Wasserreservoir nicht ergiebig genug war) nicht mehr erfahrbar. Eine zusätzliche Abwertung der ehem. Zentrierung durch eine von Wilhelm IX. angelegte schräggeführte Achse. Als point de vue errichtete du Ry, in Anlehnung an den Bergfried der Löwenburg, eine künstliche Wartturm-Ruine. Daß die Nordpartie des Gartens nicht gestaltet war, kam Wilhelms Vorliebe für den englischen Landschaftsgarten entgegen, den er auch hier (durch die Hofgärtner Hentze und Schwarzkopf) anlegen ließ. Schloß Wilhelmsthal zählt als „maison de plaisance" im Stil und Geist des Louis-quinze – nicht zuletzt auch durch den höchst qualitätvollen Innenraumdekor – zu den elegantesten Bauten des deutschen Rokoko. (MD)

In 1744, Wilhelm VIII built his rococo summer palace, joined to Wilhelmshöhe by the 9-km Rasenallee, and since 1754 known as Wilhelmsthal. The plan for palace and park was by Cuvilliés, the Munich court architect. A three-section building is connected by 1-storey narrow gallery buildings to the corps de logis. The 2-storey pavilions have rusticated lesenes and a broad string course. The corps de logis dominates the complex, with a centre projection on the courtyard side, a classical column and pilaster order and a balcony. The centre projection is larger on the garden side. In the gable is the landgrave's coat of arms. This was the main façade for the central axis of the rococo garden. 2 guardhouses were built in front of the cour d'honneur; gable stucco by Brühl. Even earlier than the palace, a pentagonal garden with axes opening eastwards like a fan was created; only the south axis with grotto, canal, pools, Chinese house and figures was completed, reconstructed in parts in 1962. The grotto is the only element preserved. The gilded lead figures, such as putti playing blind-man's-buff, show the garden as a place where court society amused itself. The original arrangement of the main axis cannot be reconstructed. A diagonal axis created by Wilhelm IX further disrupted the centring. An artificial ruined watchtower was built as an eyecatcher. The north part of the garden was not landscaped, in line with Wilhelm's preference for English landscape gardens.
Schloß Wilhelmsthal, built in the style of Louis XV, is among the most elegant buildings of the German rococo.

182
Immenhausen

Rathaus
Townhall

Das Ackerbürgerstädtchen, eine regelmäßige, von 2 sich kreuzenden Hauptstraßen durchzogene Anlage, ist von einem ovalen, in Teilen (2 Türme) noch erhaltenen spätmittelalterlichen Mauerring umgeben. Die spätgotische ev. Kirche (ehem. St. Georg), eine 3-schiffige gewölbte Hallenkirche zu 3 Jochen und Chor mit 5/8-Schluß sowie vorgelagertem Westturm, stammt aus dem 1. Viertel des 15. Jh. Im Inneren qualitätvolle Wandmalereien vielfältiger Thematik aus der 2. Hälfte des 15. Jh. Das 1662 fertiggestellte Rathaus (Marktplatz 1) ist ein 3-geschossiger Fach-werkrähmbau mit verputztem Bruchsteinmauerwerk im EG und Krüppelwalmdach mit 8-eckigem Reiter. An den Schmalseiten rechteckige Zwillingsfenster mit gekehlten Sandstein- oder Holzlaibungen. Als Dekorationsformen finden

sich profilierte Balkenköpfe, Füllhölzer und Taustrickornamentik. Über eine 2-läufige steile Außentreppe ist der Haupteingang im 1. OG erreichbar. An der Rückseite moderner Anbau. Vornehmlich in den Nebenstraßen Bürgerhäuser aus dem 17. bis 18. Jh.: Längs- und Querdielenhäuser in diemelsächsischer Bauart, jedoch häufig nur 2-geschossig. Das Ende des 16. Jh. gebaute, vor der Stadtmauer liegende Hospital (Steinweg 3), ein 2-geschossiger Fachwerkrähmbau mit umlaufendem profilierten Geschoßüberstand und 2-geteiltem Giebeldreieck, wurde z. T. für den Rathausbau abgetragen, 1670 wieder aufgebaut. Der ehem. Nutzung entsprechend, gehen vom mittig verlaufenden Flur kleine Zimmer ab. Unmittelbar daneben das 1785 erbaute Siechenhaus (Steinweg 4) mit 5-achsiger Fassade, Mansarddach und Zwerchhaus; ursprüngliche Raumdisposition aufgehoben. Barocke und klassizistische Grabsteine haben sich auf dem außerhalb der Stadtmauer liegenden Friedhof (Hohenkirchener Straße) erhalten. (MD)

The small agricultural town has an oval town wall, parts of which are preserved. The Late Gothic church (formerly St. George) is a vaulted hall church with separate west tower. Fine 15th-c. wall paintings on a variety of themes inside. The town hall (1662, Marktplatz 1) is a 3-storey timber-frame building. Decorations are profiled beam-ends, fillers and cable ornament. An outer staircase leads to the 1st-floor main entrance. Mainly in the side streets, 17th and 18th c. burghers' houses of a local Diemel type, often only 2 storeys. The hospital (Steinweg 3), built at the end of the 16th c. outside the city wall, is a 2-storey timber-frame construction with overhanging storeys. Small rooms lead off a central corridor. Beside it the Siechenhaus (hospital for incurables, Steinweg 4), built in 1785; original arrangement of rooms changed. In the cemetery, outside the town wall (Hohenkirchener Straße), baroque and classicist tombstones are preserved.

183
Grebenstein

Rathaus
Townhall

Das auf regelmäßigem Grundriß errichtete Städtchen, eine gegen das mainzische Hofgeismar gerichtete Gründung der Landgrafen, hat trotz eines verheerenden Brandes im Dreißigjährigen Krieg sein geschlossenes Stadtbild bewahrt. Neben der noch weitgehend bestehenden Wehrmauer und 5 ihrer ehem. 12 steilen Rundtürme (14. Jh.) sind die Kirche, das Rathaus und vor allem für die Region einmalige gotische Fachwerkhäuser und Fruchtspeicher erhalten.

Zentral im Ortskern die spätgotische 3-schiffige ev. Stadtkirche (ehem. St. Katharina u. Elisabeth), eine Staffelhallenkirche mit Westturm und polygonal geschlossenem Chor aus dem 14. Jh., 1627 erneuert, 1963 restauriert. Der Kirchenraum mit Kreuzrippengewölbe (z. T. mit figürlichen Schlußsteinen und Gewölbemalereien) wird durch die komplett erhaltene Barockausstattung bestimmt. Das Rathaus (Marktplatz 1), ein stattlicher, freistehender Bau mit Fachwerk-OG, wurde in mehreren Bauphasen errichtet. Das verputzte UG im Kern spätgotisch, laut Inschrift 1573 durch unregelmäßige Eckquaderung, hohe Kreuzsprossenfenster und verschiedene Portalformen umgestaltet; OG im kräftigen Rähmfachwerk, mit Krüppelwalmdach und Zwerchhaus.

Eine Eigenart Grebensteins bilden die zahlreichen Ackerbürgerhäuser des sog. Diemeltyps, giebelständig mit stattlichem Tor (über 2 Geschosse) und der großen Diele dahinter mit seitlichen Ställen und Stuben.

Haus Leck, heute Heimatmuseum (Schachtener Straße 11), und Haus Hühn (Essebrücke), beide um 1430–50 erbaut, stellen die beiden ältesten, noch gotischen Häuser dieses Typs dar: 2-geschossige Ständerunterbauten mit weit vorkragendem OG in Rähmbauweise über 3-schiffigem Grundriß. Alle anderen Fachwerkgebäude, ebenfalls von diemelländischer Prägung und gleicher Grundstruktur, stammen aus der Zeit nach 1650, z.B. das Haus in der Hochzeitsstraße 2. Ein Rähmbau über Bruchsteinsockel mit Mannverstrebungen und divergierenden Fußbügen und Satteldach mit Zwerchhaus. Die Eckpfosten geschnitzt und mit reicher Beschlagornamentik versehen; Rähmbereich mit Eierstabrankenornamentik und Rundstab.

Auf einer Basaltkuppe im Süden der Stadt befindet sich die mittelalterliche Burgruine; 1272 urkundlich erwähnt. Bevor die Burg im 16. Jh. als Fruchtspeicher genutzt wurde, diente sie im 14. Jh. als landgräfliche Residenz und Amtssitz. Das Mauerwerk des langgestreckten 3-stöckigen Palas ist nahezu in voller Höhe erhalten. (MD)

183

Fortsetzung

The little town has kept its character despite a fire in the Thirty Years' War.
Most of the wall and 5 of its 12 round towers (14th c.) stand, as do the church, town hall, Gothic timber-frame houses and fruit barn. The Late Gothic Protestant church with rib-vaulted interior has fully preserved baroque furnishings. The town hall (Marktplatz 1), a stately building with timber-frame top storey, was built in stages. A peculiarity of Grebenstein are the many Diemel type houses for townsmen who cultivated some land, with a large gate (over 2 storeys) and the big hall behind with stalls and heated rooms to the sides.
Haus Leck (Schachtener Straße 11), now a local museum, and Haus Hühn (Essebrücke), both c. 1430-1450, are the oldest Gothic houses of this type, with projecting upper storey on a 3-aisle plan. All the other timber-framed buildings, also of the Diemel type, are post-1650, e.g. Hochzeitsstraße 2, which has decorative panelling. The corner posts are carved and have rich strapwork decoration, at the head with egg and dart and bead moulding. South of the town is the medieval castle ruin, later fruit barn, mentioned 1272. It was once the landgrave's residence. The masonry of the long 3-storey great hall is almost completely preserved.

184

Zierenberg

Stadtkirche
1293–1343; Langhausumbau 1430; Turm-oberbau 1586; Turmhaube 1711; Restaurierung 1955–61, 1983–89 u. 1998

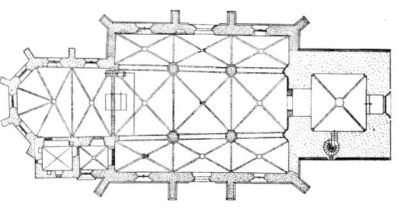

Als älteste Teile der stattlichen und wohlproportio-nierten Landpfarrkirche gelten der Chor mit quer-rechteckigem Vorjoch und 5/8-Schluß sowie der quadratische Unterbau des Westturmes (13. Jh.). Das dazwischenliegende Langhaus soll im Jahre 1430 (Inschrift) seine heutigen Maße als Hallen-kirche mit 3 Schiffen und 3 Jochen erhalten haben. Steile Kreuzrippengewölbe ruhen auf gedrungenen Rundpfeilern. Auffallend die qualitätvollen figürlichen Konsol- und Schlußsteine. Die 3 Seiten einnehmen-de Holzempore auf geschnitzten Stützen wurde im 17. Jh. hinzugefügt. Nahezu das gesamte Kirchen-innere ist ausgefüllt mit gotischen Wandmalereien (figürliche Szenen und florale Ornamente), die ins 14. Jh. (Chorraum) und in die 2. Hälfte des 15. Jh. (Kirchenschiff) datiert werden.
Das nahe gelegene große Fachwerk-Rathaus (1450), zahlreiche Fachwerkhäuser aus dem 17. u. 18. Jh. und die – in geringer Höhe – nahezu voll-ständig erhaltene Stadtmauer zählen zu den Se-henswürdigkeiten von Zierenberg. (SN)

The chancel with front bay and 5/8 termination and the square substructure of the west tower of the country parish church date from 13th c. The nave is said to have been given its present dimensions in 1430 (inscription). The fine figured corbels and keystones are noteworthy. The wooden gallery on 3 sides was added in the 17th c. Gothic murals (14th and 15th c.) fill nearly the whole interior. The nearby timber-framed town hall (1450), many timber-framed 17th- and 18th-c. houses and the town wall are among Zierenberg's sights.

185
Veckerhagen

Gießhalle
Foundry

Veckerhagen, am Rande des Reinhardswaldes am linken Weserufer gelegen, entstand im 13. Jh. als Rodungsort, heute durch eine Vielzahl von Fachwerkbauten geprägt. Die ev. Kirche, ein kreuzförmiger Saalbau von 1778, mit stattlichem oktogonalen Haubendachreiter. Tiefe querarmförmige Mittelrisalite dienen als Vorhallen mit Treppenaufgängen zu den 3-seitigen, geschwungenen Emporen. Die Kanzel an der östl. Altarseite. Orgel mit Rokokoprospekt von Stephan Heeren (1787).

Das ehem. Jagdschloß (1683–94, Burgstraße 1–3) für Landgraf Karl wurde anstelle einer mittelalterlichen Wasserburg an der Weser errichtet. Als Architekten werden Paul du Ry wie auch der Kasseler Baumeister Giester genannt. Es handelt sich um eine zeittypische barocke Dreiflügelanlage mit Ehrenhof, in ihrer ländlichen Version mit respektvoll abgesetzten Flügeln. Der Hauptbau, 2-geschossig mit Walmdach, hat 11 Achsen, deren 7 mittlere zum Hof einen Risalit bilden, akzentuiert durch Hauptportal, Freitreppe und Zwerchhaus. Die Front zum Park und Fluß 3-geschossig, da der Keller hier als Souterrain ausgebaut ist, mit kräftigem, 2-achsigem Risalit (davor ein späterer Wintergarten). Die gründerzeitliche Inneneinrichtung ist erhalten. Beide barocken Nebengebäude 2-geschossig mit Walmdach, mittigem Zwerchhaus mit Dreiecksgiebel, das linke Haus mit Wagenremise.

Die landgräfliche Eisenhütte Veckerhagen (1666–1903, Kasseler Straße 55) hatte ihre Blütezeit im 19. Jh. Die Anlage gruppiert sich um eine Ost-West-Achse und besteht aus einem zentral gelegenen Mehrzweckgebäude (um 1848, sog. Uhrenturmbau) für Schlosserei, Schreinerei, Schmiede und Wohnungen im spätklassizistischen Stil; angrenzend das Dampfmaschinenhaus. Im westl. Teil die basilikale Gießhalle (1850) mit neogotischer Schaufassade. Das spätklassizistische 2-geschossige „Herrenhaus" (1848–58) für Verwaltung und Wohnung quer zum Hang, mit zusätzlichem Keller- und Mezzaningeschoß, wird durch Lisenen gegliedert. Das Satteldach und die Stützkonstruktion bestehen aus Eisen. Das sog. „Rosenhaus" (1666), als Inspektorenhaus gedacht, ist als einziges Gebäude aus den Anfängen der Gießerei erhalten. Das Ensemble der Hüttenbauten demonstriert die Umsetzung von gußeisernen Bauelementen in einen architektonischen Kontext und hatte neben der Funktion als Produktionsstätte auch eine werbetechnische Aufgabe. Ein Teil des Produktsortiments der Gießerei, gußeiserne Spindeltreppen, Gitter, Brüstungsplatten, kannelierte dorische Säulen, Gitterzäune etc., findet man noch heute in der Anlage. Die frühindustrielle Produktionsstätte war die führende Eisenhütte Hessens im 17. bis 19. Jh., sie bildete technologisch und personell die Basis für die

185
Fortsetzung

186
Hofgeismar

spätere Lokomotivenfabrik Henschel & Sohn in
Kassel. (CM)

Veckerhagen was created in a clearing in 13th c.
The church is a cruciform hall church of 1778,
organ with rococo front by Heeren (1787).
The former hunting lodge (1683-94, Burgstraße 1-
3) was built by the river. It is a baroque three-wing
building typical of its time. The main building has a
central projection with main portal, staircase and
dormer. The furnishings, of the late 19th-c. Gründerzeit, are preserved. Two baroque side buildings.
The landgraviate Veckerhagen ironworks (1666-
1903, Kasseler Straße 55) had their heyday in the
19th c. There is a central late classicist building (c.
1848) for locksmith's shop, joinery, smithy and
flats; beside it the steam engine house. In the
western section is the basilical foundry (1850) with
neo-Gothic main façade. The late classicist Herrenhaus (1848-58), for administration and housing,
with lesenes. The roof and support construction are
of iron. The 'rose building', intended as an
inspector's house, is the only building preserved
from the earliest period. The complex shows cast-
iron elements used in architecture; it was a place of
production and an advertisement too. Some of the
products can still be found here (cast-iron spiral
staircases, gratings, fluted Doric columns etc.) This
was the leading ironworks in Hesse in the 17th to
19th cs. and was the technological basis for the
later Henschel & Sohn locomotive works in Kassel.

Schlößchen Schönburg
Small palace of Schönburg

Die Stadt geht vermutlich auf einen fränkischen
Königshof zurück, der später als Schenkung in den
Besitz des Erzstiftes Mainz gelangt. Anfang des 13.
Jh. bekommt „Hof Geismar" Stadtrecht verliehen.
Als Erweiterungen werden 1234 die „Neustadt" im
Süden und vor 1307 die „Peterstadt" im Norden
genannt. 1462 wird Hofgeismar nach einigen Bela-
gerungen und Zerstörungen an die hessischen
Landgrafen verpfändet und 1583 ganz an sie abge-
treten.
Die ev. Altstädter Pfarrkirche (ehem. Kollegiat-
stiftskirche Liebfrauen) bewahrt im Kern den
Vorgängerbau von 1200–30, eine gewölbte Pfeiler-
basilika gebundenen Systems zu 3 Jochen mit
Querschiff, Chorquadrat, Apsis und Westturm, die
ab 1330 in eine 3-schiffige gotische Hallenkirche
umgebaut wird; neogotischer Chor 1850 und Sakristei 1899. Aus spätromanischer Zeit der stattliche
Westturm (barocke Haube 1738) mit rundbogigem
Säulenportal (Tympanon 1900) und Schallarkaden
sowie die Hauptpfeiler mit Wanddiensten und Kapitellen (Reminiszenz an Fritzlar und Lippoldsberg).
Aus gotischer Zeit die Außenwände mit Maßwerkfenstern, das Südportal und Kreuzrippengewölbe mit
2 figurengeschmückten Schlußsteinen. Von der
Ausstattung ist vor allem das Fragment der bedeutenden gotischen Passionstafel (um 1310/20) bemerkenswert.
Die Bausubstanz der ev. Neustädter Pfarrkirche
(ehem. St. Maria) hauptsächlich aus dem 14.–15.
Jh., 1908 restauriert. Hinter dem gedrungenen
Westturm (Haube spätes 18. Jh.) ein 3-schiffiges
Hallenlanghaus von 3 Jochen mit breitem, hohen
Chor. Die kath. Pfarrkirche St. Peter wird 1896/97
von Georg Kegel als gotisierende westfälische
Hallenkirche errichtet, 1974 modernisiert.
Das ev. Dekanat und Pfarrhaus (Altstädter Kirchplatz
5), die einstige Propstei mit angefügter Martins-
kapelle (1329), 1568 zu Wohnzwecken (Haus der
Margarethe von Falkenberg) umgebaut; gotischer
Kern mit gekuppelten Rechteckfenstern, Fachwerk-
OG aus dem 16. Jh. Das ehem. Gilde- und

Fortsetzung nächste Seite

186
Fortsetzung

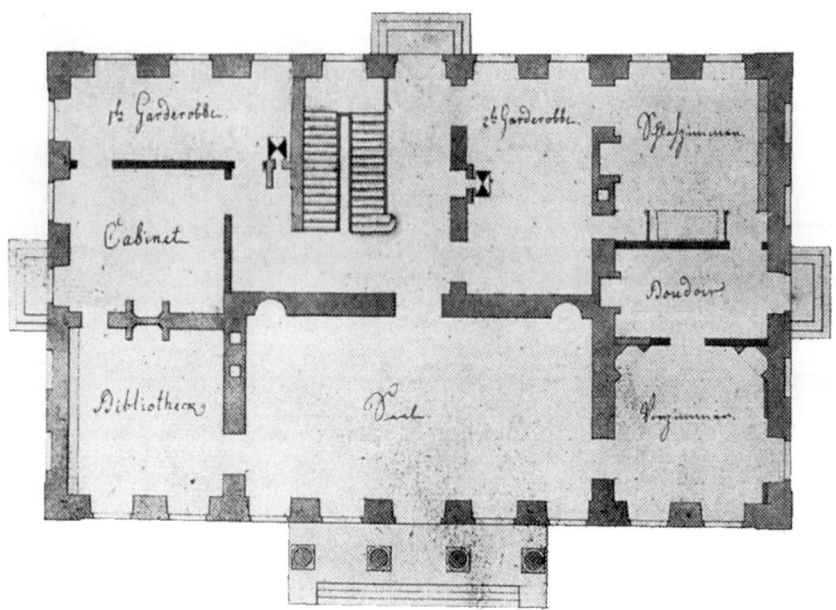

Schlößchen Schönburg, hist. Grundriß
Small palace of Schönburg, hist. ground plan

Hochzeitshaus (im Zuge der Stadtsanierung vom Rathaus hierher versetzt) wurde 1621 erbaut und nach einem Brand 1854 restauriert (Farbestraße 1a). Original nur das steinerne UG mit Elementen der Spätrenaissance. Das klassizistische 3-geschossige Amtshaus mit Rundbogenfenstern 1842 von Friedrich Gotthelf Breithaupt errichtet (Beim Amtshaus 1). Ferner sind zahlreiche bemerkenswerte Fachwerkhäuser des 16.–19. Jh. erhalten. Von der Stadtbefestigung ist der Mauerring mit den halbrunden Schalentürmen fast vollständig bewahrt.
Das Heilbad „Gesundbrunnen", nordöstl. von Hofgeismar, wurde seit 1701 von den hessischen Landgrafen gefördert und erweitert. Mehrere Gebäude sowie der franz. Garten werden im frühen Klassizismus umgestaltet und in einen engl. Landschaftspark eingebettet. Seit 1900 Ausbau durch die Ev. Landeskirche und seit 1952 Weiternutzung durch die Ev. Akademie von Kurhessen und Waldeck. Das frühklassizistische Brunnenhaus wurde 1786/87 von Simon Louis du Ry erbaut. Der ionische Monopteros mit Kuppeldach ist die 2. architektonische Fassung der Heilquelle. Das Brunnenbecken ist durch gedrechselte Holzbalustraden gefaßt, 1974–76 restauriert. In wirkungsvoller Symmetrie sind dem Rundtempel 2 Badehäuser zugeordnet. Westl. befindet sich das 1745 vollendete Wilhelmsbad. Der 2-flügelige, 2-geschossige Massivbau mit Mittel- und Eckrisaliten besitzt eine symmetrische Fassadengliederung mit rustizierter Putzquaderung von Ecklisenen und EG; er diente der Unterbringung der Badegäste. 1960–63 wurde ein Flügel rückwärtig für die Ev. Akademie angebaut. Östl. steht das 1770 von Wilhelm von Gohr nach Plänen Johann Ludwig Splittorffs fertiggestellte Friedrichsbad. Als Pendant zum Wilhelmsbad greift es dessen strenge und schlichte Fassadengestaltung auf. In diesem spätbarocken Badeschloß waren die fürstlichen Wohnräume und eine Galerie untergebracht. Seit 1891 ist es Sitz des ev. Predigerseminars, 1998 nördl. Bibliotheksanbau.
Südl. des Friedrichsbades befindet sich das 1718–32 erbaute langgestreckte Karlsbad. Der 2-geschossige, verputzte Fachwerkbau besitzt eine strenge, axiale Gliederung und schließt mit einem Mansarddach mit Zwerchhäusern und oktogonalem Haubendachreiter ab. Das ehem. repräsentative barocke Gebäude, der 1. Bau der Anlage, orientierte sich an franz. Stadtschloßarchitektur. 1985 wird der östl. Teil abgerissen. Weiter südwestl. steht die 1895–97 erbaute neogotische Saalkirche für die Gesundbrunnengemeinde.
Westl. davon befindet sich der langgestreckte, 2-geschossige Marstall von 1747. Das traufständige, verputzte Gebäude mit Walmdach wird 1910 zum Altersheim umgebaut.
Im Park, nördl. der Badehäuser, steht das Schlößchen Schönburg, ursprünglich Montcherie genannt.

186
Fortsetzung

Es wird 1787–90 von S. L. du Ry als Sommersitz für Wilhelm IX. erbaut. Das wohlproportionierte klassizistische Haus erhebt sich über rechteckigem Grundriß mit 9:5 Achsen. Über der Beletage mit franz. Fenstern sitzt ein Entresol mit Gesimsband und Walmdach mit Ochsenaugen. Die ecklisenengefaßte Fassade wird auf der Südseite durch einen 4-säuligen, ionischen Portikus mit Dreiecksgiebel und Freitreppe nobilitiert. Auf der Nordseite entspricht diesem ein 1822 durch Johann Conrad Bromeis angebauter Risalit. Zentrale Eingänge mit Konsolgesimsen akzentuieren die Schmalseiten. Im symmetrisch organisierten Inneren finden sich: Mittelsaal mit leichter Pilastergliederung, Treppenhaus mit 3-läufiger Treppe und Architekturmalerei, teilweise Wand- und Deckengestaltung im klassizistischen Stil. Das in der Tradition des engl. Neopalladianismus gestaltete Gebäude ist eine kleinere Variante des Kavaliershauses in Bad Nenndorf. (SW)

The town of Hofgeismar was probably a Frankish royal court which came into the possession of the archbishopric of Mainz. City rights were granted at the beginning of the 13th c. The area was extended. Hofgeismar was pledged in 1462 and ceded in 1583 to the Landgraves of Hesse. The Altstädter parish church preserves the 1200–30 building, a pillared basilica, in 1330 converted into a Gothic hall church; neo-Gothic chancel 1850, sacristy 1899. Late Romanesque west tower with column portal and louvre arcades. Gothic external walls with tracery windows, south portal and vaulting. Furnishings: note the Gothic passion panel (c. 1310/20). Neustädter parish church is mainly of the 14th–15th cs., restored in 1908. St. Peter's Catholic parish church was built in 1896/97 as a Gothic-style Westphalian hall church, modernized in 1974. Protestant deanery and parish house (Alt-

städter Kirchplatz 5), former provost's office with St. Martin chapel (1329), in 1568 converted into a dwelling. The former guild and marriage building was built in 1621 and restored after a fire in 1854 (Farbestraße 1a). Classicist chapter-house 1842 (Beim Amtshaus 1). There are also numerous noteworthy timber-framed houses of 16th–19th cs. Ring wall and semicircular towers largely preserved. The Gesundbrunnen (fountain of health) spa northeast of Hofgeismar was promoted by the landgraves from 1701. Several buildings were altered in the early classicist period and set in a landscaped park. The early classicist pump room was built by S.L. du Ry in 1786/87. The turned wooden balustrades were restored 1974–76. To the west it the Wilhelmsbad, completed in 1745. The massive symmetrical building housed the spa visitors. To the east is the Friedrichsbad, completed in 1770, which takes up the severe façade design of the Wilhelmsbad. Since 1891 it has housed a theological seminary. South of the Friedrichsbad is the long Karlsbad, 1718–32, timber-framed with plaster, modelled on French city palace architecture. Further south-west is the neo-Gothic Saalkirche, built 1895–97, for the spa community. To the west are the 1747 stables (Marstall), converted into an old people's home in 1910. North of the spa buildings, in the park, is the small palace of Schönburg, originally called Montcherie, built as a summer residence for Wilhelm IX in 1787–90. It is a well-proportioned classicist building with a 4-column Ionic portico, triangular gable and staircase. On the north side, a projection added in 1822 by Johann Conrad Bromeis. The symmetrically arranged interior contains a central hall with subdued pilaster design, 3-flight staircase and architecture painting. The building, in the tradition of English neo-Palladianism, is a smaller version of the Kavaliershaus in Bad Nenndorf.

187
Schloß und Domäne Beberbeck (heute ev. Alten- und Pflegeheim; Übergangswohnheim)
Bei Hofgeismar
Ca. 1826–30: Johann Conrad Bromeis; Erweiterung 1905

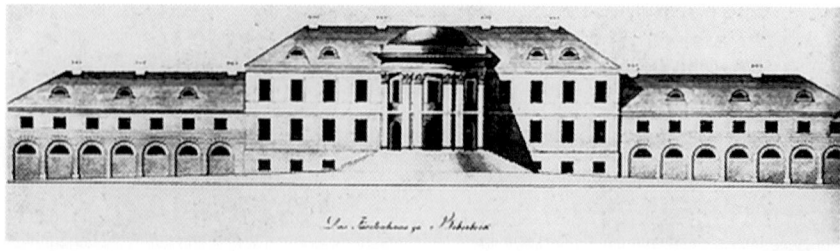

Westansicht, 1829
West view, 1829

Beberbeck, 4 km westl. der Sababurg (früher Zappenburg, 1335 durch den Mainzer Erzbischof erbaut), erstmals 978 unter dem Namen Biberbach erwähnt, dient 1480 dem Kloster Lippoldsberg als Landgut. Ab 1527 im Besitz der hessischen Landgrafen, die dort ein Gestüt unterhalten. Später eines der preußischen Hauptgestüte, 1931 von der Domänenverwaltung übernommen und heute größter landwirtschaftlicher Betrieb Hessens mit rund 900 ha bewirtschafteter Fläche. Die fast vollständig erhaltene, denkmalgeschützte Anlage wird ab ca. 1826 unter Kurfürst Wilhelm II. nach Plänen von Bromeis umgebaut und erweitert: ein in sich geschlossener, axial angelegter Gebäudekomplex mit dominierendem Schloß, Stallungen, 2 Fruchthäusern, Offiziantenhaus, Park und Allee. Dem Schloß (Fürstenhaus) liegt das schlichtere, aber durchaus nobel charakterisierte Offiziantenhaus (ehem. Beamtenhaus) gegenüber, das den östl. Abschluß des rechteckigen Parkterrains (mit Brunnen) bildet. Das 3-geschossige Schloß im klassizistischen Stil zählt 11 Achsen, von denen die 3 mittleren der Hofseite als gesonderter Tempelgiebel mit 4 korinthischen Pilastern ausgelegt sind, davor eine doppelläufige, U-förmige Freitreppe. An der gegenseitigen Front entspricht diesem Mitteltrakt ein halbrund hervortretender Risalit, der im Innern zu einer vollen Rotunde entwickelt ist (vergleichbar Schloß Sanssouci), ebenfalls mit Freitreppe und Zugang. UG und OG sind verputzt, das hohe Sockelgeschoß aus Sandsteinquadern. Beidseitig sind, leicht zurückgesetzt, 7-achsige, 2-geschossige Seitenflügel angegliedert. Der Bau besitzt ein flaches Walmdach mit Halbkreisgauben in den Fensterachsen. Das Schloß wird seit Anfang 1999 vollständig saniert, umgebaut und restauriert. (NS)

Beberbeck, first mentioned in 987, was the country estate of Lippoldsberg Monastery in 1480. From 1527 in the possession of the landgraves of Hesse, who had a stud there. Later one of the main Prussian studs, 1931 taken over by the administration of domains and now the largest agricultural enterprise in Hesse with c. 900 ha worked area. The complex is largely preserved and is listed. From c. 1826 altered and enlarged, it comprises manor house, stables, 2 fruit-growing buildings, civil servants' quarters, park and avenue. The classicist manor house has a temple gable with 4 Corinthian pilasters on the courtyard side and a semi-circular projection with inner rotunda on the other side. At both sides are slightly recessed side wings. Opposite is the civil servants' building, simpler but elegant. Work began in 1999 on completely renovating, altering and restoring the manor house.

188
Wolfhagen, Wasserschloß Elmarshausen und Weidelsburg

Die Stadt Wolfhagen, auf einem langgestreckten Hügel gelegen, entstand 1231 im Schutze einer Anfang des 13. Jh. durch Landgraf Ludwig von Thüringen angelegten Burg (1696 wegen Baufälligkeit abgebrochen). Das Burggelände befindet sich am westl. Ausläufer des Stadthügels: Am oberen Burgplatz, von einer Mauer umschlossen, der einfache 2-geschossige Steinbau des heutigen Landratsamtes (ehem. Zehntscheune, 1513 erbaut; OG und Südfronterker: 1888, weitere Umbauten 1929 und 1932). Die neuere Zehntscheune (Sandsteinbau 18. Jh.) bildet zusammen mit dem alten Renthof (verputzter Sandsteinbau, Ende 17. Jh., heute Regionalmuseum) und dem Kreisverwaltungsgebäude im Süden eine geschlossene, gefällige Platzanlage an der Stelle des früheren vorderen Burghofes (heute: Uslarplatz). Von den ehem. 11 Türmen der mittelalterlichen Stadtbefestigung ist nur noch der halbkreisförmige Chattenturm nördl. vom Schützeberger Tor erhalten. Der Marktplatz, ein nach Süden ansteigender, in sich geschlossener rechteckiger Stadtraum, wird von einem vielgestaltigen Bauensemble gerahmt: Rathaus, Stadtkirche (ev.) sowie Alte Wache. Diese ein 2-geschossiger Fachwerkbau mit 2-jochiger, ehem. offener Halle im EG, vorkragendem OG und Krüppelwalmdach (1667; 1956).
Die 3-schiffige Hallenkirche (ehem. St. Anna, 1231–1350) entstand zeitgleich mit der 1. Stadtanlage. Von der 1235 geweihten 1. Kirche ist jedoch nur der Triumphbogen mit Wulstkämpfern

erhalten. Das 3-jochige Langhaus mit seinem schiefergedeckten Satteldach, Dachgauben und fialenbekrönten Strebepfeilern (südl.) entstand in der 2. Hälfte des 13. Jh. Der massive Westturm aus Sandsteinquaderwerk, durch 2 Kaffgesimse unterteilt, mit verjüngtem Obergeschoß hinter Maßwerkbrüstung aus der 1. Hälfte des 14. Jh. Seine Turmhaube hinter den 12 verschieferten Giebelhäuschen ersetzt 1561 die ehem. höhere Helmspitze. Die 1389 an der Nordseite angefügte Marienkapelle, rippengewölbt, 2-jochig mit 5/8-Schluß (1420) komplettiert die Kirchenanlage. Im Inneren zeugen die 12 farbig gefaßten Schlußsteine mit Weltgerichtszyklus von der ursprünglich reichen Ausstattung. Die neugotischen Umbauten durch Georg G. Ungewitter (1860–66) wurden 1957/58 weitgehend zurückgenommen im Bestreben um Wiederherstellung der ursprünglichen Innenarchitektur. Das Alte Rathaus, 1657–59 von Georg Müller (Helsa) erbaut, schließt den Marktplatz zur Schützeberg-Straße ab. Der 2-stöckige langgestreckte Fachwerkbau mit 2 vorkragenden OG, Krüppelwalmdach und Dachgauben ruht auf steinernem Sockelgeschoß, das talseitig früher geöffnet war. Das Margeriten-Ornament, über 200mal in die Balkenköpfe des Hauses geschnitzt, findet sich an vielen nach dem großen Stadtbrand 1632 entstandenen Fachwerkhäusern, die noch heute, zumeist gut restauriert, das Bild der Altstadt prägen. An deren östl. Rand die hochgotische Hospitalskapelle „Zum hl. Leichnam" (einschiffig). Das 1337 geweih-

Fortsetzung nächste Seite

188
Fortsetzung

te Gebäude (mit Kreuzrippengewölbe, figurativen Schlußsteinen und 5/8-Schluß) soll ursprünglich als Chor eines großen, nicht ausgeführten Sakralbaus konzipiert gewesen sein. Sakristei an der Nordseite. Westjoch und Dachreiter 1904/05 ergänzt. Das in seiner mittelalterlichen bzw. frühneuzeitlichen Struktur weitgehend erhaltene Wolfhagen ist ein reizvolles Beispiel nordhessischer Stadtbaukunst.

Nördlich von Wolfhagen (heute zum Stadtgebiet gehörig) liegt das Wasserschloß Elmarshausen: Allseits von einem gemauerten Wassergraben umgeben, an Ost- und Westseite über eine Brücke zugänglich, umschließt der Vierflügelbau einen etwa quadratischen Binnenhof. Von dem 1442–71 durch die Herren von Gudenberg errichteten ursprünglichen Bau ist nur der Südflügel erhalten. 1534 im Besitz der Herren von der Malsburg; dem Besitzerwechsel folgt 1540–63 ein Umbau, in dessen Folge der Nordflügel errichtet wird. Der runde Treppenturm in der Nord-West-Ecke 1881 errichtet; der quadratische Südturm nach Zerstörung 1906 wiederhergestellt. Im Ostflügel der Kapellenbau (1350, nach Umbau 1742 geweiht), nördl. daran schließt ein jüngerer Wohntrakt an. Die halbrunden Renaissancegiebel mit Kugelaufsätzen wurden im 19. Jh. teilweise durch flache Dreiecksgiebel ersetzt. Das noch heute bewohnte Schloß ist trotz der starken und z. T. entstellenden Umbauten eine sehenswerte Anlage.

Auf einem weithin sichtbaren Basaltkegel nahe der Gemeinde Ippinghausen liegt die Weidelsburg, Nordhessens größter Burgenbau: Die 1380 anstelle des zerstörten Vorgängerbaues errichtete Doppelanlage, seit dem 16. Jh. Ruine, besteht aus 2 mächtigen Wohntürmen, 2 Tortürmen sowie einer Ringmauer mit Turmstümpfen und halbrunden Bastionen. (TM)

The town of Wolfhagen was created in 1231 under the protection of a castle built by Landgrave Ludwig of Thuringia (demolished in 1696), on the western end of the city hill. In the upper Burgplatz is the simple stone building of the present district administrator's office (former tithe barn, built 1513). The newer tithe barn (sandstone, 18th c.), the old treasury (late 17th c., now regional museum) and the district administrative office in the south form an attractive square (Uslarplatz).

Of the former 11 towers, only the Chattenturm north of Schützeberger Gate is preserved. The Marktplatz is framed by varied buildings: town hall, town church, Alte Wache (old guard), a timber-frame building (1667; 1956). The church dates from the same time as the town, but little of the original substance remains. Most dates from the 13th c., the west tower from the 14th c. with helm of 1561. Chapel of the Virgin Mary added in 1389. Inside the church, 12 coloured keystones with Day of Judgement cycle recall the former rich furnishings. Neo-Gothic alterations (1860–66) were largely removed in 1957/58.

Old Town Hall (1657–59) is a long timber-frame building on a stone pedestal. The marguerite ornament, engraved over 200 times in the beam ends of the house, is found on many timber-frame houses built after the great fire of 1632. Hospital chapel 'At the Holy Corpse' (1-aisle): the building, dedicated in 1337, is said to have been planned as the chancel of a large church that was not built. Wolfhagen's medieval and early modern character is well preserved.

North of Wolfhagen is Elmarshausen moated castle, reached at the east and west by bridges, with a square inner courtyard. It was built in 1442–71 by the Lords of Gudenberg; only the south wing is preserved. Alterations followed changes of ownership. 1540–63 alterations, the north wing is built. 1881 the round stair tower in the north-west corner is built; 1906 the square south tower is rebuilt after destruction. In the east wing is the chapel (1350, dedicated in 1742 after alteration). The castle is still inhabited and worth visiting.

On a basalt cone, visible from a distance, is the Weidelsburg, the largest castle in north Hesse. The double complex was built in 1380 and has been a ruin since the 16th c., with massive towers and bastions.

189
Fritzlar mit Pfarrkirche St. Peter (kath., sog. Dom)
Hauptbauzeiten: um 1100, ca. 1180–1215, ca. 1240/50

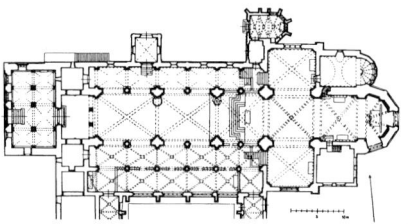

Der Fritzlarer Dom auf dem Steilufer über der Eder, eine Gewölbebasilika mit östl. Querhaus und westl. Doppelturmfassade, macht in seiner heutigen Erscheinung eine spätromanische Figur. Als Klosterkirche durch den hl. Bonifatius 723/732 gegründet, wirkte Fritzlar mit seinen Filialabteien Fulda und Hersfeld als Mutterkirche der fränkischen Mission des mittel- und norddeutschen Raums; um 1000 in ein Chorherrenstift umgewandelt. 1803 säkularisiert, fiel die Mainzer Enklave an Hessen, seitdem Pfarrkirche. Der bestehende Bau basiert im wesentlichen auf einem salischen Vorgänger, der in den UG der Türme, der nördl. Seitenschiffsmauer, dem Querhaus, sodann in der Westempore und der Hauptkrypta sichtbar erhalten ist. Durch den Umbau um 1200 kamen die klar gegliederte Westfassade und die Türme mit ihren regelmäßigen Tableaus von je 4 doppelbogigen Schallöffnungen (Turmhelme mit Giebeln 1873) hinzu. Derselben Bauzeit gehört auch das prachtvolle Chorhaupt an: ein in bester Quadertechnik gemauertes, reich profiliertes Polygon (5/10-Schluß), gekrönt von einer Zwerggalerie mittelrheinischer Art (nach Vorbild des Wormser Westchors), in gotischer Zeit durch große Maßwerkfenster entstellt. Zeitgleich im Inneren die Einwölbung mit Domikalkuppeln und schweren Bandrippen (Worms!) im Sinne des „gebundenen Systems", das sich wegen der vorgegebenen Langhausdimension in Quadratur (und Rundbogigkeit) nicht optimieren ließ. Um 1240/50 kam die Vorhalle ("Paradies") in phantasievollem Stilmix romanischer und gotischer Baudekoration hinzu. 100 Jahre danach wurde das südl. Langsschiff auf Kosten des Kreuzgangs zu einer lichten 2-schiffigen

Halle erweitert. Der nun 3-seitige rippengewölbte Kreuzgang (mit 6 zu 8 gotischen Maßwerkfenstern) erschließt die angrenzenden Stiftsgebäude, heute Museum, Bibliothek und Altersheim. Stadtseitig wurden u.a. angefügt die hochgotische Marienkapelle (um 1350) und der Fachwerkaufbau der Kapitelstube (1560). Die Ausstattung des Doms mit künstlerischem und liturgischem Inventar ist von hohem Rang und seltener Vollständigkeit (Dommuseum).

Nördlich der Stiftsimmunität (mit eigener Mauer) entstand seit 1232 (nach Zerstörung durch Landgraf Konrad) erneut die Bürgerstadt mit großem Marktplatz und regelmäßigem Straßenverlauf sowie gemeinsamem Stadtmauer-Ring, der noch fast vollständig besteht. Mit Ausnahme der abgeräumten 7 Tortürme sind noch 9 der ehem. 16 Befestigungstürme erhalten (darunter nordwestl. der „Graue Turm", mit 35 m der höchste in Hessen), dazu noch 6 weit vorgeschobene Warttürme. Von den ehem. 17 Kurien der Stiftsherren verblieb authentisch nur diejenige in der Fischgasse, ein steiler Bruchsteinbau mit zwei Staffelgiebeln und einem maßwerkverzierten Kamin, hoch ummauert (14. Jh.). Das seit 1274 dokumentierte Rathaus, ursprünglich als „Praetorium" Sitz des Mainzer Vogts, steht auf der Grenze der Stifts- und der Kaufmannssiedlung. Nach Brand des romanischen Vorgängerbaus (davon ein Fenster westl.) 1435 Wiederaufbau im gotischen Stil mit 2 Fachwerk-OG (dabei ab Knick verlängert, dadurch Nordfassade), diese 1839 abgetragen, 1963/64 vereinfacht erneuert und schieferverschindelt. Über dem (modernen) Südportal Relief des hl. Martin (Mantelspende) als Mainzer Hoheitszeichen.

Der Markt (Renaissance-Brunnen, dat. 1564) ist von beachtlichen, zumeist giebelständigen Fachwerkhäusern umgeben. Gotisch (15. Jh.): An der Schmalseite das 4-stöckige Alte Kaufhaus (Markt 4), Sitz der Großhändlergilde St. Michael, mit auffälligem Giebelturm auf dem 3-geschossigen, einer mehrarmigen Knagge aufsitzenden Erker (um 1480); ähnlich das Haus Markt 22, stark vorkragend, mit gekehltem spitzbogigen Portal, im EG durch Ladeneinbau verändert; Markt 20 mit Drillingsknagge auf der Ecke; Markt 24 auf 2 stei-

Fortsetzung nächste Seite

189
Fortsetzung

nernen UG, neuerdings restauriert. Renaissance
(16. Jh.), hier tritt dekoratives Schnitzwerk auf:
z. B. Markt 3 (Löwenapotheke, 1579), Markt 11
(verschindelt), Markt 19. Barock sind u. a. das Eck-
haus Markt/Spitzengasse (Haus Lambert) mit ge-
drehten Säulen und Ranken an den Eckständern.
Aus dem 18. Jh. das Steinhaus Markt 8. Bemerkenswert das Fachwerkhaus Markt 14 von 1905
historisch anmutend, aber in der Form um 1900,
Festsaal und große Fenster im OG.
Bedeutende Häuser auch in anderen Gassen: Das
Kaufhaus Zwischen den Krämen 12, wohl das älteste der Stadt, mit Verkaufsfenster und vorkragenden
Knaggen (um 1470). 1580–90 baute die Stadt für
die Feste der Bürger das imposante Hochzeitshaus
(jetzt Heimatmuseum) mit 2 Fachwerk-Voll-
geschossen auf steinernem UG, Renaissanceportal,
im westl. Vorbau eine elegante Treppenspindel; der
untere der beiden Festsäle (mit Balkendecken)
rekonstruiert. Daneben das spätgotische Haus Orth
(Museum): Am Hochzeitshaus 8 (um 1520).
2 stattliche bürgerliche Steinhäuser mit Treppen-
giebeln aus dem 14. Jh.: Kasseler Straße 6 und 8,
gegenüber (Nr.9) Haus Faupel von 1631. Brüdergasse 1 (barockes Portal 1690). Gießener Straße
25 (Hotel zur Post), Fraumünsterstraße 14 sowie
Nr. 23 das barocke Deutschordenshaus (1717)
hinter gotischer Tordurchfahrt (1559). Spitalsgasse
21 (Haus Burk, 1564). Renaissance-Fachwerk:
Steinweg 1 (Haus Drissel, 1588). Die ehem.
Minoriten-(Franziskaner-)Kirche (jetzt ev. Pfarrkirche) entstand gegen Anfang des 14. Jh., eine
asymmetrische, 2-schiffige Hallenkirche (wie
Brüderkirche Kassel), der anstelle des 2. Seiten-
schiffs der Kreuzgangflügel anliegt (heute im angrenzenden Krankenhaus, 1725). Der schlanke,
weitgehend schmucklose Bau hat im Norden eingezogene Strebepfeiler, so daß spitzbogige Wand-
nischen entstehen; das Rippengewölbe ruht auf
Konsolen und alternierend oktogonalen und runden
Pfeilern, der langgestreckte Chor hat 5/8-Schluß.
Im Wimperg des Südportals eine vollplastische
Kreuzigungsgruppe aus der Hauptbauzeit. (BH)

Fritzlar 'Cathedral', on the steep bank above the
River Eder, a vaulted basilica with transept and
double tower façade, appears late Romanesque. It
was founded by St. Boniface in 723/732, as the
mother church of the Frankish mission. C. 1000 it
was converted into a canons' foundation.
Secularized in 1803, it fell to Hesse, and since then
it has been a parish church. The building is based
on a Salic predecessor, parts of which remain. The
1200 alteration added the west façade and towers.
The choir is of ashlar with a Middle Rhine dwarf
gallery (modelled on the west choir at Worms). C.
1240/50, the ceremonial forecourt (paradise), a
mixture of Romanesque and Gothic, was added.
100 years later part of the cloister was removed
and the south aisle enlarged. The adjoining buildings
are now museum, library and old people's home,
reached by the remaining 3 sides of the cloister.
The High Gothic Virgin Mary Chapel was added (c.
1350), and the chapter-house was given an extra
storey. The furnishings are of high quality and
unusually complete (Dommuseum).
North of the foundation precinct from 1232 the
town was rebuilt (after destruction by Landgrave
Konrad). Ring wall is largely preserved, as are 9 of
the 16 towers, and 6 watchtowers outside the wall.
Of the 17 canons' buildings, only one in Fischgasse
remains authentic, with 2 crowstep gables (14th
c.). The town hall, documented since 1274, was
rebuilt after a fire in 1435, renovated in 1963/64 in
a simpler form. Relief of St. Martin (dividing his
cloak) as symbol of Mainz.
The market has fine timber-frame buildings. Gothic
(15th c.): Markt 4, seat of St. Michael's
wholesalers' guild (c. 1480); Markt 22; Markt 20,
with triple bracket; Markt 24, restored. Renaissance
(16th c.), with decorative carving : e.g. Markt 3
(Löwen (lion) pharmacy, 1579), Markt 11 (with
slate), Markt 19. Baroque: corner building Markt/
Spitzengasse (Haus Lambert). 18th c.: Markt 8, of
stone. The timber-frame building Markt 14 (1905),
is worth noting: historicist in style, c. 1900 in form.
There are important buildings in other streets too:
the shop Zwischen den Krämen 12, probably the
oldest in the city, with shop window. The Hochzeitshaus was built in 1580–90 for townspeople's
festivities (now local museum). Beside it the Late
Gothic Haus Orth (museum): Am Hochzeitshaus 8
(c. 1520). 2 stone houses of the 14th c.: Kasseler
Straße 6 and 8; opposite (no. 9), Haus Faupel
(1631. Brüdergasse 1 (baroque portal 1690).
Gießener Straße 25 (Hotel zur Post), Fraumünsterstraße 14 and 23 the baroque Teutonic Order
building (1717) with Gothic passage (1559).
Spitalsgasse 21 (Haus Burk, 1564). Renaissance
timber-frame: Steinweg 1 (Haus Drissel, 1588).
The former minorite (Franciscan) church, now a
Protestant parish church, was built at the beginning
of the 14th c., an asymmetrical hall church, a
largely unadorned building.

190
Melsungen

Rathaus
Townhall

Die in einer Fuldaschleife (Flußübergang) gelegene, 1079 zuerst genannte Ortschaft war Zankapfel der regionalen Partikulargewalten, der Erzbischöfe von Mainz und Landgrafen von Thüringen-Hesse. Die Konflikte führten 1193 zur Zerstörung des „burgus Milsungen", gefolgt von der planmäßigen Stadtgründung durch die Landgrafen von Thüringen: ovaler Grundriß mit rechtwinkligem Straßennetz. Ein Stadtbrand zerstörte 1554 große Teile der Altstadt, die dennoch eines der vollständigsten Stadtbilder Niederhessens präsentiert. Von der ehem. Stadtbefestigung und ihren Türmen, angelegt Ende des 12. Jh. und später durch 6 schlanke Rundtürme verstärkt, ist als einziger der Eulenturm (mit spitzem Kegeldach) in voller Höhe erhalten. Teile der Stadtmauer sowie ein weiterer Wachturm sind im Schloßgarten zu sehen, der sich nördl. der Altstadt dem Schloß anschließt. 1550–77 durch die Landgrafen Philipp d. Großmütigen und Wilhelm IV. erbaut, gruppieren sich die schlichten Steinbauten des Schlosses um einen 4-eckigen Hof. Am Kreuzungs-

punkt der beiden alten Hauptstraßen Melsungens liegt der rechteckige Marktplatz. Umrahmt von historischen Fachwerkhäusern (nach Mitte des 16. Jh.), wird er von dem 1561–63 erbauten Rathaus beherrscht. Der freistehende Prachtbau mit seinen 3 vorkragenden Voll- und 2 Giebelgeschossen auf hohem Steinsockel, mit polygonalen Ecktürmchen und Dachreiter (1928/29 restauriert), gilt als eines der schönsten Fachwerk-Rathäuser Deutschlands. Unweit die Ev. Stadtkirche (ehem. St. Maria); bis ca. 1425 in der heutigen Form errichtet, ersetzt die 3-schiffige Hallenkirche unter 2 quergestellten Walmdächern den 1387 zerstörten Vorgängerbau, von dem nur noch das Hauptportal und der untere Teil des Turmes (1225) zeugen. Die massiv steinerne „Bartenwetzerbrücke" (1595/96) dürfte eine der schönsten historischen Brücken Hessens sein. Am Ende des 2. Weltkrieges wurden 2 der 6 Bogengewölbe gesprengt, 1955/56 Wiederherstellung, neuerdings Fußgängerbrücke. Im ehem. Schleusenhäuschen der Brücke befindet sich heute das Heimatmuseum der Stadt. (TM)

The town of Melsungen, first mentioned in 1079, was fought over by the archbishops of Mainz and Landgraves of Thuringia-Hesse. As a result the 'burgus Milsungen' was destroyed in 1193, after which the town was founded by the Landgraves of Thuringia, on an oval plan with streets at right angles. In 1554 a fire destroyed large parts of the old town, but it is still one of the most complete towns in Lower Hesse. Only the Eulenturm tower remains at its full height. The palace was built from 1550–77 by the Landgraves Philipp der Großmütige (the Generous) and Wilhelm IV. The rectangular Marktplatz is at the intersection of the two old main streets. The town hall (1561–63) dominates; it is one of the most superb timber-frame town halls in Germany. The parish church was built by 1425 in its present form. The massive stone Bartenwetzerbrücke bridge (1595/96) is one of the most beautiful old bridges in Hesse. At the end of WWII 2 of the 6 arches were blown up, replaced in 1955/56; now a pedestrian bridge. The former lock chamber of the bridge houses the local museum.

191
B. Braun Melsungen AG
Auf den Pfieffewiesen
1985–92: James Stirling, Michael Wilford and Associates (London), Walter Nägeli (Berlin), Renzo Vallebuona (Berlin);
Neubau Verwaltungsgebäude 1997–2000: Michael Wilford & Partners (London/Stuttgart), Manuel Schupp (London/Stuttgart)

Modell
Model

Bürotrakt
Office section

Die Verbindung von freier Natur und Industrie-architektur bestimmt das Erscheinungsbild der Werksanlage, die eine Vielzahl von Gebäuden und Funktionen auf einem 27 ha großen Grundstück vereinigt. Die Konzeption beruht auf einem entwicklungsfähigen Masterplan, dessen Ziel nicht ein homogen anschaulicher Industriekomplex, sondern die Funktionalität der klar unterschiedenen Werksbereiche ist. Das weithin sichtbare Verwaltungsgebäude (1) besteht aus einem 2-geschossigen, fensterlosen, kupferverkleideten Sockelgebäude sowie einem 3-geschossigen bogenförmigen Bürotrakt. Dieser ruht auf 9 Kegelspitzen, die dem Dach des Sockelgeschosses (eigens fundamentiert) aufliegen. Aufgekantete Stahlbleche prägen das Fassadenbild. Mit verschieden kolorierten Laibungen und mehreren Gesimsbändern sind die Fenster geschoßweise als durchgehende Bänder interpretiert. Dem Bürotrakt eingeschlossen sind 3 weitere Baukörper: Aufzugszylinder, Treppenhausturm, Turm der Konferenzräume. Das östl. anschließende neue Verwaltungsgebäude figuriert als Gegengewicht zum länglichen Altbau: Ein kubischer 2-stöckiger Baukörper, der die Form des alten Baues aufgreift, mit einem

auf Stelzen stehenden dreieckigen Überbau (3 Stockwerke); die kreisförmige Ebene beherbergt die Haustechnik. Der insgesamt 6-geschossige Neubau besitzt einen zentralen Lichthof; eine Stahlbrücke dient der Verbindung von altem und neuem Foyer. Ein eigenständiger, verglaster Baukörper birgt die Treppen und Aufzüge. Die 260 m lange monolithisch wirkende Erschließungswand (3) trennt in Nord-Süd-Ausrichtung die Industrie vom Park. Verkleidet mit rauhen Betonplatten, macht sie die Topographie der Talachse ablesbar. Zusammen mit der gegensätzlich filigran gestalteten Holzbrücke (4) bildet diese Wand, angeschlossen an das 6-stöckige Parkhaus, die Verbindung aller Werksbereiche. Das Fertigungsgebäude (9) im Stil klassischer Industriearchitektur (geknicktes Bogendach aus Trapezblechen) definiert gemeinsam mit dem Erschließungssystem die Grundstruktur der Gesamtanlage und bildet die südl. Abgrenzung des Areals zum bewaldeten Hügel, dessen Hang es sich architektonisch anpaßt: Der Baukörper steht auf einem System von 22 Betonstützen, deren talseitige geländebedingt entsprechend höher sind.
Auf dem rechteckigen Plateau südl. des Fertigungsgebäudes liegt die Kantine (6) in Form eines Prismas mit dreieckigem Speisesaal zum Garten; die Stützen des Gebäudes außen vor der Glashaut; auf ihnen ruht der geschwungene Träger, dem die ansteigende Dachhaube aufliegt. Parallel zur Kantine (hinter der Erschließungswand) die in Sichtbeton und Glas konzipierte Energiezentrale (8) mit über rechteckigem EG trapezförmig auskragendem Bürogeschoß. Zentral in der Mitte des Industriekomplexes liegt das Warenverteilzentrum (WVZ): Konzipiert nach verschiedenen logistischen und architektonischen Anforderungen, ist das Zentrum in kleinere Hallen untergliedert, die jeweils als eigenständige Gebäude entwickelt wurden. Der Wareneingang

191
Fortsetzung

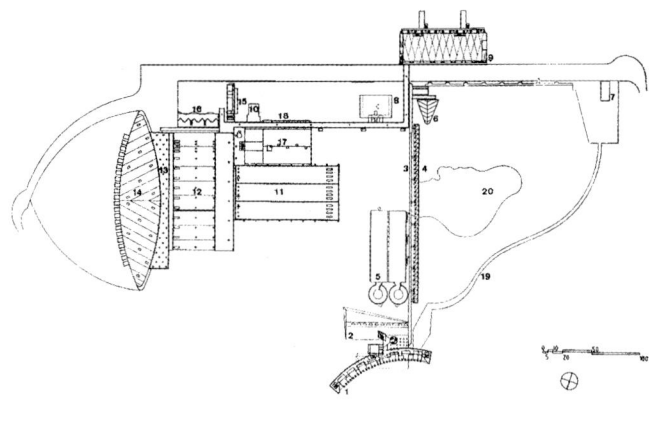

1. Verwaltungsgebäude
2. Rechenzentrum
3. Erschließungswand
4. Holzbrücke
5. Parkpalette
6. Kantine
7. Hauptpforte
8. Energiezentrale
9. Fertigungsgebäude
10. Sterilisationsanlage
11. Hochregallager
12. Kommissionierhalle
13. Packerei
14. Warenausgang
15. Verwaltung WVZ
16. Sozialräume
17. Wareneingang
18. Verteilertrasse
19. Fußweg und Kaskade
20. Löschwasser-Teich

Lageplan
Site plan

(10) bildet den 3-geschossigen Kopfbau; das Hochregallager (11), in der Mitte des WVZ gelegen, stellt den höchsten Baukörper und den optischen Schwerpunkt der Gesamtanlage dar. Auskragende Pfeiler gliedern den kubusförmigen Baukörper, dessen Fassade mit reflektierenden Aluminiumkassetten verkleidet ist. Die anschließende Kommissionierhalle (12) ist mit Aluminium-Wellblechen (vertikal) umhüllt. Die Packerei (13), verkleidet mit horizontalem Aluminium-Wellblech, bildet eine Zäsur zu der elliptisch geformten, mit vertikalen Kupferbahnen verkleideten Halle des Warenausgangs (14), die den Abschluß des WVZ bildet. Parallel zur Südwand der Kommissionierung liegt das Gebäude der Sozialräume (16), dessen freie Glasflächen sich zur Grünfläche öffnen. Der 5-geschossige Bau des Verwaltungsgebäudes des WVZ (15) markiert das Ende des Werkhofes. Die gesamte Anlage stellt eine gelungene Synthese aus Funktionalität und Ästhetik dar und besticht durch die räumliche Integration der Industrieanlage in die landschaftliche Umgebung. Das erste der Verwaltungsgebäude erhielt 1993 sowohl den Deutschen Architekturpreis als auch den Architekturpreis Beton. (TM)

The factory site combines nature and industrial architecture and unites a large number of buildings and functions on a 27 ha plot. There is a master plan for further development, with a view to function rather than homogeneity.
The administration building (1) is a windowless pedestal building with 3-storey office block on 9 cones. 3 further buildings adjoin: lift cylinder,

staircase tower, conference room tower. The new administration building is a counterweight: a rectangular building with a triangular superstructure on stilts. The new building has a central atrium; a steel bridge links old and new foyers. A separate unit contains the stairs and lifts. The 260 m long access wall (3) separates industry from park. Together with the filigree timber bridge (4), this wall, attached to the multi-storey car park, links all factory areas. The production building (9), in the style of classic industrial architecture, with the access system, defines the basic structure of the whole site. The building is on 22 concrete supports.
On the rectangular plateau south of the production building is the prism-shaped canteen (6). Parallel to the canteen is the power plant, in exposed concrete and glass (8).
In the centre of the complex is the goods distribution centre (GDC), designed to satisfy logistic and architectural requirements, subdivided into smaller halls, developed as independent buildings. The incoming goods department is the end section, the high-bay warehouse the visual centre of the whole complex. The order-picking warehouse (12) is clad in vertical corrugated aluminium. The packing station (13), clad in horizontal corrugated aluminium, interrupts the dispatch building (14). The social rooms (16) are in a building to the south. The end of the factory is marked by the 5-storey administration building of the GDC. The complex is a successful synthesis of functionality and aesthetics, embedded in the surrounding landscape. The first administration building was awarded two prizes in 1993.

192
Bad Karlshafen
1699–1730: Paul du Ry, Friedrich Conradi; 1763–1800; nach 1813–1840

Karlstraße
Karlstraße

Die unter dem Namen Sieburg 1699 von Landgraf Karl gegründete „Hugenottenstadt" liegt an der Mündung der Diemel in die Weser. Die Ansiedlung hugenottischer Glaubensflüchtlinge an der Weser verfolgte das Ziel, das Stapelrecht der auf Hannoverschem Gebiet liegenden Stadt Münden zu umgehen und von hier aus eine Wasserstraße durch hessisches Land von der Weser zum Main zu bahnen. Den Hugenotten wird kostenlos Bauplatz zur Verfügung gestellt, die Planung des regelmäßigen Stadtgrundrisses liegt in landgräflicher Hand. Ähnlichkeiten mit der Kasseler Oberneustadt legen eine Gesamtplanung durch Paul du Ry nahe; ausführender Architekt ist anfangs der landgräfliche Ingenieur Conradi. Nach dem Tod Karls, 1730, erfolgt der Weiterbau noch bis ca. 1800 nach dem symmetrischen Carré-Plan des Ursprungsentwurfs. Das Kanalprojekt bleibt unvollendet. Mit der Weser durch einen Wasserarm verbunden, bildet das ovale Hafenbecken das Zentrum der „Idealstadt", flankiert von 2 Baublöcken, die jeweils ein 85 x 130 m großes Carré bilden. Im Süden schließt sich jenseits der heutigen Karl-Straße ein halbes Carré an, das vom Invalidenhaus flankiert wird, während im Norden eine Erweiterung des Stadtgebietes in geschlossenen Baublöcken vorgesehen war. Der apsidiale Abschluß des Hafenbeckens sollte ursprünglich durch eine begleitende Bebauung im Halbkreis Betonung finden. Die Blockrandbebauung des 1. Bauabschnittes besteht mehrheitlich aus 2-geschossigen Reihenhäusern zu 5 Fensterachsen, die von 1- oder 3-fenstrigen, sich über die Traufe

erhebenden Zwerchhäusern überragt werden. Die Häuser sind unterkellert und wurden in ‚Eigentumswohnungen' geteilt verkauft. Von diesen Wohnhäusern setzen sich die öffentlichen Bauten in Größe und Schmuck ab.

Rathaus (ehem. Packhaus):
Erbaut 1715–18, an der Südseite des Hafenbeckens. Im UG wird ein Packhaus und Handelslager eingerichtet, während sich im OG Sitzungsräume für den städtischen Rat befinden. Die Stukkaturen des Festsaals (heute mehrfach unterteilt) schuf Andrea Galasini. Dem Bau ist ein Laubengang zu 9 Bogen vorgelagert. Pilaster betonen die 3-bogige Mittelachse, die im Hauptgeschoß durch einen Segmentbogen überfangen wird. Dem Dach sitzt ein oktogonaler Reiter auf.
Ehem. Thurn- und Taxis'sche Post:
Vermutlich war geplant, den zunächst als Post genutzten Bau der Symmetrie wegen dem gegenüberliegenden Packhaus anzugleichen. Erst in der 2. Bauphase nach 1768 errichtet, nimmt der Bau die Breite von 2 Reihenhäusern ein und besitzt 10 Fensterachsen; das Zwerchhaus eine Achse aus der Mitte versetzt. Das 3. OG wird im erst 19. Jh. aufgestockt.
Invalidenhaus:
Die Vierflügelanlage mit rechteckigem Innenhof wurde 1704–10 für kriegsinvalide Offiziere zur Genesung und dauerhaften Unterkunft erbaut. Ein 3-achsiger Mittelrisalit mit Segmentgiebel (vgl. Karlskirche, Kassel) an der Karl-Straße betont die

192
Fortsetzung

Rathaus (ehem. Packhaus)
Town hall (formerly warehouse)

Lage der Kapelle, die die gesamte Gebäudetiefe und alle 3 Geschosse einnimmt. Die beiden Hauptflügel ragen über die Verbindungsflügel hinaus und enden in 4-achsigen Giebelhäusern. In allen 3 Geschossen erschließt ein Flur, mit angegliederten Zimmern von je ca. 20 qm, den Bau.
Freihaus:
Gegenüber dem Invalidenhaus gelegen, ist aus der 1. Bauphase noch das 1723 vollendete Freihaus hervorzuheben. Nur 12 von geplanten 17 Fensterachsen konnten verwirklicht werden; dadurch das Rustikaportal an der Karl-Straße aus der Mittelachse verschoben. Die 3-geschossige Hauptfassade war auf 3 Zwerchhäuser angelegt. Die 4-achsigen Stirnseiten mit Giebelbekrönung folgen dem Invalidenhaus.
Zollhaus:
An der südl. Hafenecke plaziert, wurde 1766 ein weiteres Packhaus errichtet, um mehr Platz für den Umschlag der Handelsgüter zu schaffen. 5 Achsen zum Hafenplatz und 7 Achsen zur Invalidenstraße gliedern die Fassaden. Die 3 Mittelachsen sind über die Traufe gezogen und von Flachgiebeln bekrönt. (SS)

Landgrave Karl founded the Huguenot town under the name of Sieburg in 1699. This was an attempt to circumvent the staple rights of Münden, which was on Hanoverian territory, and create a waterway to the Main through Hesse territory.
The Huguenots were given free land to build on; the Landgrave planned the town. Paul du Ry may well have made the plans; Conradi at first carried them out. After Karl's death in 1730, building continued until c. 1800 after the original symmetrical square plan. The canal was not completed.
The oval dock is the town centre, flanked by 2 85 x 130 m blocks of buildings. A half-block adjoins to the south, and an extension was planned to the north. The apsidal end of the harbour basin was originally to be emphasized by a semi-circle of buildings.
The earliest block peripheral development consisted of 2-storey terraced houses, sold divided into flats. The public buildings stood out from these in size and decoration.
Town hall (1715–18), with warehouse on ground floor and meetings rooms on first floor. Stucco in Grand Hall (now subdivided) by Galasini.
Huguenot museum (formerly Thurn and Taxis postal service): built after 1768, the building has the width of 2 terraced houses and has 10 window axes. 3rd floor added in 19th c.
Invalidenhaus: built 1704–10 as a hospital and long-term accommodation for wounded officers. Four-sided building with rectangular courtyard. A chapel 3 storeys high is marked by the centre projection.
Freihaus: completed in 1723. 17 windows axes were planned, only 12 completed; in consequence, the rusticated ashlar portal in Karl-Straße is out-of-centre. The 3-storey main façade was intended to have 3 dormers.
Zollhaus: the customs house was built in 1766 as a further packing house, to have more space for loading goods. 3 centre axes extend above the eaves, surmounted by shallow gables.

193 (s. Karte VI)
Bismarckturm
Kassel, Brasselsberg
1904: Wilhelm Kreis (Dresden);
Ausführung: Franz Zahn (Kassel)

The Bismarck Tower was part of an initiative of the German students' body, which intended to building 'mighty granite bearer of fire' as 'symbols of the unity of Germany' in the whole country (call in 1898, the year of Bismarck's death). The prize-winning design is a square basalt roughstone tower with 4 massive corner columns, like a mausoleum, with imperial eagle above. The visitors' platform, where the bowl for the flame originally stood, offers excellent views.

Der Kasseler Bismarckturm entstand im Rahmen einer Initiative der Deutschen Studentenschaft mit dem Ziel, das gesamte Reichsgebiet mit „gewaltigen granitenen Feuerträgern" als „Sinnbild der Einheit Deutschlands" (Aufruf 1898, Todesjahr Bismarcks) zu überziehen. Sieger des gleichzeitig ausgelobten Wettbewerbs war Wilhelm Kreis mit 3 Entwürfen, von denen das Modell „Götterdämmerung" etwa 50mal (mit jeweils kleinen Varianten), so auch in Kassel (mit 25,5 m am höchsten) ausgeführt wurde. Es handelt sich um einen quadratischen Turm aus Basaltbruchstein mit 4 massigen Ecksäulen auf mächtigem Sockel, der, einem Mausoleum ähnlich, den Eingang aufnimmt, darüber Relief des Reichsadlers. In 2/3-Höhe ein kräftig vorkragender Ringwulst, der in eine stumpfe Stufenpyramide übergeht. Wo ehemals die Feuerschale war, befindet sich heute eine Besucherplattform, die einen äußerst lohnenden Blick über Kassel und die weitere Umgebung gewährt. (BH)

Architektenregister / Index of architects

Aufgelistet sind die ausführenden und beteiligten Architekten

Baugattungsregister / Index of buildingtypes

Straßenregister / Index of streets

Objektregister / Index of objects

Autorenregister / Index of authors

Weiterführende Literatur / Bibliography

Aufklärung und Klassizismus in Hessen-Kassel unter Landgraf Friedrich II.: 1760–1785 ; Ausstellung aus Anlass des 200jährigen Bestehens des Museum Fridericianum 1779–1979, Kassel, Orangerie, 7.7 bis 7.10.1979 / hrsg.: Staatliche Kunstsammlungen Kassel. Red.: Peter Gercke... Kassel 1979

Beyme, Klaus von [Hrsg.]: Neue Städte aus Ruinen: deutscher Städtebau der Nachkriegszeit / hrsg. von Klaus von Beyme... Mit Beitr. von Hans Berger... München 1992

Bleibaum, Friedrich [Hrsg.]: Die Bau- und Kunstdenkmäler im Regierungsbezirk Kassel. Kassel N. F. 1. Bd. Kreis Wolfhagen / bearb. von Gottfried Ganssauge. 1937

Boehlke, Hans-Kurt: Simon Louis du Ry: ein Wegbereiter klassizistischer Architektur in Deutschland. Kassel 1980

Brier, Helmut: Kassel: Veränderungen einer Stadt. Fuldabrück
Bd. 1 (1986)

Brunner, Hugo: Geschichte der Residenzstadt Cassel : 913–1913 ; zur Feier des tausendjährigen Bestehens der Stadt im Auftrage des Magistrats verf. von Hugo Brunner. Unveränd. Nachdr. d. Ausg. von 1913. Frankfurt a. M. 1978

Dehio, Georg: Handbuch der Deutschen Kunstdenkmäler. Hessen / bearb. von Magnus Backes. 2. Aufl. München 1982

Dehn-Rotfelser, Heinrich von: Die Baudenkmäler im Regierungsbezirk Cassel / mit Benutzung amtlicher Aufzeichnungen beschrieben und in topographisch-alphabetischer Reihenfolge zusammengestellt von Heinrich von Dehn-Rotfelser und Wilhelm Lotz. Cassel 1870
(Inventarium der Baudenkmäler im Königreiche Preussen . Provinz Hessen-Nassau)

Drach, Carl Alhard von: Kreis Fritzlar. Marburg
(Die Bau- und Kunstdenkmäler im Regierungsbezirk Cassel ; 2)
[1]. Atlas. 1909
[2]. Text. 1909

Durth, Werner ; Gutschow, Niels: Träume in Trümmern: Planungen zum Wiederaufbau zerstörter Städte im Westen Deutschlands 1940–1950. Braunschweig [u. a.]
(Schriften des Deutschen Architekturmuseums zur Architekturgeschichte und Architekturtheorie)
Bd. 1. Konzepte. 1988
Bd. 2. Städte. 1988

Föhl, Axel [Hrsg.]: Hessen – Denkmäler der Industrie und Technik / Fotos Peter Seidel. Texte Wolfram Heitzenroeder. Berlin 1986

Großmann, Georg Ulrich; Hoppe, Katharina: Nördliches Hessen: zwischen Lahn u. Werra, Reinhardswald u. Rhön. Köln 1991

Heidelbach, Paul: Kassel: ein Jahrtausend hessischer Stadtkultur. Überarb. u. erw. Neudr. Kassel [u. a.] 1959

Heppe, Dorothea: Das Schloss der Landgrafen von Hessen in Kassel von 1557 bis 1811. Marburg 1995
(Materialien zur Kunst- und Kulturgeschichte in Nord- und Westdeutschland; 17)
Zugl.: Kassel, Univ., Diss., 1990

Holtmeyer, Aloys: Kreis Cassel-Land. Marburg
(Die Bau- und Kunstdenkmäler im Regierungsbezirk Cassel ; 4)
[1]. Atlas. 1910
[2]. Text. 1910

Holtmeyer, Aloys: Kreis Cassel-Stadt. Marburg
(Die Bau- und Kunstdenkmäler im Regierungsbezirk Cassel ; 6)
[1]. Atlas. 1923
[2]. Text. Teil 1 u. 2. 1923

Homburg, Herfried: Kassel: das geistige Profil einer tausendjährigen Stadt ; Bilder u. Dokumente. 3. Aufl. Kassel 1993

Katz, Jörg: Internationaler Stil in Kassel. Kassel, 1976
Teilw. zugl.: Kassel, Gesamthochsch., Dipl.-Arb. 1975

Kemp, Wolfgang [Hrsg.] ; Neusüss, Floris [Hrsg.]: Kassel 1850 bis heute : Fotografie in Kassel – Kassel in Fotografien. München 1981

Kreis Kassel / hrsg. vom Landesamt für Denkmalpflege Hessen. Braunschweig [u. a.]
(Denkmaltopographie Bundesrepublik Deutschland)
(Kulturdenkmäler in Hessen)
Teil 1. Bearb. von Brigitte Warlich-Schenk u. Emanuel Braun. 1988

Ottomeyer, Hans [Hrsg.]: Heinrich Christoph Jussow 1754–1825 ; ein hessischer Architekt des Klassizismus ; eine Ausstellung der Staatlichen Museen Kassel, Museum Fridericianum, 24.4–18.7.1999. Worms 1999

Reclams Kunstführer: Deutschland. Stuttgart
4. Hessen: Kunstdenkmäler u. Museen / von Dieter
Großmann […]. 6. Aufl. 1987

Stadt Kassel / hrsg. vom Landesamt für Denkmalpflege Hessen. Braunschweig [u. a.]
(Denkmaltopographie Bundesrepublik Deutschland)
(Baudenkmale in Hessen)
1. Bearb. von Volker Helas. 1984

Zumpfe, Ralf; Schrader, Karin; Thiemann, Carsten:
Architekturführer Kassel: 1900–1999. 2. Aufl.
Kassel 1997

Glossar / Glossary

Achse imaginäre vertikale oder horizontale Orientierungsgerade. Bei Fassaden bilden senkrecht übereinanderliegende Fenster (Fenster-)Achsen

Ädikula rahmender architektonischer Aufbau um Portale, Fenster, Nischen, vollplastische Figuren, Reliefs oder Gemälde

Akroterion bekrönendes Element auf der Spitze und an den Ecken des Giebeldreiecks

Altan unterbauter, balkonartiger Austritt der oberen Etagen

Apsis halbkreisförmig oder polygonal geschlossener Raumteil, meist Abschluß eines (Kirchen-)Chors

Kalotte gekrümmte Fläche eines Kugelabschnitts

Aquädukt römisch-antike Wasserleitung, Pfeiler-Bogen-Konstruktion

Architrav horizontaler, den Oberbau tragender Steinbalken über Säulen oder Stützen

Arkade Bogenreihe auf Stützen

Atrium umgrenzter Innenhof eines Gebäudes, ursprünglich von Säulen umgeben

Attika Brüstung über dem Abschlußgesims, die Dachsteigung verdeckend

Ausfachung Wandfüllung zwischen tragenden Teilen einer Skelettkonstruktion

Baldachin Prunkhimmel aus Stoff, Stein oder Holz

Basilika dreischiffiges Gebäude (zumeist Kirche), dessen mittlerer Teil überhöht und gesondert belichtet ist

Beletage Hauptgeschoß eines Gebäudes, Repräsentationsräume

Bergfried innerer Hauptturm einer mittelalterlichen Burg

Bering Ringmauer einer Burg

Binder Stein im Mauerverband, dessen Schmalseite nach außen zeigt

Blendarkade der Wand vorgesetzte, blinde, dekorative >Arkade

Bruchsteinmauerwerk Mauer aus unbehauenem Stein

Campanile freistehender Glockenturm

Chor Hochaltarraum einer Kirche

Chorschranke bauliche Trennung zwischen Chor- und Laienraum

Corps de logis Mittelbau einer Schloßanlage

Cour d'honneur von Gebäudeflügeln umschlossener Ehrenhof

Gaube kleiner Dachausbau mit senkrecht stehenden Fenstern

Dachreiter dem Dach aufgesetzter kleiner Turm

Diamantquaderung in Form geschliffener Diamanten behauene Steine

Dienst (in der Gotik) Wand oder >Pfeilern vorgelegte dünne Halbsäule, die sich nach oben in der Gewölberippe fortsetzt

Dorica älteste, einfachste griechische Säulenordnung: kanneliert, nach oben verjüngt mit schmucklosem >Kapitell

Eckquaderung Werksteine an Gebäudeecken mit abwechselnder Überlagerung der Breit- und Längsseiten

Entresol niedriges Zwischengeschoß

Erker ein- oder mehrgeschossiger vorspringender Anbau, meist ohne Verbindung mit dem Erdboden

Exedra halbkreisförmiger Raum

Feston mit Blumen und Früchten verzierte Girlande

Fiale spitzes, schlankes gotisches Zierwerk, oft als Bekrönung von >Strebepfeilern

Flugdach weit vorkragende, meist stützenlose Dachfläche

Flügel an einen Hauptbau anschließende Baukörper

Fries horizontaler Schmuckstreifen

Fußbüge den >Ständer unten schräg stützende Streben (Fachwerk)

Galerie einseitig offener Laufgang

geböscht schräg ansteigende Mauer

gebundenes System vom Maß des Vierungsquadrats ausgehendes Grundrißschema

Kehle ausgehöhlte Rinne

gekuppelt zu Gruppen zusammengefaßte Bauelemente

Gesims horizontales, plastisches Bauelement; gliedert den Baukörper

Gewände schräge Einschnittfläche seitlich eines Portals oder Fensters

Giebelfeld unter dem Giebel befindliche Wandfläche

giebelständig mit der Giebelseite zur Straße stehendes Gebäude

Gurtbogen quer über das Kirchenschiff reichender Bogen, markiert die >Jocheinteilung

Gurtgesims zwischen den Geschossen liegendes >Gesims

Hallenkirche aus mehreren gleichhohen Schiffen bestehender Bau

Haustein regelmäßig behauener Naturstein

Helm steiles Turmdach

Interkolumnium Säulenabstand, gemessen jeweils zwischen den Säulenachsen

Ionica zweite antike Säulenordnung: schlanker, kannelierter Schaft mit symmetrischem Volutenkapitell

Itinerarium Straßen- und Stationenverzeichnis (der röm. Kaiserzeit) mit Angaben über Wegstrecken u. a.

Joch durch Gurte und Stützen abgegrenzter Gewölbeabschnitt

Kapitell Kopf eines >Pfeilers, >Pilasters oder einer Säule

Karyatide weibliche Stützfigur

Kaskade (künstlicher) stufenförmiger Wasserfall

Kassettendecke durch vertiefte Felder gegliederte Decke

Kegelhaube Turmdach mit kreisförmigem Grundriß

Knaggenverriegelung aus der Wand vorspringende Holzkonsole (Fachwerk)
Kolonnade Säulengang mit waagerechtem Gebälk
Kolossalordnung Säulen- oder Pilasterordnung, die über mehrere Stockwerke greift
Konsole aus der Mauer vorspringender Tragstein
Kordongesimse >Gurtgesims
korinthisch dritte Säulenordnung der Antike: kannelierter Schaft, >Kapitell mit Akanthus
Krabbe in der Gotik Kriechblume an den Kanten von Fialen, Wimpergen u.a.
Kragstein Konsole
Kranzgesims weitausladender, horizontaler Fassadenabschluß (auch Hauptgesims)
Kreuzrippengewölbe gotische Gewölbeform, bei der die Last von den Rippen getragen und auf die 4 Stützen abgeleitet wird
Krüppelwalmdach >Walmdach, bei dem nur der obere Teil der Giebel abgewalmt ist
Laibung zur Wand rechtwinklige Einschnittfläche seitlich eines Portals oder Fensters
Langhaus langgestreckter Teil einer Kirche zwischen Fassade und >Chor
Laterne durchfensterter Aufsatz über einer Decken- bzw. Gewölbeöffnung (meist über der Scheitelöffnung einer Kuppel)
Laubengang überdeckter (Bogen-)Gang, Loggia
Läufer Stein im Mauerverband, dessen Längsseite nach außen zeigt
Lettner Scheidewand zwischen >Chor und Laienraum in Kirchen
Lichtgaden durchfensterter oberer Teil des Mittelschiffs einer >Basilika
Lisene senkrechter, flacher Mauerstreifen
Loggia offene (Bogen-)Halle in oder vor einem Gebäude
Mannverstrebung Gerüstfachwerkform, gebildet aus dreiviertelhohen Fußstreben und Kopfwinkelhölzern
Mansardendach geknicktes Dach mit steiler Neigung im unteren Bereich
Maßwerk durchbrochene (geometrische) Bauornamentik der Gotik
Mausoleum architektonisches Grabmal
Mezzanin Zwischen- oder Halbgeschoß, außen durch kleinere Fenster ablesbar
Monopteros Rundtempel ohne Innenraum
Obergaden durchfensterter oberer Teil des Mittelschiffs einer >Basilika
oblong rechteckig
Ochsenauge rundes oder ovales Fenster
Okulus Rundfenster
Orangerie ursprünglich großes steinernes Gewächshaus zur Zucht von Orangen
Palas Wohn- bzw. Saalbau der Burg
Palmette symmetrisches Blätterornament
Paradies Vorhof einer Kirche, >Atrium
Patio geschlossener Innenhof
Pavillon kleiner, freistehender Bau
Pechnase bei mittelalterlichen Burgen kleiner, unten offener Mauervorsprung zum Ausgießen von heißer Flüssigkeit
Pfeiler architektonisches Stützglied

Pfette horizontaler Längsbalken in der Dachkonstruktion
Pilaster flacher Wandpfeiler mit Basis und >Kapitell
Pilote Stütze oder >Pfeiler, die anstelle eines Erdgeschosses ein Bauwerk tragen
Point de vue Blick- und Endpunkt einer Straßen- oder Gartenachse
Polygon Vieleck
Portikus von Säulen oder Pfeilern getragene Vorhalle
Pultdach Dach, bestehend aus nur einer schräg ansteigenden Dachfläche
Punkthochhaus Hochhaus über einem dem Quadrat angenäherten Grundriß, meist mit zentralem Erschließungskern
Querschiff quer zum Langhaus liegendes Kirchenschiff (Querhaus)
Querstock auch: Querholz (Kämpfer). Waagerechtes Element zur Unterteilung der Fensterfläche, bildet zusammen mit dem senkrechten Fensterpfosten das Fensterkreuz
Rabitz Decke oder Wand aus verputztem Drahtgewebe
Rähmbau Fachwerkgebäude, dessen oberer Wandabschluß durch auf Ständern aufliegendes Rähmholz gebildet wird
Rasterfassade regelmäßig gegliederte Fassade einer >Skelettbaukonstruktion
Ravelin halbkreisförmige Vorlagerung am Hauptwall einer Befestigungsanlage
Remise Wagenschuppen
Retabel Altaraufsatz über der Mensa
Rippengewölbe Gewölbeform (der Gotik) über gemauerten, tragenden Rippen
Risalit vor die Flucht des Hauptbaukörpers vorspringender Bauteil, oft mit eigenem Giebel
Rollschicht Mauerverband aus parallelen, hochkant gesetzten Bindern
Rosette (Architektur-)Ornament in stilisierter Blumenform
Rotunde Rundbau
Rundbogenfries Ornamentband aus aneinandergereihten Bogen
Rustika grobbehauene Quadersteine
Saalkirche einschiffiger, meist stützenloser Kirchenraum
Satteldach zweiseitig abgeschrägtes Dach; Giebeldach
Schallarkade bogenförmige Schallöffnung im Glockengeschoß eines Turmes
Scheibenbau schmales, langgestrecktes, mehrstöckiges Haus
Schiff Bezeichnung langgezogener Räume, meist in Kirchen
Schlußstein Keilstein im Scheitel eines Bogens oder besonders geformter Stein im Schnittpunkt von Gewölberippen
Schweifgiebel geschwungene Giebelform
Segmentbogen Bogenform, gebildet durch einen Teil des Kreises
Serliana-Fenster dreigegliederte, palladianische Fensterform
Sgraffito Kratzputz

Sheddach auch Sägedach, parallel gereihte Pultdächer, deren senkrechte Flächen verglast sind

Sichtbeton Beton, der weder geglättet, gestrichen noch verputzt ist

Skelettbau Bauweise aus einem tragenden Gerippe von Holz, Stein, Stahl oder Stahlbeton

Sohlbank Fensterbank

Sohlbankgesims Fensterbankgesims

Spannbeton Stahlbeton, der zur Erhöhung der Zugfestigkeit mit Hilfe von gespannten Stahldrahteinlagen im unbelasteten Zustand vorgespannt wird; der Querschnitt der Bauteile kann dadurch beträchtlich reduziert werden

Sparrendach Satteldach mit schräg in der Fallinie des Daches sitzenden tragenden Balken

Splitlevel-Haus Gebäude mit ineinander verschobenen Etagen

Sprenggiebel Giebelform mit ungeschlossener Mitte

Staffelgeschoß oberes Geschoß eines Gebäudes, dessen Wände im Verhältnis zu den Gebäudekanten des übrigen Baues zurückgesetzt sind

Staffelgiebel getreppte Giebelform

Stahlbeton Verbundkörper aus Beton und einer Stahlbewehrung

Ständer meist durch mehrere Geschosse reichende Stütze beim Fachwerkbau

Stichkappe Gewölbe das quer zur Achse des Haupttonnengewölbes verläuft, in dieses einschneidet und so eine Stichkappe bildet, meist über Fensteröffnungen

Strebepfeiler (in der gotischen Architektur) den Mauern vorgelagerte >Pfeiler, die Gewicht und Seitenschub des Gewölbes aufnehmen

Stuck Werkstoff aus Gips, vor allem für plastischen Schmuck

Stylobat oberste, die Säulen tragende Stufe des Tempelunterbaus

Supraporte dekorativ gestaltete und gerahmte Fläche über dem Türsturz

Tambour zylindrischer Unterbau einer Kuppel, oft durchfenstert

Tartan wetterfester Belag aus Kunstharz

Tholos Rundtempel

Tonnendach Dachform mit Tonnenquerschnitt

Toskanische Ordnung vereinfachte Variante der dorischen Säulenordnung ohne Kanneluren mit Basis

Traufe unterer (längsseitiger) Dachrand, über den das Regenwasser abfließt

traufständig mit der Traufseite zur Straße zeigendes Gebäude

Travertin gelblicher italienischer Kalkstein

Triglyphen hochrechteckige Zierplatte mit drei durch Stege voneinander abgesetzten senkrechten Rinnen

Triumphbogen römischer Bau zur Erinnerung an einen Triumph; Bogen, der das Kirchenschiff vom >Chor- oder Querhaus trennt

Tympanon dreieckiges >Giebelfeld oder halbrundes oder eckiges Feld über dem Kirchenportal

Verkröpfung horizontales Herumführen eines >Gesimses oder Profils um vorstehende Bauteile, Pfeiler, Pilaster usw.

Vestibül Vorhalle, Vorraum

Walmdach Dach mit vier schrägen Dachflächen ohne Giebel

Werkstein sorgfältig behauener Naturstein (Haustein)

Wimperg reichverzierter gotischer Ziergiebel über Portalen und Fenstern

Zahnschnitt die Balkenköpfe des archaischen Holzbaus imitierender Fries, Klötzchenfries

Zeltdach Dach in Form einer Pyramide

Ziergiebel der Dekoration dienender Giebel

Zweispänner Gebäude mit zwei Wohnungen je Etage, die von einem Treppenhaus abgehen

Zwerggalerie in der Romanik niedriger, äußerer, in Säulenarkaden geöffneter Laufgang, meist unterhalb der Dachkante

Zwerchhaus Dachhäuschen das quer zur Längsrichtung des Daches aus diesem hervortritt

Zyklopenmauerwerk Mauerwerk aus sehr großen, unbehauenen Natursteinen

Abbildungsverzeichnis / Illustrations

arab. Ziffern = Objektnummern; lat. Ziffern = Abb. der Einleitung

Karten / Maps

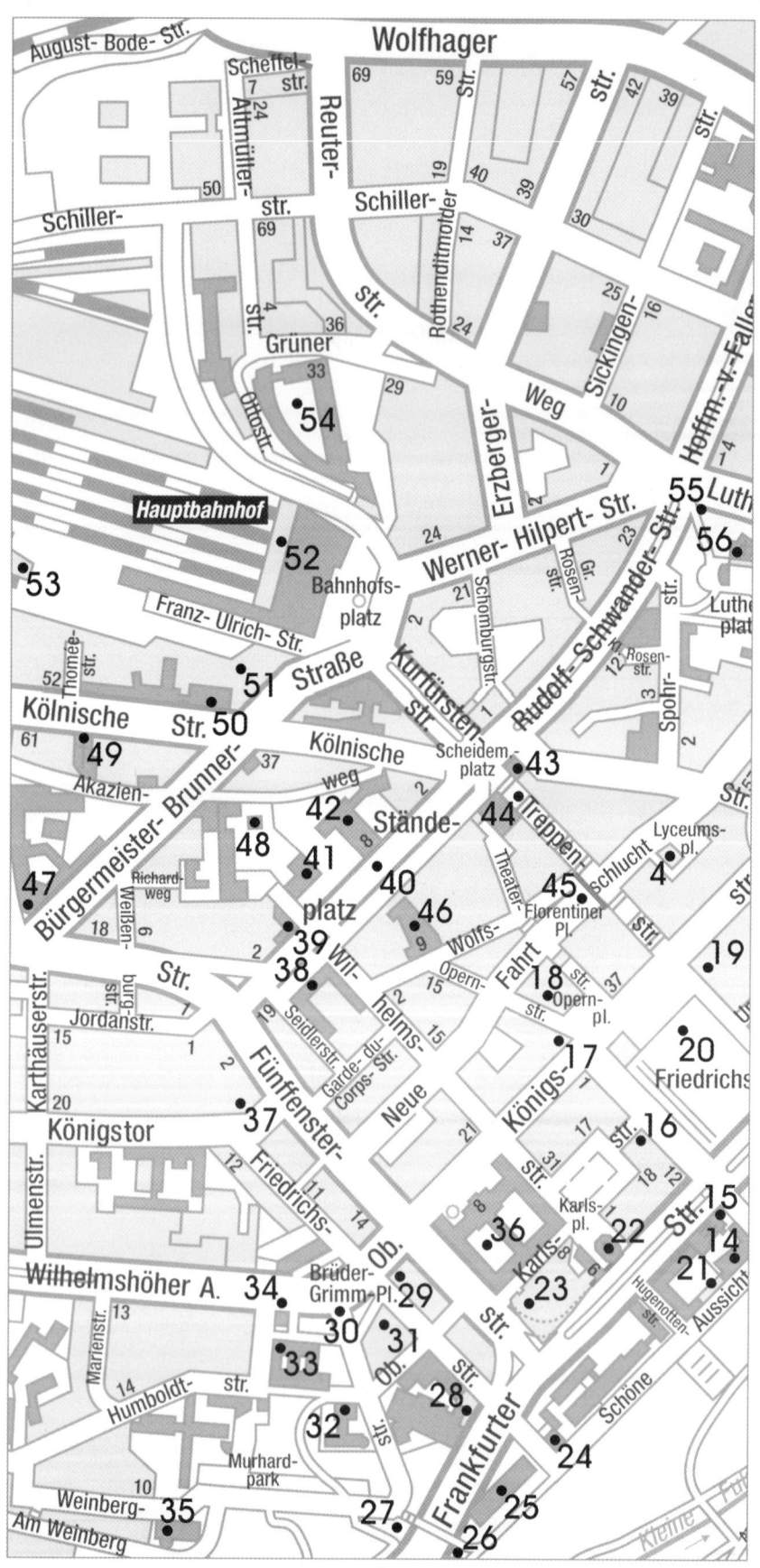

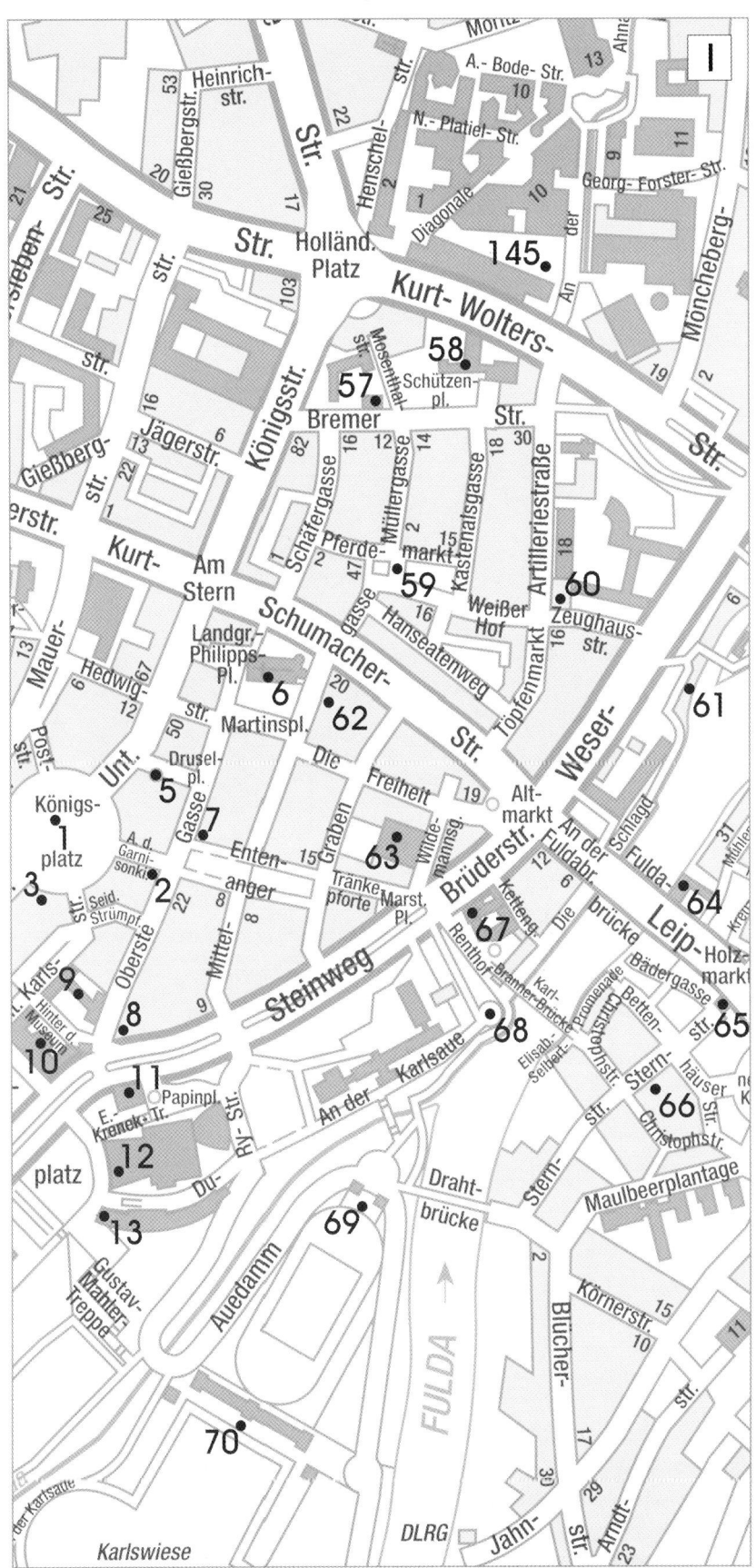

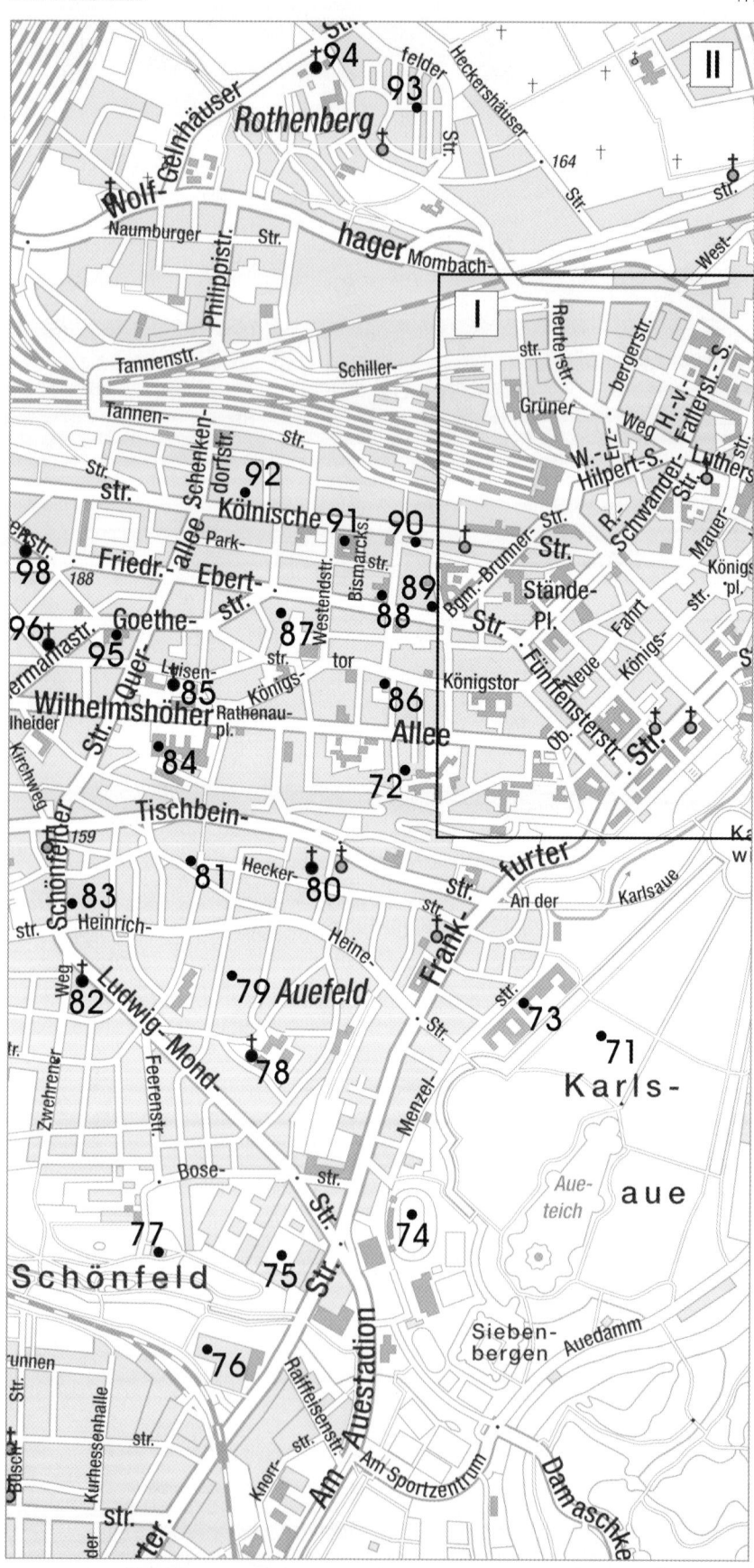

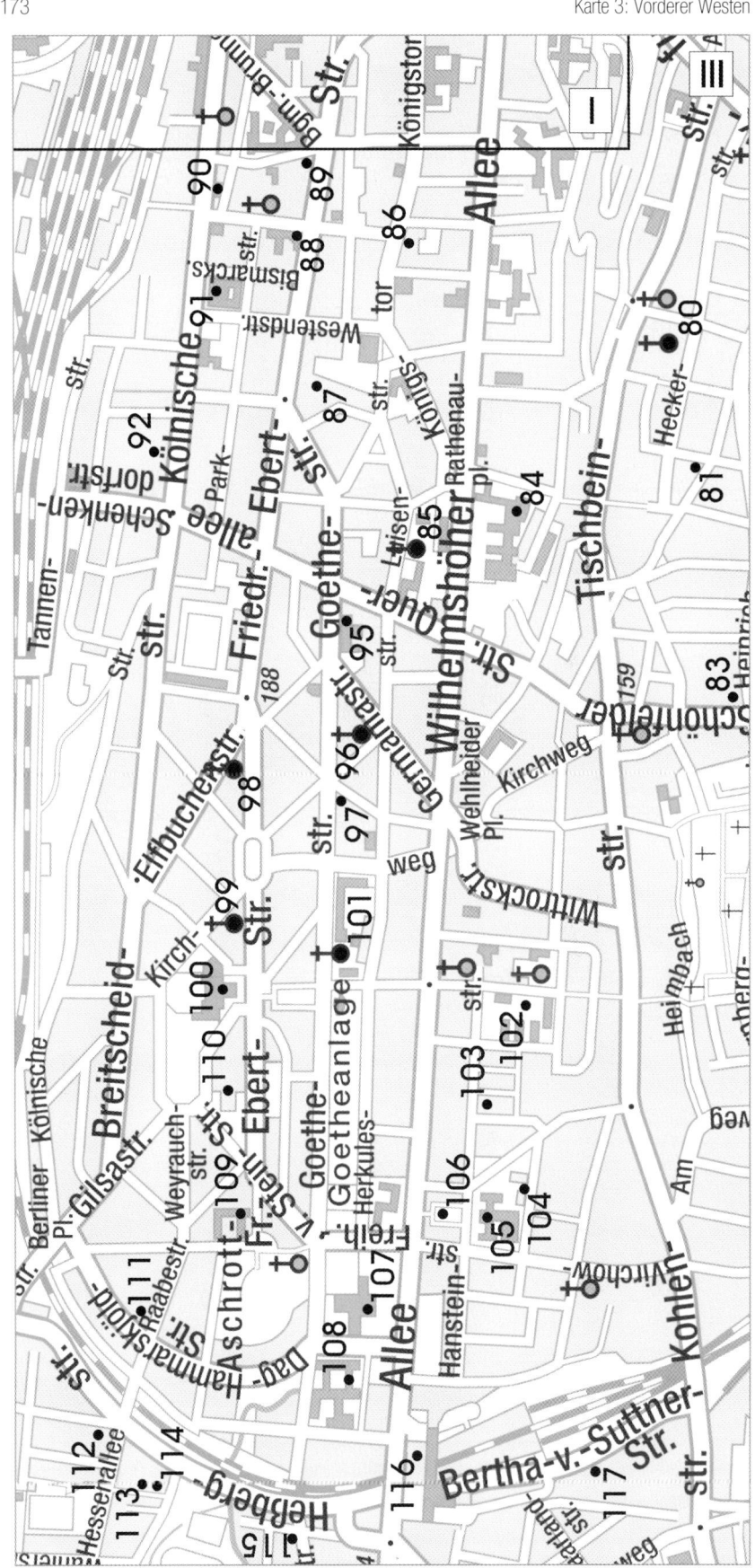

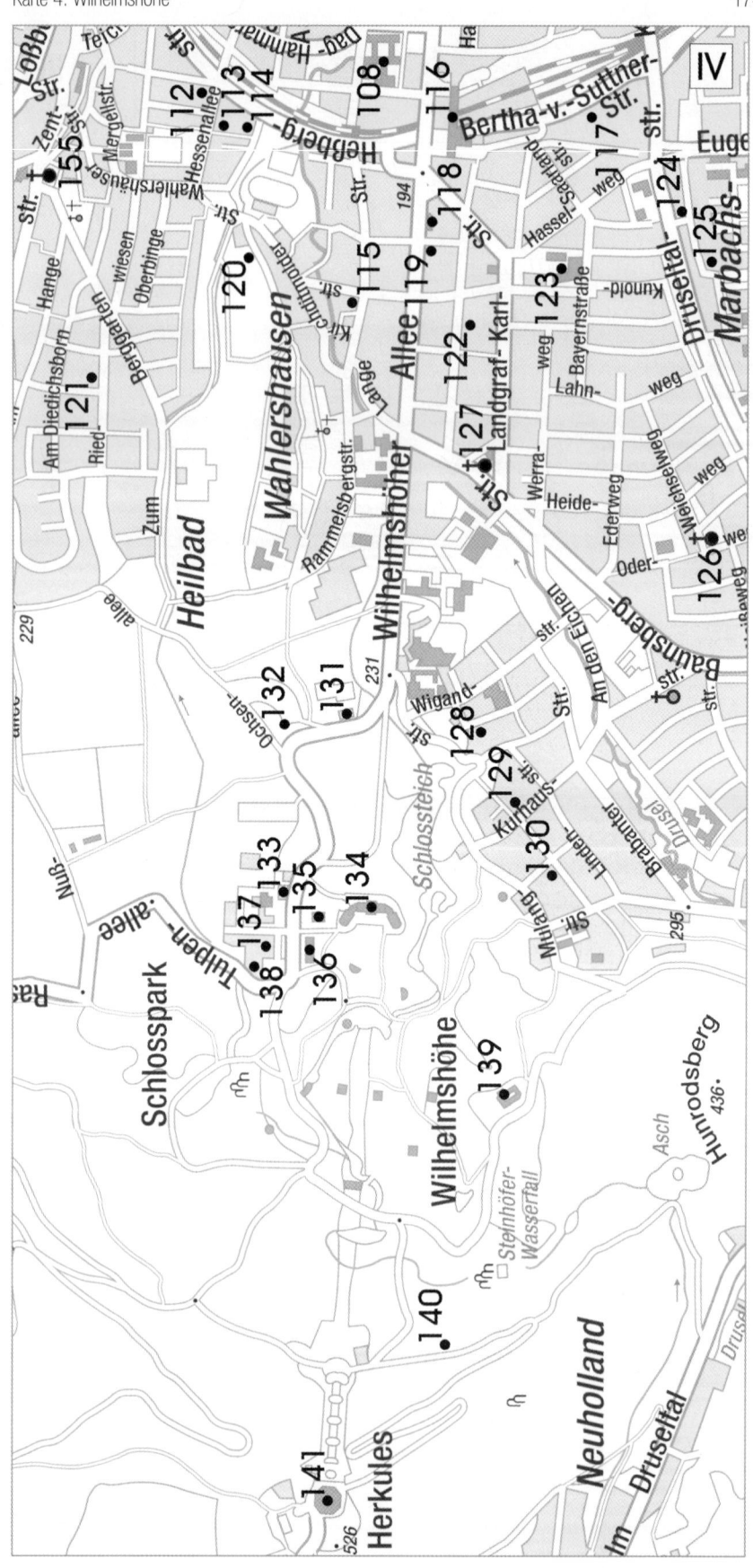

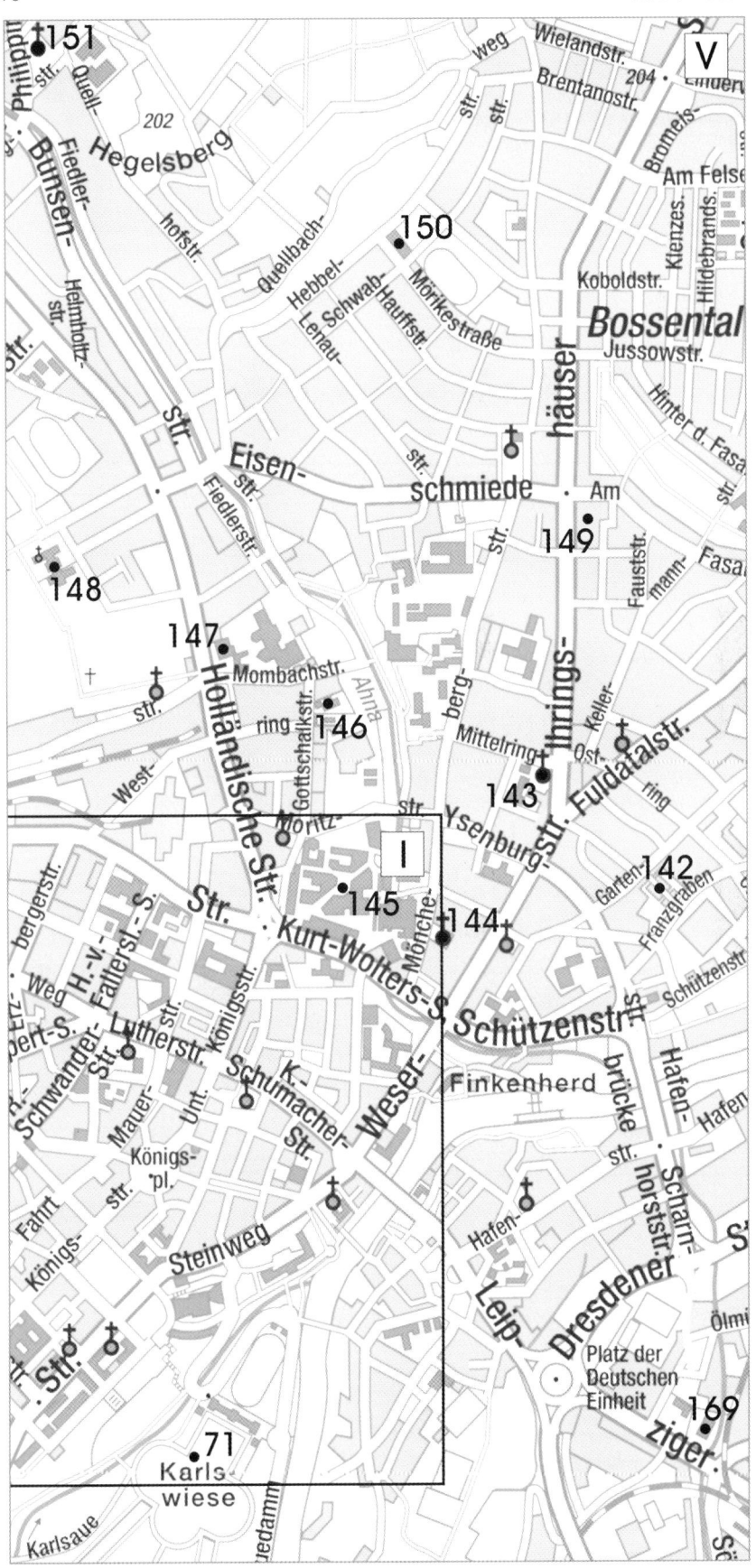

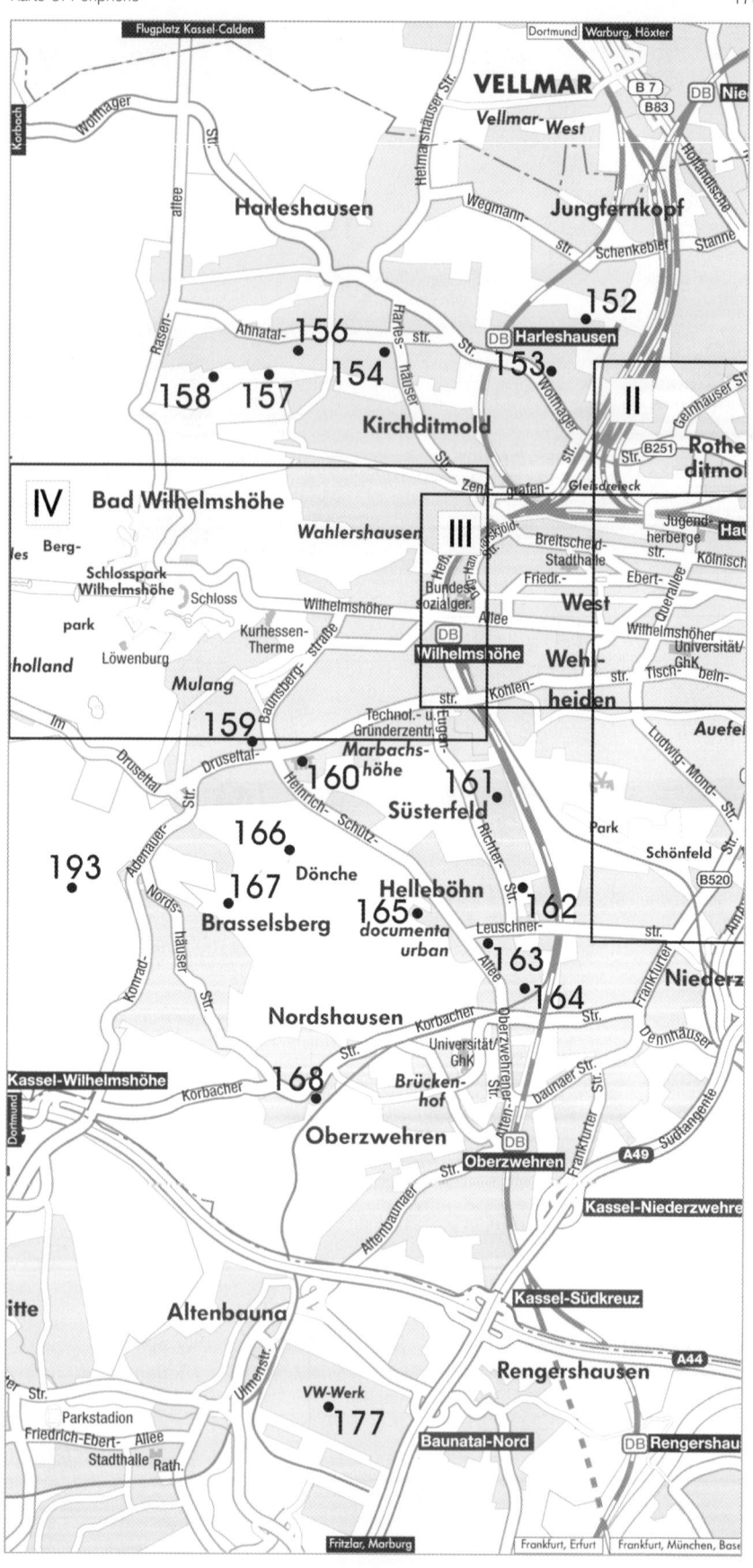

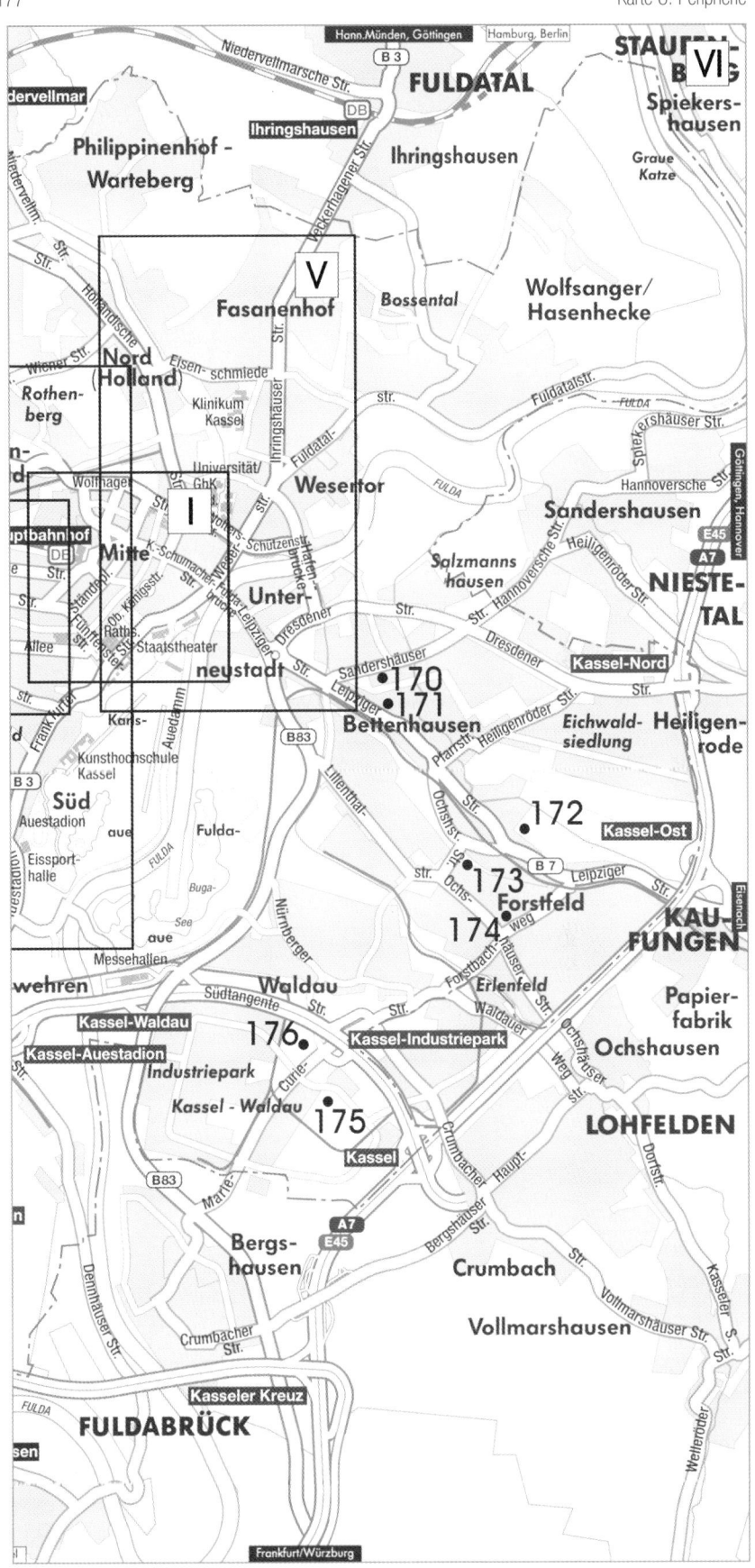

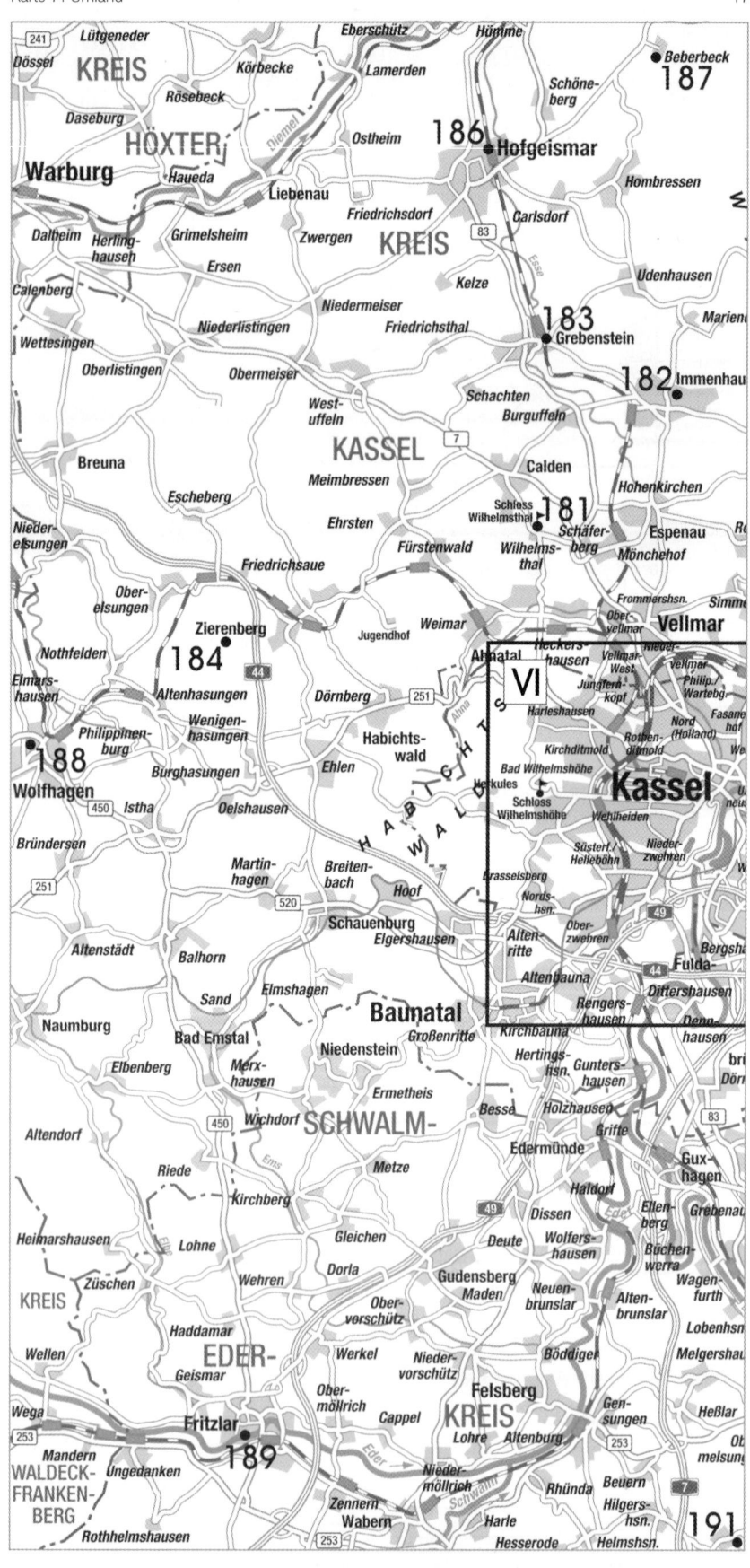

241
Dössel
Lütgeneder
KREIS
Daseburg
Rösebeck
Körbecke
Eberschütz
Lamerden
Hümme
Schöne-
berg
Beberbeck
187
HÖXTER
Warburg
Haueda
Liebenau
Ostheim
186
Hofgeismar
Hombressen
Dalheim
Herling-
hausen
Grimelsheim
Friedrichsdorf
Zwergen
KREIS
Carlsdorf
Calenberg
Ersen
83
Udenhausen
Wettesingen
Niederlistingen
Niedermeiser
Kelze
Friedrichsthal
183
Grebenstein
Marien
Oberlistingen
Obermeiser
West-
uffeln
Schachten
Burguffeln
182
Immenhau
Breuna
Escheberg
KASSEL
Meimbressen
7
Calden
Hohenkirchen
Nieder-
elsungen
Ehrsten
Fürstenwald
Schloss
Wilhelmsthal
181
Schäfer-
berg
Espenau
Mönchehof
Friedrichsaue
Wilhelms-
thal
Ober-
elsungen
Weimar
Frommershsn.
Ober-
velmar
Simme
Vellmar
Nothfelden
Zierenberg
184
Jugendhof
Heckers-
hausen
Vellmar-
West
VI
Vellmar
Philip-
Wartebg
Nieder-
kopt
Elmars-
hausen
44
Altenhasungen
Wenigen-
hasungen
Dörnberg
251
Ahnatal
Jungfern-
Harleshausen
Nord
(Holland)
Fasaner
hof
Philippinen-
burg
188
Wolfhagen
Burghasungen
Habichts-
wald
Ehlen
Kirchditmold
Rothen-
ditmold
Bad Wilhelmshöhe
Kassel
u
nei
Bründersen
450
Istha
Oelshausen
Hercules
Schloss
Wilhelmshöhe
Wehlheiden
Martin-
hagen
Breiten-
bach
Hoof
Süstert./
Hellebohn
Nieder-
zwehren
Altenstädt
Balhorn
520
Schauenburg
Elgershausen
Brasselsberg
Nordsh-
sn.
Bergsh
Naumburg
Sand
Elmshagen
Baunatal
Großenritte
Alten-
ritte
Ober-
zwehren
49
Fulda-
Altenbauna
Dittershausen
Altendorf
Elbenberg
Merx-
hausen
Niedenstein
Ermetheis
Hertings-
fssn.
Gunters-
hausen
Rengers-
hausen
44
Denn-
hausen
bri
SCHWALM-
450
Wichdorf
Bessé
Holzhausen
83
Dör
Riede
Metze
Edermünde
Griffte
Gux-
hagen
Heimarshausen
Lohne
Kirchberg
Gleichen
Deute
Wolfers-
hausen
Haldorf
Dissen
Ellen-
berg
Grebenau
Buchen-
werra
KREIS
Züschen
Wehren
Dorla
Gudensberg
Maden
Neuen-
brunslar
Alten-
brunslar
Wagen-
furth
Wellen
Haddamar
EDER-
Geismar
Werkel
Ober-
vorschütz
Nieder-
vorschütz
Böddiger
Lobenshn
Melgersha
Wega
253
Fritzlar
189
Ober-
möllrich
Cappel
Felsberg
KREIS
Lohre
Altenburg
Gen-
sungen
Heßlar
Ob
melsung
WALDECK-
FRANKEN-
BERG
Mandern
Ungedanken
Rothhelmshausen
Zennern
Wabern
253
Nieder-
möllrich
Harle
Hesserode
Rhünda
Beuern
Hilgers-
hsn.
Helmshsn.
7
191

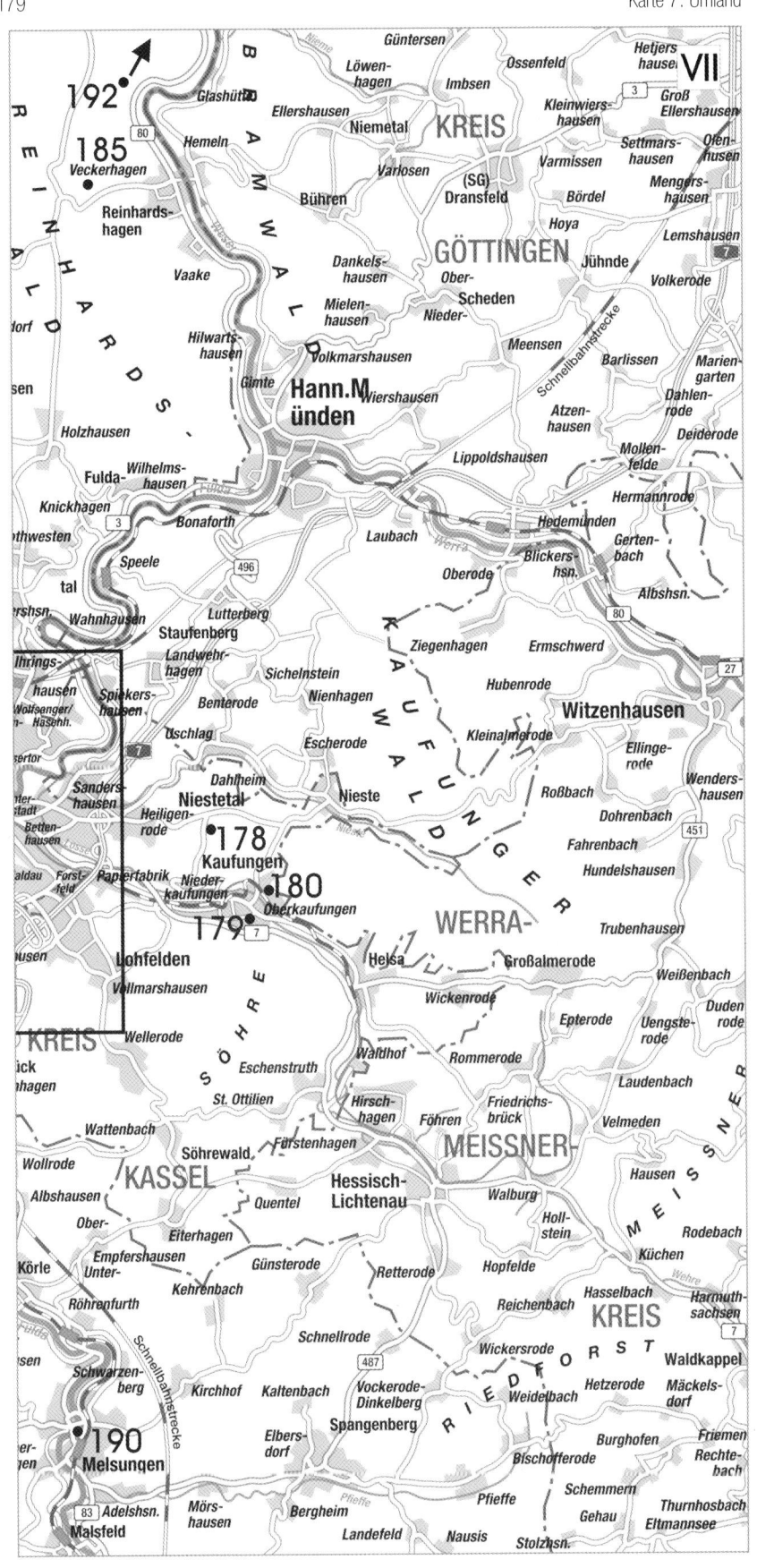

ARCHITEKTURFÜHRER BEI REIMER

ARCHITEKTURFÜHRER BEI REIMER

Architekturführer Berlin
Von Martin Wörner, Doris Mollenschott, Karl-Heinz Hüter und Paul Sigel
Einleitung von Wolfgang Schäche
Sechste, überarbeitete und erweiterte Auflage
XXVI und 566 Seiten mit 804 Objekten,
1706 Abbildungen,
Grund- und Aufrisse,
23 Lagepläne,
Schnellbahnnetz,
Architekten-, Baugattungs-, Straßen- , Objekt- und historisches Register
Broschiert
ISBN 3-496-01211-0

Architekturführer München
Hg. von Winfried Nerdinger
Zweite, überarbeitete und erweiterte Auflage
Zweisprachig: Deutsch/ Englisch
XVI und 237 Seiten mit 376 Objekten, 770 Abbildungen und Grundrisse,
6 Lagepläne,
Schnellbahnnetz,
Architekten-, Straßen- und Baugattungsregister
Broschiert
ISBN 3-496-01219-6

Dietrich Reimer Verlag · Berlin

ARCHITEKTURFÜHRER BEI REIMER

**Architekturführer
Hannover**
An Architectural Guide
Von Martin Wörner,
Ulrich Hägele und
Sabine Kirchhof
Zweisprachig
Deutsch/Englisch
Übersetzt von Margaret
Marks
XXXVI und 250 Seiten mit
361 Objekten,
805 Abbildungen,
Architekten-, Baugattungs-,
Straßen- und historisches
Register
Mit allen Expo-Bauten
und ÖPNV-Plan
Broschiert
ISBN 3-496-01210-2

**Architekturführer
Halle an der Saale**
Von Holger Brülls und
Thomas Dietzsch
XXVI und 226 Seiten mit
275 Objekten;
727 Abbildungen, Grund-
und Aufrisse, Schnitte und
Lagepläne und
14 Übersichtspläne
Broschiert
ISBN 3-496-01202-1

Dietrich Reimer Verlag · Berlin

Architektur
2001

Gebr. Mann Verlag

Dietrich Reimer Verlag

Deutscher Kunstverlag

Berlin

Liebe Freunde der Verlage Gebr. Mann,
Dietrich Reimer und Deutscher Kunstverlag,

auch in diesem Jahr dürfen wir Ihnen wieder einen gemeinsamen Prospekt vorlegen, mit dem Sie aus unserem kompletten Architekturprogramm auswählen können. Wir bieten Ihnen das gesamte Spektrum der Architektur- und Baugeschichte an:
von der mittelalterlichen Architektur bis zur Postmoderne, Bau- und Architekturmonographien, Architekturkritik, attraktive Städte-Architekturführer, Denkmälerhandbücher oder berühmte Reprints der »Klassiker«

Für Ihr Interesse danken wir Ihnen und wünschen
viel Vergnügen bei der Auswahl!

Deutscher Kunstverlag   Gebr. Mann Verlag   Dietrich Reimer Verlag
Elisabeth Roosens   *Andreas A. Catsch*   *Dr. Friedrich Kaufmann*

Architekturführer Berlin

Von Martin Wörner, Doris Mollenschott, Karl-Heinz Hüter und
Paul Sigel
Einleitung von Wolfgang Schäche
**Sechste, überarbeitete und
erweiterte Auflage**
2001. 592 Seiten mit 801 Objekten,
1706 Abb., Grund- und Aufrisse,
23 Lagepläne, Schnellbahnnetz,
Architekten-, Baugattungs-, Straßen-
und historisches Register,
13,5 × 24,5 cm
Br DM 49,80 / öS 364, – / sFr 45,50
€ 24,90 (D)
ISBN 3-496-1211-0
Dietrich Reimer Verlag

Der Architekturführer Berlin beschreibt und dokumentiert 801 Gebäude und Gebäu-
degruppen aller Gattungen und aller Epochen: von den auf das 13. Jahrhundert
zurückgehenden Kirchen über die Internationale Bauausstellung 1984 – 87 (IBA)
bis zu der Neubebauung des Potsdamer Platzes.

Architekturführer Bonn

von Andreas Denk und Ingeborg Flagge
Deutsch/Englisch
1997. XV und 187 Seiten mit 135 Objekten, 120 Abb., 130 Grundrisse und
6 Lagepläne. Architekten-, Baugat-
tungs- und Straßenregister,
13,5 × 24,5 cm
Br DM 45,– / öS 329,– / sFr 41,30 /
€ 22,50 (D)
ISBN 3-496-01150-5
Dietrich Reimer Verlag

Ein Wegweiser zu den bedeutenden Bauten Bonns und seiner Umgebung. Der Führer
dokumentiert 135 Objekte der Bonner Architekturgeschichte mit einem knappen
Text, instruktiven Fotos und Grundrissen. Ein einführender Beitrag ordnet die Bauten in die Geschichte der Bonner Stadtentwicklung ein.

Architekturführer Dresden

Herausgegeben von Gilbert Lupfer,
Bernhard Sterra und Martin Wörner
Einführung von Jürgen Paul
Deutsch/Englisch
1997. XXXVIII und 230 Seiten mit
320 Objekten, 481 Abb., 234 Grund- und
Aufrisse, 14 Lagepläne, 1 Übersichts-
karte, Architekten-, Baugattungs- und
Straßenregister, 13,5 × 24,5 cm
Br DM 45,– / öS 329,– / sFr 41,30 /
€ 22,50 (D)
ISBN 3-496-01179-3
Dietrich Reimer Verlag

Der Architekturführer Dresden stellt 320 Bauwerke aus Dresden, Radebeul und Mo-
ritzburg vor und dokumentiert alle Epochen der Dresdener Architekturgeschichte,
nicht zuletzt auch die Architektur der DDR und das aktuelle Baugeschehen seit 1989.
Neben den international berühmten Bauten wie Schloß Pillnitz, Zwinger, Hofkirche,
Frauenkirche oder Semperoper finden auch weniger bekannte Bauten des 18. bis
20. Jahrhunderts ihren Platz. Die einzelnen Stadtbezirke werden durch Rundgänge
erschlossen. Die Register erleichtern das Auffinden der Bauten und erlauben Vergleiche.

Architekturführer Düsseldorf

Roland Kanz / Jürgen Wiener (Hg.)
2001. XXVI und 210 Seiten mit
269 Objekten, 686 Abb., Grund- und
Aufrisse, Schnitte und Lagepläne, und
7 Übersichtspläne. Personen-, Baugat-
tungs-, historisches, Straßen- und
Objektregister, Glossar,
13,5 × 24,5 cm
Br DM 45,– / sFr 41,30 / öS 329,– /
€ 22,50 (D)
ISBN 3-496-01232-3
Dietrich Reimer Verlag

Der Architekturführer stellt die Architekturgeschichte Düsseldorfs vom Mittelalter bis
ins gegenwärtige junge Jahrtausend umfassend vor. Spektakuläre Planungen und
Bauten für die Rheinuferpromenade sowie das Hafenviertel haben am Ausgang des
20. Jahrhunderts internationales Aufsehen erregt. Vor allem der »Neue Zollhof«
(Frank O. Gehry) und das »museum kunst palast« (O. M. Ungers) werden vielfach
gerühmt oder kontrovers diskutiert. Aus der imposanten Dichte wichtiger Bauwerke
in der Rheinmetropole ragen außerdem die modernen Verwaltungsbauten (Mannes-
mann 1911 von P. Behrens; Thyssen »Dreischeibenhaus« 1957–60 von H. Hentrich
und H. Petschnigg; Stadttor 1994–97 von Petzinka, Pink und Partner) heraus.
In die Dokumentation eingebunden wurden auch wichtige Objekte aus den Vororten
und dem unmittelbaren Umland. Zahlreiche Register und Karten erschließen die
Bauten der Landeshauptstadt.

Architekturführer
Frankfurt am Main

Von Bernd Kalusche und
Wolf-Christian Setzepfandt
Deutsch/Englisch
**Zweite, überarbeitete und
erweiterte Auflage**
1997. 270 Seiten mit 380 Objekten,
630 Abb., Grund- und Aufrisse,
5 Lagepläne, Schnellbahnnetz, Architekten-, Baugattungs- und Straßenregister
13,5 × 24,5 cm
Br DM 45,– / öS 329,– / sFr 41,30 /
€ 22,50 (D)
ISBN 3-496-01158-0
Dietrich Reimer Verlag

»Kurz und bündig kommt dieser Führer daher. Ausführlich und informativ ist er trotzdem, was dem klaren Konzept zu verdanken ist.«
Darmstädter Echo zur 1. Auflage

Architekturführer
Halle an der Saale

Von Holger Brülls und Thomas
Dietzsch
226 und XXVI Seiten mit
275 Objekten; 727 Abb., Grund- und
Aufrisse, Schnitte und
Lagepläne und 14 Übersichtspläne,
13,5 × 24,5 cm
Br DM 45,– / öS 329,– / sFr 41,30 /
€ 22,50 (D)
ISBN 3-496-01202-1
Dietrich Reimer Verlag

Halle an der Saale – im Zweiten Weltkrieg kaum zerstört – zeigt eine faszinierende stadthistorische Textur aus bedeutenden mittelalterlichen Baudenkmälern, ausgedehnten Gründerzeitquartieren und Fabrikarealen, sozialistischen Großstadt-Experimenten und aktueller Architektur, die seit Mitte der 90er Jahre deutlich an Qualität gewonnen hat. Der Architekturführer Halle stellt 280 Einzelobjekte und städtebauliche Ensembles vor und führt auf zwölf Routen durch eine gleichermaßen heterogene wie historisch dichte Stadtlandschaft im Osten Deutschlands.

Architekturführer Hannover

An Architectural Guide
Von Martin Wörner, Ulrich Hägele
und Sabine Kirchhof
Deutsch/Englisch
Übersetzt von Margaret Marks
2000. XXXVI und 250 Seiten mit 361
Objekten, 805 Abbildungen, Architek-
ten-, Baugattungs-Straßen- und hist.
Register. Mit allen Expo-Bauten und
ÖPNV-Plan, 13,5 × 24,5 cm
Br DM 45,– / öS 329,– / sFr 41,30 /
€ 22,50 (D)
ISBN 3-496-01210-2
Dietrich Reimer Verlag

Der Architekturführer Hannover stellt in Wort und Bild 361 Gebäude und Baugrup-
pen vor. Präsentiert werden bedeutende Baudenkmäler sämtlicher Gattungen und
Epochen – von den Barockbauten des Großen Gartens bis zu Vertretern der ein-
flußreichen Hannoveraner Architekturschule des 19. Jahrhunderts, von der mittelalterlichen Marktkirche bis zu postmodernen Straßenbahnhaltestellen.
Einen Schwerpunkt des Architekturführers bildet das Messegelände mit den Bauten
der Expo 2000 – der ersten Weltausstellung in Deutschland. Die teilweise spekta-
kulären Nationenpavillons und Hallen dieses zentralen Weltereignisses zur Jahrtau-
sendwende werden in einem separaten Teil umfassend vorgestellt.

Architekturführer Kassel

Berthold Hinz / Andreas Tacke (Hg.)
Deutsch / Englisch
ca. 220 Seiten mit ca. 200 Objekten,
ca. 400 Abb., Grund- und Aufrisse,
Schnitte und Lagepläne. Architekten-,
Baugattungs-, Straßen- und histori-
sches Register
13,5 × 24,5 cm
Br ca. DM 45,– / sFr 41,30 / öS 329,– /
€ 22,50 (D)
ISBN 3-496-01249-8
Dietrich Reimer Verlag

Kassel – im zweiten Weltkrieg stark zerstört – ist vor allem wegen seines Wiederaufbaus international beachtet worden. Daß es neben der vieldiskutierten Stadtplanung
der 1950er und 60er Jahre – beispielsweise die erste Fußgängerzone Deutschlands
(Treppenstrasse) – und der Architektur der Gegenwart auch nach wie vor Monumente
von Rang aus allen Phasen der Baugeschichte besitzt, zeigt der Architekturführer,
wobei die Schloß- und Parkanlagen Kassels, die für die Auszeichnung als Weltkul-
turerbe vorgesehen sind, und die Einrichtungen der documenta hervorgehoben sind.

Architekturführer Kiel

Von Dieter-J. Mehlhorn
Mit einem Vorwort von Otto Flagge
1997. 206 Seiten mit 190 Objekten.
386 Abb., Grund- und Aufrisse,
6 Lagepläne, Architekten-,
Baugattungs- und Straßenregister,
13,5 × 24,5 cm
Br DM 45,– / öS 329,– / sFr 41,30 /
€ 22,50 (D)
ISBN 3-496-01165-3
Dietrich Reimer Verlag

Der Architekturführer lenkt den Blick von den erhaltenen historischen Baudenkmälern zu den Bauten der jüngsten Zeit und aktuellen Projekten. Auch die kulturhistorisch bedeutenden Grün- und Freiflächen innerhalb der Stadt und Objekte der näheren Umgebung sind Teil des Bandes. Sie veranschaulichen die vielfältigen Verflechtungen der Stadt mit ihrem Umland.

Köln. Ein Architekturführer

An Architectural Guide
Von Alexander Kierdorf
Herausgegeben von Wolfram Hagspiel
Deutsch/Englisch
Übersetzt von Jean-Marie Clarke und
Jeanne Haunschild
1999. XXVIII mit 9 Abb., und 237 Seiten
mit 350 Objekten. 434 Abb., 243 Grund-
und Aufrisse und 10 Karten. Architek-
ten-, Baugattungs-, Straßen- und
historisches Register
13,5 × 24,5 cm
Br DM 45,– / öS 329,– / sFr 41,30 /
€ 22,50 (D)
ISBN 3-496-01181-5
Dietrich Reimer Verlag

Die wichtigsten und interessantesten Objekte aus zweitausend Jahren Kölner Baugeschichte erläutert dieser Führer in Text, Bild und Plan. Erstmals steht damit auch für das internationale Publikum ein handlicher Begleiter durch die vielfältige Baukultur der rheinischen Metropole zur Verfügung.

Architekturführer Mannheim

Von Andreas Schenk
Herausgegeben von der Stadt
Mannheim
1999. XI, 297 Seiten mit
313 Objekten. 860 Abb., Grund- und
Aufrisse, Karten und Register
13,5 × 24,5 cm
Br DM 45,– / öS 329,– / sFr 41,30 /
€ 22,50 (D)
ISBN 3-496-01201-3
Dietrich Reimer Verlag

Der Architekturführer dokumentiert die bedeutendsten Bauwerke aus vier Jahrhunderten Mannheimer Stadtgeschichte. Er stellt die erhaltenen Barockbauten der ehemaligen kurfürstlichen Residenz vor, beschreibt die wichtigsten Bauten der Industrie- und Handelsstadt des 19. Jahrhunderts und gibt einen umfassenden Überblick über das vielfältige Baugeschehen des 20. Jahrhunderts. Auch die mittelalterlichen Zeugnisse der Vororte sind berücksichtigt. Die einzelnen Stadtteile werden in ihrer geschichtlichen und architektonischen Entwicklung vorgestellt und durch Rundgänge erschlossen. Das umfangreiche Register erleichtert des Auffinden der Gebäude.

Architekturführer München

Hg. von Winfried Nerdinger
Deutsch/Englisch
Zweite, überarbeitete und erweiterte
Auflage
2001. ca. 250 Seiten mit
ca. 380 Objekten, ca. 770 Abb. und
Grundrisse, 6 Lagepläne, Architekten-,
Straßen- und Baugattungsregister,
13,5 × 24,5 cm
Br DM 45,– / öS 329,– / sFr 41,30 /
€ 22,50 (D)
ISBN 3-496-01219-6
Dietrich Reimer Verlag

350 Bauten der Münchner Architekturgeschichte vom Mittelalter bis in die 90er Jahre des 20. Jahrhunderts werden mit einem informativen Text vorgestellt und in aktuellen Fotos und Grundrissen dokumentiert.

Stuttgart
Ein Architekturführer

Von Martin Wörner und Gilbert Lupfer
Mit einer Einleitung von Frank R. Werner

Zweite, überarbeitete und erweiterte Auflage

1997. 261 Seiten mit 318 Objekten,
686 Abb., Grund- und Aufrisse,
10 Lagepläne, Schnellbahnnetz,
Architekten-, Baugattungs- und
Straßenregister. Mit einem Anhang
zum Stuttgarter Umland,
13,5 × 24,5 cm
Br DM 45,– / öS 329,– / sFr 41,30 /
€ 22,50 (D)
ISBN 3-496-01157-2
Dietrich Reimer Verlag

»Prägnante Darstellung, übersichtlicher Aufbau und sinnvolle Objektauswahl mit den Registern machen dieses Buch zu einem konkurrenzlosen Kompendium Stuttgarter Architektur.«
Bauwelt zur 1. Auflage

Architektur Landschaft Fotografie

Hans-Christian Schink, Leipzig /
Ruedi Walti, Badel / Margherita
Spiluttini, Wien / Stefan Müller, Berlin /
Heinrich Helfenstein, Zürich /
Paul Ott, Graz
Hrsg. Ulrich Müller – Architektur
Galerie Berlin
Mit einem Text von Martin Kieren
ca. 136 S. mit 30 Abb., davon 25 farb.,
21 × 29,7 cm
Br ca. DM 80,– / öS 584,– / sFr 71,– /
€ 40,– (D)
ISBN 3-7861-2430-2
Gebr. Mann Verlag

Der Titel »Architektur Landschaft Fotografie« verweist auf die Vielfalt fotografischer Motive, bei denen sich nicht selten die Grenzen der fotografischen Genre vermischen. Er umfaßt Arbeiten von sechs Architekturfotografen aus Deutschland, Österreich und der Schweiz. Anstelle von angewandten Arbeiten werden eigene Projekte gezeigt, damit der Schwerpunkt sich deutlicher der Sicht des Fotografen nähert. Diese Form der Architekturfotografie ist die Umsetzung der äußeren Realität von einem innerhalb der technischen Ausrüstung möglichen subjektiven Standpunkt.

Holger Barth (Hg.)
Grammatik sozialistischer Architekturen
Dokumentation historischer Städtebauforschung der DDR
343 Seiten mit 145 s/w-Abbildungen,
17 × 24 cm
Br DM 70,– /sFr 63,– / öS 511,– /
€ 35,– (D)
ISBN 3-496-01235-8
Dietrich Reimer Verlag

Die Beiträge dieser Dokumentation gehen den historischen Entwicklungspfaden von Architektur und Städtebau in der DDR nach. Dabei gilt zu unterscheiden, was das Typische des »Projektes Sozialistische Stadt« ausmacht und was hingegen auf den Genius loci eines Ortes zurückzuführen ist. Das dabei die Politisierung der Architektur zu einer höchst brisanten Melange räumlicher Wirkung und gesellschaftlicher Konzepte führen kann, verdeutlichen Fallbeispiele.

DIE BAUWERKE UND KUNSTDENK-MÄLER VON BERLIN
Hrsg: Landesdenkmalamt Berlin
Beiheft 28
Antje Hansen
Oskar Kaufmann
Ein Theaterarchitekt zwischen Tradition und Moderne
2001. IV, 424 S. mit 223 Abb.,
17 × 24 cm
Gb DM 152,– / öS 1110,– / sFr 131,– /
€ 76,– (D)
ISBN 3-7861-2375-6
Gebr. Mann Verlag

Oskar Kaufmann ist einer der bedeutendsten deutschen Theaterarchitekten des frühen 20. Jahrhunderts. In Berlin hinterließ er so bekannte Bauten wie das Hebbeltheater, die Volksbühne und das Renaissance-Theater. In dieser ersten Monographie über sein Gesamtœuvre werden der persönliche Lebensweg des Architekten nachgezeichnet und seine mehr als 60 Bauten, Ausstattungen und Entwürfe typologisch und stilistisch analysiert.

DER BERLINER KUNSTBRIEF
Herausgegeben von Till Meinert
Alexander Markschies
Die Siegessäule
29 S. mit 17 Abb., 3 Farbtaf.
14,8 × 21 cm
Klappen-Broschur DM 22,– /
öS 161,– / sFr 20,70 / € 11,– (D)
ISBN 3-7861-2381-0
Gebr. Mann Verlag

Die Siegessäule auf dem Großen Stern im Berliner Tiergarten bildet einen der markantesten Punkte in der Stadtlandschaft und ist mit der monumentalen, weit sichtbaren Goldfigur der Viktoria ein Wahrzeichen Berlins. Ursprünglich stand der 1864 von Johann Heinrich Starck anläßlich des Deutsch-Dänischen Krieges entworfene und 1873 mit der Allegorie der Siegesgöttin von Friedrich Drake vollendete Bau vor dem Reichstagsgebäude. Erst im Zuge der nationalsozialistischen Pläne zur Umgestaltung der Reichshauptstadt wurde die Siegessäule 1938 auf den Großen Stern umgesetzt.

Helmut Börsch-Supan
**Künstlerwanderungen
nach Berlin**
Vor Schinkel und danach
2001. 360 S. mit 42 sw Abb.,
17 × 24 cm
Ln DM 68,– / öS 496,– / sFr 60,30 /
€ 34,80 (D)
ISBN 3-422-06328-5
Deutscher Kunstverlag

Mehr als andere europäische Metropolen hat Berlin in der Kunst vom Zuzug auswärtiger Kräfte gelebt, bis die Region um 1800 mit Johann Gottfried Schadow und Karl Friedrich Schinkel erstmals schöpferische Persönlichkeiten von überragendem Rang hervorbrachte. In ungewöhnlicher Schnelligkeit hat die Stadt zudem in mehreren Gründerzeiten ihr Gesicht verändert und tut es auch jetzt wieder. Künstlerwanderungen und ein Mangel an Geschichtsbewußtsein bedingen sich gegenseitig. Das Buch bereitet, geographisch geordnet, Material zu dieser Eigenart Berlins aus und liefert somit einen Beitrag zur Charakteristik der Stadt.

Ludwig Dehio
Friedrich Wilhelm IV. von Preußen
Ein Baukünstler der Romantik
Hrsg. von Hans-Herbert Möller
Mit einem Nachwort zur Neuausgabe
von Goerd Peschken
2001. 144 S. mit 85 Abb., 17 × 24 cm
Gb DM 198,– / öS 1445,– / sFr 171,– /
€ 99,– (D)
ISBN 3-7861-2356-X
Gebr. Mann Verlag

Der Preußische König Friedrich Wilhelm IV. hat sich neben den Staatsgeschäften mit Romantischer Architektur und ihrer Naturauffassung befaßt. Besonders in Potsdam aber auch in Berlin wurden seine Konzepte durch bekannte Architekten und Landschaftsgestalter umgesetzt. Der Historiker Ludwig Dehio hatte als Leiter des Hohenzollernschen Hausarchivs Zugang zu den Entwürfen. Seine umfassende Darstellung besitzt auch heute noch Aktualität.

Max Dudler
Bauwerke
ca. 130 S. mit ca. 120 Farbabb.,
21 × 29,7 cm
Ln ca. DM 98,– / öS 715,– / sFr 89,– /
€ 49,– (D)
ISBN 3-7861-1818-3
Gebr. Mann Verlag

Das Buch »Max Dudler. Bauwerke« bietet einen Überblick über Dudlers Architektur der letzten Dekade. In einem einführenden Essay werden das Selbstverständnis und die Arbeitsweise Max Dudlers erläutert.

Albert Gessner
Das deutsche Miethaus
Ein Beitrag zur Städtekultur der Gegenwart
Mit einem Nachwort zur Neuausgabe von Helmut Geisert
ARCHITECTGURA UNIVERSALIS
ca. 178 S. mit 235 Abb., und ca. 20 S., 21 × 29,7 cm
Gb ca. DM 220,– / öS 1606,– / sFr 191,– / € 110,– (D)
ISBN 3-7861-2359-4
Gebr. Mann Verlag

Das 1910 erschienene Buch des Architekten Gessner stellt das Resümee seines Arbeitens und die Propagierung einer Neuen Bauaufgabe dar: Durch das Reformmiethaus, das trotz innerstädtischer Lage in der Etagenwohnung die Wohnqualität eines englischen Landhauses birgt, sollte die Abwanderung breiter Bevölkerungsschichten in die Peripherie der Großstadt und die Verödung des Zentrums verhindert werden. Das Thema der Erhaltung von Wohnstandorten und des anspruchsvollen Wohnens in Ballungsräumen ist auch heute wieder aktuell.

H. Gescheit und K. Wittmann
Neuzeitlicher Verkehrsbau
ARCHITECTURA UNIVERSALIS
Mit einem Nachwort zur Neuausgabe von Wolfgang Voigt
ca. 356 S. mit 348 Abb., 21 × 29,7 cm
Gb ca. DM 268,– / öS 1956,– / sFr 238,– / € 134,– (D)
ISBN 3-7861-2346-2
Gebr. Mann Verlag

Mit fortschreitender Technik im Verkehrswesen zu Beginn des 20. Jahrhunderts stellten sich an die Architekten neue städtebauliche Aufgaben, die erhebliche Folgen für die Entwicklung und das Gesicht der Großstädte hatten. Damit einher ging ein utopisches Bild der Großstadt, das noch heute mit gigantischen Dimensionen im Verhältnis von Architektur und Verkehrsbauten aktuelle Züge trägt. Um so lehrreicher sind die im Buch wiedergegebenen Projekte der Pioniere dieses Städtebaus, da sie in ihren Ideen von ungeahnter Aktualität sind.
Gestaltet wurde das Werk von Jan Tschichold.

Sabine Glaser
Il Cataio
Die Ikonographie einer Villa
im Veneto
*KUNSTWISSENSCHAFTLICHE
STUDIEN Band 96*
2001. ca. 240 Seiten mit 120 sw Abb.,
17 × 24 cm
Br DM 78,– / öS 569,– / sFr 71,– /
€ 39,90 (D)
ISBN 3-422-06320-X
Deutscher Kunstverlag

Ikonographische Analyse einer um 1570 errichteten Villa in den Euganäischen Hügeln. Erstmals wird eine aus den Quellen erarbeitete Baugeschichte vorgelegt und die Architektur in das Spektrum der oberitalienischen Kastellvillen eingeordnet. Die durch zeitgenössische Schriftquellen ausführlich kommentierte Ausmalung ist ein herausragendes Zeugnis für das Selbstverständnis hoher Offiziere im Heer der Republik Venedig.

Andreas Haus
**Karl Friedrich Schinkel als
Künstler**
2001. 440 Seiten mit 16 farb. und
420 sw Abb., 21 × 28 cm
Ln DM 148,– / öS 1080,– / sFr 130,– /
€ 75,80 (D)
ISBN 3-422-06317-X
Deutscher Kunstverlag

Andreas Haus gibt eine Überblicksdarstellung des künstlerischen Werks Karl Friedrich Schinkels. Der Künstler wird nicht nur als Architekt, sondern auch als Maler und Zeichner, als Bühnenbildner, Stadtplaner, Kunsttheoretiker und als Gestalter kunstgewerblicher Entwürfe und Dekorationen in den Blick gerückt.
Diese unterschiedlichen Tätigkeiten bilden in ihrem gegenseitigen Zusammenhang das Unverwechselbare seines Werks. Die Publikation ist reich illustriert und mit einer ausführlichen Bibliographie versehen.

Roland Jaeger
**Heinrich de Fries und sein Bei-
trag zur Architekturpublizistik
der Zwanziger Jahre**
ARCHITEKTUR-ARCHIV Band 2
2001. 202 S. mit 44 Abb.,
17 × 24 cm
Gb DM 172,– / öS 1256,– / sFr 149,– /
€ 86,– (D)
ISBN 3-7861-2378-0
Gebr. Mann Verlag

Heinrich de Fries (1887–1938) war einer der produktivsten Architekturkritiker der Zwanziger Jahre. Als Herausgeber verschiedener Fachzeitschriften und Buchautor hat er die Entwicklung der modernen Baukunst engagiert begleitet. Der vorliegende Materialienband dokumentiert und erläutert sein vielfältiges Schaffen im Kontext der damaligen Architekturdiskussion. Er kommentiert außerdem Neuausgaben der von de Fries verfaßten Bücher ›Junge Baukunst in Deutschland‹ (1926) und ›Karl Schneider‹ (1929), die gleichzeitig im Gebr. Mann Verlag erscheinen.

Heinrich F. Jennes
Architektur des Horizonts
Bericht vom territorialen Entwurf
2001. 252 S. mit 77 Abb., und 4 Farb-
taf. mit 5 Abb., 17 × 24 cm
Gb DM 72,– / öS 526,– / sFr 65,– /
€ 36,– (D)
ISBN 3-7861-2407-8
Gebr. Mann Verlag

»Architektur des Horizonts« begreift die »Grenzen des Wachstums« nicht als Einschränkung, sondern als Befreiung der Entwurfskraft. »Horizont« gilt ihr geozentrisch als eine Vermittlungsebene, auf der sich die entwurflich skizzierende Geste amalgamieren kann mit der Vorstellung eines Funde bergenden, nicht minder formmächtigen Territoriums. Daraus folgert sie eine Kritik der Moderne, die ihr Territorium meistens als bloße Standfläche für vorgeplante Bauten mißbraucht hat, des ökologischen Bauens, soweit es gestalterisch zu inakzeptablen Ergebnissen führt, der Postmoderne, weil sie kollektive Utopien neutralisiert, vor allem aber eine Kritik der Neorationalisten, deren Überschätzung von Typus und Stereometrie nicht nur die Bedeutung des Territoriums, sondern auch die Individualität des Nutzers und die Kreativität des Entwerfers in Zweifel zieht.

Alena Janatková
**Barockrezeption zwischen
Historismus und Moderne**
Die Architekturdiskussion in Prag
1890–1914
*STUDIEN UND TEXTE ZUR
GESCHICHTE DER ARCHITEKTUR-
THEORIE*
2000. 214 S. mit 72 Abb.,
17 × 24 cm
Br DM 72,– / öS 526,– / € 36,– (D)
ISBN 3-7861-2400-0
Gebr. Mann Verlag

Am Beispiel Prag zeigt die Autorin exemplarisch die wechselnde Beeinflussung von Kunstgeschichte, Architekturtheorie, Denkmalschutz, architektonischer Praxis und sich entwickelndem traditionalistischem Architekturverständnis um 1900 auf. Anhand der tschechischen Texte, die hier zum Teil erstmals in deutscher Übersetzung publiziert werden, können die Geschichte der historischen Entdekkung, Aufwertung, Interpretation und die architekturtheoretische Auseinandersetzung mit dem Prager Barock verfolgt werden. Dadurch wird auch die entscheidende Rolle, die die Rezeption der Barockbauten Prags für die Herausbildung der tschechischen Moderne spielte, deutlich.

Junge Baukunst in Deutschland
Hrsg. von Heinrich de Fries
2001. 128 S. mit 217 Abb.,
21 × 29,7 cm
Gb DM 258,– / öS 1883,– / sFr 223,– /
€ 129,– (D)
ISBN 3-7861-2298-9
Gebr. Mann Verlag

In diesem Band stellt Heinrich de Fries, von Beruf Architekt und Architekturkritiker, einen »Querschnitt durch die Entwicklung neuer Baugestaltung in der Gegenwart« (Untertitel) vor. Sein Interesse gilt dabei den wesentlichen neuen Strömungen der Architektur der Jahre nach dem Ersten Weltkrieg. Vorgestellt werden u.a. Bauten und Projekte von Otto Bartning, Anton Brenner, Richard Döcker, Emil Fahrenkamp, Max Geist, Otto Haesler, Hugo Häring, Hans Herkommer, Heinrich Kosina, Ernst May, Adolf Meyer, Adolf Rading, Wilhelm Riphan, Hans Scharoun, Karl Schneider und Thilo Schoder.

Sabine Klotz
Fritz Landauer (1883–1968)
Leben und Werk eines jüdischen
Architekten
*SCHRIFTEN DES ARCHITEKTUR-
MUSEUMS SCHWABEN, Band 4*
ca. 500 Seiten mit 139 s/w Fotos,
18 × 25 cm
Gb ca. DM 99,80 / sFr 89,– / öS 729,– /
€ 49,90 (D)
ISBN 3-496-01247-1
Dietrich Reimer Verlag

Der Münchner Architekt Fritz Landauer (1883–1968), der seinen Zeitgenossen als Spezialist auf dem Gebiet des Synagogenbaus galt, war einer der wenigen herausragenden Vertreter des Neuen Bauens in Süddeutschland. Sein Oeuvre umfaßt nicht nur die Bauten, sondern auch eine Vielzahl von Entwürfen für Möbel und Grabdenkmäler. Die interdisziplinär angelegte Rekonstruktion von Gesamtwerk und Biographie eröffnet tiefe Einblicke in die Baukultur einer Region wie in die Lebens- und Arbeitsumstände eines heute weitgehend vergessenen jüdischen Architekten in Deutschland und in der Emigration.

Alexander Markschies
Gebaute Armut
San Salvatore e San Francesco al
Monte in Florenz (1418–1504)
*AACHENER BIBLIOTHEK, herausge-
geben von Andreas Beyer, Band 2*
2001. 272 S. mit 118 sw Abb.,
17 × 24 cm
Br DM 68,– / öS 496,– / sFr 60,30 /
€ 34,80 (D)
ISBN 3-422-06326-9
Deutscher Kunstverlag

Umfassende und grundlegende Baumonographie der Florentiner Franziskanerobservantenkirche San Salvatore e San Francesco al Monte.
Die Entstehungsgeschichte der Kirche wird mit verschiedenen methodischen Ansätzen erarbeitet, umfangreiches Quellen- und Bildmaterial zum ersten Mal vollständig ausgewertet. Die Publikation beleuchtet darüber hinaus Aspekte der Stifterkultur im Florenz des 15. Jahrhunderts und die Entwicklung der franziskanischen Architektur im italienischen Quattrocento und eröffnet somit neue Perspektiven auf die Florentiner Architektur im Quattrocento.

Hermann Muthesius
Landhäuser
Mit einem Nachwort zur Neuausgabe
von Sonja Günther
ARCHITECTURA UNIVERSALIS
2001. 204 S. mit 294 Abb., und
4 Farbtaf. 21 × 29,7 cm
Gb DM 298,– / öS 2175,– / sFr 258,– /
€ 149,– (D)
ISBN 3-7861-2297-0
Gebr. Mann Verlag

Das Buch ›Landhäuser‹ erschien im Jahre 1912. Bis zum Beginn des Ersten Weltkrieges wurden nach Muthesius' Entwürfen zahlreiche Landhäuser gebaut – kleinere
Villen und schloßartige Anlagen. Sie alle sind um- woben von einer Aura englischen
Geistes. Muthesius hat nicht die Formen nachgeahmt, sondern seinen Häusern die
Art zu wohnen, das Flair des Äußeren gegeben, wie es in England üblich war. Merk-
male, die diesen Häusern noch heute eigen sind und sie zu etwas ganz Besonderem
machen, wie es in der Architektur nur ganz vereinzelt zu finden ist.

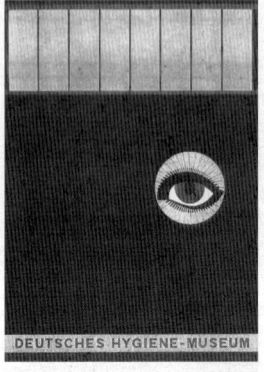

NEUE WERKKUNST
Wilhelm Kreis
Das Deutsche Hygiene-Museum
in Dresden
Mit einem Geleitwort von Georg
Seiring und Beiträgen von Martin
Richard Möbius und Walther Schulze
sowie einem Nachwort zur Neuausgabe
von Sabine Schulte
2001. IV, XXIV S., 32 Taf. mit 24 Abb.;
24 S. mit 38 historischen Anzeigen,
und XXII S. mit 6 Abb., 19,5 × 26 cm
Gb DM 200,– / öS 1460,– /
sFr 173,– / € 100,– (D)
ISBN 3-7861-2364-0
Gebr. Mann Verlag

Anlässlich der Eröffnung des Neubaus des Deutschen Hygiene-Museums in Dresden
erschien 1930 in der Reihe »Neue Werkkunst« eine Baumonographie, die einen Einblick in die Geschichte und Organisation der außergewöhnlichen Institution gibt
und der Leistung ihres Architekten Wilhelm Kreis (1873–1955) Anerkennung zollt.
Aus der Internationalen Hygiene-Ausstellung 1911 hervorgegangen, die der Dresdner
Industrielle und Odol-Fabrikant Karl August Lingner initiiert und organisiert hatte,
etablierte sich das Deutsche Hygiene-Museum schnell als Bildungsstätte für Gesund-
heitspflege mit internationalem Wirkungskreis. Im Nachwort zur Neuauflage der
Monographie wird einer der zentralen Museumsbauten der Weimarer Republik kri-
tisch gewürdigt.

NEUE WERKKUNST

Karl Schneider. Bauten

Mit einer Einleitung von Heinrich
de Fries und einem Nachwort zur
Neuausgabe von Roland Jaeger
2001. IV, XVI S. mit 12 Abb.; 96 S. mit
228 Abb.; 88 S. Verzeichnis der ausführenden Unternehmen mit
114 Abb.; und XX S. mit 19 Abb.,
19,5 × 26 cm
Gb DM 298,– / öS 2175,– / sFr 258,– /
€ 149,– (D)
ISBN 3-7861-2365-9
Gebr. Mann Verlag

Der 1929 in der Reihe ›Neue Werkkunst‹ erschienene Band über den Hamburger Architekten Karl Schneider (1892–1945) gilt als eine der attraktivsten Architekturpublikationen der Zwanziger Jahre. Der namhafte Architekturkritiker Heinrich de Fries
präsentiert darin das beeindruckende Schaffen eines führenden Vertreters des Neuen
Bauens. Zum homogenen Gesamteindruck des Bandes tragen ebenso die kongenia-
len Aufnahmen des Architekturfotografen Ernst Scheel und die moderne Buchgestal-
tung des Künstlers Johannes Molzahn bei. Für den kommentierten Nachdruck wurde zudem die seltene erweiterte Ausgabe der Monographie zugrundegelegt, die einen
aufschlußreichen Anzeigenanhang enthält.

Fritz Neumeyer

Der Klang der Steine

Nietzsches Architekturen
2001. 256 S. mit 29 Abb.,
17 × 24 cm
Ln ca. DM 90,– / öS 657,– / sFr 80,– /
€ 45,– (D)
ISBN 3-7861-2418-3
Gebr. Mann Verlag

Die vorliegende Studie rekonstruiert anhand der Schriften, Nachlaßfragmente und
des Briefwechsels erstmals systematisch den Architekturbezug in Nietzsches Leben
und Werk vor dem Hintergrund von Ästhetik und Architekturtheorie und zeigt dabei
die »architektonische« Verbindlichkeit des Baugedankens für eine moderne Kunst-
philosophie, die den Menschen als seinen eigenen Bauherrn und Baukünstler begreift, der sich selbst und seine Welt errichtet.

Goerd Peschken, Liselotte Wiesinger
**Das königliche Schloß
zu Berlin**
Band 3: Die barocken Innenräume
2001. Textband: 224 Seiten – Tafel-
band 528 S. mit 48 Farbtafeln und
700 sw Abb., 25 × 30 cm
Subskriptionspreis bis 31.1.2002:
Ln DM 198,– / öS 1445,– / sFr 171,– /
€ 102,- (D)
Danach DM 248,– / sFr 202,– /
öS 1664,– / € 124,– (D)
ISBN 3-422-06341-2
Deutscher Kunstverlag

Das Stadtschloß Andreas Schlüters, fünf Jahre nach Kriegsende gesprengt, ist mehr
denn je Kristallisationspunkt aktueller Probleme der Gestaltung des Berliner Zentrums. Die Staatszimmer des ersten Preußischen Königs finden zu ihrer Zeit an
künstlerischem und finanziellem Aufwand nicht ihresgleichen. In vorliegendem
Buch sind alle wesentlichen Fotografien der Staatszimmer versammelt, als Denkmal
dieser höchst denkwürdigen Räume. Geord Peschken beschreibt die Aufmachung
der Dekors Schlüters und seiner Konkurrenten, Liselotte Wiesinger erklärt die Bedeutung der Deckengemälde und der Stuckplastik. Anhand der alten Inventare vermittelt sie eine Vorstellung von der ursprünglichen Ausstattung an Wandteppichen, Mö-
beln und Silbergerät. Diese einzigartige Dokumentation zeigt den einstigen Glanz
und beschließt die wissenschaftlich profunde dreibändige Schloßmonographie.

Weiterhin lieferbar (s. S. 63):
**Das königliche Schloß
zu Berlin**
Band 1: Die Baugeschichte von 1688
bis 1701
Mit Nachträgen zur Baugeschichte des
Schlosses seit 1442
Beiträge von Hans Junecke und
Erich Konter
Band 2: Die Baugeschichte von 1701
bis 1706
Beiträge von Hans Junecke
Alle drei Bände im Schmuckschuber
zum Subskriptionspreis bis 31.1.2002:
DM 399,– / öS 2919,– / sFr 343,– /
€ 205,– (D)

Paul Ortwin Rave
Genius der Baukunst
Eine klassisch-romantische Bilder-
folge der Berliner Bauakademie von
Karl Friedrich Schinkel
Mit einem Nachwort zur Neuausgabe
von Martin Kieren
2001. IV, 62 S. mit 1 farb. und
19 Duplex-Abb., 23 Taf. mit 24 Abb.,
und 30 S., 17 × 24 cm
Gb DM 168,– / öS 1226,– / sFr 145,– /
€ 84,– (D)
ISBN 3-7861-1730-6
Gebr. Mann Verlag

Zwischen 1831 und 1836 entstand nach Plänen Karl Friedrich Schinkels der Neubau
der ›Allgemeinen Bauschule‹, der ›Bauakademie‹. Schinkel entschied sich für einen
kubischen, sparsam gegliederten Baukörper. Als Baumaterial wählte er gebrannten
Ziegel. Die Brüstungsfelder und Stichbögen der Fenster, die Einfassungen und Gewände der Türen waren aus Tonplatten mit erzählenden Motiven gefertigt. Ikono-
logisch handelte es sich um »Momente aus der Entwicklungsgeschichte der Baukunst«
(Schinkel) und um »Sinnbilder menschlicher Fähigkeiten« (Rave) in bezug auf
das Wechselspiel zwischen der Beherrschung der Naturkräfte und dem Fortschritt der
Technik. Diesen Bilderzyklen gilt der 1942 erstmals erschienene Essay des Kunsthi-
storikers Paul Ortwin Rave.

Fedor Roth
**Hermann Muthesius und die
Idee der harmonischen Kultur**
ca. 320 S. und 32 Taf. mit 48 Abb.,
17 × 24 cm
Gb ca. DM 90,– / öS 657,– / sFr 80,– /
€ 45,– (D)
ISBN 3-7861-2330-6
Gebr. Mann Verlag

Untersucht werden die programmatischen Schriften von Hermann Muthesius, dem
einflussreichen Mitbegründer des Deutschen Werkbundes, wobei Nietzsches Definition von Kultur als ›Einheit des Künstlerischen Stils in allen Lebensäußerungen eines
Volkes‹ als Ausgangs- und Leitthese vorangestellt wird.

Karl Friedrich Schinkel
Das Architektonische Lehrbuch
rekonstruiert und kommentiert von
Goerd Peschken
*KARL FRIEDRICH SCHINKEL
LEBENSWERK, Band 14*
2001. 384 S. mit 302 sw Abb.,
21 × 28 cm
Ln DM 148,– / öS 1080,– / sFr 130,– /
€ 75,80 (D)
ISBN 3-422-06329-3
Deutscher Kunstverlag

Diese Studienausgabe ist zuerst 1979 als ein Band des Schinkel-Lebenswerks erschienen. Karl Friedrich Schinkel, der bekannteste Architekt des deutschen Klassizismus, hat über Jahrzehnte an einem Architekturlehrbuch gezeichnet und geschrieben, hat es aber nicht vollendet. Die Zeichnungen und Schriftstücke zu diesem Lehrbuch werden hier in ihrem systematischen Zusammenhang vorgestellt.

Schinkels ausgedehnte Bautätigkeit, seine amtlichen Gegenentwürfe und Eingriffe in die Entwürfe Untergebener, seine tatsächlich erschienenen Abbildungswerke und sein Einfluß auf seine wenigen Schüler haben insgesamt auch architekturtheoretisch eine profunde Wirkung gehabt. Die in allen diesen vielfältigen Wirkungen sich ausprägende einheitliche baukünstlerische Auffassung liegt in den Vorarbeiten für das Lehrbuch der Architektur als zeichnerisch und teilweise auch sprachlich formuliertes Gedankengebäude vor. So begleitet diese Edition die Entwicklung von Schinkels Architekturauffassung über seine ganze Laufbahn hin.

Stadt Haus Architektur

STADT   HAUS   ARCHITEKTUR

KLAUS THEO BRENNER   ....

MORGER & DEGELO   ....

RIEGLER RIEWE   ....

HILD & KALTWASSER   ....

BÉTRIX & CONSOLASCIO   ....

ADOLF KRISCHANITZ   ....

ARCHITEKTUR GALERIE LEIPZIG

Klaus Theo Brenner, Berlin / Morger
& Degelo, Basel / Riegler Riewe, Graz
/ Hild & Kaltwasser, München / Bétrix
& Consolascio, Zürich / Adolf Krischanitz, Wien
Hrsg. Architektur Galerie Leipzig
2000. IV, 108 S. mit 28 Abb., davon
20 farb. und 4 Duplex, 21 × 29,7 cm
Br DM 78,– / öS 569, – / sFr 71,– /
€ 39,– (D)
ISBN 3-7861-2399-3
Gebr. Mann Verlag

Die Ausstellungsreihe ›Stadt Haus Architektur‹ ist zwei Komplexen moderner Architekturpraxis gewidmet: Zum einen beleuchtet sie die Beziehung des Architekten zu seiner Stadt, zum anderen fragt sie nach seiner Methodik zur Darstellung von Architektur. Der Band gibt weitgehend authentisch jene Gespräche wieder, die anläßlich der Ausstellungseröffnungen mit den Architekten geführt wurden. Die Abbildungen veranschaulichen den Versuch, mittels Verfremdungseffekten die Einzigartigkeit der jeweiligen architektonischen Vision zu verdeutlichen.

August Schmarsow
Barock und Rokoko
Das malerische in der Architekur
Eine kritische Auseinandersetzung
EDITION ARS ET ARCHITECTURA
Mit einem Nachwort zur Neuausgabe
von Jasper Cepl
2001. VI, 398 S. und 22 S.,
14,8 × 21 cm
Gb DM 128,– / öS 934,– / sFr 112,– /
€ 64,– (D)
ISBN 3-7861-2269-5
Gebr. Mann Verlag

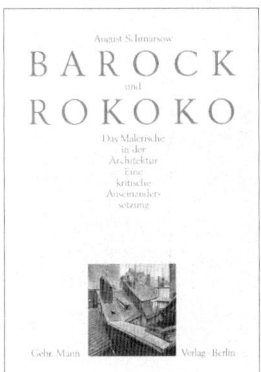

In seinem bereits 1897 erschienenen Werk »Barock und Rokoko« intendiert Schmarsow eine kritische Auseinandersetzung über das Malerische in der Architektur. So führt Schmarsow hier zum einen das Konzept des Malerischen ein, zum anderen fokussiert er hier, wie auch in anderen seiner wichtigsten Arbeiten, auf die Architektur, deren von ihm postulierte Funktion der »Raumgestaltung« bis heute die Architekturdebatte bestimmt.

Bruno Taut
Die neue Wohnung
Die Frau als Schöpferin
Mit einem Nachwort zur Neuausgabe
von Manfred Speidel
2001. 128 S. mit 84 Abb., und 38 S.
mit 9 Abb., 14,8 × 21 cm
Gb DM 188,– / öS 1372,– / sFr 162,– /
€ 94,– (D)
ISBN 3-7861-2362-4
Gebr. Mann Verlag

Bruno Taut wendet sich in seinem populärsten Buch von seinen visionären Vorstellungen dem konkreten Alltagsleben zu. Er stellt die (Haus) Frau und ihre Entlastung in den Mittelpunkt seiner Reformideen. Fern vom Kitsch und Plüsch des bürgerlichen Milieus solle das ›neue Wohnen‹ nicht nur zu einer Professionalisierung der Haushaltsführung führen, sondern den Bewohnern neue Freiräume für ihre menschlichen und geistigen Bedürfnisse schaffen.

Heinrich Tepasse
Stadttechnik
im Städtebau Berlins
19. Jahrhundert
2001. 200 S. mit 113 Abb., davon
6 farb., und 10 farb. Faltpläne,
21 × 29,7 cm
Gb DM 104,– / öS 759,– / sFr 91,– /
€ 52,– (D)
ISBN 3-7861-2376-4
Gebr. Mann Verlag

Im Kontext städtebaulicher Entwicklungen und der Ereignisse in europäischen Großstädten wie Paris und London beschreibt und kommentiert der Autor die Stufen des Ver- und Entsorgens mit Wasser, Abwasser, Gas und Strom in Berlin. Damit wird die Tradition des Verhandelns von Stadttechnik im Städtebau wieder aufgenommen. Entstanden ist ein unverzichtbares Kompendium für Architekten, Planer und Ingenieure mit neuen, anregenden Bildern, Zeichnungen und kartografischen Karten, die auf der Basis der Miethausbebauung die Entwicklungsschritte der Zentralsysteme dokumentieren. Der zweite Band ›1945– 1999‹ erscheint im Herbst 2001.

Heinrich Tepasse
Stadttechnik
im Städtebau Berlins
1945–1999
ca. 280 S. mit 135 Abb.,
21 × 29,7 cm
Gb ca. DM 78,– / öS 569,– / sFr 69,– /
€ 39,– (D)
ISBN 3-7861-2411-6
Gebr. Mann Verlag

Mit der Bestandsaufnahme des Berliner U-Stadtraumes nach Kriegsende stand die Stadttechnik seit ihrer Fertigstellung zu Beginn des 20. Jhs. wieder im Mittelpunkt des Baugeschehens: Die nach wenigen Wochen wieder betriebsbereite U-Technik geriet in die Auseinandersetzung um den Wiederaufbau der alten Strukturen oder den Aufbau im Sinne der Städtebaumoderne. Die Beobachtungen der Vorhaben »Wohnkomplex Friedrichshain«, »Charlottenburg Nord« und »Hansaviertel« zeigen die unterschiedlichen Vorgehensweisen der Planer und Architekten im Ost- und Westteil der Stadt. Vergleichbar bedeutend wird Stadttechnik im Städtebau wieder nach 1990: Sollen die Stadtränder neu bebaut oder dafür die stadttechnisch gut ausgestatteten Innenstadtgebiete verdichtet werden? Damit liegt ein längst überfälliges Buch über Stadttechnik für Studierende und Fachleute der Bereiche Stadtplanung, Architektur, Landschaftsplanung und Bauingenieurwesen vor.

Christof Thoenes
Opus incertum
San Salvatore e San Francesco al
Monte in Florenz (1418-1504)
AACHENER BIBLIOTHEK, herausge-
geben von Andreas Beyer, Band 3
2001. ca. 384 S. mit 130 sw Abb.,
17 × 24 cm
Br ca. DM 88,– / öS 642,– / sFr 77,70 /
€ 45,– (D)
ISBN 3-422-06337-4
Deutscher Kunstverlag

Aufsatzsammlung von Christof Thoenes, die aus drei Jahrzehnten stammende Studi-
en zur Italienischen Kunst vorstellt. Eindrucksvolles Panorama der Architektur- und
Kunstgeschichte der Renaissance und der Theorie der Baukunst. Der die Forschung
über Jahre hin bewegende zur sozialen Symbolik der Säulenordnungen, der die Säule
als soziales Ordnungsmuster in der florentinischen Bürgergesellschaft ebenso untersucht wie an den Höfen, ercheint hier erstmals.

Matthias Untermann
Forma Ordinis
Die mittelalterliche Baukunst der
Zisterzienser
KUNSTWISSENSCHAFTLICHE
STUDIEN BAND 89
2001. 728 S. mit 420 sw Abb. und
8 Farbtaf., 21 × 28 cm
Ln ca. DM 248,– / sFr 220,– /
öS 1810,– / € 128,– (D)
ISBN 3-422-06309-9
Deutscher Kunstverlag

Gesamtdarstellung der zisterziensischen Kirchenbaukunst von ca. 1120 bis 1500 auf
der Grundlage von Bauten, archäologischen Befunden, Schriftquellen und bildli-
cher Überlieferung. Zusammenfassend werden hier zahlreiche neue Ergebnisse der
Erforschung von Zisterzienserkirchen in ganz Europa greifbar gemacht.

Michaela Völkel
Das Bild vom Schloß
Darstellung und Selbstdarstellung
deutscher Höfe
in Architekturstichserien 1600 bis
1800
KUNSTWISSENSCHAFTLICHE STUDI-
EN, Band 92
2001. ca. 240 Seiten mit 120 sw Abb.,
17 × 24 cm
Br DM 98,– / öS 715,– / sFr 86,30 /
€ 51,– (D)
ISBN 3-422-06332-3
Deutscher Kunstverlag

Erste monographische Darstellung und Katalogisierung aller zu repräsentativen
Zwecken hergestellten Kupferstichfolgen von Schlössern und ihren Gärten im Heili-
gen Römischen Reich. Die Entwicklung der Gattung von ihren Anfängen um 1600
bis zu ihrem Ende um 1800 wird ebenso dargestellt wie ihre Funktion, ihre Produk-
tion und ihre spezifischen ästhetischen Möglichkeiten.

Leo Adler
Vom Wesen der Baukunst
EDITION ARS ET ARCHITECTURA
Hrsg. von Helmut Geisert und Fritz
Neumeyer
Versuch einer Grundlegung der
Architekturwissenschaft
Mit einem Nachwort zur Neuausgabe
von Martin Kieren
2000. X, 146 S. mit 49 Abb., und 18 S.,
17 × 24 cm
Ln DM 180,– / öS 1314,– / sFr 160,– /
€ 90,– (D)
ISBN 3-7861-1881-7
Gebr. Mann Verlag

Uwe Albrecht
Der Adelssitz im Mittelalter
Studien zum Verhältnis von
Architektur und Lebensform in Nord-
und Westeuropa
1995. 282 S. mit 309 Abb.
Ln DM 198,– / sFr 176,– / öS 1445,– /
€ 102,– (D)
ISBN 3-422-06100-2
Deutscher Kunstverlag

Architectural Guide to Berlin
English Supplement
Übersetzt und für die englische Fassung
bearbeitet von C. W. Offermann
Das englische Supplement enthält die
Texte der 4. Auflage in komprimierter
Fassung
1994. XX und 121 Seiten, 13,5 × 24,5 cm
Br DM 20,– / sFr 20,– / öS 146,– /
€ 10,– (D)
ISBN 3-496-01111-4
Dietrich Reimer Verlag

Architekturpreis Berlin 1994
Bund Deutscher Architekten Berlin
1996. 48 S. mit 52 Abb., 21 × 28 cm
Ln DM 58,– / öS 423,– / sFr 52,20 /
€ 29,– (D)
ISBN 3-7861-1850-7
Gebr. Mann Verlag

Architekturpreis Berlin 1996
Bund Deutscher Architekten Berlin
1996. 56 S. mit 72 Novatone-Abb.,
21 × 28 cm
Ln DM 58,– / öS 423,– / sFr 52,20 /
€ 29,– (D)
ISBN 3-7861-1949-X
Gebr. Mann Verlag

Architekturpreis Berlin 1998
Bund Deutscher Architekten Berlin
1998. 64 S. mit 80 Novatone-Abb.,
21 × 28 cm
Ln DM 58,– / öS 423,– / sFr 52,20 /
€ 29,– (D)
ISBN 3-7861-1817-5
Gebr. Mann Verlag

Günter Bandmann
**Mittelalterliche Architektur als
Bedeutungsträger**
Gebr. Mann studio-Reihe
11. Aufl. 1998. 276 S. mit 36 Abb.,
und 16 Taf. mit 44 Abb.,
13,5 × 20 cm
Br DM 39,– / öS 285,– / sFr 36,– /
€ 19,50,– (D)
ISBN 3-7861-1164-2
Gebr. Mann Verlag

Hansgeorg Bankel (Hg.)
Haller von Hallerstein in Griechenland 1810–1817
1986. 282 Seiten mit 16 farb. und
151 sw Abb., 22 × 23,5 cm
Br DM 68,–* / sFr 64,–* / öS 496,–* /
€ 34,–* (D)
ISBN 3-496-00840-7
Dietrich Reimer Verlag

Barcelona – Olympia – Architektur
»La Ciutat i el 92«
Hrsg. Berlinische Galerie
1991. 132 S. mit 105 Abb.,
davon 38 farb., 21 × 28 cm
Br DM 84,– / öS 350,– / sFr 44,50 /
€ 24,– (D)
ISBN 3-7861-1665-2
Gebr. Mann Verlag

Holger Barth (Hg.)
Projekt Sozialistische Stadt
Beiträge zur Bau- und Planungs-
geschichte der DDR
1998. 275 Seiten mit 80 Abb.,
17 × 24 cm
Br DM 59,80 / öS 437,– / sFr 54,– /
€ 29,90 (D)
ISBN 3-496-01190-4
Dietrich Reimer Verlag

Barbara Baumüller
Der Chor des Veitsdomes in Prag
Die Königskirche Karls IV.
Strukturanalyse mit Untersuchung der
baukünstlerischen und historischen
Zusammenhänge
1994. 160 S. mit 33 Abb.; 49 Taf. mit
130 Abb., und 1 Falttaf., 21 × 27 cm
Ln DM 148,– / öS 1080,– / sFr 131,– /
€ 74,– (D)
ISBN 3-7861-1689-X
Gebr. Mann Verlag

Barbara Baumüller
Santa Maria dell' Anima in Rom
Ein Kirchenbau im politischen
Spannungsfeld der Zeit um 1500
Aspekte einer historischen
Architekturbefragung

2000. 134 S. mit 40 Taf. mit 51 Abb.,
17 × 24 cm
Gb DM 120,– / öS 876,– / sFr 106,50 /
€ 60,– (D)
ISBN 3-7861-2308-X
Gebr. Mann Verlag

DIE BAU- UND KUNSTDENKMÄLER
VON NORDRHEIN-WESTFALEN
I. RHEINLAND

Hrsg. vom Kultusminister – ab 1983:
vom Minister für Landes- und Stadtentwicklung –
ab 1986: vom Minister für Stadtentwicklung, Wohnen und Verkehr – ab
1995: vom Minister für Stadtentwicklung, Kultur und Sport – des Landes
Nordrhein-Westfalen in Verbindung mit
dem Landschaftsverband Rheinland
Schriftleitung Hans Peter Hilger
ab 1995: Wolfgang Brönner und
Angelika Schyma
Jeder Band 18,3 × 25,5 cm, Ln

Band 7: Erftkreis
Teil 3
Wilfried Hansmann
Stadt Brühl
Historische Texte von Gisbert Knopp
1977. 208 S., 4 Farbtaf., 469 Taf. mit
817 Abb., und 1 Plan
DM 154,– / öS 1124,– / sFr 133,– /
€ 77,– (D)
ISBN 3-7861-3000-0
Gebr. Mann Verlag

Band 9: Kreis Euskirchen
Teil 1
Ruth Schmitz-Ehmke
Stadt Bad Münstereifel
Historische Einleitung Gisbert Knopp
1985. XX mit 2 Abb.; 240 S. mit 48 Abb.,
292 Taf. mit 736 Abb. und 2 Farbtaf.
DM 140,– / öS 1022,– / sFr 124,– /
€ 70,– (D)
ISBN 3-7861-1403-X
Gebr. Mann Verlag

STADT BAD MÜNSTEREIFEL
Die Bau- und Kunstdenkmäler von Nordrhein-Westfalen

Teil 9
Ruth Schmitz-Ehmke und
Barbara Fischer
Stadt Schleiden
Historische Einleitung von
Hermann Hinsen
1996. XXII mit 3 Abb., 260 S.
mit 54 Abb.; 7 Farbtaf., und 310 Taf.
mit 651 Abb.
DM 126,- / öS 919,– / sFr 112,–/
€ 63,– (D)
ISBN 3-7861-1873-6
Gebr. Mann Verlag

Band 11: Kreis Kleve
Teil 7
Rainer Schiffler
Gemeinde Kerken
Historische Texte Gisbert Knopp
1983. XVIII, 108 S. mit 26 Abb.;
1 Faltblatt, 2 Farbtaf. und 103 Taf.
mit 212 Abb.
DM 68,– / öS 496,– / sFr 62,– /

€ 34,– (D)
ISBN 3-7861-1390-4
Gebr. Mann Verlag

Teil 13
Rainer Schiffler
Stadt Straelen
Historische Beiträge von Gisbert Knopp
1987. XVI mit 2 Abb.; 126 S. mit
36 Abb., davon 1 farb.; 98 Taf. mit
237 Abb., und 1 Farbtaf.
DM 78,– / öS 569,– / sFr 69,– /
€ 39,– (D)
ISBN 3-7861-1450-1
Gebr. Mann Verlag

Walter Buschmann
**Zechen und Kokereien
im rheinischen
Steinkohlenbergbau**
Aachener Revier und westliches
Ruhrgebiet
1998. II, 672 S. mit 721 Abb., davon
44 2farb. und 11 4farb.
DM 298,– / öS 2175,– / sFr 258,   /
€ 149,– (D)
ISBN 3-7861-1963-5
Gebr. Mann Verlag

DIE BAUWERKE UND KUNST-
DENKMÄLER VON BERLIN

Hrsg. Senator für Bau- und Wohnungs-
wesen - Landeskonservator –
seit 1981: Senator für Stadtentwicklung
und Umweltschutz - Landeskonservator
– ab 1991: Senatsverwaltung für Stadtentwicklung und Umweltschutz - Landeskonservator – seit August 1995: Landesdenkmalamt Berlin

**Bezirk Kreuzberg
Karten und Pläne**
Bearb. Manfred Hecker
1980. 40 S. und 68 Pläne, davon
20 farbig, 27 × 36 cm
iM DM 135,– / öS 986,– / sFr 120,–/
€ 67,50 (D)
ISBN 3-7861-4102-9
Gebr. Mann Verlag

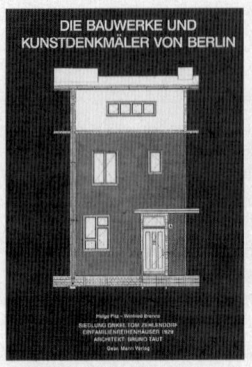

Beiheft 1
Bezirk Zehlendorf
Helge Pitz - Winfried Brenner
Siedlung Onkel Tom
Einfamilienreihenhäuser 1929
Architekt: Bruno Taut
Präsentation: Portoghesi, Paolo
Einleitung: Julius Posener
Deutsch – Italienisch – Englisch
2. Aufl. 1998. 256 S. mit 128 S., davon
36 farb., 17,5 × 25 cm
Ln DM 152,– / öS 1110,– /sFr 131,- /
€ 76,– (D)
ISBN 3-7861-1234-7
Gebr. Mann Verlag

Beiheft 2
Hermann Schmitz
Berliner Baumeister
Vom Ausgang des achtzehnten
Jahrhunderts
unveränd. Nachdruck der 2. Aufl.,
1980. 336 S. mit 377 Abb., 17,5 × 25 cm
Ln DM 75,– / öS 548,– / sFr 67,– /
€ 37,50 (D)
ISBN 3-7861-1272-X
Gebr. Mann Verlag

Beiheft 3
Carl-Wolfgang Schümann
**Der Berliner Dom im
19. Jahrhundert**
1980. 318 S. mit 252 Abb., 17,5 × 25 cm
Ln DM 74,– / öS 540,– / sFr 67,– /
€ 37,– (D)
ISBN 3-7861-1197-9
Gebr. Mann Verlag

Beiheft 4
Hartwig Schmidt
Das Tiergartenviertel
Baugeschichte eines Berliner
Villenviertels
Teil 1: 1790–1870
1981. 418 S. mit 74 Abb.; 264 Taf. mit
415 Abb., und 6 Faltpläne, davon
5 farb., 17,5 × 25 cm
Ln DM 158,– / öS 1153,– / sFr 140,– /
€ 79,– (D)
ISBN 3-7861-1277-0
Gebr. Mann Verlag

Beiheft 6
Marlies Lammert
David Gilly
Ein Baumeister des deutschen
Klassizismus
2. Aufl. 1981. XII, 240 S. mit 123 Abb.,
17,5 × 25 cm
Ln DM 46,– / öS 350,– / sFr 44,– /
€ 24,– (D)
ISBN 3-7861-1317-3
Gebr. Mann Verlag

Beiheft 7
Alste Oncken
Friedrich Gilly, 1772–1800
Reprint des in der Reihe »Forschungen
zur deutschen Kunstgeschichte«
erschienen Bandes
1981. 148 S. mit 2 Abb. und 96 Taf. mit
215 Abb., 17,5 × 25 cm
Ln DM 52,– / öS 380,– / sFr 47,30 /
€ 26,– (D)
ISBN 3-7861-1315-7
Gebr. Mann Verlag

Richard Borrmann
Die Bau- und Kunstdenkmäler
von Berlin

Die Bauwerke und Kunstdenkmäler von Berlin

Gebr. Mann Verlag · Berlin

Beiheft 8
Richard Borrmann
**Die Bau- und Kunstdenkmäler
von Berlin**
Mit einer geschichtlichen Einleitung
P. von Clauswitz
Unveränderter Nachdruck der im Auftrag des Magistrats der Stadt Berlin
1893 erschienenen 1. Aufl.
1982. XIV, 436 S. mit 70 Abb., 28 Taf.
und 3 Pläne, 17,5 × 25 cm
Ln DM 75,– / öS 548,– / sFr 68,– /
€ 37,50 (D)
ISBN 3-7861-1356-4
Gebr. Mann Verlag

Beiheft 9
Vera Frowein-Ziroff
Die Kaiser Wilhelm-Gedächtnis-kirche
Entstehung und Bedeutung
1982. 438 S. mit 354 Abb., 17,5 × 25 cm
Ln DM 88,– / öS 642,– / sFr 78,– /
€ 44,– (D)
ISBN 3-7861-1305-X
Gebr. Mann Verlag

Beiheft 10
Ludwig Hoffmann
Stadtbaurat von Berlin 1896–1924
Lebenserinnerungen eines Architekten
Bearb. und aus dem Nachlaß hrsg. von
Wolfgang Schäche
Mit einem Vorwort von Julius Posener
2. Aufl. 1996. 394 S. mit 204 Abb.,
17,5 × 25 cm

Ln DM 148,– / öS 1080,– / sFr 131,– /
€ 74,– (D)
ISBN 3-7861-1388-2
Gebr. Mann Verlag

Beiheft 11
Hartmann Manfred Schärf
**Die klassizistischen
Landschloßumbauten
Karl Friedrich Schinkels**
1986. 270 S. mit 178 Abb., 17,5 × 25 cm
Ln DM 80,– / öS 584,– / sFr 72,50 /
€ 40,– (D)
ISBN 3-7861-1427-7
Gebr. Mann Verlag

Beiheft 12
Monika Arndt
**Die »Ruhmeshalle« im Berliner
Zeughaus**
Eine Selbstdarstellung Preußens nach
der Reichsgründung
1985. 156 S. mit 62 Abb. und einem
Dokumenten-Anhang, 17,5 × 25 cm
Ln DM 52,– / öS 380,– / sFr 47,30 /
€ 26,– (D)
ISBN 3-7861-1426-9
Gebr. Mann Verlag

DIE BAUWERKE UND KUNSTDENKMÄLER VON BERLIN

HARTMUT DORGERLOH
DIE NATIONALGALERIE
IN BERLIN
ZUR GESCHICHTE DES GEBÄUDES
AUF DER MUSEUMSINSEL
1841–1970

GEBR. MANN VERLAG · BERLIN

Beiheft 13
Hartmut Dorgerloh
Die Nationalgalerie in Berlin
Zur Geschichte des Gebäudes auf der
Museumsinsel 1841–1970
1999. 290 S. mit 10 Abb., 2 Farbtaf. mit
3 Abb., und 50 Taf. mit 79 Abb., davon

3 farb., 17 × 24 cm
Ln DM 159,– / öS 1161,– / sFr 137,– /
€ 79,50 (D)
ISBN 3-7861-1754-3
Gebr. Mann Verlag

Beiheft 14
Peter Güttler und Sabine Güttler
**Zeitschriften-Bibliographie
zur Architektur in Berlin von
1919 bis 1945**
1986. VIII, 724 S., 17,5 × 25 cm
Ln DM 165,– / öS 1205,– / sFr 146,– /
€ 82,50 (D)
ISBN 3-7861-1437-4
Gebr. Mann Verlag

Beiheft 15
Manfred Klinkott
**Die Backsteinbaukunst der
Berliner Schule**
Von K. F. Schinkel bis zum Ausgang des
Jahrhunderts
1988. 480 S. mit 297 Abb., und 9 Farb-
taf. mit 10 Abb., 17,5 × 25 cm
Ln DM 140,– / öS 1022,– / sFr 124,– /
€ 70,– (D)
ISBN 3-7861-1438-2
Gebr. Mann Verlag

Beiheft 16
Klaus-Dieter Wille
Die Glocken von Berlin (West)
Geschichte und Inventar
unter Mitarbeit von Lothar Fender und
Heinz Kroll
1987. VIII, 256 S. mit 147 Abb.,
17,5 × 25 cm
Ln DM 75,– / öS 548,– / sFr 67,– /
€ 37,50 (D)
ISBN 3-7861-1443-9
Gebr. Mann Verlag

Beiheft 17
Wolfgang Schäche
**Architektur und Städtebau in
Berlin zwischen 1933 und 1945**
Planen und Bauen unter der Ägide der
Stadtverwaltung
2. Aufl. 1992. 656 S. mit 486 Abb. und
20 Dokumenten, 17 × 24,2 cm
Ln DM 198,– / öS 1445,– / sFr 171,– /

€ 99,– (D)
ISBN 3-7861-1178-2
Gebr. Mann Verlag

Beiheft 18
Werner Martin
**Manufakturbauten im Berliner
Raum seit dem ausgehenden
17. Jahrhundert**
1989. 220 S. mit 157 Abb., 17 × 24,2 cm
Ln DM 88,– / öS 642,– / sFr 80,– /
€ 44,– (D)
ISBN 3-7861-1535-4
Gebr. Mann Verlag

Beiheft 19
Christiane Schütz
**Preußen in Jerusalem
(1800–1861)**
Karl Friedrich Schinkels Entwurf der
Grabeskirche und die Jerusalempläne
Friedrich Wilhelms IV.
1988. 188 S. mit 77 Abb., 17,5 × 25 cm
Ln DM 88,– / öS 642,– / sFr 80,– /
€ 44,– (D)
ISBN 3-7861-1540-0
Gebr. Mann Verlag

Beiheft 20
Gerd.-H. Zuchold
**Der »Klosterhof« des Prinzen
Karl von Preußen im Park
von Schloß Glienicke in Berlin**
Band 1: Geschichte und Bedeutung
eines Bauwerkes und seiner Kunst-
sammlung

1993. 144 S. und 132 Taf. mit 180 Abb.,
davon 9 farb., 17 × 24,2 cm
Ln DM 148,– / öS 1080,– / sFr131,– /
€ 74,– (D)
ISBN 3-7861-1630-X
Gebr. Mann Verlag

Beiheft 21
Gerd-H. Zuchold
Der »Klosterhof« des Prinzen
Karl von Preußen im Park von
Schloß Glienicke in Berlin
Band 2: Katalog der von
Prinz Karl von Preußen im »Klosterhof«
aufbewahrten Kunstwerke
1993. 172 S., 36 Taf. mit 46 Abb., und
4 Farbtaf., mit 7 Abb., 17 × 24,2 cm
Ln DM 138,– / öS 1007,– / sFr 122,– /
€ 69,– (D)
ISBN 3-7861-1204-5
Gebr. Mann Verlag

Beiheft 22
Martina Abri
Die Friedrich-Werdersche
Kirche zu Berlin
Technik und Ästhetik in der Backstein-
architektur K. F. Schinkels
1992. 206 S. mit 145 Abb.,
und 12 Farbtaf., 17 × 24,2 cm
Ln DM 148,– / öS 1080,– / sFr 131,– /
€ 74,– (D)
ISBN 3-7861-1612-1
Gebr. Mann Verlag

Beiheft 23
Ute Langeheinecke
Der Wedding als ländliche
Ansiedlung
Zur städtebaulichen Entwicklung des
Bezirks Wedding 1720 bis 1840
1992. 344 S. mit 62 Abb., und 2 Beil.,
17 × 24,2 cm
Ln DM 190,– / öS 1387,– / sFr 168,– /
€ 95,– (D)
ISBN 3-7861-1658-X
Gebr. Mann Verlag

Beiheft 24
Andreas Tacke
Kirchen für die Diaspora
Christoph Hehls Berliner Bauten und

Hochschultätigkeit (1894–1911)
1993. 336 S. mit 165 Abb., 17 × 24,2 cm
Ln DM 190,– / öS 1387,– / sFr 168,– /
€ 95,– (D)
ISBN 3-7861-1690-3
Gebr. Mann Verlag

Beiheft 25
Werner Lorenz
Konstruktion als Kunstwerk
Bauen mit Eisen in Berlin und
Potsdam 1797–1850
1995. 472 S. mit 209 Abb., davon
22 farb., 17 × 24 cm
Ln DM 148,– / öS 1080,– / sFr 131,– /
€ 74,– (D)
ISBN 3-7861-1774-8
Gebr. Mann Verlag

Beiheft 26
Karl Kiem
Die Gartenstadt Staaken
(1914–1917)
Typen, Gruppen, Varianten
1997. 236 S. mit 199 Abb., 17 × 24 cm
DM 120,– / öS 876,– / sFr 106,50 /
€ 60,– (D)
ISBN 3-7861-1885-X
Gebr. Mann Verlag

Beiheft 27
Annette Menting
Paul Baumgarten
Schaffen aus dem Charakter der Zeit
1998. 320 S. mit 255 Abb., davon
1 farb., 17 × 24 cm
Ln DM 128,– / öS 934,– / sFr 114,– /
€ 64,– (D)
ISBN 3-7861-1777-2
Gebr. Mann Verlag

DIE BAU- UND KUNSTDENKMÄLER
VON SACHSEN
Hrsg. vom Landesamt für Denkmal-
pflege Sachsen
Stadt Leipzig – Die Sakral-
bauten
Mit einem Überblick über die städte-
bauliche Entwicklung von den Anfän-
gen bis 1989.
Bearb. von Heinrich Magirius, Hartmut

Mai, Thomas Trajkovits, Winfried Werner u.a.
1995. 1380 S. mit 1181 s/w Abb., 7 Falttaf., 21 × 26,5 cm
Ln 2 Bde. iSch zus. DM 198,– /
sFr 176,– / öS 1445,– / € 102,– (D)
ISBN 3-422-00568-4
Deutscher Kunstverlag

Adolf Behne
Essays zu seiner Kunst- und Architektur-Kritik
Hrsg. von Magdalena Bushart
2000. 288 S. mit 48 Abb., 17 × 24 cm
Gb DM 198,– / öS 1445,– / sFr 176,– /
€ 99,– (D)
ISBN 3-7861-2337-3
Gebr. Mann Verlag

Adolf Behne
Der moderne Zweckbau
Mit einem Nachwort zur Neuausgabe von Ulrich Conrads
1998. 82 S. mit 5 Abb.; 64 Taf. mit 99 Abb.; 2 Klapptaf. und 6 S.,
18,5 × 24,5 cm
Ln DM 198,– / öS 1445,– / sFr 176– /
€ 99,– (D)
ISBN 3-7861-2250-4
Gebr. Mann Verlag

Walter Curt Behrendt
Alfred Messel
Mit einer einleitenden Betrachtung von Scheffler, Karl und einem Nachwort zur Neuausgabe von Neumeyer, Fritz
1998. 152 S. mit 95 Abb., 21 × 29,7 cm

Ln DM 168,– / öS 1226,– / sFr 149,– /
€ 84,– (D)
ISBN 3-7861-1830-2
Gebr. Mann Verlag

Maria Berning / Michael Braum / Engelbert Lütke Daldrup / Klaus-Dieter Schulz
Berliner Wohnquartiere
Ein Führer durch 60 Siedlungen in Ost und West
Neuausgabe
1994. XII und 397 Seiten mit 453 Abb., Lageplänen, Grundrissen, Zeichnungen und 8 Übersichtsplänen,
13,5 × 24,5 cm
Br DM 50,– / öS 365,– / sFr 45,70 /
€ 25,– (D)
ISBN 3-496-01112-2
Dietrich Reimer Verlag

Thomas Biller
Die Adelsburg in Deutschland
Entstehung · Gestalt · Bedeutung
Zweite, durchgesehene Ausgabe
1998. 240 S. mit 100 sw Abb., mit 3 Übersichtskarten
Ln DM 98,– / sFr 89,– / öS 715,– /
€ 51,– (D)
ISBN 3-422-06093-6
Deutscher Kunstverlag

Thomas Biller / Bernhard Metz
Die Burgen des Elsaß Architektur und Geschichte
Vier Bände herausgegeben vom Alemannischen Institut, Freiburg i. Br.

Band III: Der frühe gotische Burgen-
bau im Elsaß (1250 bis 1300) von
Thomas Biller mit einem Beitrag von
Bernhard Metz
1995. 308 S. mit 143 Abb.,
Pp DM 98,– / sFr 89,– / öS 715,– /
€ 51,– (D)
ISBN 3-422-06132-0
Deutscher Kunstverlag

Thomas Biller
Die Wülzburg
Architekturgeschichte einer
Renaissancefestung
1996. 292 S. mit 55 farb. Abb. und
Plänen und 215 sw Abb.
Ln DM 148,– / sFr 131,– / öS 1080,– /
€ 75,80 (D)
ISBN 3-422-06154-1
Deutscher Kunstverlag

Günther Binding
**Das Dachwerk auf Kirchen
im deutschen Sprachraum vom
Mittelalter bis zum
18. Jahrhundert**
1990. 236 S. mit 261 Abb.
Ln DM 140,– / sFr 124,– / öS 1022,– /
€ 72,– (D)
ISBN 3-422-06068-5
Deutscher Kunstverlag

Elke Blauert
Gerhard Siegmann 1911–1989
Architekt
Staatliche Museen zu Berlin –
Sammlungskataloge der Kunst-

bibliothek. Sammlung der Hand-
zeichnungen –
Hrsg. von Bernd Evers
1999. 128 S. mit 73 Abb.,
davon 9 farb., 19 × 24 cm
Gb DM 48,– / öS 350,– / sFr 44,50 /
€ 24,– (D)
ISBN 3-7861-2314-4
Gebr. Mann Verlag

Hans J. Böker
Idensen
Architektur und Ausmalungsprogramm
einer romanischen Hofkapelle
mit 49 vierfarbigen Aufnahmen von
Jutta Brüdern
1995. 164 S. mit 70 Abb.,
davon 49 farb., 21,3 × 30,6 cm
Ln DM 152,– / öS 1110,– / sFr 131,– /
€ 76,– (D)
ISBN 3-7861-1799-3
Gebr. Mann Verlag

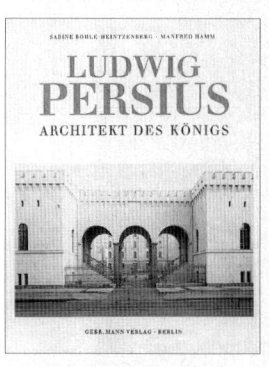

Sabine Bohle-Heintzenberg ·
Manfred Hamm
**Ludwig Persius
Architekt des Königs**
1993. 176 S. mit 108 Abb., davon
11 farb. und 59 Duplex, 24 × 27 cm
Ln DM 64,– / öS 467,– / sFr 58– /
€ 32,– (D)
ISBN 3-7861-1713-6
Gebr. Mann Verlag

Michael Bohm
Architektur und Stadtkörper
Zur Kontinuität des Urbanen in
Raum und Zeit

1998. 112 S. mit 206 Abb., davon
25 farb., 17 × 24 cm
Ln DM 98,– / öS 715,– / sFr 89,– /
€ 49,– (D)
ISBN 3-7861-1811-6
Gebr. Mann Verlag

Christoph Brachmann
**Gotische Architektur in Metz
unter Bischof Jacques de Lorraine
(1239–1260)**
Der Neubau der Kathedrale und seine
Folgen
1998. 184 S. mit 1 Klapptaf.; 240 Taf.
mit 559 Abb.; 1 Klapptaf. mit 2 Abb.,
und 8 Taf. als Beil., 21 × 29,7 cm
Ln DM 204,– / öS 1489,– / sFr 177,– /
€ 102,– (D)
ISBN 3-7861-1967-8
Gebr. Mann Verlag

Michael Braum/Hartmut Millarg (Hg.)
Städtebau in Hannover.
Ein Führer durch 50 Siedlungen
von Jens Giesecke, Hartmut Millarg und
Isa Baumgart
Mit Vorworten von Hanns Adrian und
Sid Auffarth
Deutsch/Englisch
2000. 172 Seiten und 362 Abbildungen,
1 Übersichtsplan, 13,5 × 24,5 cm
Br DM 45,– / öS 329,– / sFr 41,30 /
€ 22,50 (D)
ISBN 3-496-01223-4
Dietrich Reimer Verlag

Wolfgang Braunfels
**Mittelalterliche Stadtbaukunst
in der Toskana**
Gebr. Mann studio-Reihe
6. Aufl. 1988. 284 S. mit 4 Abb. und
46 Taf. mit 50 Abb., 13,5 × 20 cm
Br DM 41,80 / öS 305,– / sFr 38,50 /
€ 20,90 (D)
ISBN 3-7861-1255-X
Gebr. Mann Verlag

Klaus Theo Brenner
Bau-Körper
1997. 200 S. mit 96 Abb., davon
53 farb., 14,5 × 17,9 cm
Kt DM 98,– / öS 715,– / sFr 89,– /
€ 49,– (D)
ISBN 3-7861-1951-1
Gebr. Mann Verlag

Klaus Theo Brenner
Heterotope
Eine Urbanisierungsstrategie, ent-
wickelt am Beispiel der Großsiedlung
Hellersdorf, Höhenschönhausen und
Marzahn in Berlin
1995. 132 S. mit 90 Abb., davon
51 farb. und 11 Duplex, 21 × 27 cm
Ppk DM 82,– / öS 599,– / s Fr 74,– /
€ 41,– (D)
ISBN 3-7861-1939-2
Gebr. Mann Verlag

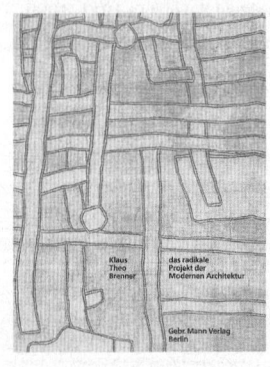

Klaus Theo Brenner
**Das radikale Projekt der
Modernen Architektur**
1995. 128 S. mit 8 Abb., 17 × 24 cm

Ppk DM 48,– / öS 350,– / sFr 44,50 /
€ 24,– (D)
ISBN 3-7861-1822-1
Gebr. Mann Verlag

Klaus Theo Brenner
Stadttheater / Urban theatre
Manifeste für eine stillose Architektur
Manifesto for a style-free architecture
1994. 118 S. mit 86 Abb., davon
39 farb., 21 × 27 cm
Ppk DM 72,– / öS 526,– / s Fr 65,– /
€ 36,– (D)
ISBN 3-7861-1928-7
Gebr. Mann Verlag

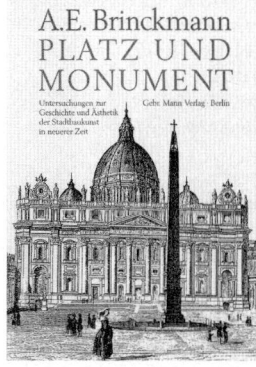

Albert Erich Brinckmann
Platz und Monument
Untersuchungen zur Geschichte
und Ästhetik der Stadtbaukunst in
neuerer Zeit
EDITION ARS ET ARCHITEKTURA
Nachdruck der ersten Auflage Berlin 1908
Mit einem Nachwort zur Neuausgabe
von Jochen Meyer
2000. X, 214 S. mit 49 Abb.,
14,8 × 21 cm
Gb DM 152,– / öS 1110,– / sFr 131,– /
€ 76,– (D)
ISBN 3-7861-2322-5
Gebr. Mann Verlag

Werner Brunner
Verblichene Idyllen
Wandbilder im Berliner Mietshaus der
Jahrhundertwende

Beispiele internationalen Zeitge-
schmacks der Belle Epoque
Aufnahmen: Werner Brunner und Wolf
Lücking
1996. 290 S. mit 212 Abb., davon
100 farb.,
21 × 28 cm
Ln DM 258,– / öS 1883,– / sFr 229,– /
€ 129,– (D)
ISBN 3-7861-1632-6
Gebr. Mann Verlag

Tilmann Buddensieg
Industriekultur
Peter Behrens und die AEG 1907–1914
in Zusammenarbeit mit Henning
Rogge unter Mitarbeit Gabriele von
Heidecker und Karin Wilhelm
Beitr. Sabine Bohle und
Fritz Neumeyer
4. Aufl. 1993. 556 S. mit 688 Abb.,
davon 58 farb.,
22 × 22 cm
Ln DM 128,– / öS 934,– / sFr 114,– /
€ 64,– (D)
ISBN 3-7861-1155-3
Gebr. Mann Verlag

Martin Büchsel
**Die Skulptur des Querhauses
der Kathedrale von Chartres**
*Schriften des Liebieghauses Museum
alter Plastik - Frankfurt am Main*
1995. 430 S. mit 367 Abb.,
17 × 25 cm
Ln DM 189,– / öS 1380,– / sFr 168,– /
€ 94,50 (D)
ISBN 3-7861-1724-1
Gebr. Mann Verlag

LES CHOSES
Berliner Hefte zur Architektur
Heft 7/8 Oktober 1998. 7. Jahrgang
Kafka und die Architektur
Hrsg. von Marie José Seipelt,
Jürgen Eckhardt und Helmut Geisert
1998. 78 S. mit 1 Abb., 16,8 × 24 cm
Br DM 72,– / öS 526,– / sFr 65,50 /
€ 36,– (D)
ISBN 3-7861-1978-3
Gebr. Mann Verlag

GEORG DEHIO: HANDBUCH DER
DEUTSCHEN KUNSTDENKMÄLER

Baden-Württemberg I:
**Die Regierungsbezirke Stuttgart
und Karlsruhe**
Bearbeitet von Dagmar Zimdars u.a.
1993. 920 S. mit 97 Plänen und Grund-
rissen, zweifarb. Kartenteil
Ln DM 78,– / sFr 71,– / öS 569,– /
€ 39,90 (D)
ISBN 3-422-03024-7
Deutscher Kunstverlag

Baden-Württemberg II:
**Die Regierungsbezirke Freiburg
und Tübingen**
Bearbeitet von Dagmar Zimdars u.a.
1997. 928 S. mit 134 Plänen und
Grundrissen, zweifarb. Kartenteil
Ln DM 78,– / sFr 71,– / öS 569,– /
€ 39,90 (D)
ISBN 3-422-03030-1
Deutscher Kunstverlag

Bayern I: Franken
**Die Regierungsbezirke
Oberfranken, Mittelfranken
und Unterfranken**
2. durchges. und erg. Auflage, bearbeitet von Tilmann Breuer, Helmut-Eber-
hard Paulus u.a.
1999. 1312 S. mit 174 Plänen und
Grundrissen
Ln DM 98,– / sFr 89,– / öS 715,– /
€ 51,– (D)
ISBN 3-422-03051-4
Deutscher Kunstverlag

Bayern II: **Niederbayern**
Bearbeitet von Michael Brix
1988. 840 S. mit 100 Plänen und
Grundrissen, zweifarb. Kartenteil
Ln DM 68,– / sFr 62,– / öS 496,– /
€ 34,80 (D)
ISBN 3-422-03007-7
Deutscher Kunstverlag

Bayern III:
Schwaben
Bearbeitet von Bruno Bushart und
Georg Paula
1989. 1184 S. mit 126 Plänen und
Grundrissen, zweifarb. Kartenteil
Ln DM 75,– / sFr 68,– / öS 548,– /
€ 38,50 (D)
ISBN 3-422-03008-5
Deutscher Kunstverlag

Bayern IV:
München und Oberbayern
Bearbeitet von Ernst Götz, Heinrich

Habel, Karlheinz Hemmeter u.a.
1990. 1400 S. mit 174 Plänen und
Grundrissen, zweifarb. Kartenteil
Ln DM 78,– / sFr 71,– / öS 569,– /
€ 39,90 (D)
ISBN 3-422-03010-7
Deutscher Kunstverlag

Bayern V:
Regensburg und die Oberpfalz
Bearbeitet von Jolanda Drexler, Achim
Hubel u.a.
1991. 880 S. mit 121 Plänen und Grund-
rissen, zweifarb. Kartenteil
Ln DM 78,– / sFr 71,– / öS 569,– /
€ 39,90 (D)
ISBN 3-422-03011-5
Deutscher Kunstverlag

Berlin
Zweite, durchgesehene und ergänzte
Auflage, bearbeitet von Michael Bollé
u.a.
2000. 720 S. mit 105 neu gezeichneten
Plänen und Grundrissen, 12 × 18 cm
Ln DM 88,– / sFr 79,– / öS 642,– /
€ 45,– (D)
ISBN 3-422-03071-9
Deutscher Kunstverlag

Brandenburg
Bearb. von Gerhard Vinken u.a.
2000. 1240 S. mit 140 Plänen
und Grundrissen, 12 × 18 cm
Ln DM 98,– / sFr 89,– / öS 715,– /
€ 51,–(D)
ISBN 3-422-03054-9
Deutscher Kunstverlag

Bremen, Niedersachsen
2., stark veränderte und erweiterte Auflage, neubearbeitet von Gerd Weiß u.a.
1992. 1504 S. mit 152 Plänen und
Grundrissen, zweifarb. Kartenteil
Ln DM 98,– / sFr 89,– / öS 715,– /
€ 51,– (D)
ISBN 3-422-03022-0
Deutscher Kunstverlag

Hamburg, Schleswig-Holstein
2., stark veränderte und erweiterte Auflage, bearbeitet von Johannes Habich,
Christoph Timm und Lutz Wilde
1994. 960 S. mit 100 Plänen und Grundrissen, zweifarb. Kartenteil
Ln DM 88,– / sFr 80,– / öS 642,– /
€ 45,– (D)
ISBN 3-422-03033-6
Deutscher Kunstverlag

Mecklenburg-Vorpommern
Bearb. von Hans-Christian Feldmann u.a.
2000. 784 S. mit 82 Plänen und Grund-
rissen, 12 × 18 cm
Ln DM 78,– / sFr 71,– / öS 569,– /
€ 39,90 (D)
ISBN 3-422-03081-6
Deutscher Kunstverlag

Rheinland-Pfalz, Saarland
2., verbesserte und erweiterte Auflage,
bearbeitet von Hans Caspary u.a.
1984. 1256 S. mit 150 Plänen und
Grundrissen, zweifarb. Kartenteil
Ln DM 78,– / sFr 71,– / öS 569,– /
€ 39,90 (D)
ISBN 3-422-00382-7
Deutscher Kunstverlag

GEORG DEHIO
HANDBUCH
DER DEUTSCHEN
KUNSTDENKMÄLER

Sachsen I
Regierungsbezirk Dresden

Sachsen I:
Regierungsbezirk Dresden
Bearbeitet von Barbara Bechter,
Wiebke Fastenrath u.a
1996. 960 S. mit 89 Plänen und Grund-
rissen, zweifarb. Kartenteil, Künstlerver-
zeichnis, Fachwörterlexikon
Ln DM 88,– / sFr 80,– / öS 642,– /
€ 45,– (D)
ISBN 3-422-03043-3
Deutscher Kunstverlag

Sachsen II:
**Regierungsbezirke Leipzig und
Chemnitz**
Bearbeitet von Barbara Bechter, Wiebke
Fastenrath, Heinrich Magirius u.a.
1997. 1200 S. mit 72 Plänen und Grund-
rissen
Ln DM 98,– / sFr 89,– / öS 715,– /
€ 51,– (D)
ISBN 3-422-03048-4
Deutscher Kunstverlag

Sachsen-Anhalt II:
**Die Regierungsbezirke Dessau
und Halle**
Bearbeitet von Ute Bednarz, Folkhard
Cremer, Hans-Joachim Krause u.a.
1999. 1040 S. mit 98 Plänen und
Grundrissen
Ln DM 88,– / sFr 80,– / öS 642,– /
€ 45,– (D)
ISBN 3-422-03065-4
Deutscher Kunstverlag

Thüringen
Bearbeitet von Stephanie Eißing, Franz
Jäger u.a.
1997. 1500 S. mit 150 Grundrissen und
Plänen, zweifarb. Kartenanhang,
Künstlerverzeichnis, Fachwörterlexikon
Ln DM 98,– / sFr 89,– / öS 715,– /
€ 51,– (D)
ISBN 3-422-03050-6
Deutscher Kunstverlag

Kerstin Dörhöfer (Hg.)
Wohnkultur und Plattenbau
Beispiele aus Berlin und Budapest
1994. 240 Seiten mit 12 farb., 59 sw Abb.
und 27 Plänen und Zeichnungen,
17 × 24 cm
Br DM 48,– / sFr 46,– / öS 350,– /
€ 24,– (D)
ISBN 3-496-01126-2
Dietrich Reimer Verlag

Reinhard Dorn (†),
Peter Joseph Krahe
Leben und Werk
Hrsg. von Wulf Schirmer
Band III: Bauten und Projekte im
Königreich Westfalen und im Herzog-
tum Braunschweig 1808–1837. Unter-
suchung des zeichnerischen Nachlasses
und beschreibender Katalog
1996. 342 S. mit 168 Abb. und einem
Faltplan
Ln DM 168,– / sFr 149,– / öS 1226,– /
€ 86,– (D)
ISBN 3-422-06189-4
Deutscher Kunstverlag

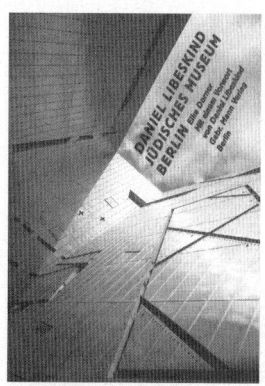

Elke Dorner
Daniel Libeskind.
Jüdisches Museum Berlin
2. Aufl. 2000. 112 S. mit 54 Abb.,
17 × 25 cm
Ln DM 59,80 / öS 437,– / sFr 54,– /
€ 29,90 (D)
ISBN 3-7861-2275-X
Gebr. Mann Verlag

Max Dudler. Architekt
Text: Martin Kieren
2. Aufl. 1998. 80 S. mit 37 novatone-
Abb. und 13 Strichzeichnungen,
24 × 34 cm
Ln DM 98,– / öS 715,– / sFr 89,– /
€ 49,– (D)
ISBN 3-7861-1797-7
Gebr. Mann Verlag

Maria Anna Eifert-Körnig
Die kompromittierte Moderne
Staatliche Bauproduktion und
oppositionelle Tendenzen in der
Nachkriegsarchitektur Ungarns
1994. 271 Seiten mit 15 farb. und
74 sw Abb., 17 × 24 cm
Br DM 98,– / sFr 91,– / öS 715,– /
€ 49,– (D)
ISBN 3-496-01127-0
Dietrich Reimer Verlag

Gerhard Eimer / Ernst Gierlich (Hg.)
Die sakrale Backstein-
architektur des südlichen
Ostseeraums –

der theologische Aspekt
Kunsthistorische Arbeiten der
Kulturstiftung der deutschen
Vertriebenen Band 2
2000. 244 S. mit 143 Abb., 16,5 × 24 cm
Br DM 50,– / öS 365,– / sFr 45,70 /
€ 25,– (D)
ISBN 3-7861-1569-9
Gebr. Mann Verlag

Karen Eisenloffel und Ingeborg Ermer
(Hrsg.)
Tragwerkstatt Gerhard Pichler
Entwürfe · Bauten · Konstruktionen
2000. 168 S. mit 336 Abb.,
davon 50 farb., 21 × 25,5 cm
Ln DM 148,– / öS 1080,– /
sFr 131,– / € 74,– (D)
ISBN 3-7861-2279-2
Gebr. Mann Verlag

Ute Engel
Die Kathedrale von Worcester
Kunstwissenschaftliche Studien
Band 88
2000. 368 S. mit 220 sw Abb.,
19,5 × 26 cm
Ln DM 148,– / öS 1080,– / sFr 131,– /
€ 75,80 (D)
ISBN 3-422-06305-6
Deutscher Kunstverlag

**Europäische Technik im
Mittelalter**
800 bis 1400
Tradition und Innovation
Ein Handbuch
Hrsg. von Uta Lindgren
4. Aufl. 2001. 642 S. mit 429 Abb.,
davon 84 farb., 21 × 29,7 cm
Ln DM 152,– / öS 1110,– / sFr 131,– /
€ 76,– (D)
ISBN 3-7861-1748-9
Gebr. Mann Verlag

Manfred F. Fischer
Das Chilehaus in Hamburg
Architektur und Vision
Bildtafeln von Klaus Frahm
1999. 116 S. mit 112 Abb., und 28 Taf.,
21 × 29,7 cm
Ln DM 104,– / öS 759,– / sFr 91,– /
€ 52,– (D)
ISBN 3-7861-2299-7
Gebr. Mann Verlag

FORSCHUNGEN ZU BURGEN UND
SCHLÖSSERN
Hrsg. von der Wartburg-Gesellschaft
Band 1
1994. 204 S. mit 113 Abb.,
19,5 × 26 cm
lam. Pp DM 88,– / sFr 80,– / öS 642,– /
€ 45,– (D)
ISBN 3-422-06136-3
Deutscher Kunstverlag

**Band 2: Burgenbau im späten
Mittelalter**
1996. 248 S. mit 203 s/w Abb.,
19,5 × 26 cm
lam. Pp DM 88,– / sFr 80,– / öS 642,– /
€ 45,– (D)
ISBN 3-422-06187-8
Deutscher Kunstverlag

**Band 3: Der frühe Schloßbau
und seine mittelalterlichen Vor-
stufen**
1997. 236 S. mit 178 s/w Abb.,
19,5 × 26 cm
lam. Pp DM 88,– / sFr 80,– / öS 642,– /

€ 45,– (D)
ISBN 3-422-06208-4
Deutscher Kunstverlag

Band 4: Schloß Tirol – Saalbauten und Burgen des 12. Jahrhunderts in Mitteleuropa
1998. 280 S. mit 150 s/w Abb.,
19,5 × 26 cm
lam. Pp DM 88,– / sFr 80,– / öS 642,– /
€ 45,– (D)
ISBN 3-422-06225-4
Deutscher Kunstverlag

Band 5: Burgen und frühe Schlösser in Thüringen und seinen Nachbarländern
2000. 292 S. mit 7 farb. und 234 s/w
Abb., 19,5 × 26 cm
lam. Pp DM 88,– / sFr 80,– / öS 642,– /
€ 45,– (D)
ISBN 3-422-06263-7
Deutscher Kunstverlag

Band 6: Burgen kirchlicher Bauherren
2001. 308 S. mit 233 s/w und 1 farb.
Abb., 19,5 × 26 cm
lam. Pp DM 88,– / sFr 80,– / öS 642,– /
€ 45,– (D)
ISBN 3-422-06360-9
Deutscher Kunstverlag

Paul Frankl
Die Entwicklungsphasen der neueren Baukunst
Mit einem Nachwort zur Neuausgabe
von Jasper Cepl

1999. IV, VIII S., 187 S. mit 50 Abb.,
9 S. und 12 Taf. mit 24 Abb.,
17 × 24 cm
Gb DM 138,– / öS 1007,– / sFr 122,– /
€ 69,– (D)
ISBN 3-7861-2270-9
Gebr. Mann Verlag

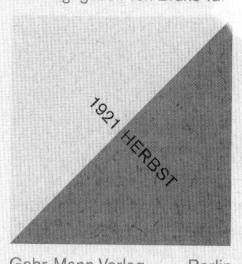

FRÜHLICHT
Eine Folge für die Verwirklichung des
neuen Baugedankens
Herausgeber: Bruno Taut

Frühlicht Herbst 1921
38 S. mit 51 Abb., und 10 Taf.
mit historischen Anzeigen,
farbiger Originalumschlag

Frühlicht Winter 1921/22
38 S. mit 57 Abb., und 14 Taf.
mit historischen Anzeigen,
farbiger Originalumschlag

Frühlicht Frühling 1922
40 S. mit 71 Abb., und 18 Taf.
mit historischen Anzeigen,
farbiger Originalumschlag

Frühlicht Sommer 1922
38 S. mit 44 Abb. und 18 Taf.
mit historischen Anzeigen,
farbiger Originalumschlag

2000. Vier Hefte zus. in vierfarbiger
Einschlagmappe, 21 × 29,7 cm
DM 306,– / öS 2234,– / sFr 265,– /
€ 153,– (D)
ISBN 3-7861-1862-0
Gebr. Mann Verlag

Manfred Speidel, Karl Kegler,
Peter Ritterbach
Wege zu einer neuen Baukunst
Bruno Taut, Frühlicht
Konzeptkritik Heft 1–4 / 1921–22 und
Rekonstruktion Heft 5/1922
2000. 120 S. mit 113 Abb.,
davon 14 farb., 21 × 29,7 cm
Gb DM 198,– / öS 1445,– /
sFr 176,– / € 99,– (D)
ISBN 3-7861-2320-9
Gebr. Mann Verlag

Wolfram Fuchs / Robert Wischer
H VEN LC
Le Corbusiers Krankenhausprojekt für
Venedig
Hg. vom Institut für Krankenhausbau
der TU Berlin
1985. 112 Seiten mit 174 Abb.,
21 × 29,7 cm
Br DM 30,–* / sFr 30,–* / öS 219,–* /
€ 15,–* (D)
ISBN 3-496-01027-4
Dietrich Reimer Verlag

75 Jahre GEHAG 1924-1999
Hrsg. von Wolfgang Schäche
1999. 272 S. mit 374 Abb.,
davon 116 farb., 21 × 29,7 cm
Ln DM 130,– / öS 949,– / s Fr 113,– /
€ 65,– (D)
ISBN 3-7861-2310-1
Gebr. Mann Verlag

Sigfried Giedion
Bauen in Frankreich
Bauen in Eisen – Bauen in Eisenbeton
Mit einem Nachwort zur Neuausgabe
von Sokratis Georgiadis
2000. X, 128 S. mit 139 Abb.,
und 22 S., 18,5 × 26 cm
Gb DM 198,– / öS 1445,– / sFr 176,– /
€ 99,– (D)
ISBN 3-7861-2328-4
Gebr. Mann Verlag

Peter Giesau
Carl Theodor Ottmer
(1800–1843)
Braunschweiger Hofbaurat zwischen
Klassizismus und Historismus
1998. 208 S. mit 210 Abb.,
19,5 × 26 cm
Ln DM 148,– / sFr 131,– / öS 1080,– /
€ 75,80 (D)
ISBN 3-422-06217-3
Deutscher Kunstverlag

David Gilly's Bibliothek
Reprint des Auktionskataloges von 1808
Herausgegeben und mit einem Nach-
wort versehen von Klaus Jan Philipp
Bearbeitung und Kommentar von
Grit Herrmann
2000. 250 S. und 86 S. 14,8 × 21 cm
Gb DM 198,– / öS 1445,– /
sFr 176,– / € 99,– (D)
ISBN 3-7861-2344-6
Gebr. Mann Verlag

Olaf Gisbertz

**Bruno Taut und Johannes
Göderitz in Magdeburg.**
Architektur und Städtebau in der
Weimarer Republik
Mit einem Vorwort von Tilmann
Buddensieg
2000. 270 S. mit 2 Abb.; 2 Farbtaf. und
68 Taf. mit 141 Abb., 21 × 29,7 cm
Gb DM 148,– / öS 1080,– / sFr 131,– /
€ 74,– (D)
ISBN 3-7861-2318-7
Gebr. Mann Verlag

Marie Luise Gothein
Indische Gärten
Mit einem Nachwort zur Neuausgabe
von Horst Schumacher
2000. 82 S. mit 9 Abb.; und 57 Taf.
mit 63 Abb., und 16 S. mit 4 Abb.,

17 × 24 cm,
Gb DM 158,– / öS 1.153,– / sFr 140,– /
€ 79,– (D)
ISBN 3-7861-2319-5
Gebr. Mann Verlag

Sonja Günther
**Bruno Paul
1874–1968**
Mit einem Vorwort von Julius Posener
1992. 174 S. mit 160 Abb., davon
25 farb., 20 × 26 cm
Ln DM 152,– / öS 1110,– / sFr 131,– /
€ 76,– (D)
ISBN 3-7861-1218-5
Gebr. Mann Verlag

**C. F. Hansen in Hamburg,
Altona und den Elbvororten**
Ein dänischer Architekt des Klassizismus
2000. 240 S. mit 62 farb. und
20 sw Abb., 22,5 × 24,5 cm
Br DM 78,–* / sFr 71,–* / öS 569,–* /
€ 39,90*(D)
ISBN 3-422-06300-5
Deutscher Kunstverlag

Sylvaine Hänsel / Angelika Schmitt (Hg.)
Kinoarchitektur in Berlin
1895–1995
1995. 296 Seiten mit 350 Objekten.
550 Fotos, Grund- und Aufrisse,
Register, 17 × 24 cm
Br DM 50,– / öS 365,– / sFr 45,70 /
€ 25,– (D)
ISBN 3-496-01129-7
Dietrich Reimer Verlag

Elisabeth M. Hajos / Leopold Zahn
Berliner Architektur
1919 bis 1929
10 Jahre Architektur der Moderne
Mit einem Nachwort zur Neuauflage
von Michael Neumann
BERLINISCHE BIBLIOTHEK im
Gebr. Mann Verlag
1996. XVI, 146 S. mit 180 Abb.,
21 × 29,5 cm
Ln DM 168,– / öS 1226,– / sFr 149,– /
€ 84,– (D)
ISBN 3-7861-1867-1
Gebr. Mann Verlag

Thomas Hasler
Architektur als Ausdruck –
Rudolf Schwarz
STUDIEN UND TEXTE ZUR
GESCHICHTE DER ARCHITEK-
TURTHEORIE (gta-Reihe)
2000. 318 S. mit 216 Abb.,
davon 10 farb., 17 × 24 cm
Br DM 75,– / öS 548,– / € 37,50 (D)
ISBN 3-7861-1759-4
Gebr. Mann Verlag

Ludwig Hilberseimer (Hrsg.)
Internationale Neue Baukunst
Neu herausgegeben und mit einem
Nachwort von Martin Kieren
1998. 68 S. mit 147 Abb., 22,5 × 29 cm
Ln DM 188,– / öS 1370,– / sFr 167,– /
€ 94,– (D)
ISBN 3-7861-1984-8
Gebr. Mann Verlag

Hermann Hipp / Ernst Seidl (Hg.)
Architektur als politische
Kultur
philosophia practica
1996. 338 Seiten mit 93 Abb., Namens-
und Ortsregister, 17 × 24 cm
Ln mit Schutzumschlag
DM 70,– / öS 511,– / sFr 63,– /
€ 35,– (D)
ISBN 3-496-01149-1
Dietrich Reimer Verlag

Stephan Höhne
in Höhne + Rapp Architekten
Kindertagesstätte Karow-Nord
Mit einem Essay von Martin Kieren und
Fotografien von Stefan Müller
2000. 48 S. mit 35 Abb., davon 2 farb.,
29,7 × 24 cm
Ppk DM 78,–/ öS 569,– / sFr 71,– /

€ 39,– (D)
ISBN 3-7861-1749-7
Gebr. Mann Verlag

Eilfried Huth
Architekt
Varietät als Prinzip
Hrsg. von Juliane Zach
1996. 144 S. mit 268 Abb., davon
17 farb., 24 × 21 cm
Ln DM 148,– / öS 1080,– / sFr 131,– /
€ 74,– (D)
ISBN 3-7861-1709-8
Gebr. Mann Verlag

Roland Jaeger
**Block & Hochfeld – die Archi-
tekten des Deutschlandhauses**
Bauten und Projekte in Hamburg
1921 – 1938
Exil in Los Angeles
1996. 248 S. mit 264 Abb., 24 × 30 cm
Ln DM 148,– / öS 1080,– / sFr 131,– /
€ 74,– (D)
ISBN 3-7861-1802-7
Gebr. Mann Verlag

Roland Jaeger
**Gustav Adolf Platz und sein
Beitrag zur Architekturhistorio-
graphie der Moderne**
ARCHITEKTUR-ARCHIV BAND 1
2000. 210 S. mit 43 Abb., 17 x 24 cm
Gb DM 128,– / öS 934,– / sFr 114,– /
€ 64,– (D)
ISBN 3-7861-2343-8
Gebr. Mann Verlag

JAHRBUCH DES DEUTSCHEN
WERKBUNDES
1912
**Die Durchgeistigung der
deutschen Arbeit**
Wege und Ziele in Zusammenhang von
Industrie / Handwerk und Kunst
Neu hrsg. und mit einem Vorwort von
Bernd Nicolai sowie einem Nachwort
(deutsch / englisch) zur Neuausgabe
von Frederik J. Schwartz
1999. XII, 150 S., 109 Taf.
mit 249 Abb., davon 40 farb., 18 S. mit
24 historischen Anzeigen,
und 32 S., 18,5 × 25 cm
Ln DM 268,– / öS 1956,– / sFr 238,– /
€ 134,– (D)
ISBN 3-7861-1864-7
Gebr. Mann Verlag

JAHRBUCH DES DEUTSCHEN
WERKBUNDES
1913
**Die Kunst in Industrie und
Handel**
Neu herausgegeben und mit einem
Vorwort von Bernd Nicolai sowie einem
Nachwort zur Neuausgabe
2000. XIV, 158 S., 1 Klapptaf., 126 Taf.
mit 185 Abb.; 44 S. mit 51 historischen
Anzeigen, davon 25 farb., und 32 S.
18,5 × 25 cm
Ln DM 268,– / öS 1956,– /
sFr 238,– / € 134,– (D)
ISBN 3-7861-1877-9
Gebr. Mann Verlag

Hans Jantzen
**Über den gotischen Kirchen-
raum und andere Aufsätze**
EDITION LOGOS
Mit einer Bibliographie Hans Jantzen
von Ulf Jantzen, und einem Nachwort
zur erw. Neuauflage von Ulrich Kuder
2000. 188 S. mit 61 Abb., 17 × 24 cm
Ppk DM 198,– / öS 1445,– / sFr 171,– /
€ 99,– (D)
ISBN 3-7861-1905-8
Gebr. Mann Verlag

Karin Carmen Jung
Potsdam. Am Neuen Markt
Ereignisgeschichte, Städtebau,
Architektur
1999. 184 S. mit 225 Abb., und
8 Farbtaf., 21 × 29,7 cm
Ln DM 138,– / öS 1007,– / s Fr 122,– /

€ 69,– (D)
ISBN 3-7861-2307-1
Gebr. Mann Verlag

Henrik Karge
**Die Kathedrale von Burgos
und die spanische Architektur
des 13. Jahrhunderts**
Französische Hochgotik in Kastilien
und León
English Summary – Resumen Español
1989. 242 S. mit 26 Abb; 110 Taf. mit
198 Abb., und 4 Beil., 21 × 29,7 cm
Ln DM 368,– / öS 2686,– / sFr 327,– /
€ 184,– (D)
ISBN 3-7861-1548-6
Gebr. Mann Verlag

Margrit Kennedy / Declan Kennedy
(Hg.)
**Handbuch ökologischer
Siedlungs(um)bau**
Erfahrungen bei Neubau und
Erneuerung von Wohnsiedlungen in
europäischen Ländern
Hg. Europäische Akademie für
städtische Umwelt Berlin
1998. 238 Seiten mit 50 Abb. und
124 Strichzeichnungen, 21 × 29,7 cm
Gb DM 70,– / öS 511,– / sFr 63,– /
€ 35,– (D)
ISBN 3-496-02638-3
Dietrich Reimer Verlag

Margrit Kennedy / Declan Kennedy
(Hg.)
**Designing Ecological
Settlements**
Ecological Planning and Building:
Experiences in new housing and in the
renewal of existing housing quarters in
European countries
Edited by the European Academy of the
Urban Environment, Berlin
2. Aufl. 2000. 230 Seiten mit 50 Abb. und
126 Strichzeichnungen, 21 × 29,7 cm
Gb DM 88,– / sFr 82,– / öS 642,– /
€ 44,– (D)
ISBN 3-496-02630-8
Dietrich Reimer Verlag

Hermann Kießling
Der Goldene Saal und die Fürstenzimmer im Augsburger Rathaus
1997. 440 S. mit 168 farb. und 300 s/w
Abb., 23 × 30,5 cm
Ln DM 98,– / sFr 89,– / öS 715,– /
€ 51,– (D)
ISBN 3-422-06198-3
Deutscher Kunstverlag

Marc Kocher
Skizzen für ein neues Stadt-quartier
Das Gelände des ehemaligen
Central-Vieh- und Schlachthofes
Berlin-Prenzlauer Berg
1999. 88 S. mit 44 Abb.,
davon 20 farb., 24 × 21 cm
Pp DM 98,– / öS 715,– /sFr 89,– /
€ 49,– (D)
ISBN 3-7861-2285-7
Gebr. Mann Verlag

Bettina Köhler
»Architektur ist die Kunst, gut zu bauen«
Charles Augustin D'Avilers *Cours
d'Architecture qui comprend les
Ordres de Vignole*
*STUDIEN UND TEXTE ZUR
GESCHICHTE DER ARCHITEKTUR-
THEORIE*
1997. 244 S. mit 97 Abb., und als

Beilage 12 S. Tafelsynopse zum *Cours
d'Architecture*, 17 × 24 cm
fBr DM 66,– / öS 482,– / € 33,– (D)
ISBN 3-7861-1787-X
Gebr. Mann Verlag

Arthur Korn
Glas
Im Bau und als Gebrauchsgegenstand
Mit einem Nachwort zur Neuausgabe
von Myra Warhaftig
1999. 254 S. mit 184 Abb., und 16 S.,
21 × 29,7 cm
Ln DM 288,– / öS 2102,– / s Fr 256,– /
€ 144,– (D)
ISBN 3-7861-2306-3
Gebr. Mann Verlag

Siegfried Kracauer
Die Entwicklung der Schmiedekunst in Berlin, Potsdam und einigen Städten der Mark vom 17. Jahrhundert bis zum Beginn des 19. Jahrhunderts
Mit einem Nachwort zur Neuausgabe von Lorenz Jäger
1997. X, 138 S. mit 144 Abb., 17 × 24 cm
Ln DM 198,– / öS 1445,– / sFr 176– /
€ 99,– (D)
ISBN 3-7861-1789-6
Gebr. Mann Verlag

Katharina Krause,
Die Maison de plaisance – Landhäuser in der Ile de France (1660–1730)
Kunstwissenschaftliche Studien Band 68
1996. 408 S. mit 348 Abb.
Ln DM 168,– / sFr 149,– / öS 1226,– /
€ 86,– (D)
ISBN 3-422-06175-4
Deutscher Kunstverlag

Richard Krautheimer
Die Kirchen der Bettelorden in Deutschland
EDITION LOGOS
Mit einem Nachwort zur Neuausgabe von Matthias Untermann
2000. VIII, 152 S. mit 13 Abb.;
1 Klappkarte, 43 Taf. mit 45 Abb., und 12 S., 17 × 24 cm
Ppk DM 188,– / öS 1372,– /

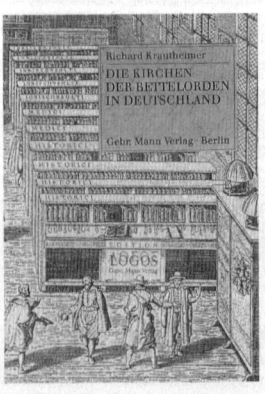

sFr 167,– / € 94,– (D)
ISBN 3-7861-2326-8
Gebr. Mann Verlag

Ulrich Kuder (Hrsg.)
Architektur und Ingenieurwesen zur Zeit der nationalsozialistischen Gewaltherrschaft 1933–1945
Im Auftrag des Rektorats und des Zentrums für Technik und Gesellschaft der Brandenburgischen Technischen Universität Cottbus
1997. 178 S. mit 93 Abb.,17 × 24 cm
Br DM 44,– / öS 321,– / sFr 41– /
€ 22,– (D)
ISBN 3-7861-1915-5
Gebr. Mann Verlag

Kunst als Bedeutungsträger
Gedenkschrift für Günter Bandmann
Hrsg. Eduard Trier, Reiner Haussherr und Werner Busch
1978. XVI, 590 S. mit 262 Abb., 14,8 × 21 cm
Ln DM 120,– / öS 876,– / sFr 106,50 /
€ 60,– (D)
ISBN 3-7861-1153-7
Gebr. Mann Verlag

DIE KUNSTDENKMÄLER IN BADEN-WÜRTTEMBERG
Hrsg. vom Landesdenkmalamt Baden-Württemberg
Stadtkreis Mannheim
Bearb. von Hans Huth
1982. 1840 S. mit 1279 Abb. und 12 Farbtaf., 17,5 × 25 cm
Ln 2 Bde. iSch zus. DM 220,– /
sFr 195,– / öS 1606,– / € 112,50 (D)
ISBN 3-422-00556-0
Deutscher Kunstverlag

Rems-Murr-Kreis
Bearb. von Adolf Schahl
1983. 1702 S. mit 1247 Abb. und 3 Farbtaf. sowie 3 Falttaf., 17,5 × 25 cm
Ln 2 Bde. iSch zus. DM 198,– /
sFr 176,– / öS 1445,– / € 102,– (D)
ISBN 3-422-00560-9
Deutscher Kunstverlag

Die Kunstdenkmäler der Stadt Schwäbisch Gmünd
Von Richard Strobel
Band II
**Kirchen der Altstadt
(ohne Heiligkreuzmünster)**
1995. 280 S. mit 333 s/w und 32 farb.
Abb. auf 20 Taf., 6 Falttaf., 21 × 30 cm
Band III
**Profanbauten der Altstadt
(ohne Stadtbefestigung)**
1995. 416 S. mit 572 s/w und 25 farb.
Abb. auf 12 Taf., 8 Falttaf., 21 × 30 cm
Ln beide Bde. zus. iSch DM 148,– /
sFr 131,– / öS 1080,– / € 75,80 (D)
ISBN 3-422-00569-2
Deutscher Kunstverlag

DIE KUNSTDENKMÄLER VON BAYERN
Hrsg. vom Bayerischen Landesamt für
Denkmalpflege
Band VI **Stadt Bamberg**
Teil 4
Bürgerliche Bergstadt
Von Tilmann Breuer und Reinhard
Gutbier
1996. 1712 S. mit 1653 Abb. und
11 Taf., 18 × 25,5 cm
Ln 2 Bde. iSch zus. DM 198,– /
sFr 176,– / öS 1445,– / € 102,– (D)
ISBN 3-422-00575-7
Deutscher Kunstverlag

DIE KUNSTDENKMÄLER VON BAYERN
– Neue Folge
Stadt Landsberg am Lech
Von Dagmar Dietrich u.a.
Band 1
**Einführung – Bauten in öffent-
licher Hand**
1995. 530 S. mit 445 s/w und 24 farb.
Abb., 1 Faltplan, 21 × 30,5 cm
Ln DM 98,– / sFr 89,– / öS 715,– /
€ 51,– (D)
ISBN 3-422-00571-4
Deutscher Kunstverlag

Band 2
Sakralbauten der Altstadt
1997. 730 S. mit 888 s/w und 29 farb.
Abb., 10 Faltpläne, 21 × 30,5 cm
Ln DM 148- / sFr 131,– / öS 1080,– /

€ 75,80 (D)
ISBN 3-422-00572-2
Deutscher Kunstverlag

Band 3
Bürgerbauten der Altstadt
1996. 686 S. mit 640 s/w und 14 farb.
Abb., 4 Faltpläne, 21 × 30,5 cm
Ln DM 128,– / sFr 114,– / öS 934,– /
€ 65,50 (D)
ISBN 3-422-00573-0
Deutscher Kunstverlag

Band 4
**Vorstadtbereiche und
eingemeindete Dörfer**
1999. 684 S. mit 928 s/w und 37 farb.
Abb., 21 × 30,5 cm
Ln DM 98,– / sFr 89,– / öS 715,– /
€ 51,– (D)
ISBN 3-422-00574-9
Deutscher Kunstverlag

DIE KUNSTDENKMÄLER VON
RHEINLAND-PFALZ
Hrsg. vom Landesamt für Denkmal-
pflege in Rheinland-Pfalz
8. Stadt Boppard
(Die Kunstdenkmäler des Rhein-Huns-
rück-Kreises, Teil 2.1)
Bearb. von Alkmar von Ledebur
1988. 1012 S. mit 790 Abb. und 25 Falt-
taf., 17,5 × 25,5 cm
Ln 2 Bde. iSch zus. DM 130,– /
sFr 115,– / öS 949,– / € 66,50 (D)
ISBN 3-422-00567-6
Deutscher Kunstverlag

9. Stadt Oberwesel
Bearb. von Eduard Sebald
Band I: **Die Kirchen der
Kernstadt**
1996. 732 S. mit 470 s/w und 22 farb.
Abb. auf 14 Taf., 9 Falttaf.,
17,5 × 25,5 cm
Band II: **Profanbauten der
Kernstadt und Stadtteile**
1997. 482 S. mit 327 Abb., 2 Falttaf.
Ln beide Bde. iSch zus. DM 150,– /
sFr 134,– / öS 1095,– / € 76,80 (D)
ISBN 3-422-00576-5
Deutscher Kunstverlag

Bezirksamt Bergzabern
Unveränderter Nachdruck der Ausgabe
von 1935 (Die Kunstdenkmäler der
Pfalz Bd. IV), 1976. 528 S. mit
346 Abb., 17,5 × 25,5 cm
Ln DM 88,– / sFr 80,– / öS 642,– /
€ 45,– (D)
ISBN 3-422-00549-8
Deutscher Kunstverlag

**Stadt und Landkreis
Frankenthal**
Unveränderter Nachdruck der Ausgabe
von 1939 (Die Kunstdenkmäler der
Pfalz Bd. VIII), 1982. 516 S. mit
395 Abb., 17,5 × 25,5 cm
Ln DM 88,– / sFr 80,– / öS 642,– /
€ 45,– (D)
ISBN 3-422-00559-5
Deutscher Kunstverlag

**Stadt und Bezirksamt Neustadt
a. Haardt**
Unveränderter Nachdruck der Ausgabe
von 1926 (Die Kunstdenkmäler der
Pfalz Bd. I)
1979. 332 S. mit 220 Abb., 16 Taf.,
17,5 × 25,5 cm
Ln DM 88,– / sFr 80,– / öS 642,– /
€ 45,– (D)
ISBN 3-422-00554-4
Deutscher Kunstverlag

DIE KUNSTDENKMÄLER DES LANDES
SCHLESWIG-HOLSTEIN
Hrsg. im Auftrag des Kultus-
ministeriums
**Die Kunstdenkmäler der Stadt
Schleswig**
Zweiter Band: Der Dom zu Schleswig
und der ehemalige Dombezirk
Bearb. von Dietrich Ellger
1966. 728 S. mit 541 Abb. und 4 Falt-
taf., 18 × 25,5 cm
Ln DM 75,– / sFr 68,– / öS 548,– /
€ 38,50 (D)
ISBN 3-422-00528-5
Deutscher Kunstverlag

**Die Kunstdenkmäler der Stadt
Schleswig**
Dritter Band: Kirchen, Klöster und
Hospitäler

Bearb. von Deert Lafrenz
1985. 428 S. mit 288 Abb.,
18 × 25,5 cm
Ln DM 70,– / sFr 63,50 / öS 511,– /
€ 35,80 (D)
ISBN 3-422-00562-5
Deutscher Kunstverlag

KUNST, KULTUR UND POLITIK IM
DEUTSCHEN KAISERREICH
Schriften eines Projektkreises der
Fritz-Thyssen-Stiftung
Leitung: Stephan Waetzoldt
Jeder Band 16,5 × 23,5 cm

Band 1
**Kunstverwaltung, Bau- und
Denkmal-Politik im Kaiserreich**
Hrsg. Ekkehard Mai und
Stephan Waetzoldt
1981. 490 S. mit 171 Abb.
Br DM 69,– / öS 504,– / sFr 62,50 /
€ 34,50 (D)
ISBN 3-7861-1321-1
Gebr. Mann Verlag

Band 4
Das Rathaus im Kaiserreich
Kunstpolitische Aspekte einer Bau-
aufgabe des 19. Jahrhunderts
Hrsg. Ekkehard Mai, Jürgen Paul und
Stephan Waetzoldt
1982. 518 S. mit 239 Abb.
Ln DM 175,– / öS 1278,– / sFr 155,– /
€ 87,50 (D)
ISBN 3-7861-1339-4
Gebr. Mann Verlag

Band 5
Klaus Nohlen
**Baupolitik im Reichsland
Elsaß-Lothringen**
1871–1918
Die repräsentativen Staatsbauten
um den ehemaligen Kaiserplatz in
Straßburg
1982. 374 S. mit 211 Abb. und 1 Falttaf.
Ln DM 127,– / öS 927,– / sFr 113,– /
€ 63,50 (D)
ISBN 3-7861-1318-1
Gebr. Mann Verlag

Friedrich Leyden
**Groß-Berlin. Geographie der
Weltstadt**
Mit einem Nachwort von Hans-Werner
Klünner
*BERLINISCHE BIBLIOTHEK
im Gebr. Mann Verlag*
1995. II, 230 S. mit 73 Abb., 17 × 24 cm
Ln DM 148,– / öS 1080,– / sFr 131,– /
€ 74,– (D)
ISBN 3-7861-1819-1
Gebr. Mann Verlag

Alfred Lichtwark
Palastfenster und Flügeltür
EDITION ARS ET ARCHITECTURA
Mit einem Nachwort zur Neuausgabe
von Manfred F. Fischer
2000. XII, 204 S. und 30 S.,
14,8 × 21 cm
Gb DM 168,– / öS 1226,– /

ALFRED
LICHTWARK
PALAST-
FENSTER
UND
FLÜGELTÜR

Gebr. Mann Verlag · Berlin

sFr 149,– / € 84,– (D)
ISBN 3-7861-2340-3
Gebr. Mann Verlag

Wolfgang Liebenwein
Studiolo
Die Entstehung eines Raumtyps und
seine Entwicklung bis um 1600
*FRANKFURTER FORSCHUNGEN ZUR
KUNST, Band 6*
1977. 264 S. mit 42 Abb., und 48 Taf.
mit 122 Abb., 17,5 × 25 cm
DM 148,– / öS 1080,– / sFr 131,– /
€ 74,– (D)
ISBN 3-7861-4000-6
Gebr. Mann Verlag

Wilhelm Lotz
**Wie richte ich meine
Wohnung ein?**
- modern - gut - mit welchen Kosten? -
um 1930
Mit einem Nachwort zur Neuausgabe
von Sonja Günther
1999. II, 190 S. mit 390 Abb.,
und 12 S., 14,8 × 21 cm
Ln DM 152,– / öS 1110,– / sFr 131,– /
€ 76,– (D)
ISBN 3-7861-1851-5
Gebr. Mann Verlag

Hakon Lund / Anne Lise Thygesen
Christian Frederik Hansen
Aus dem Dänischen übers. von
Wolfgang Benkendorf, wiss. bearb. von
Hans-Dieter Nägelke und Jens Martin
Neumann

1999. 2 Bde. im Schmuckschuber
Bd. 1: 384 S. mit 360 farb. u. 75 sw Abb.
Bd. 2: 324 S. mit 275 farb. u. 45 sw Abb.
Ln zus. DM 298,– / sFr 265,– / öS 2175,–
€ 155,– (D)
ISBN 3-422-06247-5
Deutscher Kunstverlag

Hans Mackowsky
**Häuser und Menschen im
alten Berlin**
Mit dreiunddreißig Abbildungen und
einem Nachwort zur Neuauflage von
Hans-Werner Klünner
*BERLINISCHE BIBLIOTHEK
im Gebr. Mann Verlag*
1996. X, 190 S. und 32 Taf. mit 35 Abb.,
17 × 24 cm
Ln DM 168,– / öS 1226,– / sFr 149,– /
€ 84,– (D)
ISBN 3-7861-1803-5
Gebr. Mann Verlag

Emanuel Josef Margold (Hrsg.)
Bauten
der Volkserziehung und
Volksgesundheit
Mit einem Nachwort zur Neuausgabe
von Myra Warhaftig
1999. XVIII, 362 S. mit 420 Abb., und
20 S., 21 × 29,7 cm
Ln DM 398,– / öS 2905,– / sFr 354,– /
€ 199,– (D)
ISBN 3-7861-1883-3
Gebr. Mann Verlag

Paul Mebes
Um 1800
Architektur und Handwerk im
letzten Jahrhundert ihrer traditionellen
Entwicklung
Mit einem Nachwort zur Neuausgabe
von Ulrich Conrads
ARCHITECTURA UNIVERSALIS
2001. II, XII S., 306 S. mit 547 Abb.
u. VI S., 21 × 29,7 cm
Ln DM 348,– / öS 2540,– /
sFr 309,– / € 174,– (D)
ISBN 3-7861-1843-4
Gebr. Mann Verlag

Erich Mendelsohn
Neues Haus – Neue Welt
Mit Vorworten von Amédée Ozenfant
und Erwin Redslob und einem Nach-
wort zur Neuausgabe von Bruno Zevi
Text: Deutsch – Englisch – Französisch
1997. 80 S. mit 74 Abb., 29 × 29 cm
Ln 148,– / öS 1080,– / sFr 131,– /
€ 74,– (D)
ISBN 3-7861-1934-1
Gebr. Mann Verlag

Andrea Mesecke / Thorsten Scheer
Josef Paul Kleihues
The Museum of Contemporary Art
Chicago
with a foreword by Udo Kultermann
photographs by Hélène Binet
1996. 128 S. mit 152 Novatone-Abb.
und 8 Farbabb., 21 × 33 cm
Ln DM 98,– / öS 715,– / sFr 89,– /

€ 49,– (D)
ISBN 3-7861-1436-6
Gebr. Mann Verlag

Alfred Gotthold Meyer
Eisenbauten
Ihre Geschichte und Ästhetik
Mit einem Nachwort zur Neuausgabe
von Tilmann Johannes Heinisch
1997. XIV, 202 S. mit 100 Abb., und
27 Taf. mit 33 Abb., 17 × 24 cm
Ln DM 298,– / öS 2175,– / sFr 265– /
€ 149,– (D)
ISBN 3-7861-1929-5
Gebr. Mann Verlag

Jochen Meyer
**Theaterbautheorien zwischen
Kunst und Wissenschaft**
Die Diskussion über Theaterbau im
deutschsprachigen Raum in der ersten
Hälfte des 19. Jahrhunderts
*STUDIEN UND TEXTE ZUR
GESCHICHTE DER ARCHITEKTUR-
THEORIE*
1998. 388 S. mit 177 Abb., 17 × 24 cm
fBr DM 139,– / öS 1015,– / € 69,50
ISBN 3-7861-1764-0
Gebr. Mann Verlag

Antje Middeldorf Kosegarten
Die Domfassade in Orvieto
Studien zur Architektur und Skulptur
1290–1330
*KUNSTWISSENSCHAFTLICHE STUDIEN
BAND 66*
1996. 144 S. mit 115 Abb.
Ln DM 98,– / sFr 89,– / öS 715,– /
€ 51,– (D)
ISBN 3-422-06176-2
Deutscher Kunstverlag

Leberecht Migge
»Der soziale Garten«
Das grüne Manifest
Mit einem Nachwort zur Neuausgabe
›Deutsche Binnenkolonisation–Sach-
grundlagen des Siedlungswesens‹ von
Reuß, Jürgen von
1999. II, 198 S. mit 97 Abb.,
und 14 S., 14,8 × 21 cm
Ln DM 148,– / öS 1080,– / s Fr 131,– /

€ 74,– (D)
ISBN 3-7861-2291-1
Gebr. Mann Verlag

**Moderner Berliner Zweckbau
Verwaltungsgebäude**
Hrsg. Hermann Werner – Vorwort Fritz
Hellwag – Nachwort Helmut Geisert
1999. II, 126 S. mit 146 Abb.,
19,5 × 26 cm
Gb DM 148,– / öS 1080,– / sFr 131,– /
€ 74,– (D)
ISBN 3-7861-1990-2
Gebr. Mann Verlag

Stanislaw Mossakowski
**Tilman van Gameren
Leben und Werk**
Aus dem Polnischen von
Juliane Marquard-Twarowski
1994. 370 S. mit 355 sw Abb., Katalog
der Bauten u. Entwürfe
Ln DM 148,– / sFr 131,– / öS 1080,– /
€ 75,80 (D)
ISBN 3-422-06097-9
Deutscher Kunstverlag

Werner Müller
**Grundlagen gotischer
Bautechnik**
ars sine scientia nihil
1990. 320 S. mit 255 Abb.
Ln DM 160,– / sFr 142,– / öS 1168,– /
€ 82,– (D)
ISBN 3-422-06055-3
Deutscher Kunstverlag

Lewis Mumford
Vom Blockhaus zum Wolkenkratzer
Eine Studie über amerikanische
Architektur und Zivilisation
Mit einem Nachwort zur Neuausgabe
von Flierl, Bruno
1997. 308 S. und 25 Taf., 13 × 19,5 cm
Ln DM 148,– / öS 1080,– / sFr 131,– /
€ 74,– (D)
ISBN 3-7861-1943-0
Gebr. Mann Verlag

Hermann Muthesius
Das englische Haus
Entwicklung, Bedingungen, Anlage,
Aufbau, Einrichtung und Innenraum
1999.
Band I: *Entwicklung des englischen
Hauses.* VIII, XII S. und 220 S.
mit 208 Abb.
Band II: *Bedingungen, Anlage,
gärtnerische Umgebung, Aufbau und
gesundheitliche Einrichtungen des
englischen Hauses.* XII und 238 S.
mit 256 Abb.
Band III: *Der Innenraum des
englischen Hauses.* XII, XXVI S., 240 S.
mit 298 Abb.
Beiheft: *Bock, Henning. Einführung
zu Hermann Muthesius: Das englische
Haus.*
24 S mit 1 Abb.; 21 × 29,7 cm
Ln iSch DM 510,– / öS 3723,– /
sFr 442,– / € 255,– (D)
ISBN 3-7861-1853-1
Gebr. Mann Verlag

Hermann Muthesius DAS
ENGLISCHE HAUS

I
Entwicklung

Gebr. Mann Verlag · Berlin

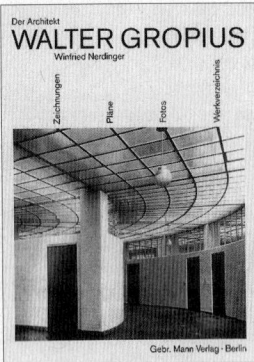

Der Architekt
WALTER GROPIUS
Winfried Nerdinger

Gebr. Mann Verlag · Berlin

Winfried Nerdinger
Der Architekt Walter Gropius
The Architect Walter Gropius
Zeichnungen, Pläne, Fotos aus dem
Busch-Reisinger-Museum der Harvard
University Art Museums,
Cambridge/Mass. und dem Bauhaus-
Archiv Berlin
Mit einem kritischen Werkverzeichnis
Drawings, Prints and Photographs
from Busch-Reisinger-Museum,
Harvard University Art Museums,
Cambridge/Mass. and from Bauhaus-
Archiv Berlin
with complete project catalogue
2., erw. und durchges. Auflage 1996.
316 S. mit 434 Abb., davon 49 Duplex
und 15 farb., 24 × 29,3 cm
Ln DM 104,– / öS 759,– / sFr 91,– /
€ 52,– (D)
ISBN 3-7861-1844-2
Gebr. Mann Verlag

NEUE BAUHAUSBÜCHER
Neue Folge der von Walter Gropius und
Laszlo Moholy-Nagy, begründeten
»bauhausbücher«
Hrsg. Hans M.Wingler
Jeder Band 18 × 25 cm, Ln

Walter Gropius
**Die neue Architektur und das
Bauhaus**
Grundzüge und Entwicklung einer
Konzeption
2. Aufl. 1979. 74 S. mit 37 Abb.
DM 45,– / öS 329,– / sFr 41,30 /

€ 22,50 (D)
ISBN 3-7861-1457-9
Gebr. Mann Verlag

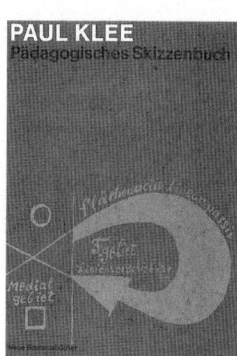

Paul Klee
Pädagogisches Skizzenbuch
4. Aufl. 1997. 58 S. mit 87 Abb.
DM 69,- / öS 504,- / sFr 62,- /
€ 34,50 (D)
ISBN 3-7861-1458-7
Gebr. Mann Verlag

Oskar Schlemmer / Laszlo Moholy-
Nagy / Farkas Molnár
Die Bühne im Bauhaus
Nachwort von Walter Gropius
3. Aufl. 1985. 94 S. mit 60 Abb.,
davon 2 farb., 1 farb. Faltblatt und
1 Transparentblatt
DM 45,- / öS 329,- / sFr 41,30 /
€ 22,50 (D)
ISBN 3-7861-1459-5
Gebr. Mann Verlag

Hans M.Wingler
**Die Mappenwerke
›Neue Europäische Graphik‹**
(Die künstlerische Graphik des Bauhauses für das Bauhausarchiv hrsg.
von Hans M.Wingler)
1965. 84 S. mit 10 Abb. und 76 Taf. mit
75 Abb., davon 11 farb.,
20 × 26,7 cm
DM 68,- / öS 496,- / sFr 62,- /
€ 34,- (D)
ISBN 3-7861-1460-9
Gebr. Mann Verlag

Theo van Doesburg
**Grundbegriffe der neuen
gestaltenden Kunst**
Mit einem Beitrag des Herausgebers
und einem Nachwort von H. L. C.Jaffé
2. Aufl. 1981. VIII, 76 S. mit 32 Abb.,
davon 2 farb.
DM 44,- / öS 321,- / sFr 41- /
€ 22,- (D)
ISBN 3-7861-1461-7
Gebr. Mann Verlag

Walter Gropius
Apollo in der Demokratie
1967. 140 S. mit 71 Abb.
DM 48,- / öS 350,- / sFr 44,50 / € 24,-
ISBN 3-7861-1463-3
Gebr. Mann Verlag

Ludwig Hilberseimer
**Berliner Architektur der
20er Jahre**
Mit einem Nachwort des Herausgebers
2., unveränd. Aufl. 1992. 104 S.
mit 51 Abb.
DM 58,- / öS 423,- / sFr 52,50 /
€ 29,- (D)
ISBN 3-7861-1464-1
Gebr. Mann Verlag

Laszlo Moholy-Nagy
Malerei – Fotografie – Film
Mit einer Anmerkung des Herausgebers
und einem Nachwort von Otto Stelzer
3. Aufl., 2000. 150 S. mit 113 Abb.
DM 59,80 / öS 437,- / sFr 54 /
€ 29,90 (D)
ISBN 3-7861-1465-X
Gebr. Mann Verlag

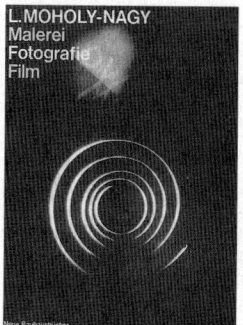

Laszlo Moholy-Nagy
Von Material zu Architektur
Faksimile der 1929 erschienenen
Erstausgabe
Mit einem Aufsatz von Otto Stelzer und
einem Beitrag des Herausgebers
1968. 252 S. mit 211 Abb.
DM 48,– / öS 350,– / sFr 44,50 /
€ 24,– (D)
ISBN 3-7861-1466-8
Gebr. Mann Verlag

Oskar Schlemmer
Der Mensch
Unterricht am Bauhaus
Nachgelassene Aufzeichnungen
Redigiert, eingeleitet und kommentiert
von Heimo Kuchling
1969. 158 S. mit 85 Abb.
DM 50,– / öS 365,– / sFr 45,70 /
€ 25,– (D)
ISBN 3-7861-1467-6
Gebr. Mann Verlag

Gyorgy Kepes
Sprache des Sehens
1971. 200 S. mit 296 Abb., davon
6 farb., 20 × 26,7 cm
DM 68,– / öS 496,– / sFr 62,– /
€ 34,– (D)
ISBN 3-7861-1468-4
Gebr. Mann Verlag

Serge Chermayeff /
Christopher Alexander
**Gemeinschaft und Privatbereich
im neuen Bauen**
Auf dem Wege zu einer humanen
Architektur
Mit einem Vorwort von Kenneth
Rexroth und einem Nachwort von
H. M.Wingler
1971, 212 S. mit 88 Abb.
DM 48,– / öS 350,– / sFr 44,50 /
€ 24,– (D)
ISBN 3-7861-1469-2
Gebr. Mann Verlag

Sibyl Moholy-Nagy
**Laszlo Moholy-Nagy. Ein Total-
experiment**
Mit einem Vorwort von Walter Gropius

1972. 204 S. mit 82 Abb., davon 4 farb.
DM 56,– / öS 409,– / sFr 51,– /
€ 28,– (D)
ISBN 3-7861-1470-6
Gebr. Mann Verlag

Walter Gropius
Bauhausbauten Dessau
Mit einer Vorbemerkung des Heraus-
gebers
2., unveränd. Aufl. 1997. 224 S. mit
203 Abb.
DM 86,– / öS 628,– / sFr 76,– /
€ 43,– (D)
ISBN 3-7861-1471-4
Gebr. Mann Verlag

Piet Mondrian
Neue Gestaltung
Neoplastizismus – Nieuwe Beelding
Mit einem Nachwort des Herausgebers
1974. 72 S.
DM 38,– / öS 277,– / sFr 35,– /
€ 19,– (D)
ISBN 3-7861-1472-2
Gebr. Mann Verlag

J. J. P. Oud
Holländische Architektur
Mit einem Nachwort von H. L. C. Jaffé
1976. 90 S. mit 39 Abb.
DM 44,– / öS 321,– / sFr 41– /
€ 22,– (D)
ISBN 3-7861-1473-0
Gebr. Mann Verlag

Albert Gleizes
Kubismus
Mit einer Vorbemerkung des
Herausgebers und einem Nachwort
von Eberhard Steneberg
1980. 102 S. mit 47 Abb., und VI S.
DM 48,– / öS 350,– / sFr 44,50 /
€ 24,– (D)
ISBN 3-7861-1474-9
Gebr. Mann Verlag

Kasimir Malewitsch
Die gegenstandslose Welt
Mit einer Anmerkung des Herausgebers
und einem Vorwort von Stephan v. Wiese
1980. XX, 142 S. mit 92 Abb.

DM 59,80,– / öS 437,– / sFr 54,– /
€ 29,90 (D)
ISBN 3-7861-1475-7
Gebr. Mann Verlag

Neue Arbeiten der Bauhaus-werkstätten
Mit einer Anmerkung des Herausgebers
und einem Kommentar von Heinz
Spielmann
1981. 115 S. mit 108 Abb.; 4 Farbtaf.
und XI S.
DM 44,– / öS 321,– / sFr 41– /
€ 22,– (D)
ISBN 3-7861-1476-5
Gebr. Mann Verlag

Walter Gropius
Internationale Architektur
Mit einer Anmerkung des Herausgebers
und einem Nachwort von Peter Hahn
1981. 110 S. mit 106 Abb., und VI S.
DM 44,– / öS 321,– / sFr 41– /
€ 22,– (D)
ISBN 3-7861-1477-3
Gebr. Mann Verlag

Günther Stamm
J. J. P. Oud
Bauten und Projekte 1906 bis 1963
Hrsg. Brigitte Stamm
1984. 176 S. mit 127 Abb., 20 × 26,7 cm
Ln DM 76,– / öS 555,– / sFr 69,– /
€ 38,– (D)
ISBN 3-7861-1478-1
Gebr. Mann Verlag

Christian Grohn
Die »Bauhaus-Idee«
Entwurf – Weiterführung – Rezeption
Mit einem Vorwort von Peter Hahn
1991. 132 S. mit 24 Abb., 17 × 24 cm
Ln DM 52,– / öS 380,– / sFr 47,30 /
€ 26,– (D)
ISBN 3-7861-1523-0
Gebr. Mann Verlag

Claudia Müller
Typofoto
Wege der Typographie zur Foto-Text-
Montage bei Laszlo Moholy-Nagy
1994. 160 S. mit 21 Abb., 17 × 24 cm

Ln DM 69,– / öS 504,– / sFr 62,50 /
€ 34,50 (D)
ISBN 3-7861-1720-9
Gebr. Mann Verlag

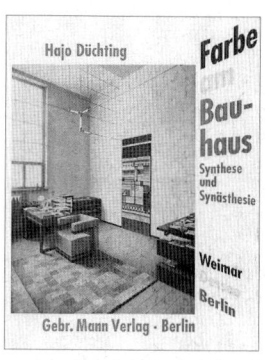

Hajo Düchting
Farbe am Bauhaus
Synthese und Synästhesie
1996. 320 S. mit 203 Abb., davon
80 farb., 21 × 26,9 cm
Ln DM 258,– / öS 1883,– / sFr 224,– /
€ 129,– (D)
ISBN 3-7861-1667-9
Gebr. Mann Verlag

Neues Bauen in Berlin
Hrsg. von Heinz Johannes (1931) und
einem Nachwort zur Neuausgabe von
Roland Jaeger
1998. 100 S. mit 176 Abb.; 10 S. mit
10 historischen Anzeigen; × S. und
1 farb. Faltplan als Beilage, 13,5 × 25 cm
fBr DM 84,– / öS 613,– / sFr 76,– /
€ 42,– (D)
ISBN 3-7861-1983-X
Gebr. Mann Verlag

Neues Bauen – Neues Leben
Die 20er Jahre in Magdeburg
Hrsg. von Ute Maasberg, Regina Prinz
und Christian Gries
2000. 336 Seiten mit 200 sw und
20 farb. Abb., 21 × 28 cm
Br DM 68,–* / sFr 62,–* / öS 496,–* /
€ 34,80*(D)
ISBN 3-422-06289-0
Deutscher Kunstverlag

NEUE WERKKUNST
Neu herausgegeben von Roland Jaeger

Josef Bachem
Mit einem Nachwort zur Neuausgabe
von Christian Welzbacher
2001. 26 S. mit 4 Abb., 20 Taf. mit
31 Abb.; 10 S. mit 39 historischen
Anzeigen, und XIV S. mit 7 Abb.
19,5 × 26 cm
Gb DM 168,– / öS 1226,– /
sFr 145,– / € 84,– (D)
ISBN 3-7861-2349-7
Gebr. Mann Verlag

Fritz August Breuhaus de Groot
Mit Texten (deutsch / englisch) von
Herbert Eulenberg und Max Osborn
und mit einem Nachwort zur
Neuausgabe von Catharina Berents
1999. IV, XXVI S. mit 3 Abb.; 76 S. mit

143 Abb.; 13 Taf. mit 19 Abb., davon 17
farb.; 38 S. mit 55 historischen
Anzeigen, und XX S. mit 11 Abb.,
19,5 × 26 cm
Ln DM 248,– / öS 1810,– / sFr 220,– /
€ 124,– (D)
ISBN 3-7861-2281-4
Gebr. Mann Verlag

Theo Effenberger
Mit einer Einleitung von Konrad Hahm
und einem Nachwort zur Neuausgabe
von Christine Nielsen
2000. IV, XVI S. mit 12 Abb.; 34 Taf.
mit 50 Abb., und XVIII S. mit 14 Abb.,
19,6 × 26 cm
Ln DM 138,– / öS 1007,– / sFr 122,– /
€ 69,– (D)
ISBN 3-7861-2339-X
Gebr. Mann Verlag

Parkhotel Haus Rechen Bochum
erbaut von
Emil Fahrenkamp
Mit einer Einleitung von Paul Joseph
Cremers und einem Nachwort zur
Neuausgabe von Christoph Heuter
1999. IV S., 94 S. mit 58 Abb.; 16 S. mit
25 historischen Anzeigen, und
XVI S. mit 7 Abb., 19,5 × 26 cm
Ln DM 158,– / öS 1153,– / s Fr 140,– /
€ 79,– (D)
ISBN 3-7861-2282-2
Gebr. Mann Verlag

**Alfred Fischer-Essen
Verwaltungsgebäude
Ruhrsiedlungsverband Essen**
Mit einem Vorwort von Ph. A. Rappaport, Beiträge von Rob Schmidt und Alfred Fischer-Essen sowie einem Nachwort zur Neuausgabe von Wilhelm Busch
1998. IV, XVI S., 40 S. mit 33 Abb., 24 S. mit 53 historischen Anzeigen, und XII S., 19,5 × 26 cm
Ln DM 148,– / öS 1080,– / sFr 131,– / € 74,– (D)
ISBN 3-7861-2254-7
Gebr. Mann Verlag

Robert Friedmann
Mit einer Einleitung von Herbert Eulenberg und einem Nachwort zur Neuausgabe von Wolfgang Voigt
2000. IV, VIII S., 64 S., mit 66 Abb., 40 S. mit 50 historischen Anzeigen, und XX S. mit 20 Abb.
19,5 × 26 cm,
Ln DM 138,– / öS 1007,– / sFr 122,– / € 69,– (D)
ISBN 3-7861-2284-9
Gebr. Mann Verlag

Alfred Grenander
Mit einer Einleitung von Martin Richard Möbius und einem Nachwort zur Neuausgabe von Bettina Güldner
2000. 18 S. mit 18 Abb.; 86 S. mit 76 Abb.; 36 S. mit 76 historischen Anzeigen,

und XII S., 19,5 × 26 cm
Ln DM 168,– / öS 1226,– / sFr 149,– / € 84,– (D)
ISBN 3-7861-2283-0
Gebr. Mann Verlag

Hanns Hopp. Ein Architekt in Ostpreußen
Mit einer Einleitung von E. Kurt Fischer und einem Nachwort zur Neuausgabe von Gabriele Wiesemann
1998. IV, 18 S., 40 Taf. mit 64 Abb.; 36 S. mit 53 historischen Anzeigen, und 3 S. 19,5 × 26 cm
Ln DM 128,– / öS 934,– / sFr 114,– / € 64,– (D)
ISBN 3-7861-1835-3
Gebr. Mann Verlag

Oskar Kaufmann
Mit einer Einleitung von Max Osborne und einem Nachwort zur Neuausgabe von Myra Warhaftig
1996. IV, XXII S., 64 S. mit 69 Abb., und XIV S. mit 1 Abb., 19,5 × 26 cm
Ln DM 124,– / öS 905,– / sFr 110,– / € 62,– (D)
ISBN 3-7861-1916-3
Gebr. Mann Verlag

Bauten Theo Kellner und Felix H. Hinssen
Mit einem Nachwort zur Neuausgabe von Mark Escherich
2000. 20 S. mit 12 Abb., 23 Taf. mit 51 Abb.; 22 S. mit 58 historischen

BAUTEN
THEO KELLNER FELIX H. HINSSEN

Anzeigen, und XII S. mit 5 Abb.
19,5 × 26 cm
Gb DM 168,– / öS 1226,– /
sFr 149,– / € 84,– (D)
ISBN 3-7861-2350-0
Gebr. Mann Verlag

Otto Kohtz

Mit einer Einleitung
von Werner Hegemann
und einem Nachwort zur Neuausgabe
von Harold Hammer-Schenk
1996. IV, XIV S. mit 34 Abb.; 22 S. mit
48 historischen Anzeigen, und XII
S. mit 2 Abb., 19,5 × 26 cm
Ln DM 148,– / öS 1080,– / sFr 131,– /
€ 74,– (D)
ISBN 3-7861-1814-0
Gebr. Mann Verlag

Jean Krämer

Mit einer Einleitung von Max Osborn
und einem Nachwort zur Neuausgabe
von Piergiacomo Bucciarelli
1996. IV, XIV S., 74 S. mit 101 Abb.,
54 S. mit 51 historischen Anzeigen,
und 3 S., 19,5 × 26 cm
Ln DM 124,– / öS 905,– / sFr 110,– /
€ 62,– (D)
ISBN 3-7861-1832-9
Gebr. Mann Verlag

Wilhelm Kreis

Mit zwei Beiträgen von Wilhelm Kreis
und einem Nachwort zur Neuausgabe
von Achim Preiß

1997. VI, XVIII S. mit 1 Abb.; 68 S. mit
92 Abb., und XII S., 19,5 × 26 cm
Ln DM 148,– / öS 1080,– / sFr 131,– /
€ 74,– (D)
ISBN 3-7861-1971-6
Gebr. Mann Verlag

Richard Kuöhl

Mit einer Einleitung von Rudolf
Schmidt
und einem Nachwort zur Neuausgabe
von Roland Jaeger
1998. IV, XX S., 64 S. mit 40 Abb., 16 S.
mit 21 historischen Anzeigen, und
XVI S. mit 8 Abb., 19,5 × 26 cm
Ln DM 148,– / öS 1080,– / sFr 131,– /
€ 74,– (D)
ISBN 3-7861-1970-8
Gebr. Mann Verlag

Architekten Lossow & Kühne. Dresden

Mit einer Einleitung
von Werner Hegemann
und einem Nachwort zur Neuausgabe
von Angela Hartmann
1998. IV, XVIII S., 86 S. mit 54 Abb.;
40 S. mit 81 historischen Anzeigen,
und XIV S. mit 5 Abb., 19,5 × 26 cm
Ln DM 168,– / öS 1226,– / sFr 149,– /
€ 84,– (D)
ISBN 3-7861-2256-3
Gebr. Mann Verlag

Wilhelm Riphahn

Mit einer Einleitung von H. de Fries
und einem Nachwort zur Neuausgabe

von Wolfram Hagspiel
1996. IV, 78 S. mit 41 Abb.; 14 S. mit
historischen Anzeigen, und XXII S. mit
21 Abb., 19,5 × 26 cm
Ln DM 148,– / öS 1080,– / sFr 131,– /
€ 74,– (D)
ISBN 3-7861-1813-2
Gebr. Mann Verlag

Otto Rudolf Salvisberg

Mit einer Einleitung von Paul West-
heim und einem Nachwort zur
Neuausgabe von Matthias Schirren
2000. IV, 7 S. mit 2 Abb., 91 Taf. mit
75 Abb., und XVI S. mit 7 Abb.
19,5 × 26 cm
Ln DM 168,– / öS 1226,– /
sFr 149,– / € 84,– (D)
ISBN 3-7861-1780-2
Gebr. Mann Verlag

Johann Emil Schaudt

Mit einer Einleitung von Max Osborn
und einem Nachwort zur Neuausgabe
von Wolfgang Schäche
1996. IV, XXIV S., 96 S. mit 49 Abb.,
52 S. mit 52 historischen Anzeigen,
und VIII S., 19,5 × 26 cm
Ln DM 124,– / öS 905,– / sFr 110,– /
€ 62,– (D)
ISBN 3-7861-1831-0
Gebr. Mann Verlag

Fritz Schupp
Martin Kremmer

Mit einer Einleitung von
Kurt Wilhelm-Kästner

und einem Nachwort zur Neuausgabe
von Wilhelm Busch
1997. IV, 16 S. mit 8 Abb.; 54 S. mit
61 Abb.; 24 S. mit 39 historischen
Anzeigen, und XII S. mit 1 Abb.,
19,5 × 26 cm
Ln DM 148,– / öS 1080,– / sFr 131,– /
€ 74,– (D)
ISBN 3-7861-1938-4
Gebr. Mann Verlag

Heinrich Straumer

Mit einer Einleitung von Fritz Stahl
und einem Nachwort zur Neuausgabe
von Angelika Kaltenbach
1997. IV, XII S., 82 S. mit 117 Abb., und
XVI S., 19,5 × 26 cm
Ln DM 148,– / öS 1080,– / sFr 131,– /
€ 74,– (D)
ISBN 3-7861-1937-6
Gebr. Mann Verlag

Fritz Wilms –
Lichtspieltheaterbauten

Mit einer Einleitung von Alfred Wede-
meyer und einem Nachwort zur Neuausgabe von Alfons Arns
2000. IV, XX S., 39 Taf. mit 60 Abb., und
XLVI S. mit 16 Abb. 19,5 × 26 cm
Ln DM 128,– / öS 934,– / sFr 114,– /
€ 64,– (D)
ISBN 3-7861-2280-6
Gebr. Mann Verlag

Roland Jaeger
Neue Werkkunst
Architektenmonographien der zwanziger Jahre mit einer Basis-Bibliographie deutschsprachiger Architekturpublikationen 1918 - 1933
1998. 188 S. mit 341 Ab., 19,5 × 26 cm
Ln DM 148,– / öS 1080,– / sFr 131,– /
€ 74,– (D)
ISBN 3-7861-1847-7
Gebr. Mann Verlag

Neuzeitliche Miethäuser und Siedlungen
Hrsg. von Leo Adler
und mit einem Nachwort zur Neuausgabe von Myra Warhaftig
1998. XVI, 314 S. mit 406 Abb.,
21 × 29,5 cm
Ln DM 268,– / öS 1956,– / sFr 238,– /
€ 134,– (D)
ISBN 3-7861-1845-0
Gebr. Mann Verlag

Walter A. Noebel
Deklinationen
1996. 48 S. mit 136 Novatone-Abb.,
24 × 34 cm
Ln DM 78,– / öS 569,– / sFr 71,–
€ 39,– (D)
ISBN 3-7861-1950-3
Gebr. Mann Verlag

Norbert Nußbaum / Sabine Lepsky
Das gotische Gewölbe
Eine Geschichte seiner Form und Konstruktion

1999. 424 S. mit 356 sw Abb.,
21 × 27cm
Ln DM 148,– / sFr 131,– / öS 1080,– /
€ 75,80 (D)
ISBN 3-422-06278-5
Deutscher Kunstverlag

Matthias Pabsch
Zweimal Weltstadt
Architektur und Städtebau am Potsdamer Platz
1998. 135 Seiten mit 105 Abb.,
17 × 24 cm
Br DM 50,– / öS 365,– / sFr 45,70 /
€ 25,– (D)
ISBN 3-496-01191-2
Dietrich Reimer Verlag

Joachim Palutzki
Architektur in der DDR
2000. 450 Seiten mit 102 sw Abb.,
Literaturverzeichnis, Personenregister,

17 × 24 cm
Br DM 98,– / sFr 91,– / öS 715,– /
€ 49,– (D)
ISBN 3-496-01222-6
Dietrich Reimer Verlag

Alexander Papageorgiou-Venetas
Hauptstadt Athen
Ein Stadtgedanke des Klassizismus
1994. 406 S. mit 144 Abb. und 19 Taf.
Ln DM 198,– / sFr 176,– / öS 1445,– /
€ 102,– (D)
ISBN 3-422-06102-9
Deutscher Kunstverlag

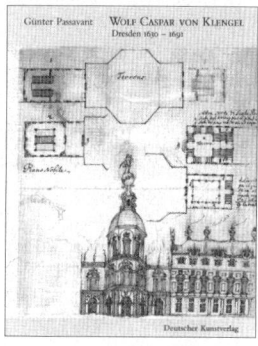

Günter Passavant
**Wolf Caspar von Klengel
(Dresden 1630 –1691)**
Reisen – Skizzen – Baukünstlerische
Tätigkeit
*KUNSTWISSENSCHAFTLICHE
STUDIEN BAND 87*
2000. 472 S. mit 24 farb. und
364 sw Abb., 21 × 28 cm
Ln DM 198,– / sFr 174,– /
öS 1445,– / € 102,– (D)
ISBN 3-422-06299-8
Deutscher Kunstverlag

Wolfgang Pauser
**Max Dudler. Schulbau in Berlin-
Hohenschönhausen**
Fotos von Stefan Müller
1999. 76 S. mit 57 Abb., 24 × 27,5 cm
Br DM 68,– / öS 496,– / sFr 62,– /
€ 34,– (D)
ISBN 3-7861-2286-5
Gebr. Mann Verlag

Reinhold Persius
**Architekturzeichnungen von
einer Italienreise 1860**
Hg. und mit einem Nachwort versehen
von G. Adreg
1984. 108 Seiten mit 95 Abb. und 1 Karte,
20 × 20 cm
Br DM 39,80 / sFr 38,80 / öS 291,– /
€ 19,90 (D)
ISBN 3-496-00764-8
Dietrich Reimer Verlag

Goerd Peschken
Das königliche Schloß zu Berlin
Erster Band: Die Baugeschichte von
1688–1701, mit Nachträgen zur Bau-
geschichte des Schlosses nach 1442,
Beiträge von H. Junecke und E. Konter
1992. 348 S. mit 285 Abb. und zahlrei-
chen Skizzen im Text,
Ln DM 220,– / sFr 195,– / öS 1606,– /
€ 112,50 (D)
ISBN 3-422-06096-0
Deutscher Kunstverlag

Goerd Peschken
Das königliche Schloß zu Berlin
Zweiter Band: Die Baugeschichte von
1701 bis 1706
1999. 228 S. mit 132 sw Abb.,
Ln DM 168,– /sFr149,– / öS 1226,– /
€ 86,– (D)
ISBN 3-422-06221-1
Deutscher Kunstverlag

Michael Peterek
Wohnung. Siedlung. Stadt.
Paradigmen der Moderne 1910–1950
2000. 446 S. mit 226 Abb., 17 × 24 cm
Gb DM 149,– / öS 1088,– / sFr 129,– /
€ 74,50,– (D)
ISBN 3-7861-2327-6
Gebr. Mann Verlag

Michael Petzet
**Claude Perrault und die
Architektur des Sonnenkönigs**
Der Louvre König Ludwigs XIV. und das
Werk Claude Perraults
2000. 608 S. mit 8 Farbtaf. und
370 sw Abb., 21 × 28 cm
Ln DM 298,– / sFr 265,– / öS 2175,– /

€ 155,– (D)
ISBN 3-422-06264-5
Deutscher Kunstverlag

Gustav Adolf Platz
Die Baukunst der neuesten Zeit
2000. 254 S. mit 74 Abb., 382 Taf.
mit 564 Abb., 20 Duplex-Taf.
und 8 Farbtaf., 18 × 26 cm
Gb DM 348,– / öS 2540,– / sFr 309,– /
€ 174,– (D)
ISBN 3-7861-2304-7
Gebr. Mann Verlag

Gustav Adolf Platz
DIE
BAUKUNST
DER
NEUESTEN
ZEIT
Gebr. Mann Verlag Berlin

Platz und Monument
Die Kontroverse um das Kulturforum
Berlin 1980–1992
Hg. von der Berlinischen Galerie und
dem Museumspädagogischen Dienst
Berlin

1992. 157 Seiten mit 48 Abb.
und 39 Plänen und Zeichnungen,
21 × 24 cm
Br DM 48,– / sFr 46,– / öS 350,– /
€ 24,– (D)
ISBN 3-496-01092-4
Dietrich Reimer Verlag

**Potsdam
Stadt am Wasser**
Ein Masterplan
vorgelegt von Klaus Theo Brenner –
Bernd Albers – Ludger Brands
Landschaftsarchitektur: Roberto Pirzio
Biroli – Verkehrsplanung: Herbert Staadt
Fachbereich Architektur und Städtebau
Fachhochschule Potsdam
Leiter des Masterplanstudios:
Hans Kolbeck
Studentische Mitarbeit: Frances Gärt-
ner, Roland Lehnhardt, Matthias Men-
ger, Ingo Pehla und Matthias Steffen
Fotografien von Stefan Müller und
Susanne Müller
Stand September 1997
1997. 30 S. mit 17 Abb., und 3 farb.
Faltpläne; 23,1 × 20,8 cm
wire-o-Bindung DM 44,– / öS 321,– /
sFr 41,– / € 22,– (D)
ISBN 3-7861-2266-0
Gebr. Mann Verlag

Wolfram Prinz und Ronald G. Kecks
**Das französische Schloß
der Renaissance**
Form und Bedeutung der Architektur,

ihre geschichtlichen und gesellschaftlichen Grundlagen
Mit Beitr. Uwe von Albrecht und einem
Beitr. von Jean Guillaume
*FRANKFURTER FORSCHUNGEN ZUR
KUNST, Band 12*
2., durchges. und erw. Aufl. 1994.
648 S. mit 892 Abb., und 12 Farbtaf.,
17,5 × 25 cm
Ppk DM 152,– / öS 1110,– / sFr 131,– /
€ 76,– (D)
ISBN 3-7861-1772-1
Gebr. Mann Verlag

Reihe Zeile Block & Punkt
Wohnungen, Häuser, Siedlungen im
Raum München.
Südhausbau 1936–1996
Hrsg. von Hilke Gesine Möller
1997. 288 S. mit 250 Abb., 21 × 28 cm
Br DM 48,– / sFr 44,50 / öS 350,– /
€ 24,80 (D)
ISBN 3-422-06212-2
Deutscher Kunstverlag

RUDOLSTÄDTER FORSCHUNGEN ZUR
RESIDENZKULTUR
Hrsg. vom Thüringer Landesmuseum
Heidecksburg Rudolstadt
Band I
**Die Künste und das Schloß in
der frühen Neuzeit**
Bearb. von Lutz Unbehaun, Ulrich
Schütte und Andreas Beyer
1999. 208 S. mit 104 s/w Abb.,
19,5 × 26 cm
lam. Pp DM 88,– / sFr 80,– / öS 642,– /
€ 45,– (D)
ISBN 3-422-06226-2
Deutscher Kunstverlag

Band II
Bildnis, Fürst und Territorium
Bearb. von Andreas Beyer unter Mitarbeit von Ulrich Schütte und Lutz
Unbehaun
2000. 266 S. mit 156 s/w Abb.,
19,5 × 26 cm
lam. Pp DM 88,– / sFr 80,– / öS 642,– /
€ 45,– (D)
ISBN 3-422-06312-9
Deutscher Kunstverlag

Jürgen Sawade
**Bauten und Projekte
1970 – 1995**
Hrsg. von Wolfgang Schäche
1997. 290 S. mit 473 Abb., davon
148 novatone-Abb. und 34 2farb.-Abb.,
24 × 32,5 cm
Ln DM 204,– / öS 1489,– / sFr 177,– /
€ 102,– (D)
ISBN 3-7861-1952-X
Gebr. Mann Verlag

Paul Scheerbart
Glasarchitektur
Mit einem Nachwort zur Neuausgabe
von Mechthild Rausch
2000. 152 S., 14,8 × 21 cm
Gb DM 148,– / öS 1080,– /
sFr 131,– / € 74,– (D)
ISBN 3-7861-1998-8
Gebr. Mann Verlag

Karl Scheffler
Die Architektur der Großstadt
Mit einem Nachwort zur Neuausgabe
von Helmut Geisert
1998. 294 S. mit 59 Abb., 17 × 24 cm
DM 174,– / öS 1270,– / sFr 154,– /
€ 87,– (D)
ISBN 3-7861-1954-6
Gebr. Mann Verlag

Wolfgang Schenkluhn
Ordines Studentes
Aspekte zur Kirchenarchitektur der
Dominikaner und Franziskaner im

13. Jahrhundert
1985. 252 S. mit 159 Abb., 17,5 × 25 cm
Ln DM 115,– / öS 840,– / sFr 102,– /
€ 57,50 (D)
ISBN 3-7861-1409-9
Gebr. Mann Verlag

KARL FRIEDRICH SCHINKEL –
LEBENSWERK (Band 15)
Bauten und Entwürfe für das
Ausland
Hrsg. von Margarete Kühn.
1989. 320 S. mit 8 Farbtaf.
und 220 sw Abb.
Ln DM 198,– / sFr 176,– / öS 1445,– /
€ 102,– (D)
ISBN 3-422-06033-2
Deutscher Kunstverlag

KARL FRIEDRICH SCHINKEL –
LEBENSWERK (Band 16)
Die Reise nach Frankreich und
England im Jahre 1826
Bearbeitet von Reinhard Wegner
1990. VIII und 220 S. mit 196 Abb.
Ln DM 180,– / sFr 160,– / öS 1314,– /
€ 92,50 (D)
ISBN 3-422-06054-5
Deutscher Kunstverlag

KARL FRIEDRICH SCHINKEL –––
LEBENSWERK
(Band 17)
Ulrike Harten
Bühnenentwürfe
Hrsg. und überarbeitet von Helmut

KARL FRIEDRICH SCHINKEL

DIE BÜHNENENTWÜRFE

Deutscher Kunstverlag

Börsch-Supan und Gottfried Riemann
2000. 488 Seiten mit 64 Farbtafeln und
250 sw Abb., 21 × 28 cm
Ln DM 268,– / sFr 238,– /
öS 1956,– / € 138,– (D)
ISBN 3-422-06246-7
Deutscher Kunstverlag

Wilhelm Schlink
St. Bénigne in Dijon
Die Abteikirche des Wilhelm von
Volpiano (962–1031)
FRANKFURTER FORSCHUNGEN
ZUR ARCHITEKTURGESCHICHTE,
Band 5
1978. 208 S. mit 5 Abb. und 56 Taf.
mit 141 Abb., 17,5 × 25 cm,
Ln DM 39,80* / öS 291,– */ sFr 37,–* /
€ 19,90* (D)
ISBN 3-7861-1139-1
Gebr. Mann Verlag

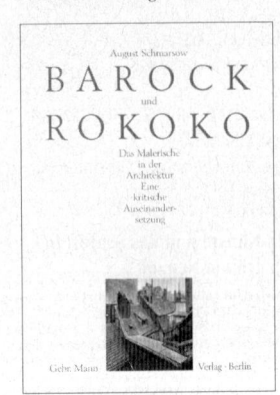

BAROCK
und
ROKOKO

Das Malerische
in der
Architektur
Eine
kritische
Auseinander-
setzung

Gebr. Mann   Verlag · Berlin

August Schmarsow
Grundbegriffe der Kunst-
wissenschaft
Am Übergang vom Altertum zum
Mittelalter
EDITION ARS ET ARCHITECTURA
Hrsg. von Helmut Geisert und
Fritz Neumeyer
Mit einem Nachwort zur Neuausgabe
von Eleftherios Ikonomoú
1998. II, VIII S. und 368 S., 14,8 × 21 cm
Ln DM 168,– / öS 1226,– / sFr 149,– /
€ 84,– (D)
ISBN 3-7861-1776-4
Gebr. Mann Verlag

Hermann Schmitz
Preussische Königsschlösser
Mit einem Nachwort zur Neuausgabe
von Goerd Peschken
1999. 108 S. mit 7 Abb., und 64 Taf. mit
65 Abb., 17 × 24 cm
Ln DM 168,– / öS 1226,– / sFr 149,– /
€ 84,– (D)
ISBN 3-7861-1849-3
Gebr. Mann Verlag

Stefan Schrammel
**Architektur und Farbe in
Venedig 1866–1914**
1998. 392 S. mit 663 Abb., und 16 Farb-
taf. mit 17 Abb., 21 × 27 cm
Ln DM 198,– / öS 1445,– / sFr 176– /
€ 99,– (D)
ISBN 3-7861-2271-7
Gebr. Mann Verlag

Heinz Schudnagies
Architekt
Hrsg. Berlinische Galerie
1992. 220 S. mit 151 Abb., 19 × 24 cm
Br DM 46,– / öS 336,– / sFr 42,50 /
€ 23,– (D)
ISBN 3-7861-1680-6
Gebr. Mann Verlag

Günther Schulz
**Stadtpläne von Berlin
1652 bis 1920**
*SCHRIFTEN DES LANDESARCHIVS
BERLIN, Band 3*
1998. 564 S. mit 92 Abb., davon 9 farb.,

16 × 23,7 cm
Ln DM 184,– / öS 1343,– / sFr 159,– /
€ 92,– (D)
ISBN 3-7861-1973-2
Gebr. Mann Verlag

Architekten Schweger + Partner,
**Bauten und Projekte / Buildings
and Projects**
1990 – 1998
Prof. Peter P.Schweger, Hartmut H.
Reifenstein, Bernhard Kohl, Wolfgang
Schneider und Prof. Wilhelm Meyer
hrsg. von / edited by Ingeborg Flagge
1998. 248 S. mit 620 Abb., davon
21 farb., 22,5 × 32 cm
Ln DM 198,– / öS 1445,– / sFr 176– /
€ 99,– (D)
ISBN 3-7861-1804-3
Gebr. Mann Verlag

**Ein Lesebuch zur Architektur
von Schweger + Partner**
Hrsg. Architekten Schweger + Partner
Mit Beiträgen von Peter M. Bode /
P. Nestler, Bazon Brock, Ingeborg
Flagge, Christoph Hackelsberger, Carl
Haenlein, Peter Iden, Paulgerd Jesberg,
Gert Kähler, Heinrich Klotz, Manfred
Sack, Mathias Schreiber und Peter P.
Schweger
1998. 148 S. mit 21 Abb., 15,5 × 26 cm
fBr DM 48,– / öS 350,– / sFr 44,50 /
€ 24,– (D)
ISBN 3-7861-2287-3
Gebr. Mann Verlag

Ingrid Severin
Baumeister und Architekten
Studien zur Darstellung eines Berufs-
standes in Porträt und Bildnis
*STUDIEN ZUR PROFANEN IKONO-
GRAPHIE, Band 2*
1992. 232 S. mit 200 Abb., 17 × 24 cm
Ln, DM 98,– / öS 715,– / sFr 89,– /
€ 49,– (D)
ISBN 3-7861-1636-9
Gebr. Mann Verlag

**150 Jahre Architektur für
Siemens**
**150 Years of Architecture for
Siemens**
Hrsg. von / edited by Wolfgang Schäche
1997. 198 S. mit 349 Abb., davon
277 novatone-Abb., 24 × 34 cm
Ln DM 228,– / öS 1664,– / sFr 202,– /
€ 114,– (D)
ISBN 3-7861-1974-0
Gebr. Mann Verlag

Herman Sörgel
Architektur – Ästhetik
Theorie der Baukunst
Mit einem Nachwort zur Neuausgabe
von Jochen Meyer
1998. II, 364 S. mit 12 Abb.,
14,8 × 21 cm
Ln DM 152,– / öS 1110,– / sFr 131,– /
€ 76,– (D)
ISBN 3-7861-1992-9
Gebr. Mann Verlag

Stockhaus, Wolfgang · Pfennig, Gabriele
Die Kulturmagistrale
Stadtzusammenhänge zwischen
Berlin und Charlottenburg vom
Eosanderportal zum Eosanderschloß
2000. 84 S. mit 26 Abb., davon 8 farb.,
und 4 Klapptaf., davon 2 farb.,
34 × 24 cm
Ln DM 68,– öS 496,– / sFr 62,– /
€ 34,– (D)
ISBN 3-7861-2336-5
Gebr. Mann Verlag

Waltraud Strey
**Die Zeichnungen von Heinrich
Tessenow**

Der Bestand in der Kunstbibliothek
Berlin
1981. 94 Seiten mit 80 Abb., 21 × 30 cm
Ln mit Schutzumschlag
DM 68,– / sFr 64,– / öS 496,– /
€ 34,– (D)
ISBN 3-496-01013-4
Dietrich Reimer Verlag

Bruno Taut
**Das japanische Haus und
sein Leben**
Houses and People of Japan
Hrsg. Manfred Speidel
3. Aufl. 2000. XXIV mit 1 Farbabb.;
358 S. mit 566 Abb., davon 8 farb.,
18,7 × 26 cm
Ln DM 152,– / öS 1110,– / sFr 131,– /
€ 76,– (D)
ISBN 3-7861-1882-5
Gebr. Mann Verlag

Bruno Taut
Der Weltbaumeister
Architekur-Schauspiel für
symphonische Musik
Neu hrsg. und mit einem Nachwort zur
Neuausgabe von Manfred Speidel
1999. 66 S. mit 29 Abb., davon 1 farb.;
und 22 S. mit 14 Abb., 18,5 × 22,5 cm
Pp DM 128,– / öS 934,– / sFr 114,– /
€ 64,– (D)
ISBN 3-7861-1798-5
Gebr. Mann Verlag

Bruno Taut
Ein Wohnhaus
Mit einem Nachwort zur Neuausgabe
von Roland Jaeger
1995. VI, 152 S. mit 115 Abb., davon
2 farb. und 72 Zeichnungen,
15,5 × 23,5 cm
Ln DM 198,– / öS 1445,– / sFr 176,– /
€ 99,– (D)
ISBN 3-7861-1894-9
Gebr. Mann Verlag

Martina Weinland
Wasserbrücken in Berlin
Zur Geschichte ihres Dekors
1994. 256 S. mit 277 Abb., davon
4 Klapptaf., 24 × 29,5 cm

Ln DM 128,– / öS 934,– / sFr 114,– /
€ 64,– (D)
ISBN 3-7861-1649-0
Gebr. Mann Verlag

Wolfgang Wiemer
Die Gärten der Abtei Ebrach
1999. 176 S. mit 1 Abb., und 94 Taf. mit
140 Abb., 17 x 24 cm
Gb DM 108,– / öS 788,– / sFr 95,– /
€ 54,– (D)
ISBN 3-7861-1541-9
Gebr. Mann Verlag

Laszlo Willinger
100 × Berlin
Mit einem Vorwort von Karl Vetter und
einem Nachwort zur Neuausgabe von
Helmut Geisert
*BERLINISCHE BIBLIOTHEK
im Gebr. Mann Verlag*
1997. XXXIV, 100 S. mit 100 Abb.,
und 8 S., 17 × 24 cm
Ln DM 168,– / öS 1226,– / sFr 149,– /
€ 84,– (D)
ISBN 3-7861-1962-7
Gebr. Mann Verlag

Dethard von Winterfeld
Der Dom in Bamberg
Band I: Die Baugeschichte bis zur Voll-
endung im 13. Jahrhundert
Beitr. Renate Kroos, Renate Neumül-
lers-Klauser und Walter Sage
1979. 416 S. mit 1032 Abb. und 3 Falt-
pläne, 23 × 30 cm
Ln DM 213,– / öS 1555,– / sFr 189,– /
€ 106,50 (D)
ISBN 3-7861-1140-5
Gebr. Mann Verlag

Heinrich Wölfflin
**Prolegomena zu einer Psycho-
logie der Architektur**
EDITION ARS ET ARCHITECTURA
Mit einem Nachwort zur Neuausgabe
von Jasper Cepl
1999. 52 S., 14,8 × 21 cm
Ln DM 65,– / öS 475,– / sFr 59,– /
€ 32,50 (D)
ISBN 3-7861-1775-6
Gebr. Mann Verlag

Martin Wörner
Die Welt an einem Ort
Illustrierte Geschichte der Weltausstel-
lungen
2000. 253 Seiten mit 69 farb. und
339 sw Abb., Register, 21 × 29,7 cm
Gb DM 78,– / sFr 73,– / öS 569,– /
€ 39,– (D)
ISBN 3-496-01215-3
Dietrich Reimer Verlag

Frank Lloyd Wright
Schriften und Bauten
EDITION LOGOS
Mit einem Nachwort zur Neuausgabe
von Bernd Nicolai
1997. 340 S. mit 126 Abb., 19 × 24 cm
Ppk DM 198,– / öS 1445,– / sFr 176– /
€ 99,– (D)
ISBN 3-7861-1838-8
Gebr. Mann Verlag

Frank Lloyd Wright
Usonien
When Democracy Builds
EDITION LOGOS
Mit einem Nachwort zur Neuausgabe
von Bernd Nicolai
1995. 174 S. und 8 Taf. mit 11 Abb.,
17 × 24 cm
Ppk DM 138,– / öS 1007,– / sFr 122,– /
€ 69,– (D)
ISBN 3-7861-1801-9
Gebr. Mann Verlag

Otto Zieler
Potsdam
Ein Stadtbild des 18. Jahrhunderts
Mit einem Nachwort zur Neuausgabe
von Martin Kieren
1999. IV, 28 S. mit 17 Abb.; 178 Taf.,
davon 3 Falttaf., mit 195 Abb.;
und 10 S., 21 × 29,7 cm
Ln DM 238,– / öS 1737,– / sFr 211,– /
€ 34,– (D)
ISBN 3-7861-1846-9
Gebr. Mann Verlag

Die Zukunft der Metropolen
Paris – London – New York – Berlin
Bd 1: Aufsätze
Bd 2: Katalog
Bd 3: Utopischer Ort Berlin
Eine historische Topographie
Hg. von der Technischen Universität
Berlin
1984. Zus. 1122 Seiten mit 1254 Abb.,
23 × 24,4 cm
Br DM 85,– / sFr 80,– / öS 621,– /
€ 42,50 (D)
ISBN 3-496-00805-9

Auch einzeln lieferbar:
Bd. 1 – DM 38,– / sFr 37,– / öS 277,– /
€ 19,– (D)
ISBN 3-496-01065-7
Bd. 2 – DM 44,– / sFr 42,– / öS 321,– /
€ 22,– (D)
ISBN 3-496-01066-5
Bd. 3 – DM 28,– / sFr 28,– / öS 204,– /
€ 14,– (D)
ISBN 3-496-01067-3
Dietrich Reimer Verlag

VERLAG DER BEEKEN

Gleisdreieck
Ein Bahngelände in Berlin
Photographien von Hans W. Mende
1982. 124 S. mit 99 Abb., davon
79 duplex, 19,6 × 30,5 cm
Ebr DM 68,– / öS 496,– / sFr 62,– /
€ 34,– (D)
ISBN 3-922993-03-6
Bestell-Nr. 300003

Tilmann Johannes Heinisch
Die Villenstadt
1988. 116 S. mit 17 Abb., 19 × 28,6 cm
Br DM 72,– / öS 526,– / sFr 65,50 /
€ 36,– (D)
ISBN 3-922993-17-6
Bestell-Nr. 300017

Tilmann Johannes Heinisch /
Horst Schumacher
Colonie Alsen
Ein Platz zwischen Berlin und Potsdam
1988. 244 S. mit 74 Abb. und 1 Fronti-
spiz und Kartentasche mit 4 Faltkarten,
19 × 28,7 cm
Br iSch zus. DM 148,– / öS 1080,– /
sFr 131,– / € 74,–
ISBN 3-922993-16-8
Bestell-Nr. 300016

Tilmann Johannes Heinisch /
Horst Schumacher
Futur Parc
Plan pour un jardin du temps
1982. 48 S. mit 27 Abb., davon 3 farb.,
und 1 Faltplan, 14,5 × 24 cm
Pp DM 148,– / öS 1080,– / sFr 131,– /
€ 74,– (D)
ISBN 3-922993-05-2
Bestell-Nr. 300005

Hermann Henselmann
Ausgewählte Werke 1
Vom Himmel an das Reißbrett ziehen
Hermann Henselmann. Baukünstler im
Sozialismus
Ausgewählte Aufsätze 1936–1981
Hrsg. von Marie-Josée Seipelt und
Jürgen Eckhardt
1982. 252 S. mit 35 Abb., 14,5 × 22,8 cm

Br DM 48,– / öS 350,– / sFr 44,50 /
€ 24,– (D)
ISBN 3-922993-01-X
Bestell-Nr. 300001

Heinrich Hübsch
Die Architektur
und ihr Verhältnis zur heutigen Malerei
und Skulptur
1985. 256 S. mit einem farb. Frontispiz,
14 × 20 cm
Ln DM 76,– / öS 555,– / sFr 69,– /
€ 38,– (D)
ISBN 3-922993-09-5
Bestell-Nr. 300009

Hans Junecke
Das Maß des Tempels
Untersuchungen der Peripteroi von
Paestum
Konstruktionen
1991. 80 S., 14 × 23 cm
Ebr DM 24,– / öS 175,– / sFr 22,– /
€ 12,– (D)
ISBN 3-922993-19-2
Bestell-Nr. 300019

Hans Junecke
Die wohlbemessene Ordnung
Pythagoreische Proportionen in der
historischen Architektur
Konstruktionen
1982. 208 S. mit 116 Abb., 14 × 23 cm
Ebr DM 38,– / öS 277,– / sFr 35,– /
€ 19,– (D)
ISBN 3-922993-02-8
Bestell-Nr. 300002

LES CHOSES
Berliner Hefte zur Architektur
Jedes Heft 16,8 × 24 cm, Br
ISSN 0177-6053

Heft 1 Oktober 1985. 1. Jahrgang
**Biedermann und die
Brandstifter**
74 S. mit 37 Abb., davon 4 farb.

DM 24,– / öS 175,– / sFr 22,– /
€ 12,– (D)
Bestell-Nr. 300010

Heft 2 Juni 1986. 2. Jahrgang
Qualitätsarbeit
Postmoderne. Sécurité
74 S. mit 32 Abb.
DM 24,– / öS 175,– / sFr 22,– /
€ 12,– (D)
Bestell-Nr. 300011

Heft 3/4 Dezember 1989.
5. Jahrgang
**Bruno Taut. Die Erde eine gute
Wohnung. Wohnbaupolitik**
86 S. mit 43 Abb.
DM 48,– / öS 350,– / sFr 44,50 /
€ 24,– (D)
Bestell-Nr. 300012

Heft 5/6 Oktober 1990. 6. Jahrgang
**Zum modernen Denkmalkult.
Rede und Gegenrede**
110 S. mit 59 Abb.
DM 48,– / öS 350,– / sFr 44,50 /
€ 24,– (D)
Bestell-Nr. 300013

Auguste Perret
**Zu einer Theorie der
Architektur**
1986. 64 S., 12 × 19 cm
Br DM 26,– / öS 190,– / sFr 24,– /
€ 13,– (D)
ISBN 3-922993-14-1
Bestell-Nr. 300014

Michael Trabitzsch
Walter Benjamin.
Moderne, Messianismus, Politik
Über die Liebe zum Gegenstand
1985. 128 S., 12,5 × 19 cm
Br DM 26,– / öS 190,– / sFr 24,– /
€ 13,– (D)
ISBN 3-922993-08-7
Bestell-Nr. 300008

Gebr. Mann Verlag
Zimmerstraße 26-27
D-10969 Berlin
Telefon +49 / (0)30 / 259 17 38 64 oder 65
Fax +49 / (0)30 / 259 17 15 77
Telefon (Vertrieb) +49 / (0)30 / 259 17 35 89
Fax (Vertrieb): +49 / (0)30 / 259 17 35 37
e-mail (Vertrieb): vertrieb-kunstverlage@reimer-verlag.de
Internet: www.gebrmannverlag.de

Dietrich Reimer Verlag
Zimmerstraße 26-27
D-10969 Berlin
Telefon +49 / (0)30 / 259 17 15 70
Fax +49 / (0)30 / 259 17 15 77
Telefon (Vertrieb) +49 / (0)30 / 259 17 15 74
Fax (Vertrieb): +49 / (0)30 / 259 17 35 37
e-mail (Vertrieb): vertrieb-kunstverlage@reimer-verlag.de
Internet: www.dietrichreimerverlag.de

Deutscher Kunstverlag
Nymphenburger Straße 84
D-80636 München

Deutscher Kunstverlag Berlin
Zimmerstraße 26-27
D-10969 Berlin
Telefon (Vertrieb) +49 / (0)89 / 12 15 16 61
Fax (Vertrieb) +49 / (0)89 / 12 15 16 16
e-mail (Vertrieb): vertrieb@deutscher-kunstverlag.ccn.de
Internet: www.deutscherkunstverlag.de

Für Ihre Bestellung können Sie diese Seite abtrennen und in Ihrer Buchhandlung abgeben oder einfach in ein Fensterkuvert stecken

Gebr. Mann Verlag
Dietrich Reimer Verlag
Deutscher Kunstverlag

Zimmerstraße 26-27
10969 Berlin

Informieren Sie mich bitte künftig und unverbindlich über die Neuerscheinungen der Verlage
Gebr. Mann / Dietrich Reimer / Deutscher Kunstverlag

Ich interessiere mich vor allem für:

☐ Architektur   ☐ Numismatik

☐ Kunst/Kunstwissenschaft   ☐ Ethnologie

☐ Archäologie/Orientalistik   ☐ Linguistik / Afrikanistik

Bestellung

Bitte liefern Sie mir folgende Titel an diese Anschrift

Name

Straße

PLZ/Ort

Datum/Unterschrift

Über die Buchhandlung:

☐ gegen Rechnung ☐ per Nachnahme ☐ Scheck anbei

☐ Diners Club/Euro-Card/Master-Card/Visa-Card

gültig bis └─┴─┘/└─┴─┘

└─┴─┴─┴─┘ └─┴─┴─┴─┘ └─┴─┴─┴─┘ └─┴─┴─┴─┘
Karten-Nr.

Anz.	ISBN	Titel	Preis